ARCHITEKTUR UND STÄDTEBAU DER FÜNFZIGER JAHRE

ERGEBNISSE DER FACHTAGUNG IN HANNOVER, 2.-4. FEBRUAR 1990
SCHUTZ UND ERHALTUNG VON BAUTEN DER FÜNFZIGER JAHRE

TAGUNG DES DEUTSCHEN NATIONALKOMITEES
FÜR DENKMALSCHUTZ
UND DER VEREINIGUNG DER LANDESDENKMALPFLEGER
IN DER BUNDESREPUBLIK DEUTSCHLAND IM RAHMEN DER
„CONSTRUCTA" IN HANNOVER

KONZEPT UND REDAKTION
WERNER DURTH UND NIELS GUTSCHOW

SCHRIFTENREIHE DES
DEUTSCHEN NATIONALKOMITEES
FÜR DENKMALSCHUTZ
BAND 41

Inhalt

EINE ZUKUNFT FÜR UNSERE VERGANGENHEIT

Hannover, den 2. Februar 1990
Schutz und Erhaltung von Bauten
der 50 Jahre

Die erste Wiederaufbauphase nach dem Zweiten Weltkrieg ist heute eine abgeschlossene Geschichtsepoche, deren architektonische und städtebauliche Qualitäten in zunehmendem Maße erkannt werden. Die Diskussion darüber ist in vollem Gang.
Mit dem Stil- und Geschichtsbegriff der „Fünfziger Jahre" bezeichnet man die Architektur der unmittelbaren Nachkriegszeit bzw. des Wiederaufbaus von 1945 bis Anfang der Sechziger Jahre. Im Rahmen eines nun stärker „verdichteten Städtebaus" wurde sie abgelöst von Bauten, die weniger handwerklichen als industriellen Produktionsweisen entsprachen.
Inzwischen sind zahlreiche Bauten der 50er Jahre nicht nur durch technische Mängel und den Nutzungswandel in unseren Städten bedroht, sondern auch von Verdichtungsmaßnahmen zur „Innenentwicklung" der Städte.
Bauten der 50er Jahre werden gegenwärtig vielfach instandgesetzt und modernisiert. Dadurch entstehen einerseits Veränderungen mit der Anwendung neuer Techniken und Materialien, andererseits beeinträchtigen die über die notwendigen Reparaturen hinausgehenden Umgestaltungen die dokumentarische Aussage und architektonische Qualität dieser Bauten. Die sichtbaren Folgen dieser Entwicklung wecken die kritische Aufmerksamkeit von Bürgern und Öffentlichkeit, deren Interesse an der Erhaltung von Bauten der 50er Jahre gewachsen ist.
Wissenschaftler, Denkmalpfleger und Architekten sind daher aufgerufen festzustellen, welche Gebäude und Stadträume aus dieser Zeit aufgrund ihrer Bedeutung im öffentlichen Interesse erhalten werden müssen, und Empfehlungen zum Umgang mit ihnen zu geben. Deshalb findet vom 2. bis 4. Februar 1990 die Tagung „Schutz und Erhaltung von Bauten der Fünfziger Jahre" in Hannover statt. Sie wird vom Deutschen Nationalkomitee für Denkmalschutz und der Vereinigung der Landesdenkmalpfleger in der Bundesrepublik Deutschland veranstaltet.

Auch bei der Betreuung von Bauten dieser Epoche gelten die allgemeinen und selbstverständlichen Grundsätze der Denkmalpflege:

1. Wissenschaftliche Inventarisation und Dokumentation
Zu der noch zu leistenden gründlichen Erfassung, Erforschung und Bewertung sind die Denkmalpfleger ebenso aufgerufen wie die Institute der Universitäten und Hochschulen. Die Chance, Planungsunterlagen bei Bauherren und Architekten als unersetzliches Quellenmaterial sicherzustellen, sollte ebenso umgehend genutzt werden wie die Befragung von Zeitzeugen.

2. Öffentlichkeitsarbeit und Bewußtseinsbildung
Die durch die Inventarisation und Dokumentation gewonnene Denkmal-Erkenntnis gilt es, der Öffentlichkeit mit dem Ziel zu vermitteln, die Aufgeschlossenheit und die Zustimmung zur Erhaltung von Bauten der 50er Jahre zu verbreitern, auch wenn der Zeitgeschmack dem entgegensteht. Publikumswirksame Informationsschriften helfen dazu ebenso wie Ausstellungen, Führungen, Vorträge, Beratungen und Gespräche sowie Presse- und Öffentlichkeitsarbeit.

3. Gesetzlicher Schutz
Die Denkmalschutzgesetze in Deutschland enthalten keine zeitlichen Grenzen bei der Anwendung des Denkmalbegriffes. Dieser umfaßt auch die 50er Jahre. Eine Unterschutzstellung ist damit möglich. Die Gefährdung der Objekte der 50er Jahre erfordert beschleunigte Verfahren. Die öffentliche Hand ist besonders aufgerufen, für ihre Bauten mit gutem Beispiel voranzugehen.

4. Erhaltung und Pflege
Bauten dieser Epoche reagieren außerordentlich empfindlich auch auf kleinste Veränderungen im Detail. Zur Substanzerhaltung und zur Behebung von Mängeln und Schäden gilt es, in Zusammenarbeit mit Architekten, Restauratoren, Handwerk und Industrie denkmalgerechte Lösungen zu finden. Besondere Problemfelder sind dabei u.a die durchaus notwendige Wärmedämmung, die eventuelle Fenstererneuerung, Betonsanierung und Materialschäden im Fassadendekor (z.B. bei Fliesen). Nicht selten entstanden Bauten verschiedener Nutzung in einem Ensemble und bilden charakteristische Stadträume in engem Kontakt zu öffentlichem Grün. Diese Eigenarten sollen erkannt und gestärkt und nicht vordergründiger „Stadtreparatur" geopfert werden.

Die Teilnehmerinnen und Teilnehmer der Tagung rufen die Politiker, Denkmaleigentümer, Architekten und Handwerker dazu auf: Arbeiten Sie dabei zusammen, die historisch und baukünstlerisch bedeutsamen Zeugnisse dieser wichtigen Phase deutscher Nachkriegsgeschichte schonend und sorgfältig zu behandeln, damit ihr Aussagewert für künftige Generationen bewahrt wird.

WERNER DURTH
UND NIELS GUTSCHOW

Der Appell von Hannover macht deutlich, daß die Architektur der 50er Jahre einer definierten Epoche zuzurechnen ist – eine Architektur, der Denkmalcharakter zugesprochen wird und die zugleich auch einer besonderen Gefährdung ausgesetzt ist. Wenn sich das Deutsche Nationalkomitee für Denkmalschutz im Februar 1990 dem kulturellen Erbe aus der Anfangszeit der Bundesrepublik gewidmet hat, so mag dies inzwischen selbstverständlich erscheinen. Die Gedenkfeiern zum 40jährigen Bestehen der Bundesrepublik Deutschland im Jahre 1989 haben mit dazu beigetragen, daß auch die baulichen Zeugnisse der Wiederaufbaujahre nach dem Zweiten Weltkrieg und ihre Ausstattung als Ausdruck einer eigenständigen Epoche Interesse und Zuwendung in der Öffenlichkeit gefunden haben.

Als sich das Deutsche Nationalkomitee für Denkmalschutz Mitte der 80er Jahre diesem Thema zuwandte, betrat es damit noch weitgehend Neuland: Lediglich ein kleiner Kreis von Fachleuten hatte in diesem Bereich bereits Forschungsarbeit geleistet und erste Erfahrungen im praktischen Umgang mit den Bauten jener Zeit gesammelt und veröffentlicht. Sie ermutigten das Denkmalschutzkomitee zu einer Werbekampagne für die Erhaltung der architektonischen und städtebaulichen Zeugnisse der 50er Jahre.

Seit nun zehn Jahren wird in der Architekturgeschichte und auch in der Denkmalpflege von den „50er Jahren" gesprochen. Etwa um 1980 hatten in Kassel und Frankfurt erste Inventarisierungen begonnen, 1982 hielt Hiltrud Kier auf dem Kunsthistorikertag in Kassel das wohl erste Referat über die Architektur der 50er Jahre. Durch einige Kunstausstellungen war bereits öffentliche Aufmerksamkeit geweckt: 1979 wurde in Wuppertal die Ausstellung „Die 50er Jahre – Aspekte und Tendenzen" gezeigt, 1980 „Orientierung nach dem Kriege" in der Neuen Sammlung München, 1981 „Westkunst – Zeitgenössische Kunst seit 1939". Die Ausstellung des Düsseldorfer Stadtmuseums zur „Architektur der 50er Jahre" 1982 war die erste Ausstellung, die allein der Architektur gewidmet war. Im selben Jahr erschien die erste umfassende Würdigung des Wiederaufbaus einer Stadt in Münster, und 1983 kam es in Berlin unter dem Titel „Grauzonen – Farbwelten 1945-1965" zu einer ersten zusammenfassenden Ausstellung.

Als in der Sitzung der Arbeitsgruppe „Fachliche Fragen der Denkmalpflege" am 14. Mai 1982 die Diskussion unter anderem auch zukünftigen Arbeitsschwerpunkten des Deutschen Nationalkomitees für Denkmalschutz galt, legten wir ein Konzept zur intensiven Beschäftigung mit diesem Zeitraum vor, das auch die Veranstaltung einer Tagung erwähnte. In den folgenden Jahren bewiesen zahlreiche Publikationen, daß das Problem einer Erfassung und Bewertung der Architektur dieser Zeit in der Luft lag: Zu erwähnen ist besonders Christoph Hackelsbergers Essay über „Die aufgeschobene Moderne"[4] von 1985, der ergänzt wurde durch Hermann Glasers „Kulturgeschichte der Bundesrepublik Deutschland" und Jost Hermands „Kultur im Wiederaufbau"[5] aus dem Jahre 1986. Populäre Bilderbücher wie etwa „Trümmer, Träume, Truman"[6] leiteten dazu eine breite Flut von Veröffentlichungen vor allem über die Zerstörung ein. In allen Städten erinnerte man sich anläßlich des 45jährigen Jahrestags der Bombardierung an diese Erfahrungen, an die Leiden des Krieges. Ebenfalls 1986 erschien in Köln in der Reihe „Stadtspuren" der von Wolfram Hagspiel, Hiltrud Kier und Ulrich Krings herausgegebene Band „Köln: Architektur der 50er Jahre".[7]

Ende 1985 wurde eine „Arbeitsgruppe 50er Jahre" gegründet, die auf ihrer ersten Sitzung am 27. Januar 1986 beschloß, eine Informationsbroschüre zum Thema 50er Jahre herzustellen. Im November 1987 erschien dieses Heft unter dem Titel „Nicht wegwerfen!", um insbesondere vor dem achtlosen Umgang mit den Zeugnissen der jüngsten Vergangenheit zu warnen, da uns allen das angeblich inflationäre Vorhandensein all dieser Zeugnisse den Blick auf ihre besonderen Qualitäten verstellte.

Das Konzept des Deutschen Nationalkomitees für Denkmalschutz war es zunächst, durch Pressearbeit und Informationsschriften auf die Notwendigkeit gerechter Würdigung und Erhaltung der geschichtlichen Zeugnisse einer für Deutschland wichtigen Zeit des Neuanfangs aufmerksam zu machen.[8]

Als zweite Aufgabe nahm es sich vor, die Entwicklung von Beurteilungskriterien zur Erfassung von Bauten der 50er Jahre als Voraussetzung für ihre Unterschutzstellung zu fördern, die Ursachen ihrer besonderen Gefährdung bewußt und bereits vorliegende Erfahrungen bei der Problemlösung im denkmalpflegerischen Alltag bekannt zu machen. Zu diesem Zweck veranstaltete das Deutsche Nationalkomitee für Deutschland die Tagung „Schutz und Erhaltung von Bauten der Fünfziger Jahre" vom 2. bis 4. Februar 1990 in Hannover.

Anmerkungen

1 Wieland König, Architektur der 50er Jahre in Düsseldorf. Eine Ausstellung des Stadtmuseums und des BDA-Düsseldorf, 31.3.-2.5.1982
2 Niels Gutschow, Regina Stiemer, Dokumentation Wiederaufbau der Stadt Münster, Münster 1982
3 Grauzonen - Farbwelten, Kunst und Zeitbilder, Katalog der Ausstellung der Neuen Gesellschaft für Bildende Kunst in den Räumen der Akademie der Künste, Berlin 20.2.-27.3.1983, Hrsg. von Bernhard Schulz.
4 Christoph Hackelsberger, Die aufgeschobene Moderne. Ein Versuch zur Einordnung der Architektur der Fünfziger Jahre, München 1985
5 Hermann Glaser, Kulturgeschichte der Bundesrepublik Deutschland. Zwischen Kapitulation und Währungsreform, München 1985; Jost Hermand, Kultur im Wiederaufbau, München 1986
6 Trümer, Träume, Truman. Die Welt 1945-49. BilderLeseBuch. Redaktion: Gabriele Dietz u.a., Berlin 1985
7 Wolfram Hagspiel, Hiltrud Kier, Ulrich Krings, Köln: Die Architektur der 50er Jahre, Stadtspuren-Denkmäler in Köln; Bd. 6, Köln 1986
8 Werner Durth und Nils Gutschow, Architektur und Städtebau der Fünfziger Jahre – Nicht wegwerfen!, Schriftenreihe des DNK Bd. 33; Architektur und Städtebau der Fünfziger Jahre, Dokumentation der 14. Pressefahrt des DNK 1988, Schriftenreihe des DNK Bd. 36; Gerhard Rabeler, Wiederaufbau und Expansion westdeutscher Städte 1945-1960 im Spannungsfeld von Reformideen und Wirklichkeit, Schriftenreihe des DNK Bd. 39; Sonderausgabe der Denkmalschutz Information/DSI 1/1990

Inzwischen ist nicht nur in der Fachöffentlichkeit die Notwendigkeit des Denkmalschutzes für Bauten der 50er Jahre unumstritten. Umso dringlicher stellen sich nun Fragen der Auswahl und Wertung charakteristischer Gebäude und Ensembles: Fragen, die eine intensive Forschung zur Geschichte und Wirkung der architektonischen und städtebaulichen Konzepte jener Zeit voraussetzen. Doch gegenüber der Fülle von Forschungsergebnissen zu den vergleichsweise geringen Relikten früherer Epochen sind hier weite Lücken festzustellen, da die Nachkriegszeit in Deutschland bisher von bauhistorischen Forschungen kaum berührt wurde; in kurzen Stichworten sollen nur einige Aufgabenfelder umrissen werden.

Forschungen zur jüngeren Planungsgeschichte richteten sich in den letzten Jahren zunehmend auf die Voraussetzungen des Wiederaufbaus zerstörter Städte - auf Rückverbindungen in die 20er, 30er, vor allem jedoch in die 40er Jahre: Bei der Frage nach weiterwirkenden Traditionen aus früheren Jahrzehnten gerieten die konzeptionellen, personellen und organisatorischen Kontinuitäten in das Blickfeld. Dabei zeigte sich, daß sich die Geschichte der Architektur und des Städtebaus nicht in die üblichen politischen Periodisierungen fassen läßt, sondern längerfristige Entwicklungslinien über solche historischen Zäsuren hinweg aufweist, wie sie beispielsweise durch die Daten 1918, 1933, 1945 markiert sind.

Der Blick auf prägende Kontinuitäten der Architektur- und Planungsgeschichte schärft indessen die Aufmerksamkeit für neue Orientierungen, die nach 1945 zu einem radikalen Neubeginn auch in der Stadtgestaltung zu führen schienen, und weitreichende Transformationen jener Traditionsbestände bewirkten, welche durch ihren Mißbrauch im „Dritten Reich" eine Neubestimmung erforderten: Demonstrativ wurden nach 1945 Konzepte des Neuen Bauens der 20er Jahre aufgegriffen und als „Zweite Moderne" den konservativeren Bauauffassungen gegenübergestellt.

Verstärkt wurden solche Bemühungen zur Fortsetzung und Weiterentwicklung modernen Bauens durch Verweis auf ausländische Beispiele, insbesondere aus den USA, den skandinavischen und den westeuropäischen Ländern, die durch Publikationen und Studienreisen den deutschen Architekten wichtige Vorbilder für ihre Entwürfe abgaben.

Die Einbindung der einzelnen Bauten in den städtischen Kontext „fließender" Räume mit Grünanlagen, geöffneten Höfen und breiten Straßenzügen stellt Fragen nach der Geschichte und Wirkung städtebaulicher Leitbilder: Maßnahmen zur Gliederung der Städte in überschaubare „Nachbarschaften" und die Auflockerung durch Grünanlagen wurden in den 50er Jahren geradezu als Voraussetzung menschengerechter Stadtgestaltung betrachtet. Die Ausbildung neuer Stadträume und ihre Verknüpfung mit dem vorhandenen Bestand weist über den Denkmalschutz für Einzelbauten hinaus auf den Begriff des Ensembles, der für die 50er Jahre zu differenzieren ist, da gemäß dem Leitbild der gegliederten und aufgelockerten Stadt die gelungene Symbiose von Stadt und Natur, von Gebäuden und Vegetation eine wesentliche Qualität des neuen Städtebaus ausmacht: Hier greifen manche Kategorien und Kriterien der herkömmlichen Denkmalpflege zu kurz, um den Intentionen der Stadtplanung jener Jahre gerecht werden zu können.

Eine wesentliche Frage zur Bestimmung der Qualität und Eigenständigkeit von Bauten der 50er Jahre stand im Zentrum dieser Tagung: die Frage nach den Übergängen aus der Vor- und in die Nachgeschichte dieser Epoche. Wann beginnt der Wiederaufbau, wenn schon seit 1940 für die Zeit nach dem Kriege geplant wird? Wo liegen die Grenzen zwischen weitergetragenen Traditionen und eigenständigen Bauleistungen aus dem neuen Geist einer neuen Republik? Und wie weit ist selbst die Zweite Moderne in Deutschland noch geprägt von den im „Dritten Reich" einsetzenden, im Krieg verstärkten Modernisierungsschüben, die die gesamte Gesellschaft erfaßten? Wann sind die 50er Jahre zu Ende - und wo zeigen sich Züge neuer Aufgaben im Übergang zu einer neuen Epoche der Gesellschaftsentwicklung?

Solche Fragen, denen auch eine Podiumsdiskussion gewidmet war, sollen freilich nicht den Anlaß vergessen machen, der uns zu dieser Tagung zusammengeführt hat: der bedenkenlose Abbruch bedeutender Bauten jener Zeit, die vermehrte Gefährdung durch Abriß und Umbau, aber auch durch eine Stadtplanung, die - oft allzu besinnungslos - neuen Leitbildern und Verwertungsinteressen folgt.

Zu verlangen, daß all die angesprochenen Traditionen, Orientierungen, Beispiele, Leitbilder, Ensembles, Übergänge und Gefährdungen von Bauten der 50er Jahre angemessen untersucht und erörtert werden, würde die Möglichkeiten der Forschung, erst recht eine solche Tagung überschätzen. Und doch hat diese Tagung dazu beigetragen, Anstöße zu geben und Aufmerksamkeiten zu wecken, bevor unter Verweis auf mangelnde Kenntnisse und wissenschaftlich fundierte Wertungen das kulturelle Erbe der Nachkriegszeit weiter vergessen und ausgelöscht wird.

In einigen Beiträgen wurde überzeugend herausgestellt, daß Konstruktionsfehler und Materialschwächen die gesamte Geschichte der Architektur begleiten. Die Mängel der Architektur der 50er Jahre müssen in diesem Kontext verstanden werden, wenn für behutsame Reparaturen geworben wird. Im Rahmen der Denkmalpflege müssen Mittel und Wege gefunden werden, diese Schwächen nach gründlicher Analyse der Verfallsfaktoren zu überbrücken, statt ganze Bauten bedenkenlos abzureißen. Zweifellos kann nur im Ausnahmefall die historische Konstruktion wiederholt werden. Weit öfter muß Ersatz geschaffen werden, und auch dann kann das Erscheinungsbild und die beabsichtigte Wirkung nur „annähernd" wiederhergestellt werden. Bei jedem Ersatz jedoch ist der Zeugniswert der Architektur beeinträchtigt, während geschickte Ergänzungen oder Hinzufügungen den Gesamteindruck zwar verändern, den Zeugniswert des Originalen aber erhalten. In den vergangenen zehn Jahren konnten bereits wichtige und weiterführende Erfahrungen im Umgang mit konstruktiven Mängeln an Bauten der 50er Jahre gewonnen werden. Die Beiträge der Tagung in Hannover können als ein ermutigender Zwischenbericht gewertet werden.

Herbert Schmalstieg

Vizepräsident des Deutschen Städtetages

Meine Damen und Herren,
ich eröffne im Namen des Deutschen Nationalkomitees für Denkmalschutz die Tagung „Schutz und Erhaltung von Bauten der 50er Jahre". Ich begrüße Sie herzlich auch als Oberbürgermeister dieser Stadt.

Es ist gut, daß es gelungen ist, die Tagung im Rahmen der Baufachmesse „Constructa" in Hannover zu veranstalten, auch wenn die Eine oder der Andere sich besonders um eine Übernachtungsmöglichkeit bemühen mußten. Von der 1. CONSTRUCTA 1951 gingen wesentliche Impulse für die Architektur der 50er Jahre aus.

Für Sie, die Denkmalpflegerinnen und Denkmalpfleger, ist es ein Gemeinplatz, daß es keine Zukunft ohne Geschichte geben kann. Diese Auffassung wird nicht überall geteilt. Auch im Städtebau und in der Stadtentwicklung gibt es utopische Entwürfe, die ohne Verankerung in der gewachsenen Struktur auskommen.

Die Städte stehen gegenwärtig vor einem Aufgabendruck, dessen Lösung die geschichtliche Dimension der Problemstellung sprengen kann. Nach wie vor sind die Soziallasten zur Betreuung Arbeitsloser und sozial Schwacher hoch; Asylanten, Aussiedler und Übersiedler müssen untergebracht werden; für die Wohnungsbauförderung zugunsten dieser Gruppen, aber auch deutscher Wohnungssuchender bedarf es eines entschiedenen Förderprogramms des Bundes; schließlich drängt das Problem Auto und Stadt, der drohende Verkehrsinfarkt der Städte.

Ich habe dringende Zukunftsaufgaben genannt, deren Lösung in den Städten nicht wie bei der zuletzt genannten in jedem Fall Hand in Hand mit den Zielvorstellungen der Denkmalpflege gehen kann. Es wird Konflikte geben. Aber die gegenwärtig dringlichste Aufgabe, nämlich die Zusammenarbeit mit den Menschen und den Institutionen in der DDR, die Lösung der nationalen Frage, die sich über Nacht erneut gestellt hat, kann nur dann eine der Zukunft verpflichtete Lösung finden, wenn ihre Geschichte ins Spiel gebracht wird.

Das dürfte unter uns unbestritten sein. Die Frankfurter Rundschau vom vergangenen Wochenende hat ein Gespräch mit Wim Wenders über seinen in Produktion befindlichen Film „Bis ans Ende der Welt?" unter den Aufmacher „Zeit-Reisen" gestellt. Der Filmemacher spricht davon, daß er in einer Woche auf drei Kontinenten, in Moskau, in Tokio und in Australien mit Menschen unterschiedlicher Entwicklung zusammengewesen sei und erklärt: „Das heißt: Meine Reisen im vergangenen Jahr waren mehr Zeit-Reisen als Ortsveränderungen." Er fährt im Blick auf das Verhältnis zwischen den Deutschen in der Bundesrepublik Deutschland und denen in der DDR fort: „Deshalb denke ich mir auch, die Aufgabe in Deutschland ist auch eher eine Zeit-Aufgabe: zwei Zeit-Räume zusammenzubringen. (...) Die Menschen leben in zwei verschiedenen Zeit-Zonen. Was man da machen kann, weiß ich auch nicht; nur soviel denke ich mir: daß man dafür viel Zeit braucht und ganz viele Zeit-Reisen machen muß."

Ich glaube, der Filmemacher formuliert damit eine Erfahrung, die jeder macht, der aus unserem Land in die Städte und Landschaften der DDR reist. Es ist immer auch eine Reise in die Geschichte.

Wer das Deutschland der Vorkriegs- und Kriegszeit in der Gestalt des Wiederaufbaus der 50er Jahre sehen und erleben will, findet in unserem deutschen Nachbarland Nahrung genug. Straßen, Brücken, Wegeführungen haben - bei aller Erneuerungsbedürftigkeit - noch geschichtliches Maß und geschichtliche Signatur.

Das gilt auch für die Bausubstanz, von der, mag sie noch so gefährdet sein, viel mehr, weil nicht durch die Flächensanierungen der 60er und 70er Jahre bedroht gewesen, erhalten ist als bei uns.

Ich kann mir nicht vorstellen, daß städte- und verkehrsbauliche Lösungen in der DDR ohne effiziente Beteiligung der Denkmalpflege gefunden werden können. Ich freue mich, daß das Deutsche Nationalkomitee für Denk-

malschutz eine Projektgruppe „Denkmalschutz und DDR" eingerichtet hat, und hoffe, daß auch bei dieser Aufgabenstellung die im Deutschen Nationalkomitee für Denkmalschutz bewährte Zusammenarbeit von Bund, Ländern und Gemeinden fortgeführt werden kann.
Meine Worte zwingen zu der Schluß–folgerung: Die Forderung nach mehr Respekt vor der Geschichte bei der zukunftsverpflichteten Lösung der Schwierigkeiten und Probleme in der DDR ist nur dann glaubwürdig, wenn auch wir die Spuren unserer Geschichte pflegen.
Begegnungen mit der Bausubstanz der 50er Jahre sind Zeit-Reisen. Die Begegnung mit dem Habitat in der DDR dürfte dabei Bemühungen unterstützen, die seit Anfang der 80er Jahre unternommen werden, um die erhaltenswerte Bausubstanz der 50er Jahre zu schützen und denkmalpflegerisch zu betreuen.
In der Architektur der 50er Jahre spiegeln sich auch unsere Anfänge in der Nachkriegszeit wieder. Ich freue mich, daß der Sinn für die Bedeutung der 50er Jahre zuerst in den Städten geschärft wurde. Die Stilvielfalt, der Reichtum an unterschiedlichen Formen und Details in dieser von der Not der Zeit und vom Wirtschaftswunder, von dem Umgang mit den Zerstörungen und Ruinen, von der Kontrastierung von Alt und Neu geprägten Architektur ist in der Tat aus dem Bild unserer Städte nicht wegzudenken.
Die Arbeitsgruppe „Kommunale Denkmalpflege" des Deutschen Städtetages hat ihre Jahrestagung 1987 in Stuttgart dem Thema „Städtebau und Architektur der 50er Jahre als denkmalpflegerische Aufgabe" gewidmet. Eine Sonderausgabe der Denkmalschutz-Informationen des Deutschen Nationalkomitees für Denkmalschutz hat Beispiele aus dieser Veranstaltung zusammen mit der Empfehlung des Städtetages Nordrhein-Westfalen vom 14.09.1987 „Denkmalschutz für Architektur der 50er Jahre" zur heutigen Veranstaltung vorgelegt.
Der Vereinigung der Landesdenkmalpfleger in der Bundesrepublik Deutschland ist die Klärung vieler fachlicher Probleme zu danken, die auch in die Vorbereitung und Organisation der bevorstehenden Veranstaltung eingegangen sind. Im Rahmen der bewährten fachlichen und öffentlichkeitsbezogenen Arbeit des Deutschen Nationalkomitees für Denkmalschutz sind inzwischen - weithin bekannte - Veröffentlichungen entstanden.
Der Titel der gerade vorgelegten Schrift des früheren Stadtbaurats Rabeler, dem die kommunale Denkmalpflege und ein an der Erhaltung orientierter Städtebau in Theorie und Praxis viel verdanken, nämlich: „Wiederaufbau und Expansion westdeutscher Städte 1945 bis 1960 im Spannungsfeld von Reformideen und Wirklichkeit" bringt mich auf unser Thema zurück.

Die Architektur der 50er Jahre, vielfach
- der der 20er Jahre und
- den darüber hinaus weitergeführten konservativen Strömungen mit regionalem oder historischem Bezug,
- der Richtung des neuen Bauens im Bauhaus und
- der darauf aufbauenden modernen Architektur der 30er und 40er Jahre im Ausland

verpflichtet, stellt sowohl eine Antwort auf das Bauen in der Zeit des Dritten Reiches als auch eine Zeit- und Raum-Brücke zur Architektur der Vorkriegszeit dar.
Auch in der Bundesrepublik Deutschland sind die deutschen Städte bei allem reformerischen und utopischen Wollen in Verpflichtung gegenüber der gewachsenen Struktur wieder aufgebaut worden. Davon kündet die nach 30 bis 40jährigem Gebrauch verletzlich gewordene, gefährdete Architektur der 50er Jahre.
Die breite Wiederbegegnung mit den Städten und Landschaften in der DDR, die weit stärker als bei uns unverändert überdauert haben, kann uns eine Hilfe bei der verständnis- und respektvollen Zeit-Reise zu den potentiellen Denkmälern unserer eigenen Nachkriegsanfänge sein.
Ich wünsche Ihnen und uns allen, daß die bevorstehende Tagung auch unter Berücksichtigung dieser deutsch-deutschen Betrachtungsweise, die ja ein Geschenk ist, endgültig einer denkmalpflegerischen Auffassung zum Durchbruch verhilft, nach der es genauso selbstverständlich ist, Profan- oder Sakralbauten der 50er Jahre des 20. Jahrhunderts wie solche der 50er Jahre des 17. Jahrhunderts zu erhalten.
Eine solche denkmalpflegerische Ermächtigung und Konsensbildung ist um so notwendiger, als auch die Erhaltung und der Schutz von Denkmälern dieser jüngsten Kategorie sich nicht wie von selbst durchsetzen läßt.
Das, was bisher auf diesem Gebiet geschehen ist, läßt aber eine zuversichtliche Haltung zu.
Ich wünsche der Tagung gutes Gelingen und viel Erfolg!

Hans Herbert Möller

Vorsitzender der Vereinigung
der Landesdenkmalpfleger in der
Bundesrepublik Deutschland

Zu den nicht ausrottbaren Vorurteilen gehört die Behauptung, Denkmalpflege sei, da ihr die Bewahrung der historischen Substanz am Herzen liege, dem modernen Bauen gegenüber eher skeptisch. In der Denkmalpflege geht es um die Bewahrung der Zeitzeugen in ihrer originalen Substanz. Sie wird sich deshalb stets, wenn Material und Maßstab stimmen, für die qualitätsvolle neue Architektur einsetzen in dem Bewußtsein, daß unsere Städte nicht ersticken dürfen, daß sie sich weiterentwickeln und von Leben erfüllt sein müssen. Sie werden jedenfalls nicht einer durchschnittlichen Biederkeit das Wort reden und auch nicht den ins Kraut schießenden Rekonstruktionen, seien sie am Frankfurter Römerberg oder am Marktplatz zu Hildesheim. Diese finden ihre Rechtfertigung allenfalls als stadtbaupolitische Maßnahme.

Wer in diesen Tagen die Möglichkeit wahrnimmt, sich in der trostlosen Innenstadt Magdeburgs dem hoch aufragenden Dom zu nähern, der wird an der Nordseite, am sogenannten Neuen Markt, die abgeschlossene, teilweise rekonstruierte Bebauung zweigeschossiger Barockpalais sehen und dies als einen Versuch empfinden, hier in all der Zerstörung wieder städtebaulichen Halt zu geben. Als 1931 vor der Westfront dieses Domes ein Neubau der Reichsbank entstehen sollte, setzt sich der damalige Provinzialkonservator Hermann Giesau nachdrücklich für die Verwirklichung eines Wettbewerbsergebnisses nach dem Entwurf von Erich Mendelsohn, also eines zeitgenössischen Architekten von hohem Rang ein, leider ohne Erfolg. In Ulm erzürnten sich vor einigen Jahren große Teile der Bürgerschaft, daß die Denkmalpflege sich für den künstlerisch hochrangigsten Vorschlag aussprach. Gewiß, das waren und sind Einzelfälle, aber sie machen deutlich, daß der Konservator mitten im architektonischen Leben seiner Zeit fest verankert sein muß, um urteilsfähig zu bleiben.

Es ist zunächst in den Jahren nach dem Zweiten Weltkrieg nicht leicht gewesen, verständlich zu machen und durchzusetzen, daß auch die emotional abgelehnte Gründerzeit des Historismus nicht vogelfrei sein kann, sondern auch für sie Beurteilungsmaßstäbe entwickelt werden müssen. Die Thyssen-Stiftung hat sich hierfür nachdrücklich engagiert.

Die sich zwischen den beiden Weltkriegen entwickelnden Architekturrichtungen des Heimatstils und der expressionistischen internationalen Architektur haben inzwischen beide ihre Interpreten gefunden, die Vorgaben zur Einordnung ermöglichen. Um die Bewertung der Architektur des Dritten Reiches allerdings machte (und macht) man bis heute leider gern einen Bogen, da dies die Auseinandersetzung auch mit lebenden, geschätzten Architektenkollegen verlangen würde. Aber es kann und darf keinen Zweifel geben, daß die baulichen Hinterlassenschaften auch des Faschismus eben Zeitzeugen sind, manifeste Dokumentationen einer Diktatur, die nicht durch Vergessen oder Auslöschen ungeschehen gemacht werden kann. (Was im übrigen auch für die Bauten der eben erst zuende gegangenen Herrschaftssysteme gelten muß).

Allerdings dürfen sie nicht zu Orientierungspunkten, sondern nur zu Merkzeichen werden, die der Obhut des die Geschichtszeugnisse bewertenden und bewahrenden Denkmalpflegers in gleicher Weise anvertraut sind wie die sogenannten traditionellen Denkmale, - ohne daß er damit gleich in ideologischen Verdacht gerät.

Kehren wir zum Jahr 1949 zurück, so stellen wir fest, daß es weder einen radikalen Bruch in gesellschaftspolitischem noch in architektonischem Schaffen gegeben hat. Vielmehr

Hannover: Messepostamt, gebaut 1951-52 nach einem Entwurf von Friedrich Lindau, im Mai 1988 abgerissen (Photo: 1952)

forderten die neuen Aufgaben neue Lösungen, die erst allmählich eine eigene Form und Sprache gewannen und die heute im Rückblick eine feste Kontur zu gewinnen scheinen. Welche Einflüsse, Entwicklungen und Ausprägungen vorliegen, dies soll Gegenstand unserer Tagung sein.
Am Rande dieses Tagungszentrums, das 1988/89 errichtet wurde, um dem Messestandort Hannover eine Zukunft zu schaffen, stand bis dahin in einer reizvollen Grünplanung eingebettet u.a. das Messe-Postamt von Friedrich Lindau. Ein überaus qualitätsvoller Bau aus dem Jahre 1950, wie er für diese Aufgabe kaum geschickter hätte erdacht werden können. Aber auch die ihm zweifellos zugewachsene Denkmalqualität konnte seinen Abriß nicht verhindern, da in der Abwägung der unterschiedlichen öffentlichen Interessen die Belange der Deutschen Messe-AG und der von ihr zu erwartenden Aufgaben höherrangig zu bewerten waren.
Nun ist es nicht immer so eindeutig. Dem Politiker, sei er Gemeinderat, Ratsherr, Abgeordneter oder Minister, müssen wir nahebringen, daß der Denkmalbegriff unteilbar ist und nicht nur die gotische Dorfkirche oder das Renaissance-Rathaus umfaßt, sondern auch die Landesversicherungsanstalt oder eine Kindertagesstätte der ausgehenden 50er Jahre. Hierüber wollen wir uns in diesen zwei Tagen austauschen und uns danach durch Anschauungsunterricht, sprich Exkursion in die 50er Jahre, der „Hillebrechtzeit" in Hannover, zurückversetzen.
Eine weitere bildhafte Anschauung gibt die Ausstellung der Vereinigung der Landesdenkmalpfleger im Erdgeschoß dieses Messegebäudes, die Sid Auffarth im Auftrag der Vereinigung entwickelt und aufgebaut hat und die vorgestern Nachmittag unter großer Anteilnahme eröffnet worden ist. Herr Auffarth wird morgen abend dazu einige Hinweise geben.
Wir stehen in diesen Messetagen in einem Umfeld von großer politischer Dimension und wirtschaftlicher Dynamik. Mehr denn je muß Denkmalpflege an dieser Stelle ihren Platz behaupten und Verständnis bei allen ihren Partnern finden.
Ich freue mich, daß es gelungen ist, diese wichtige Tagung an dieser wichtigen Stelle auf der CONSTRUCTA '90 einzubringen und möchte allen, die sich dafür eingesetzt haben, allen Referenten, die daran mitwirken, besonders aber denen, die unermüdlich die Organisation besorgten, Frau Arnold von der Messe-AG und Herrn Oberamtsrat Mazura vom Deutschen Nationalkomitee für Denkmalschutz, ganz herzlich danken.
Meine Damen und Herren, in dem zu 67 % zerstörten Hannover entstand unter Leitung Rudolf Hillebrechts, der 1948 hier Stadtbaurat geworden war, eine vor allem den wachsenden Verkehrsbedürfnissen angepaßte neue Stadtstruktur, die die historischen Vorgaben auflöste. Besonders am Waterlooplatz von Laves wurde schon in der ersten Hälfte der 50er Jahre die neue Landeshauptstadt Niedersachsens entscheidend geprägt. Es entstanden Stadträume von neuer Qualität, die den städtebaulichen Ruf Hannovers begründeten.
Die Frage, ob diese Ansätze zu den Ideen gehören, die überlebten, wird Hanns Adrian in seinem Referat, das unsere Tagung eröffnen soll, zu beantworten suchen.

HANNS ADRIAN

Ideen, die überlebten

Ich habe die 50er Jahre nicht als sympathische Zeit in Erinnerung. Aber daß sie für unsere Städte von größter Bedeutung waren und daß auch damals Richtiges gedacht wurde - daran kann es keine Zweifel geben.
Als die 50er Jahre begannen, war ich 19 Jahre alt und Unterprimaner. Als sie endeten, war ich 29 Jahre alt, „Zeichenknecht" im Büro von Konstanty Gutschow.
In der Schule, auch im Abitur, endete die deutsche Geschichte mitten im 19. Jahrhundert. Unsere Hochschullehrer hatten die Nazizeit erlebt, aber sie sprachen niemals davon. Ernst Neufert war für uns einer aus dem Bauhaus. Erst von Werner Durth erfuhr ich, daß er seine Bauordnungslehre im Auftrage von Speer begonnen hatte.
Ein jüngerer Kollege, der eine Dissertation über ihn schrieb, fragte mich einmal, warum es uns nicht gestört habe, daß Karl Gruber sich mit den Nazis eingelassen hatte. Ich war verblüfft über die Frage: Wir hatten Karl Gruber verehrt. Seine Vergangenheit hat uns wohl deshalb vor allem nicht besonders berührt, weil wir annahmen, daß mehr oder weniger alle irgendwie „mitgemacht" hatten.
Es war eine Zeit, in der man damit lebte, daß die „Wendehälse" den Wiederaufbau zu besorgen hatten. Die 50er Jahre waren politisch naiv. Und selbst wir Jungen waren es auch. Die 50er Jahre waren eine Zeit des Kalten Krieges, der Restauration, der langsamen Konsolidierung und der politischen Illusionen. Die Handelnden waren, wie hätte es anders sein können, sehr weitgehend dieselben wie die, die schon vor 1945 gehandelt hatten. Die Jüngeren, betrogen und verkauft, verweigerten sich der Politik. Man nannte sie die Ohnemich-Generation.
Hannover feiert 1992 seinen 750. Geburtstag. Aber die Stadt hat ihre Prägung im 19. Jahrhundert gefunden. Im Wiederaufbau wurde sie durch die Planungen Hillebrechts und seiner Mitarbeiter zu einer Stadt der 50er Jahre. Wer in Hannover Stadtbaurat ist, hat sich täglich mit der Tradition der 50er Jahre auseinanderzusetzen.

Die Zeit:
- Das motorisierte Biedermeier
- Die schwindelnden Patriarchen
- Wirtschaftswunder und Petticoat
- Nierentische, Tütenleuchten, Braun-Design,
- Knoll-International-Knoll-acht-fünfzehn

Nach dem Krieg blieb der große Neubeginn aus. Visionen wurden erörtert, aber nicht gebaut, auch nicht die „von einer neuen Gesellschaft in neuen Städten." Werner Durth hat uns dargestellt, daß die Grundlagen für die Wiederaufbaupläne für die Städte schon in den letzten Kriegsjahren erarbeitet worden waren.Sie mußten entideologisiert und politisch unverdächtig gemacht werden – auf Leitbildern der Vorkriegszeit und des Auslandes aufbauend.
Die Konzepte der „Moderne" waren nicht wirklich zuende diskutiert, als die Chance da war, sie zu verwirklichen. Traditionsstränge waren abgerissen oder von den Nazis korrumpiert und mißbraucht: Blut und Boden, Speer'scher Neoklassismus.
Unsere Lehrer hatten es schwer. Sie waren auf sich gestellt. Sie erfanden Architekturen, die unter Reizschwellen blieben, „anständiger Baugesinnung verpflichtet", ordentlich konstruiert, bescheiden im Maßstab, abgewogen in den Proportionen, allgemeinen Regeln verpflichtet. Vorbilder wurden importiert aus der Schweiz, Dänemark, Schweden, Finnland: Steiner, Jacobsen, Aalto, später Mies van der Rohe, Le Corbusier. Sie wurden nacheinander entdeckt, ausgebeutet und ersetzt.
Das Bewältigen von Funktionen war unverdächtig, lehrbar und lernbar. Es war übrigens eine Befreiung von den verschwafelten Ideologien. Bei einer Diskussion in Darmstadt meinte jemand zu Max Guther, die Städte müßten doch auch wieder schön werden. Er hat darauf geantwortet, wenn gute und richtige Wohnungen entstünden, sei das Wichtigste erreicht. Die Schönheit werde von denen gebracht, die ordentlich leben könnten.
Viele suchten unpolitische Qualität, eingebettet in das Patriarchat der Adenauer-Regierung. Architekten fühlten sich als die Fachleute im Besitz des Wissens und Könnens, mit direkter Verbindung nach oben. Dieses Architektenbild hat sich erst Ende der 60er Jahre gewandelt. Die Unsicherheit war gewaltig. Sie war nicht aufgelöst, als das beginnende Wirtschaftswunder Handeln erzwang. Im Wirtschaftswunder versandete die Diskussion.
Ich möchte drei Bereiche des Städtebaus herausgreifen, für die man sich damals zu Meinungen und Vorstellungen durchdiskutiert hat und die zu bis heute wirksamen Konzepten geführt haben. Natürlich gibt es viel, viel mehr, was zu erörtern wäre.

Stadträume für Straßen

1. In den Wiederaufbauplanungen der Städte spielte die Führung des Autoverkehrs eine ausgesprochen dominierende Rolle. Heutige Stadt- und Verkehrsplaner leben in aller Regel in dem Gefühl, hinter Entwicklungen herzuhecheln, übrigens nicht nur im Bereich der Verkehrsplanung.
Damals war das anders. Schon in den 30er Jahren hatte man mit dem Bau der Autobahnen begonnen, ohne daß dafür ein wirklicher Bedarf bereits sichtbar gewesen wäre, sieht man einmal von militärischen Erwägungen ab. Die Neuplanung der Straßennetze in den Städten begann in den 40er Jahren, als der Motorisierungsgrad in Deutschland minimal war. Erika Gerrard, die Sekretärin Konstanty Gutschows, erzählte mir einmal, daß sie unmittelbar nach dem Krieg mit Ernst Neufert und anderen mit dem Fahrrad durch die von Trümmern verengten Straßen nach Hamburg hineingefahren sei. Er habe dabei den Lenker losgelassen, die Arme ausgebreitet und gerufen: „Das muß sechsspurig werden."
Martin Wagner, der nach Amerika emigrierte frühere Stadtbaurat Berlins, wird im „Spiegel" 1952 mit einem Brief zitiert: „Wir wissen von keiner Bewegung im Kosmos, die sich mit unserem gegenwärtigen Thohuwabohu des Straßenverkehrs vergleichen ließe.... All das wissen wir und darum sagen wir es frei heraus,

daß es die große Sünde unserer Zeit ist, nicht früh genug, nicht nachhaltig genug für den städtebaulichen Grundsatz eingetreten zu sein, differenzierten Transportgeschwindigkeiten auch differenziertes Wegerecht zu geben."[1]
Man wußte, was auf unsere Städte zukommen würde. Man glaubte, die Herausforderung bestehen zu können. Dem entideologisierten Handeln stand der Glaube an die eigene Kraft bei.
In einer Denkschrift der hannoverschen Bauverwaltung von 1949 wird dargelegt, daß es in Hannover 1938 ein Auto auf 24.7 Einwohner gegeben habe, 1949 ein Auto auf 36 Einwohner. In Amerika dagegen sei bereits 1938 ein Kraftwagen auf 4 Einwohner gekommen. Zitat daraus: „Wenn auch nicht damit gerechnet werden braucht, daß amerikanische Verhältnisse jemals platzgreifend werden, so muß eine vorsorgliche Verkehrsplanung doch davon ausgehen, daß innerhalb eines Zeitraumes von 5 Jahren der Vorkriegsstand wiedererreicht und innerhalb weiterer 10 Jahre verdoppelt werden wird, so daß Deutschland dann den Stand der Motorisierung anderer europäischer Länder erreicht haben wird. Diese Zahlen stimmen auch in etwa überein mit den beabsichtigten Produktionszahlen der Kraftfahrzeugindustrie." Als man das neue Straßennetz plante, mit dem die Stadt bis heute lebt, rechnete man also damit, daß eines Tages auf etwa 12 Einwohner ein Auto kommen würde. Heute kommt auf 2 Einwohner ein Personenauto!
In einem Artikel zur Constructa Bauausstellung 1951 schrieben W. Niedig und H. Harke, Tiefbauamtsleiter und Verkehrsplaner in Hannover: „Im Rahmen der Planungen für den Aufbau der Landeshauptstadt Hannover nimmt die Verkehrsplanung einen besonderen Rang ein. Durch die umfangreichen Kriegszerstörungen ist die einmalige Möglichkeit gegeben, daß Stadthannoversche Verkehrsnetz weitgehend zu sanieren... Dabei muß jedoch durch engste Zusammenarbeit aller im Städtebau wirkenden Kräfte gewährleistet bleiben, daß selbst ausgedehnte Verkehrsanlagen nicht als Fremdkörper im übrigen Stadtgebiet wirken, sondern sich harmonisch in dieses einfügen."[2]
Man glaubte wohl wirklich daran, daß man den Autoverkehr „harmonisch einfügen" könne. Die öffentliche Meinung, ganz bestimmt auch die veröffentlichte Meinung, war durchaus auf der Seite der Straßenplaner. Der „Spiegel" schrieb 1952 in dem schon zitierten Artikel unter dem Titel „Planer, werdet hart" über Stuttgart: „Weit kranker noch, als der zweckentfremdete Bahnhofsvorplatz.... ist die auf ihn einmündende Königstraße, deren geringe Breite (22 m) eine Sünde der anfänglichen Nachkriegsplanlosigkeit ist".
Man berichtete über einen Streit zwischen dem städtischen Generalbaudirektor Hoss und dem Ministerpräsidenten Reinhold Meier über den „Planiedurchbruch" und den dafür nötigen Abbruch des Kronprinzenpalais. Bonatz wird verspottet, weil er auf allgemeine städtebauliche Aspekte hinwies. Dann drohend: „Damit vergingen rund 2 Jahre. Stuttgarts Verkehrsverletzte und -tote in dieser Zeit: 200".
Der Stil des „Spiegel" hat sich nicht verändert - wohl aber seine Meinung.
Der kleine Schloßplatz ist bis heute ein wichtiges Übungsfeld für Architekten geblieben. In vielen Städten kam es zu neuen Durchbruchs-

Hannover:
Rudolf Hillebrecht, Stadtbaurat 1948–1975

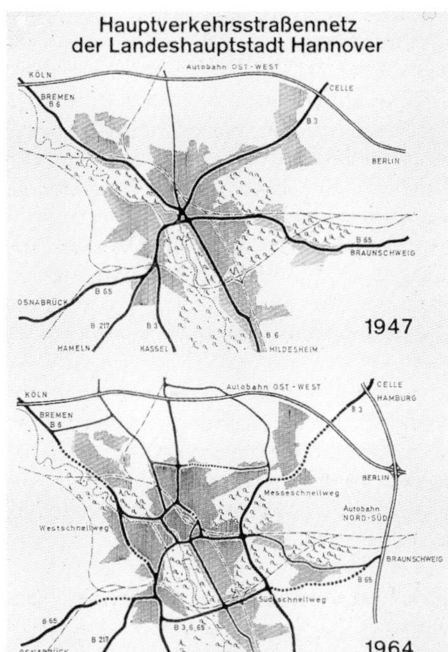

Hannover:
Vergleich des Hauptverkehrsstraßennetzes in den Jahren 1947 und 1964

Hannover:
Conti-Verwaltungsgebäude am Königsworther Platz, gebaut 1952/53 nach Entwurf von Ernst Zinsser und Werner Dierschke

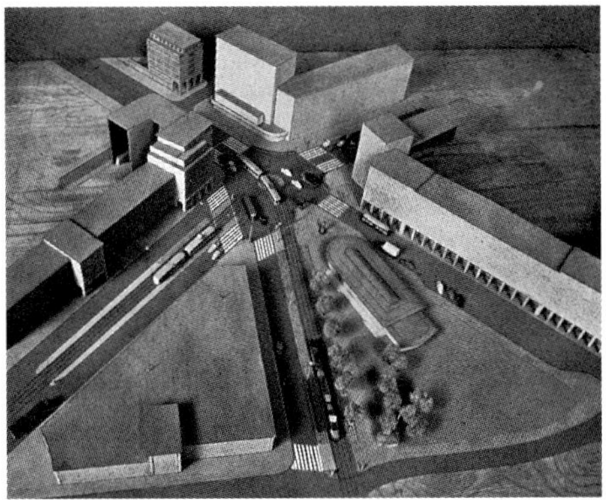

Hannover: Modell der Planung für die Bebauung am Kröpcke, 1951

straßen. In Frankfurt, Düsseldorf, Hannover heißen sie Berliner Straße oder Berliner Allee. Manchmal hat sich der Jargon der Planer erhalten: Nord-Süd-Fahrt, Ostweststraße.

2. In Hannover plante man das ganze Hauptverkehrs-Straßennetz neu. Zwei konzentrische Tangentenringe, die durch gut ausgebaute Radialen verbunden wurden. Ich zitiere nochmals den „Spiegel" von 1952: „Die ‚jungen Leute' von Hannover, gut beraten von dem ruhigen Hanseaten Konstanty Gutschow, dem früheren Baureformator in Hamburg (neues Elbufer), in dessen Atelier Rudolf Hillebrecht als freier Architekt arbeitete, taten sich nicht lange mit Plänen und wissenschaftlichen Tests wichtig, sondern riskierten einige flotte Entwürfe mitten in die verrammelte Innenstadt hinein. Am fünfzackigen Straßenstern der City, dem sogenannten Kröpcke, wo der Verkehrsstrudel am meisten schäumte, sprengten sie die Altstadtkapsel auf, verbreiterten die Straßen und legten den nunmehr weniger gefährdeten Fußgängern an den Kreuzungen schwarz/weiße Mosaikplatten unter die Füße. Die Platten warnen durchfahrende Kraftfahrer schon von weitem und zeigen dem Fußgänger, wo er in Sicherheit ist."
Einer der damals entstandenen, völlig neuen Straßenräume in Hannover ist das Leibniz-Ufer, angelegt als ein Teil des Innenstadtringes. Das Leibniz-Ufer ist erhalten. Ich halte es für eines der großen Beispiele des Städtebaus der 50er Jahre und in hohem Maße für schützenswert.

Zur Begrenzung dieser neuen Räume am Rande der Innenstadt wählte man eine Aufeinanderfolge von Solitärbauten: Büros! Die Architektur der Gebäude entsprach dem städtebaulichen Raum. Heinrich Henning schrieb dazu 1953: „Der neue Straßenzug am Leibniz-Ufer ist konsequenterweise nicht mit durchgehender Randbebauung verbaut worden, es reihen sich vielmehr Einzelbauwerke, selbständig ein jedes für sich dastehend als plastisches Werk, in vorbestimmter Ordnung und dokumentieren das, was der neue Städtebau will: Einordnung selbständiger Bauwerke in einen großen Zusammenhang, nicht Zurücktreten und Aufgehen des einzelnen in der Reihe... sondern Gruppierung und lockere Reihung".[3]
Wolfgang Rauda nannte dies einen rhythmisch gestalteten architektonischen Freiraum. Er schrieb zum Leibniz-Ufer: „Hervorragendes Beispiel einer neuzeitlichen Gestaltung im Sinne des freirhythmischen Ordnungsprinzips in einem bewegt geführten Grünzug werden die einzelnen Neubauten freikörperlich aufgestellt und in einer einheitlichen Komposition zueinander gefügt. Nicht nur die Baukörpererstellung und -reihung sondern auch die architektonische Einzelgestaltung der Baukörper folgt den Gesetzmäßigkeiten von Rhythmus und Asymmetrie".[4]
In Berlin hat Hermann Henselmann mit der Stalinallee zur gleichen Zeit versucht, einen neuen Verkehrsraum mit den klassischen Elementen „Achse", „Straße", „Platz" zu bewältigen, und er begrenzte den Stadtraum durch dekorierten Wohnungsbau. Das Resultat ist in Maßstab und Ausmaß unakzeptabel - bis heute, auch wenn man derartigem gegenüber toleranter geworden ist.

3. In den 50er Jahren veröffentlichte Hans Bernhard Reichow sein Buch „Die autogerechte Stadt". Dieser Buchtitel wird seitdem zum Totschläger gegen den Städtebau der 50er Jahre und späterer Zeit benutzt. Man wirft den Planern dieser Zeit vor, gewollt oder fahrlässig die Zerstörung der Städte herbeigeführt zu haben. Ich glaube nicht, daß dies den Kern trifft.
Man vertraute damals in einem für uns kaum mehr verständlichem Maße der eigenen Fähigkeit, Konflikte zu bewältigen und harmonische Lösungen zu finden. Man erfand Straßenräume für die neuen Autostraßen. Man bekannte sich dazu, auch denjenigen, die sich in einem Auto schneller als in jedem früheren Verkehrsmittel bewegten, ein Stadterlebnis vermitteln zu wollen.
Erst Ende der 60 Jahre wurde allen bewußt, daß es in den Städten Konflikte gibt, die nicht aufgelöst werden können, sondern die Parteinahme erfordern. Das Selbstverständis der Planer und Architekten änderte sich tiefstgreifend. War es das Ende der Patriarchen?
Die Innenstadt Hannovers wurde weitgehend auf altem Grundriß wieder aufgebaut. Aber man verbreiterte die wichtigen Straßen. Sie verloren dabei ihre Maßstäbe und konnten den Verkehr doch nicht bewältigen. Sie haben ihre Zeit nicht überlebt. Sie wurden „zurückgebaut".
In den 60er Jahren verloren auch die Verkehrsingenieure ihr Harmoniebedürfnis. Bewaffnet mit mathematischen Modellen wurden Straßenzüge vorgeschlagen, die die durchaus urbane Funktion „Verkehr" völlig aus der Stadt ausgegliedert hätten. Wenig davon wurde gebaut. Politisch wurde Ende der 60er Jahre ein erster Schub des Zurückdrängens des Autoverkehrs durchgesetzt. Heute steht ein zweiter an. Ich glaube, daß es erforderlich wird, den Autoverkehr mit einiger Rigorosität weiter einzuschränken. Dennoch, das Auto wird aus der Stadt nicht verschwinden. In dem Maße, in dem man es noch ertragen will, wird es eine Aufgabe bleiben, die vom Autoverkehr durchströmten städtischen Räume auch gestalterisch zu beherrschen.
Es hat Versuche gegeben, Autostraßenräume, die aus dem Lebensgefühl der 40er und 50er Jahre entstammen, fußgängerfreundlich zu machen. Die Porschestraße in Wolfsburg zeigt, in welchem Desaster dies enden kann.

Gesundes Wohnen

1. Bis heute haben die Vorstellungen von einer humanen Stadt eine ihrer Wurzeln in der totalen Ablehnung der unerträglichen Wohnverhältnisse für das Proletariat in den großen Städten des 19. Jahrhunderts. Man sah in der Überwindung von Enge und Elend, Rachitis und Schwindsucht, Abhängigkeit von Vermietern und Unselbständigkeit auch eine Aufgabe der Architekten. In seiner radikalen Form führ-

Hannover: Blick durch den Garten am Kröpcke Ende der 50er Jahre, als der Autoverkehr die urbane Umwelt noch nicht störte

te das zu konsequentem Zeilenbau mit richtiger Besonnung, Belüftung und Durchgrünung und gleichen Wohnverhältnissen für alle.
Während Ernst May in Frankfurt jedoch die Grundmuster des bürgerlichen Städtebaus bewußt verließ, entstanden in Hannover unter Elkarts Regie in den 20er und 30er Jahren z.B. in der Südstadt auf einem längst vor dem 1. Weltkrieg entworfenen Straßennetz hervorragende Beispiele fortschrittlichen Wohnungsbaus. Dabei blieb der Gegensatz von öffentlichem Raum und Hof erhalten: Straßen und Plätze.
Nach dem Krieg bestand kein Zweifel daran, daß das Ziel hygienischen Wohnungs- und Siedlungsbaus verfolgt werden müßte. Es blieb das Problem, wie die daraus resultierenden neuen Bebauungen in das Stadtgefüge zu integrieren seien. Ebensowenig gab es über alle Parteien hinweg Zweifel daran, daß man die Bewältigung der Wohnungsnot nicht wieder - wie in der Gründerzeit - dem Markt überlassen wollte.
Der soziale Wohnungsbau in seiner Nachkriegsausprägung erlebte seine höchste Effizienz und seine besondere Qualität in den 50er Jahren. Er hat die Städte in enormen Maße geprägt. Es entstanden abgeschlossene Wohnungen mit hohem Mindeststandard, harten Auflagen durch die Bewilligungsbehörden, gedacht für breite Schichten der Bevölkerung. Fassadendekoration - auch gestalterische Vielfalt - hatte zurückzustehen hinter Wohnqualität. Die gewaltigen staatlichen Subventionen mußten sparsam bewirtschaftet werden.
Es war bezeichnend, daß für die Architektenleistungen im sozialen Wohnungsbau eingeschränkte Honorare festgelegt wurden. Man sah im sozialen Wohnungsbau zuförderst eine soziale Aufgabe.
Alle die, die heute den Ausbau von Dachgeschossen als Lösungsansatz für Wohnungsnot betrachten, mögen sich ins Gedächtnis rufen, welcher Lebensmut und welche Kraft dazu gehörte, damals Standards und Qualitäten vorzuschreiben, auf die jeder ein Anrecht haben sollte.

2. Auch im Konfliktfeld zwischen hygienischer Qualität, traditioneller Stadtqualität und Wirtschaftlichkeit begegnet uns zu Beginn der 50er Jahre der Glaube an die Harmonisierbarkeit der Konflikte.
In Frankfurt kam es zu der Wohnbebauung um Dom und Römerberg. In Hannover erwies sich die Idee, um die zerstörten, aber wieder aufzubauenden Kirchen „Wohnnischen" zu entwickeln, als fruchtbar. Sie wurde vor einigen Jahren mit dem Nikolaiviertel in Ostberlin wieder aufgegriffen. Es entstanden auf neuen Grundmustern durchaus stadtverträgliche Strukturen.
Zur Constructa 1951 veröffentlichte der „Baumeister" die Bebauung um die Kreuzkirche und die Bebauung des neuen Stadtteils Am Mittelfelde in Hannover. Später kam die Bebauung an der Neustädter Kirche als besonders gutes Beispiel für einen Wohnungsbau hinzu, der den hygienischen Standards verpflichtet war, der sich aber in den Kontext der Stadt einfügte.
Die Bebauung rund um die Kreuzkirche war von mehreren Architekten geplant worden, nachdem sich die Eigentümer der zerstörten Häuser freiwillig zu einer Aufbaugemeinschaft in Form einer neugegründeten Genossenschaft zusammengeschlossen hatten. Bezeichnenderweise ist eine Gebäudegruppe in der Veröffentlichung des Baumeisters „Siedlung" genannt.
Einem ähnlichen Entwurfsprinzip folgte die Bebauung um die Neustädter Kirche, allerdings in größeren Maßstäben. Auch hier wurde ein größerer Bereich durch die den Raum umfassende Bebauung begrenzt. Im Inneren entwickelte man aus Kirche, stehengebliebenen Gebäuden und neuen Zeilenbauten räumliche Situationen, die auch heute noch reizvoll sind.
In der Südstadt entstand ebenfalls zur Constructa ein Neubaublock, der Constructablock, im Prinzip auf der Basis des Zeilenbaus. Auch hier sympathische Bescheidenheit der Maßstäbe, große Wohnqualität, Durchlässigkeit für Fußgänger, Ruhe.
Die Gebäudegruppen, die auf den damaligen Fotographien menschenleer, hart, nüchtern wirken, sind heute überaus beliebte und angenehme Wohnbereiche, gefüllt mit Grün, Ruhe und Vogelgezwitscher. Die bewundernswerten Inseln des Wohnens innerhalb einer großstädtischen City sind Beispiele geblieben. Wäre es doch gelungen, im weiteren Wiederaufbau in der inneren Stadt diese Qualität zu halten!

Hannover:
Rudolf Hillebrecht erläutert das Konzept der „Solitärbaukörper" am Modell, Abbildung aus einem Bericht über Stadtplanung in Hannover im Spiegel, 2. Juni 1959

Hannover:
Übersicht über die Bebauung am Leibnizufer, Darstellung von Wolfgang Rauda, entnommen seiner Publikation über „Stadtraum im Sinne des freirhythmischen Ordnungsprinzips"

3. Als von der Mitte der 50er Jahre an die jährlichen Wohnungsbauraten immer weiter stiegen und die innerstädtischen Bauflächen immer knapper wurden, begann die Planung und der Bau neuer Wohngebiete auf jungfräulichen Boden. Auch hier wurden zunächst sehr menschliche Maßstäbe in einer bescheidenen und sympathischen Architektur gehalten. Auf städtische Räume allerdings wurde zunehmend verzichtet.
Die Internationale Bauausstellung in Berlin 1957 befaßte sich mit neuen Architekturen. Städtebau im Sinne umgrenzter kommunikativer, öffentlicher Räume spielte zwar z.B. in den Stadtmodellen von Walter Schwagenscheidt oder auch bei Erich Kühn eine Rolle, kaum aber bei den gebauten Beispielen. Der soziale Wohnungsbau begann, sich in den

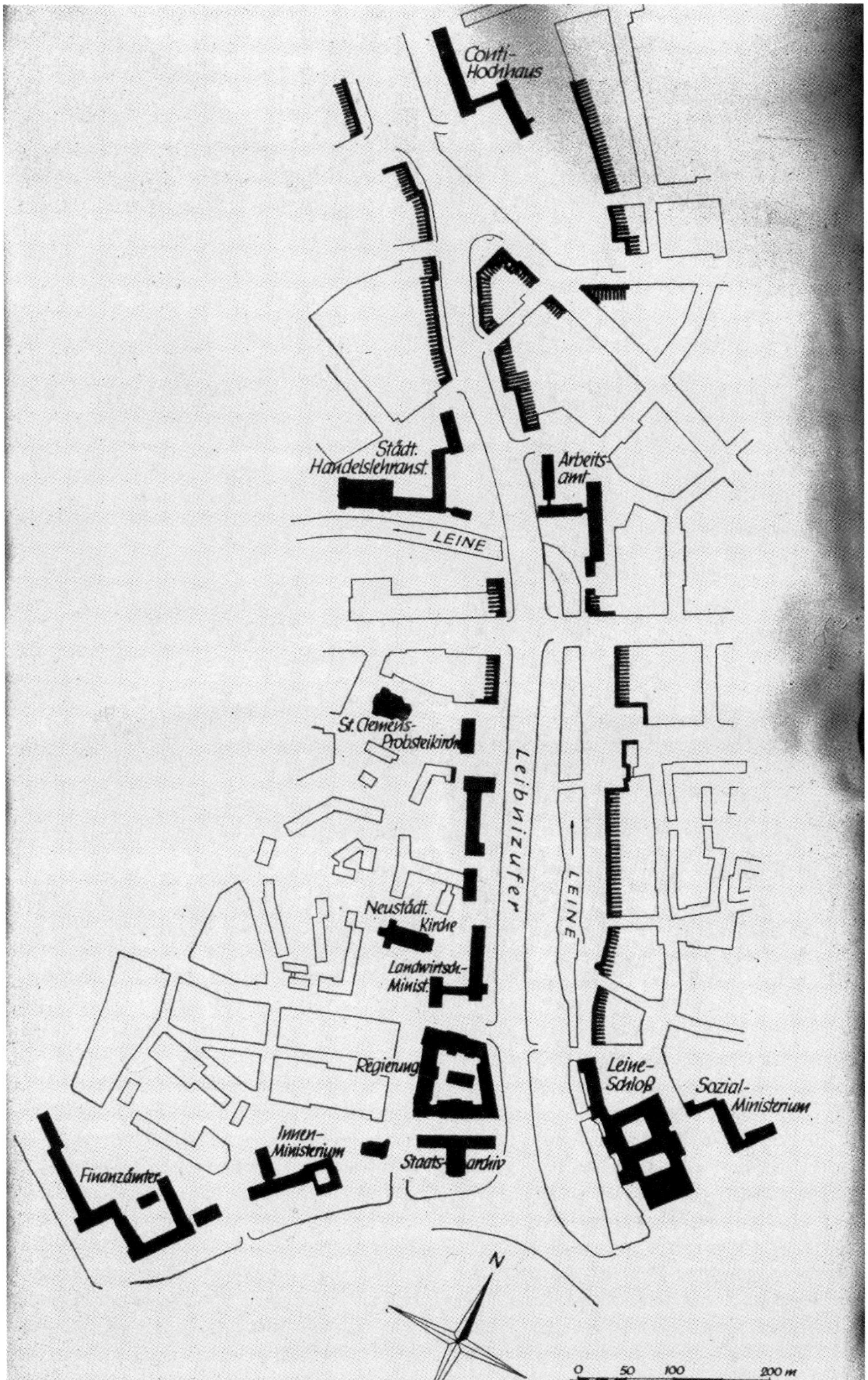

Städten zu verselbständigen.
Hermann Henselmann, der mit seiner Stalinallee immerhin urbane Räume entstehen ließ, wenn auch in absurder Maßstäblichkeit, und der das für sozialistischen Städtebau hielt, verbellte damals seine Konkurrenz, die Interbau: „Ich bin der Meinung, daß sich die Krise des Städtebaus innerhalb der kapitalistischen Umwelt gerade dadurch ausdrückt, daß selbst mit Hilfe der besten Architekten es nicht gelungen ist, in irgendeiner Weise einen Beitrag zu leisten bei der Beantwortung der Frage, wie wir unser Zusammenleben für den heutigen oder den morgigen Tag gesellschaftlich und damit städtebaulich organisieren wollen".[5] Ich meine, daß er damit recht hatte.

4. Der ausufernde Wohnungsbau aus locker sortierten, mehr oder weniger schönen Solitären wurde von den 60er Jahren an immer kritischer gesehen. Der Ruf „Urbanität durch Dichte" brachte den großen Bauträgern zusätzliche Bauvolumina, den Städten aber keine Verbesserungen. Das soziale Anliegen des öffentlich geförderten Wohnungsbaus verkam in Routine und Schlimmerem. Der Forderung nach wirtschaftlicher Bauleistung schien der vielgeschossige Montagebau entgegenzukommen. In den öffentlich geförderten Gebieten dieser Zeit konzentrieren sich heute mehr und mehr soziale Konflikte.
Es lohnt sich daran zu erinnern, welche Leistungen der soziale Wohnungsbau in den ersten Jahren erbracht hat. Derzeit überrollt ein neuer Schub geförderten Wohnungsbaus die Städte. Er ist - wieder einmal - als reine Mengenstrategie ausgelegt.

Städtebau als Politik

1. Man hat sich daran gewöhnt, die 50er Jahre und die Wiederaufbauzeit im ganzen als eine Phase der Restauration anzusehen. Vielleicht muß man jetzt, nach dem Zusammenbruch der SED in der DDR neu die Frage diskutieren, welche Chancen es damals für einen Neubeginn tatsächlich gegeben hat.
Rudolf Hillebrecht hat sich immer wieder mit dem Vorwurf auseinandergesetzt, eine Chance verpaßt zu haben. Er schrieb z.B.: „In der Verkennung des komplexen Begriffes Aufbau und in dem Mangel an geistiger Bereitschaft ist

Hannover: Blick über den Rübezahlplatz in der Constructa-Siedlung in Mittelfeld während der Sanierung der Fassaden – gebaut 1952 nach Entwurf von Ewald Zenker und Stadtbauamt

die verpaßte Chance... zu suchen. Die säkulare Aufgabe, die die Chance der Zerstörung einmalig bot, war, mit dem Aufbau der Städte die Bauformen der hochkapitalistischen Gründerjahre, in denen sich sozial und kulturell die Tragödie des Niedergangs entwickeln mußte, zu überwinden und neue Formen zu schaffen, in denen die neue Gesellschaftsordnung der sozialen Gleichberechtigung sich auswirken und in einem neuen Begriff von Menschenwürde Geltung und Ausdruck verschaffen konnte... Weil diese Aufgabe nach 1945 bei uns auf der politischen Ebene nicht gesehen wurde, blieb es den Städtebauern allein und im Widerstand zu der Gleichgültigkeit der Umwelt überlassen, ein Modellbild von der künftigen Stadt zu entwerfen... Die Gedankengänge der Städtebauer waren folgende: Bis in die Mitte des 19. Jahrhunderts war die Stadt in ‚Ordnung', d.h. das bauliche Gefüge der Stadt entsprach der gesellschaftlichen Ordnung der Zeit... Diese geistige und politische Übereinstimmung wurde nachhaltig durch die Industrialisierung und als deren Ursache durch den kapitalistischen Grundzug der Zeit gestört. Eine Folge war die Verbauung der Städte durch die rücksichtslose, egoistische Nutzung des Grund und Bodens, ohne Rücksicht auf die Gemeinschaft der Stadtbewohner. Die Folgewirkung war die soziale Entfremdung, der kulturelle Niedergang und der politische Gegensatz der Gruppen. Am Ende dieses Niedergangs stand die politische Katastrophe, die sinnfällig im Trümmerschutt der Städte sich darstellt... Jetzt mußte alles geschehen, um aus den Ruinen neues Leben zum Blühen zu bringen. Auf dieses Leben kam es den Städtebauern an, als sie neue Formen für die bauliche Entwicklung der Stadt entwarfen. Für sie war also die bauliche Form nicht mehr als Mittel zum Zweck. Der Zweck war, eine bauliche Umwelt zu schaffen, die ein ideales

Hannover: Blick von der Marktkirche über den Waterlooplatz im Jahre 1949

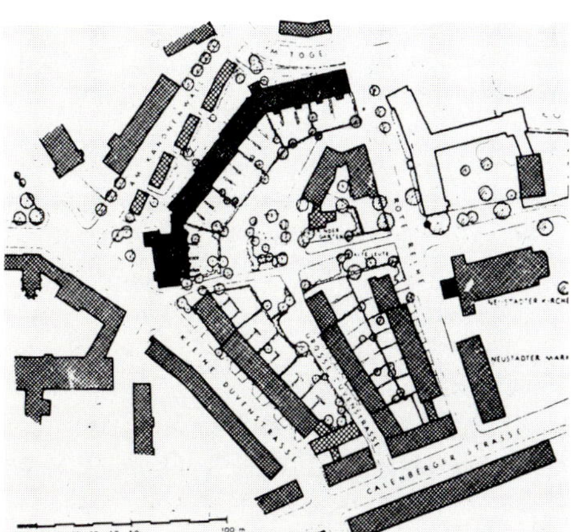

Hannover: Wiederaufbau des Gebiets an der Neustädter Kirche mit einer Wohnbebauung nach Entwürfen von Konstanty Gutschow, Ernst Kreytenberg, Walter Klave, Armin Lohse und Georg Seewald, 1955/56

Zusammenleben der Menschen anbahnen und ermöglichen sollte, die eine soziale Harmonie, eine fruchtbringende kulturelle Betätigung begünstigen könnte und in wirtschaftlicher Hinsicht eine sparsame, rationelle Lebensführung erlauben sollte. Aus einer solchen baulichen Umwelt versprach man sich eine neue städtische Gemeinschaftsform von größter physischer und psychischer Gesundheit, die ein neues geistiges Leben und eine politische Stabilität nachsichziehen müßte."[6]

1966 sagte Hillebrecht rückblickend: „...Städtebau als Mittel der Politik begriffen dagegen die Diktaturen unseres Jahrhunderts. Das 3. Reich wie das stalinistische Rote Rußland wußten die Möglichkeiten der Darstellung ihrer politischen Struktur und Macht der suggestiven Reflektion repräsentativ in Bauformen manifestierter Dogmen auf Verhalten und Haltung der Insassen, kurz der Wechselwirkungen zwischen Stadtform und Lebensform, wohl zu nutzen..."[7]

Wenn es auch kaum zu einem realisierbaren und verfolgenswürdigen Leitbild der demokratischen Stadt kam, so hat doch die tiefe Animosität gegen Symbole der Macht ihre Wirkungen gehabt. Hannover, das erst im 19. Jahrhundert zu einer großen Stadt wurde, war von Achsen durchzogen. Sie waren ein wesentliches und prägendes Element.

Eine der besonders eindrucksvollen Achsen führte über den Waterlooplatz, einen früheren Exerzierplatz, auf das Schloß und den Turm der Marktkirche zu und war fortgesetzt in der Stadterweiterung nördlich der mittelalterlichen Stadt. Diese sogenannte „Laves-Achse" hatte in den Aufbauplänen der Nationalsozialisten eine große Rolle gespielt.

Hillebrecht konnte gegen große Widerstände durchsetzen, daß das Leine-Schloß mit dem Anbau eines Plenarsaals zum neuen Landtag wurde. Zwar hat man dabei das Schloß in seiner äußeren Gestalt weitgehend wiederhergestellt, den Plenarsaal jedoch bewußt und sichtbar als neues Element daneben gestellt.

Ich zitiere erneut Hillebrecht: „In dem Bemühen, ...das Bild geschichtlicher Kontinuität sinnvoll zu erhalten, spielt das Leine-Schloß eine entscheidende Rolle" ...„Architektur ist eine Sprache von stummer aber steter Beredsamkeit. Wer sich ihrer nicht bedient oder nicht recht zu bedienen vermag, ist nicht nur unbegabt für Politik, sondern wird den Mangel seines Talents dadurch zu spüren bekommen, daß seine Politik dem Volke fern und unverständlich bleibt. Der Begriff eines Parlamentsgebäudes als eines ganz eigenen Bautyps wird sich erst nach und nach ausprägen, und seine charakteristischen Formen werden noch gefunden werden müssen...".

Hillebrecht zerstörte bewußt die auf den neuen Landtag zuführende Straßenachse. Die Aufhebung der Symmetrie des Waterlooplatzes war gewollt und beabsichtigt. Man hat sich eindeutig und bewußt von Symbolen der Macht distanziert.

Man möchte oft wünschen, daß die Scheu, die man in den 50er Jahren den Symbolen der Macht gegenüber hatte, angehalten hätte.

2. In Hannover wurde sehr bald nach dem Krieg das Opernhaus wieder aufgebaut. Es ist eine erstaunliche Tatsache, daß man damals, als Mangel an allem herrschte, sehr tatkräftig den Aufbau der Oper betrieb. Nach einem Wettbewerb wurde Kallmorgen beauftragt. Er fand für die Foyers eine neue Form und ließ in Teilen die Ruine sichtbar. Es ist ein, wenn auch bescheidener, Parallelfall zum Wiederaufbau der Alten Pinakothek in München durch Döllgast.

Als vor einigen Jahren das Zuschauerhaus erneuert wurde und die Foyers wieder instandgesetzt wurden, stellte der Ministerpräsident die Frage, ob man denn nicht, wie in Dresden, alles in alter Form wiederherstellen sollte. Anläßlich eines Kolloquiums zu seinem 75. Geburtstag habe ich Hillbrecht gefragt, was er davon hielte. Er geriet in sichtbaren Zorn und sagte sinngemäß, man dürfe doch nicht alles, was noch an die große Katastrophe erinnere, zudecken und zuschmieren wollen. Der Dresdner Wiederherstellung entspreche es, daß man zur Eröffnung gesungen habe: Wir winden Dir den Jungfernkranz.

Oesterlen hat damals, fasziniert von der Ruine, die Marktkirche als Backsteininnenraum wieder aufgebaut - ein wie ich finde, bis heute den Frankfurter, Hildesheimer oder Weimarer Beispielen vorzuziehender Umgang mit Baudenkmalen.

3. In einem von einer großen Gruppe junger, sehr engagierter, kluger Leute sorgfältig erarbeiteten, wirklich guten Führer durch Hannover, Hannover zu Fuß, sind die Bebauung um die Kreuzkirche oder Neustädter Kirche oder der Constructa-Baublock nicht erwähnt. Zum Conti-Hochhaus von Zinsser findet sich dort der Satz: „Weiß der Kuckuck, warum der 15-geschossige Klotz Denkmalschutz genießt - vielleicht, weil er kurze Zeit Deutschlands höchster Nachkriegsbau war. An gleicher Stelle war früher das Arbeitsamt."[8]

Ich glaube, daß es höchste Zeit ist, sich mit der Architektur und dem Städtebau der 50er Jahre zu befassen und auch mit den Ideen, die weiterwirken!

Quellennachweis

1 Spiegel 1/52, „Verkehrsprobleme: Planer werdet hart", S. 20 ff
2 Der Aufbau der Stadt Hannover, 1. Denkschrift: Die Innenstadt, Textteil A, Oktober 1949
3 Heinrich Henning „Das Hochhaus der Continental-Gummi-Werke AG, Hannover" in: Neue Stadt, Heft 11 + 12 1953
4 Wolfgang Rauda: Raumprobleme im europäischen Städtebau, München 1956
5 Hermann Henselmann: „ Wie wir wohnen wollen", zitiert nach: „Vom Himmel an das Reißbrett ziehen", Verlag der Beeken, Berlin 1982
6 Rudolf Hillebrecht: „Neuaufbau der Städte", Handbuch moderner Architektur, Safari-Verlag Berlin 1957. Zitiert nach „Städtebau als Herausforderung", Kohlhammer 1975
7 Rudolf Hillebrecht: „Rede in der öffentlichen Sitzung des Ordens pour le mérite" 1966, zitiert nach: „Städtebau als Herausforderung", Kohlhammer 1975
8 „Hannover zu Fuß" Ingo Bultmann, Thomas Neumann, Jutta Schieke, (Hrsg.), VSA-Verlag, Hamburg 1989

Hannover: Blick von der Marktkirche über den Waterlooplatz im Jahre 1984.
Die ehemalige Achsenwirkung des Platzes ist durch eine ausschwingende Straßenführung aufgehoben.

WERNER DURTH

Die Stadtlandschaft
Zum Leitbild der gegliederten und aufgelockerten Stadt

Der einführende Vortrag von Hanns Adrian hat gezeigt, daß uns durch die fortschreitende Veränderung unserer Städte Zeugnisse einer Stadtkonzeption verloren gehen, die nach dem Ende des Zweiten Weltkriegs ein neues Verständnis von Stadt und Natur zur Anschauung brachte.

Mit Absicht steht das Thema der Stadtlandschaft am Beginn dieser Tagung, weil mit diesem Konzept über die Formen und den Gebrauch der einzelnen Bauten hinaus ein neuer Zusammenhang hergestellt werden sollte - als neue Qualität einer nach außen und innen offenen Stadt: eine Vision, die wir als Ausdruck eines neuen Lebensgefühls zu deuten versuchen, das sich nach dem Ordnungszwang und dem Kontrollterror des Dritten Reichs, nach den Bombennächten und Feuerstürmen in den glühenden Schluchten der Städte leidenschaftlich gegen jede streng reglementierte Ordnung wandte, um in Stadt und Gesellschaft gleichermaßen die starren Systeme zu öffnen.

Ein tiefgreifender Wandel der Städte als Baustruktur und Lebensform - der Versuch einer Wiedergewinnung der Natur gemäß den alten Forderungen nach Licht, Luft und Sonne - das war die eine Seite dieser Vision: ihre Kehrseite war die Zerstörung der historischen Stadt.

Das programmatische Titelblatt der Entwürfe von Max Taut 1946 zum Aufbau Berlins verdeutlicht, daß gerade nicht an Wieder-Aufbau gedacht war, da auf den Trümmern der Mietskasernen Gärten angelegt und an deren Rändern in lockerer Folge bescheidene Reihenhäuser entstehen sollten.[1]

Doch hinter der drängenden Wohnungsnot und wachsendem ökonomischen Verwertungsdruck verblaßte manche Vision der unmittelbaren Nachkriegszeit innerhalb weniger Jahre - nicht nur im Städtebau.

In der Praxis der Planung wurden die freundlichen Züge des Idealbilds einer offenen Stadt nur allzu oft als technische Muster dem überkommenen Stadtgrundriß aufgeprägt und unter dem Druck eines raschen Wiederaufbaus mit schematisch entworfenen Bauten umstellt.[2]

Und doch ist an manchen, an den gelungenen Orten bis heute noch etwas von der Aufbruchstimmung jener frühen Jahre zu spüren - eine fragile Ästhetik der Improvisation im bewegten Rhythmus des „fließenden" Raums - wie es damals hieß, im Versuch, das Verhältnis von Stadt und Natur grundsätzlich neu zu bestimmen.

Solche Zeichen eines anderen Umgangs mit Natur sind manchenorts nicht nur in den großen Freiräumen der Stadt, sondern selbst in den Wohnhöfen aus jener Zeit immer noch ablesbar als Spuren des Versuchs, bis in die innerstädtischen Siedlungen hinein eine modellierte Landschaft zwischen den Bauten aufscheinen zu lassen und die vorhandene Topographie in die Bewegung der Körper zu übertragen: in die bewegte Gestalt der Baukörper ebenso wie in das Bewegungs- und Lebensgefühl der Bewohner.

Freilich hatten solche Konzepte zur Auflösung der „Steinernen Stadt"[3] als verhaßtem Symbol einer erstarrten Gesellschaftsstruktur längst ihre Traditionen - von der Gartenstadtbewegung über die Reformkonzepte der 20er Jahre bis hin zu den Wiederaufbauplänen, die bereits im Krieg erarbeitet worden waren. Und auch der Begriff der Stadtlandschaft hatte vor 1945 bereits eine wechselvolle Geschichte, auf die zurückzublicken sich lohnt, wenn einerseits die Besonderheiten jenes Nachkriegskonzepts, andererseits aber auch seine Bedeutung als Verbindungsglied zu früheren Phasen der Stadtentwicklung erkennbar werden soll, -

Berlin: Umschlag des Heftes „Berlin baut auf",Max Taut 1946

gleichsam als Brücke vom Neuen Bauen über den Nazistaat bis in die Gegenwart.
In der Literatur ist der Topos der „Stadt als Landschaft" schon lange bekannt, doch erst durch den 1930 von Siegfried Passarge herausgegebenen Sammelband „Stadtlandschaften der Erde" verbreitete sich dieser Begriff als Fachterminus der Kulturgeographie auch bei einem weiteren Publikum.[4]
Einen entscheidenden Bedeutungswandel mit deutlicher Wendung vom deskriptiven zu einem eher normativen Gehalt hin erfuhr der Begriff der Stadtlandschaft Ende der 30er Jahre, als er im Rahmen der nationalsozialistischen Neugestaltungspläne an verschiedenen Orten zur Formulierung eines neuen Leitbildes der Stadtentwicklung in die Terminologie der Planer aufgenommen wurde.[5]
Gemeint waren nun nicht mehr jene über Jahrzehnte baulich verdichteten, verkrusteten Stadtgebilde. Von den Architekten und Planern angesprochen war jetzt mit diesem noch neuen Begriff vielmehr die Vision einer Verschmelzung von Stadt und Natur, einer Durchdringung der naturräumlich vorgegebenen Landschaft mit den in lockeren Bauformen topographisch eingefügten Siedlungsräumen. Seit der heftigen Kritik an der industriellen Stadt des 19. Jahrhunderts mit ihren Mietskasernen und Korridorstraßen hatte die Sehnsucht nach einer Symbiose von Stadt und Natur, von Industrie und Landwirtschaft in wechselnden Bildern Ausdruck gefunden; im Konzept der Gartenstadt war ein präzis geordnetes Städtesystem vorgesehen.[6]
Nach dem Ersten Weltkrieg schien vielen Architekten das Ende der großen Städte nahe: „Laßt sie zusammenstürzen, die gebauten Gemeinheiten..." fordert Bruno Taut 1919.[7]
In pathetischen Proklamationen zur Auflösung der Städte in weitgestreute Siedlungen mit dezentral angelegten Gemeinschaftsbereichen wurden Visionen einer egalitären Gesellschaft sichtbar, in denen „Gemeinschaften und Eigenbrötler" gleichermaßen ihren Ort finden würden, - so das Motto einer pflanzenhaft erdverbundenen Siedlungsvision von Bruno Taut.[8]
Zu diesen Skizzen schildert Taut in seinem Aufruf mit dem Titel „Die Erde - eine gute Wohnung" folgende Utopie: „Gleichmäßig durch aller Mühe ist die Erde bebaut, - überall hingestreut wohnt man - zwischen den Ozeanen von Wasser und Wald. Die großen Spinnen - die Städte - sind nur noch Erinnerungen aus einer Vorzeit, und mit ihnen die Staaten."[9]
Zwei Jahre nach Erscheinen dieses Buches von Bruno Taut gibt 1922 Ernst May, der in England die Gartenstadtkonzepte studierte, seiner Utopie an konkretem Ort erstmals planerisch Ausdruck. Nach dem Wettbewerbsprojekt zur städtebaulichen Entwicklung Breslaus schlägt er entgegen dem weiteren Wachstum der Kernstadt eine „Stadterweiterung mittels Trabanten" vor: „Das zentrale Stadtgebilde wird nach Abrundung auf seinen bisherigen Raum beschränkt. Das angrenzende Freiland wird in den Kern eingemeindet. An einzelnen, besonders günstig gelegenen Punkten dieser Freiflächen (...) werden in Anlehnung an bereits vorhandene kleinere Gemeinwesen oder auch unter völliger Neugründung solcher Organismen (...) nach Bedarf Trabanten ausgebaut."[10]
Durch Erweiterung des räumlichen Bezugsrahmens gewinnt Ernst May einen neuen Blick auf die Stadt, in der die zuvor ringförmig stadtumgebende Randzone nun in der Binnengliederung zwischen Trabanten und Kernstadt als innerstädtischer Grünzug erscheint. Die Konsequenz für seine Planung in Frankfurt am Main:[11] Die Kernstadt wird mit einem Kranz aus Trabantensiedlungen umgeben, die im Norden, in der weiten Landschaft der Nidda-Flußniederung, prägnant Gestalt gewinnen.
Insbesondere die Siedlung Römerstadt entlang der Nidda, eingebunden in ein mit Leberecht Migge erarbeitetes Grünraumkonzept, bietet bis heute eines der wichtigsten Beispiele eines gleichermaßen sozial wie ästhetisch engagierten Städtebaus der 20er Jahre, in enger Bindung an die landschaftlichen Besonderheiten dieser Region. Und noch in den 60er Jahren wird Ernst May mit erneuerter Autorität an diesem Beispiel das für ihn weiterhin gültige Konzept der Stadtlandschaft erläutern.[12]
Obgleich die in den 20er Jahren vor allem in sozialdemokratisch regierten Städten voran-

Berlin: Skizze zur künftigen Stadt, Max Taut 1946

Darmstadt: Wohn- und Geschäftshaus Wilhelminenstraße 50, nach Entwurf von Ludwig Finkeissen erbaut 1956/57

getriebene Siedlungspolitik des Neuen Bauens durch die Wirtschaftskrise 1929 ein jähes Ende findet, bleiben auch in den 30er Jahren die Fragen nach den Formen und Methoden künftiger Stadterweiterung aktuell.
Ganz im Sinne der damals verbreiteten, biologistischen Deutung von Stadt als „lebendigem Organismus" werden in den 30er Jahren die Konzepte zur Auflockerung und Gliederung der Städte weiter differenziert; nicht nur das erwartete Wachstum der Städte, auch die innere Neugliederung soll sich auf Quartiere mit 5000-6000 Einwohnern beziehen, wobei innerstädtische Grünzüge zur deutlichen Abgrenzung der Teile vorgesehen sind.[13] So wird der Zusammenhang von „Gliederung und Auflockerung" bald zum Dauerthema der Planerdebatten - nun freilich eng bezogen auf die übergreifenden politischen Forderungen einer totalitären Herrschaft: Forderungen nach Auflockerung der städtischen Bauweise unter Trennung der Funktionen, die in den Internationalen Kongressen für Moderne Architektur (CIAM) längst vorgetragen wurden, werden nun mit Blick auf Wiederaufrüstung und Kriegsvorbereitung luftschutztechnisch begründet und rassistisch verbrämt; die räumliche und soziale „Gliederung der städtischen Siedlungsmasse" - wie es nun heißt - wird nicht mehr nur nach optimalen Versorgungseinheiten und Erschließungsmustern geplant, sondern als kleinteilige Organisation der Parteiherrschaft bis in die unterste Ebenen des einzelnen Wohnblocks.[14]
Der Entwurf von Herbert Rimpl für die Stadt der Hermann-Göring-Werke zeigt mit Stadtkrone, Siedlungszellen und autogerechter Infrastruktur gleichsam eine Synthese von Planungskonzepten aus zwei Jahrzehnten.[15]
In vielen Schriften finden sich um 1940 Planungsrichtlinien und Musterentwürfe zur künftigen Gliederung und Modernisierung der Stadtstrukturen; die systematische Weiterentwicklung eines integrativen Konzepts der Stadtlandschft in Überlagerung räumlicher, sozialer und politischer Planung wird indessen in Hamburg betrieben. In der gemeinsamen Arbeit an einer in Zellen gegliederten, großräumig der Elbe entlang angelegten „Stadtlandschaft Hamburg", bei der das „Strombett als Kraftquell" dienen soll[16], hatten sich in der Hansestadt drei Planer zusammengetan, die aus den Reformansätzen der Weimarer Zeit das Konzept der Stadtlandschaft den neuen Machthabern dienstbar machten: Konstanty Gutschow, Wilhelm Wortmann und Hans Bernhard Reichow.[17]

Bruno Taut: Skizzen aus „Die Auflösung der Städte", Hagen 1920

Reichow hatte bereits 1939 eine „Denkschrift zur städtebaulichen Entwicklung des Groß-Stettiner Raums" vorgelegt, die eine weiträumig bandartige Entwicklung der Stadt als Kette einzelner Siedlungszellen entlang dem westlichen Oder-Ufer vorsah.[18] Die hier vorgeschlagenen „Zellen" entsprechen im einzelnen etwa dem Hamburger Planungskonzept, das gemäß der Ortsgruppen-Gliederung der NSDAP mit dem Titel „Die Ortsgruppen als Siedlungszelle" benannt ist.[19] Zu diesem Konzept einer gleichermaßen räumlich, sozial und politisch definierten Siedlungseinheit hatte Wilhelm Wortmann wesentliche Anregungen gegeben, der seinerseits 1941 in der Zeitschrift „Raumforschung und Raumordnung" unter dem Titel „Der Gedanke der Stadtlandschaft" die bisherigen Überlegungen zusammenfaßt: „Die Stadtlandschaft will einen neuen zellenförmigen Aufbau der Stadt in bewußter Anlehnung an die politische Gliederung unseres Volkes, im Gedanken der Volksgemeinschaft und in lebendiger Beziehung zur Landschaft."[20]
Im Laufe des Totalen Kriegs und der verheerenden Luftangriffe wird dem Konzept der Stadtlandschaft bald eine neue, reale Grundlage gegeben, da nach den Flächenbombardements die zerstörten Innenstädte planerisch zur Disposition stehen: Von den Architekten wird die Zerstörung historischer Stadtgebiete nicht nur als Verlust, sondern auch als ersehnte Vernichtung der Steinernen Stadt betrachtet, als Chance einer grundsätzlichen Wende in den menschlichen Siedlungsformen - in der Vision einer atavistischen Versöhnung mit der Natur, im Schatten von technisierter Massenvernichtung und kalt geplantem Völkermord.[21]
Aus Zeitgründen muß ich hier auf Zitate von Architekten verzichten, die angesichts der ausgebrannten Ruinen noch mitten im Krieg die Wiederkehr der Heiligen Haine germanischer Ahnen beschwören, oder die Konzentration auf die Heiligen Bezirke der Stadt zur Wiederbelebung mittelalterlicher Daseinsformen verlangen[22] - im Schwanken zwischen Entsetzen und Frohlocken über die Trümmerfelder ringsum, die in ihrer Verwüstung den Blick freigeben auf die widerständige Topographie, auf die naturräumlichen Voraussetzungen der nun gewaltsam gebrochenen Ent-

wicklung der Städte.
Mit der kalten Gleichgültigkeit der Natur fließen die Flüsse weiter durch Hamburg, Bremen und Stettin, liegen ausgebrannte Städte an den Ufern von Rhein, Main, Elbe und Weser. Um die Schrecken des Krieges zu mildern, werden von Nürnberg bis Kiel die Trümmer bepflanzt. Die Natur holt menschenleere Städte wieder ein: Werner Heldt zeichnet Berlin als „Stadt am Meer", Brandmauern zwischen den Fluten der Trümmer.[23]

Nie wieder die Steinerne Stadt, nie wieder gefangen zwischen den Feuerstürmen in Korridorstraßen und Hinterhöfen. Die Gewalt des Krieges und tausendfacher Tod bilden nun den gemeinsamen Erfahrungshintergrund einer Architektengeneration, die jetzt im Wiederaufbau der Städte, den sie anfangs zumeist noch „Neuaufbau" nennen, ein gemeinsames Ziel verfolgen, auch wenn sie aus unterschiedlicher Richtung kommen: die gegliederte und aufgelockerte Stadt, die weiträumig offene, durchgrünte Stadt-Landschaft als Zeichen des Neubeginns.
Dort, wo die Stadt die Natur überformte und wesentliche Merkmale der Landschaft bis zur Unkenntlichkeit überbaute, sollen die Trümmer geräumt und die charakteristischen Züge im Bodenrelief wieder freigelegt werden. Freigelegte Bachläufe und weiträumige Grünverbindungen bis hin zu umgebenden Wäldern prägen ab Herbst 1943 die Wiederaufbaupläne mancher Städte. So zeigt beispielsweise der

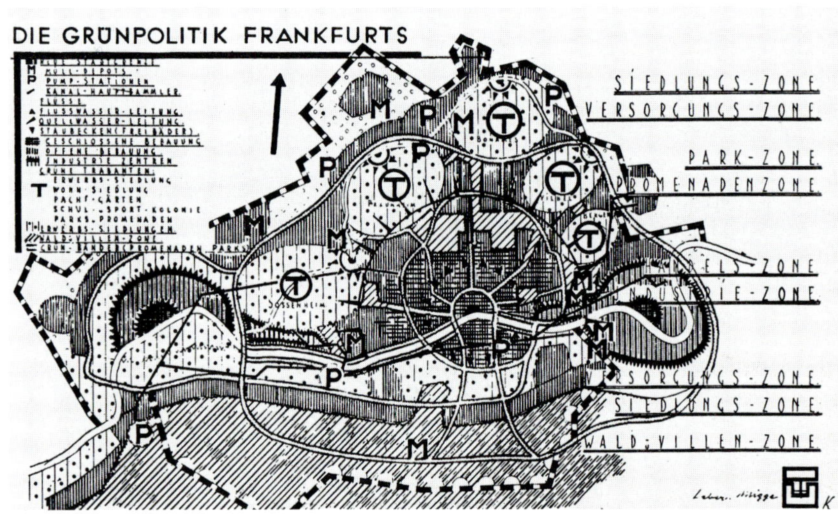

Frankfurt am Main:
Siedlung Römerstadt, Luftbild 1930, daneben: Regionaler Grünflächenplan von Leberecht Migge, Gutachten zur Grünpolitik Frankfurts, 1929

Frankfurt am Main: Siedlung Römerstadt, Zustand 1990

Stadt der Hermann-Göring-Werke:
Gesamtplan der Stadt, um 1940 bearbeitet von Willy Kirchner, Werner Hebebrand, Franz Rosenberg u.a.

Plan zur Gestaltung der künftigen Stadtlandschaft Hamburg 1944 den Versuch, die Landschaft des Urstromtals erlebbar zu machen, indem Bäche und Wasserläufe wieder sichtbar und klimatisch wirksam werden; der weite Autobahnring erscheint als Grüngürtel um die Stadt: Ein radikaler Rückbau der Stadt; noch konsequenter läßt ein anderer Entwurf visionär einen „Staatsforst" aus den Trümmern aufwachsen.[24] In einem Hamburger Bürowettbewerb schlägt Hans Bernhard Reichow im Frühjahr 1944 vor, den Lauf der Elbe insgesamt als Band zu betonen: An beiden Ufern werden locker bebaute „Siedlungszellen" in sanftem Schwung der Landschaft eingegliedert. Trotz unterschiedlicher Lösungen im Entwurf wird der Grundgedanke der Planung, die Auflösung der Stadt in Zellen, auch dem dann realisierten Aufbauplan Hamburgs die Grundlage geben und sich auswirken bis in die Gegenwart.

Die hier vorgetragene These, daß erst der Bombenkrieg und die Zerstörung der Städte den Weg freimachten für die Weiterentwicklung und Konkretion des Leitbildes der gegliederten und aufgelockerten Stadt, dessen Anfänge sich bis in die Gartenstadtbewegung

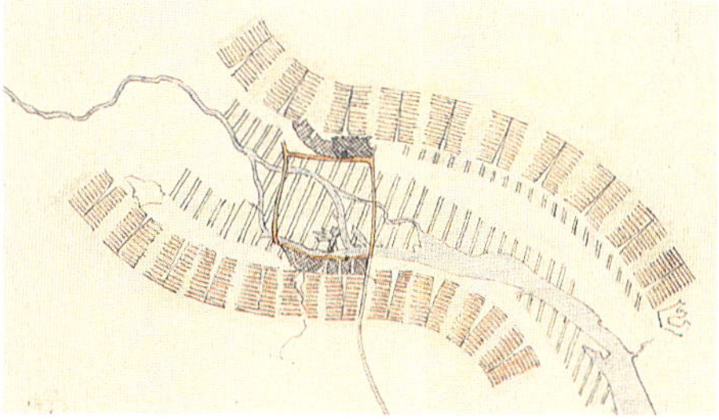

Hamburg:
Siedlungsschema zur bandartigen Entwicklung der Stadt von Hans Bernhard Reichow, März 1944

Berlin am Meer: Tuschezeichnung von Werner Heldt, 1949

und die Trabantenkonzepte der frühen 20er Jahre zurückverfolgen lassen - diese These läßt sich kaum besser veranschaulichen als am Beispiel der Stadt Hannover, deren Wiederaufbau in den 50er Jahren weltweit bekannt wurde und in vielen deutschen Städten als nachahmenswertes Muster galt.[25]

Wie in anderen Städten hatte es auch in Hannover Ende der 30er Jahre große Neugestaltungspläne gegeben - mit strengen Achsen, architektonisch gefaßten Platz- und Straßenräumen; mit gewaltigen Parteiforen und Versammlungshallen: ein Modell von 1939 zeigt den Blick vom Hauptbahnhof auf die Waterloo-Säule, rechts das große Parteiforum und links der Kopf des Maschsees mit umgebenden Kampfsport- und Versammlungsbereichen.

Ein erster Luftangriff trifft die Stadt im August 1940, der nächste schwere folgt im Februar 1942. Im selben Jahr erklärt der Stadtbaurat Karl Elkart: „Der Luftkrieg gibt gegenwärtig dem Städtebau sehr ernste Lehren, deren Auswirkungen wir zur Zeit noch nicht voll zu übersehen vermögen. Eines jedoch ist sicher: Die Erfahrungen aus dem Luftkrieg werden zu einer starken Auflockerung und Ausweitung führen (...) Gewaltige Veränderungen, völlig neue Lehren des Städtebaus werden entstehen."[26]

Am 30. November 1943 hält Albert Speer, inzwischen Rüstungsminister, vor Planungsfachleuten und Parteifunktionären eine richtungweisende Grundsatzrede zur Wiederaufbauplanung deutscher Städte, die Speer als Wiederaufbaubeauftragter Hitlers in ihren Grundzügen auch in Briefen an alle Gauleiter und nachgeordnete Dienststellen im Reich verteilen läßt: Mit den gigantischen Architekturentwürfen müsse nun Schluß sein angesichts des verschärften Bombenkriegs; die „hochkünstlerischen" Ideen könne man vertagen, fügt er ironisch hinzu. Jetzt sei die Zerstörung der Städte als Chance zu nutzen, indem durch große Verkehrstrassen endlich der „Verkehrsnot" der Städte ein Ende zu bereiten und der künftigen Motorisierung Raum zu schaffen sei.[27] Nach persönlichem Kontakt mit Speer berichtet Karl Elkart dem Rat der Stadt über diese Anweisungen und schlägt eine „Verbesserung des gesamten innerstädtischen Verkehrs durch die Anlage von Ring-, Tangential- und Entlastungsstraßen" vor. Im Winter 1944/45 wird auf der Grundlage der Neugestaltungsplanung ein großformatiger Entwurf zum Wiederaufbau Hannovers fertiggestellt, der im Vergleich mit den Plänen von 1938/39 erstaunliche Wandlungen zeigt.

Von der Umgebung des Maschsees aus führt ein breiter Grünzug nach Nordwesten über den Waterloo-Platz und das Gelände der zerstörten Neustadt bis zu den Herrnhäuser Gärten. Deutlich sind die einzelnen Stadtteile durch Grünflächen voneinander getrennt, wobei die nun geschwungenen Straßen und Wege „organisch" - wie es nun heißt - der Freiraumgestaltung angepaßt und vom Schema der starren Achsen gelöst erscheinen. Ausdrücklich ist in den Erläuterungen zu diesen Plänen nun von der „Stadtlandschaft Hannover" die Rede: Als Stadtlandschaft sei der gesamte „Stadtkörper" neu zu formen, indem um einen zentralen Kern die Teile der Stadt als Zellen gruppiert werden; zu umgeben sei dieser Kern mit einer Randzone, in der „in lockerer Bauweise" Gebäude kultureller Art, Museen, Verwaltungsbauten usw. ihren Platz finden sollten „so daß sie sowohl aus dem Kern als auch von den nach außen anschließenden Wohnvierteln leicht zu erreichen sind."[28]

Dieser Gedanke eines bandartigen Umbaus der Stadtform entlang der Leine bleibt Konsens der Planer auch über die Wirren des Kriegsendes hinweg. Auch die Pläne der interdisziplinär besetzten „Arbeitsgemeinschaft zum Wiederaufbau Hannovers" wird diesen Gedanken weitertragen, der ab 1948 vom neuen Stadtbaurat Rudolf Hillebrecht weiterverfolgt wird. Obgleich Hillebrecht die früheren Wiederaufbaupläne für Hannover nicht im Zusammenhang kennt, ist ihm nach seiner langjährigen Mitarbeit bei der Neugestaltung Hamburgs[29] die naturbezogene Modellierung der Stadtlandschaft eine fast selbstverständliche Aufgabe; das zuvor geplante System axial geordneter Straßenfolgen und architektonisch gefaßter Plätze wird aufgegeben, da sich die neuen Qualitäten stadträumlicher Komposition vor allem aus freien Bewegungsabläufen entlang der großen Randstraßen erschließen sollen: „Rhythmus" und „Asymmetrie" sind die neuen Schlüsselbegriffe der Planung, die zugleich zur Entnazifizierung des Stadtbildes beitragen. So schreibt Hillebrecht zum neuen Leineufer in der Ersten Denkschrift 1949: „Längs der Leine wird der Niveauunterschied der Straßen zur Altstadt das ursprüngliche Hohe Ufer zu voller Geltung bringen. Das Querprofil der Straße mit linksseitig der Leine flachem, lang ausgezogenem Vorland wird diese Wirkung unterstreichen. Öffentliche Gebäude werden dieser Straße einen charakteristischen Ausdruck geben (...) Wir glauben, daß diese Straße Erlebniswerte aufzeigen kann, die sie zu einem künstlerischen Bestandteil Hannovers werden läßt."[30]

Von geradezu programmatischer Bedeutung sind in Hannover jedoch auch innerstädtische Freiräume - die Anlage kleinteiliger, vielfältig nutzbarer Gärten, die im Zentrum der Stadt etwa durch die Grundstücksumlegungen rings um die Kreuzkirche gewonnen werden, wo zwischen Wohnzeilen Hausgärten entstehen. Das Modell zeigt die Neubebauung unter Beibehaltung des rechten Blockrands aus der Sanierung der späten 30er Jahre; insgesamt ein Ergebnis komplizierter Umlegungs- und Kooperationsverfahren, die zu einer bis heute einmaligen innerstädtischen Wohnsituation führten, deren Zentralität und Intimität eine besondere Balance zwischen Öffentlichkeit und Privatheit erlebbar machen.

Um neben solchen Wohnsiedlungen das Konzept des offenen Stadtraums auch nach außen hin spürbar werden zu lassen, werden die überkommenen Formen städtischer Freiraum-Gestaltung radikal aufgelöst, wie Hillebrecht an der Neugestaltung des früher streng axial angelegten Waterloo-Platzes im Rückblick beschreibt: „Gerade die Schwingung der Laves-Allee am Rande des Waterloo-Platzes in bewußten Kontrast zum Exerzierplatz zu stellen, war mein Betreiben. Denn erstens schien uns damals ein Exerzierplatz ein für alle Mal nicht mehr nötig, sogar ein Schandmal zu sein. Und zweitens ist so eine Achse wie die von der Waterloo-Säule über Leineschloß und Markt-Kirchturm das Langweiligste von der Welt, wenn man da in der Achse geht oder fährt."[31]

Hillebrecht erläutert 1981 das neue Bewegungsgefühl dieser Zeit, das er auch noch rückblickend nachempfindet: „Wenn Sie mit dem Auto oder auch mit dem Fahrrad in einer geschwungenen Trasse fahren oder auch zu Fuß gehen, dann verschieben sich plötzlich diese drei Punkte, und es gibt Überschneidungen: mal ist die Kirche links von der Waterloo-Säule, mal ist sie rechts (...). Dieses Schwingen habe ich als ein Gefühl unserer Zeit empfunden, im Kontrast zum Gefühl des Marschierens oder des Geradeausgehens. Ich bin heute noch der Meinung, daß es richtig ist, und daß man den Raum heute ganz anders erlebt als im 19. Jahrhundert. Zudem hat die Waterloo-Säule einen Symbolwert für Hannover, den man nicht zur Verkehrsinsel herabwürdigen sollte."[32]

Das neue Konzept des „fließenden" Raums dagegen wird getragen von einer Architektur, die gleichsam in konisch gefächerten Scheiben, wie Finger in die Fläche greift und den Bogen des Verkehrsbandes einerseits auf Distanz hält, andererseits in rhythmische Sequenzen gliedert. Und wenn man die neue Leine-Brücke mit ihren grünen Ufern überquert und dem Fußweg bis in die Innenstadt folgt, kann man heute noch diese Folge von Räumen bei gleichzeitiger Weite erleben, die allerdings durch klobige Nachverdichtungen im Bereich der vorderen Berufsschulbauten schon weitgehend beeinträchtigt ist. Mehrfach ist gerade diese städtebauliche Komposition in der Literatur der 50er Jahre als besonders gelungenes Beispiel für das neue Verhältnis von Raum, Zeit und Architektur beschrieben worden, als gelungene Verwirklichung der „Gesetze" von Rhythmus und Asymmetrie, die zuvor schon Adrian zitierte.

Absichtsvoll sind die Grundzüge dieser Komposition aus Bogen, Scheiben, Leitwand und Raumsequenzen in abstrakter Form als Grundrißfigur der Bauausstellung Constructa wiedergegeben, mit der sich Hannover 1951 einem internationalen Publikum als Stadt eines demonstrativ modernen Wiederaufbaus vorstellte: gleichsam als Wegweiser durch die Neue Stadt.

Ein Blick in die Ausstellungshalle konfrontiert mit dem programmatischen Satz: „Städtebau ist keine Geheimwissenschaft"; und eine zentrale Botschaft der dort aufgestellten Tafeln betrifft die Stadtlandschaft: dargestellt im suggestiven Vorher-Nachher-Vergleich der alten und der neuen Stadt. Der Text des Plakates lautet dazu: „1850 Zerstörung der Ordnung durch planlose Ausdehnung der Städte, 1951 fordern wir: Planvolle Gliederung und Verschmelzung von Stadt und Landschaft."

Diese Forderung war inzwischen weitgehend Konsens bei Planern und Architekten, trotz unterschiedlicher Traditionen, politischer Positionen und Berufstätigkeiten. Über viele Grenzen hinweg verbanden sich auch unterschiedliche Bauauffassungen im Begriff der Stadtlandschaft zu einer gemeinsamen Orientierung: war das Konzept der Stadtlandschaft in Hamburg oder Hannover eher Hinweis auf die schrittweise Transformation von Planungen aus den 30ern in die 50er Jahre, ist es anderen Orts mit dem Pathos des radikalen Bruchs bisheriger Entwurfsvorstellungen verbunden.

Als ein Beispiel solcher Planungs-Utopien aus der Zeit unmittelbar nach dem Krieg möchte

Hannover: Skizze zur Neugestaltung des Waterlooplatzes, 1939

ich kurz Berlin anführen, und zwar den sogenannten Kollektivplan, 1945/46 erarbeitet von einer Architektengruppe um Hans Scharoun, der anstelle der hierarchischen Ring- und Radialstruktur der Kaiser- und Führerstadt eine urbane Landschaft als Siedlungsband im Urstromtal vorsah.[33] Im August 1946 eröffnet Scharoun die Ausstellung „Berlin plant" mit einer programmatischen Rede: „Was blieb, nachdem die Bombenangriffe und Endkampf eine mechanische Auflockerung vollzogen, gibt uns die Möglichkeit, eine Stadtlandschaft zu gestalten"; in ihr soll „aus Natur und Gebäuden, aus Niedrigem und Hohem, Engem und Weitem, eine neue lebendige Ordnung" entstehen. Scharoun führt aus: „Wir brauchen Gefüge gleichgewichtiger Straßen, die das Gefüge gleichgewichtiger Wirtschafts- und Wohnstätten organisch miteinander verbinden."[34]

Die Versuche zur Auflösung der alten Baustrukturen Berlins lassen sich über die späteren Pläne für das Gebiet „rund um den Zoo" und bis in die Details der Innenstadt, bis in die Kioske und Verkehrskanzeln nachweisen; über die Interbau und die Westberliner Entwicklung der 50er Jahre in Kontrast zu den programmatischen Bauten im anderen Teil der Stadt wird an anderer Stelle in dieser Tagung berichtet.

Diese Erweiterung der Perspektive, durch die der früher stadtumgebende Außenraum nun in den Innenraum einbezogen und als Gliederungselement einer weiträumig angelegten Stadtlandschaft wirksam wird, läßt sich nach 1945 an verschiedenen Orten, in ganz unterschiedlichen Planungskonzepten wiedererkennen. In ganz anderer Form als in Berlin, z.B. im Vorschlag zur Neugestaltung von Mainz. Hier entsteht in den Plänen der französischen Besatzungsmacht, die sich unter kulturpolitischen Prämissen eng an die Konzepte des neuen Urbanismus Le Corbusiers anlehnen, eine durchgrünte Bandstadt von Ingelheim bis Offenbach. Und bis ins Detail wird eine Vision der Moderne vorgestellt, in der die „Vertikale Gartenstadt" mit ihren Wohnhausscheiben die Topographie dieser Uferlandschaft neu thematisiert.[35]

Publikumswirksam wird für die neue Stadt geworben, die in einprägsamen Schwarz-Weiß-Kontrasten mit Scheibenhochhäusern in bewegter Landschaft der dunklen Vergangenheit gegenübergestellt wird, der Natur soll Vorrang gegeben werden vor den aufgeständerten Bauten.

Hannover: Wohnbauten rund um die Kreuzkirche, Zustand um 1953

Im Jahr der Constructa sind in der Fachwelt nicht nur die einzelnen Planungen aus den verschiedenen Städten bekannt; eine Flut von Publikationen hat den Gedanken der Stadtlandschaft in Musterentwürfe umgesetzt und als überhistorisch gültiges Planungskonzept im Sinne eines „lebensgesetzlich-organischen" Städtebaus als Grundlage der Planung der 50er Jahre popularisieren helfen: In ideologisch wirksamer Sprachbildung allen anderen Büchern voran ist Hans Bernhard Reichows „Organische Stadtbaukunst. Von der Großstadt zur Stadtlandschaft".[36] Seine Vision einer pflanzenhaft entwickelten Stadtlandschaft aus den „Wurzeln der Kraft: Volk und Staat" läßt wieder die Hamburger Siedlungszellen von 1944 erkennen, im neuen Buch nun umgearbeitet und als Nachbarschaftsschema bezeichnet. Die Formel von der „neighbourhood unit" ging nun ebenso in die Planersprache ein wie die steten Verweise auf Le Corbusiers Charta von Athen.[37] Leicht konnte man nun die früheren Konzepte zur Gliederung und Auflockerung auf entsprechende Entwicklungen in anderen Ländern beziehen. Was zuvor als unterste Ebene der Parteiorganisation ausgewiesen war, konnte nun in umgekehrter Blickrichtung als Keimzelle der neuen Demokratie vorgestellt werden. Ich möchte mir hier die naheliegenden Hinweise auf die Anpassung des Sprachgebrauchs an die Siegermächte verkneifen, - und auch die Ideologiekritik an jenem populär verdünnten „Jargon der Eigentlichkeit" (T.W. Adorno), der ja bekanntlich nicht nur die Sprache der Architekten von der Arbeit am Begriff befreite und das Denken wie die Erinnerung auf besondere Weise erleichtern half.

Gleichwohl wurde mit solchen Lehrbüchern, Artikeln und Publikationen eine spezifische Rezeptur geschaffen, die nach Währungsreform und Sicherung der ökonomischen wie rechtlichen Rahmenbedingungen ab 1950 eine besondere Kultur des Entwerfens prägen half, die vom Stadtgrundriß bis ins Türdetail eine eigenständige Epoche kenntlich macht, die

Hannover: Waterlooplatz mit Lavesallee und Siegessäule, Luftbild um 1955. Im Vordergrund das Berufsschulzentrum, Entwurf Werner Dierschke, Städtisches Hochbauamt

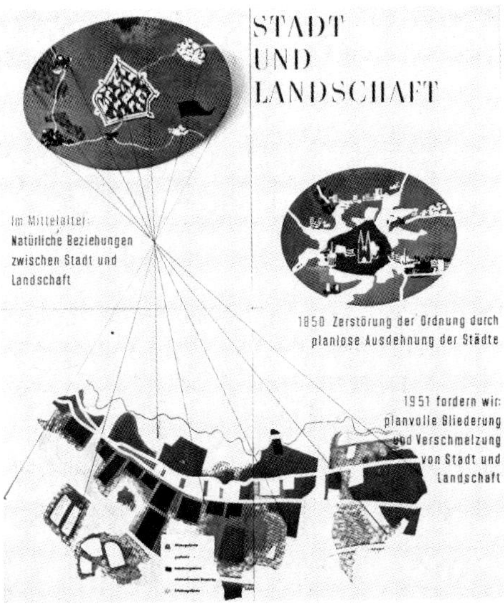

Hannover:
Tafel zu Bauausstellung Constructa, 1951

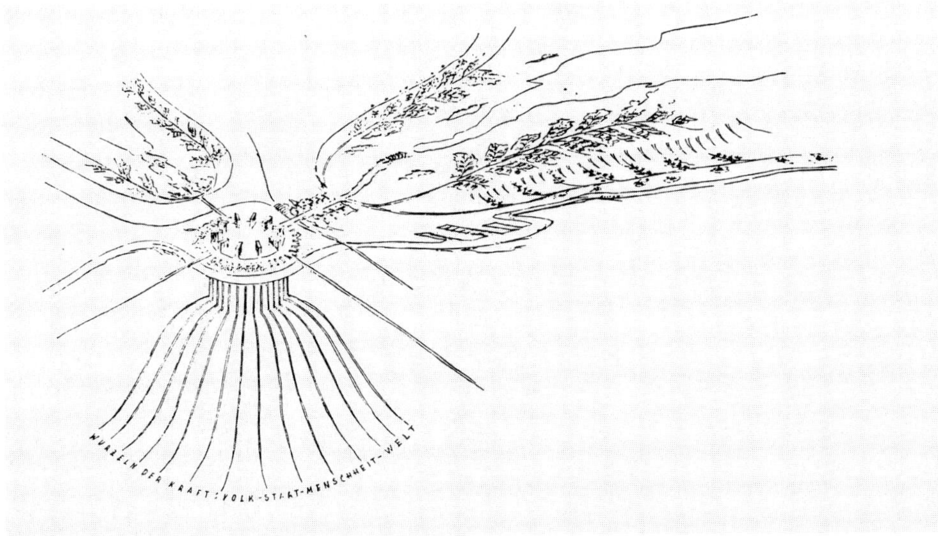

Stadtlandschaft: Schemaskizze von Hans Bernhard Reichow, aus seinem Buch „Organische Stadtbaukunst", Braunschweig 1948

erst unter dem Zwang zur baulichen Verdichtung und dem Druck einer rasanten Motorisierung bei wachsendem Wohlstand Ende der 50er Jahre in eine neue Phase der Kultur- und Gesellschaftsentwicklung überging.

Wir wissen, wie schnell die anfängliche Bescheidenheit dem neuen Reichtum wich. Nicht erst die Nachbarschaft als Fundament des Aufbaus einer neuen politischen Kultur von unten, sondern die technisch perfektionierte Privatheit mit Kühlschrank, Fernseher und Automobil wurde zum Focus der individuellen Lebensentwürfe. Schnell schlug die geplante Befreiung der Natur um in eine Technisierung der Landschaft; allein in Hannover stieg die Zahl der Pkws zwischen 1950 und 1960 von 8 800 auf über 60 000.

Die Utopien des Neubeginns waren durch die gebaute Wirklichkeit Anfang der 60er Jahre bald desavouiert, die Ideen der Gliederung und Auflockerung waren durch den rasanten Landschaftsverbrauch in Mißkredit geraten. Ohne tiefere Zwischenbilanz und behutsame Kurskorrektur wurden um 1960 Konsequenzen gezogen, Gegenbilder entworfen. Dem Gedanken der Stadtlandschaft folgte das Konzept der Re-Urbanisierung der Städte, die technische Optimierung der Verkehrssysteme und die Forderung nach dezentraler Verdichtung.[38]

Bald sprach man von der zweiten Zerstörung der Städte durch das Bauen nach dem Krieg, und dieser Zerstörung sind viele der behutsamen Bauten der 50er Jahre schon in der ersten Verdichtungswelle zum Opfer gefallen, bevor dann in den 80er Jahren unter neuen ästhetischen Normen und gewandelten Geschmackspräferenzen die Maximen der 50er Jahre mit ihrer Wendung gegen Achse und Block scharf angegriffen wurden - mit der Empfehlung, durch Abbruch und Nachverdichtung, durch „Stadtreparatur" und Begradigung der geöffneten Ränder jene Epoche des bescheidenen Neubeginns möglichst ganz aus dem Bild der Städte zu streichen, und einen Umbau nach den Mustern des 19. Jahrhunderts voranzutreiben.

In einer neuen Pendelbewegung im Wandel der Leitbilder wird mit Wiederentdeckung der Qualitäten der Steinernen Stadt des 19. Jahrhunderts das Konzept der Stadtlandschaft grundsätzlich in Frage gestellt, obgleich sich gerade hier mit Blick auf die ökologischen Zukunftsfragen viele Anknüpfungspunkte für eine umweltbewußtere Stadtentwicklung entdecken lassen. So sind nicht nur im Rückblick auf unsere Bau- und Planungsgeschichte, sondern auch im Interesse künftiger Generationen, in Erwartung einer ökologischen Ethik und einer neuen Naturästhetik jene Bereiche zu schützen, in denen die enge Verbindung von Stadt und Natur Ziel der Bemühungen war. Angesichts der Gefährdungen durch Nachverdichtung und Grundrißbegradigung erscheint es mir gerade heute dringlich, daß wir auf verschiedenen Maßstabsebenen vom Stadtgrundriß über die Topographie der Bauten mit ihren empfindlichen Zwischenräumen bis hin zu den Details der Wegeführungen und Eingangssituationen unsere Wahrnehmung schärfen - und Begriffe klären zur Bildung übergreifender Kategorien für die Qualitäten noch verbliebener Bauten und Stadt-Räume der 50er Jahre.

Die gründliche historische Aufarbeitung und detaillierte Kenntnis der Siedlungen, Garten- und Freiraumgestaltungen der 50er Jahre setzt allerdings die Entfaltung einer differenzierten Wahrnehmungsfähigkeit voraus, um die besonderen Qualitäten dieser Zeit gerade im Beiläufig-Unauffälligen erkennen zu können: Beispielsweise im Ensemble der gebrochenen Natursteinplatten der Wege mit eingeschobenen Rasenflächen und sorgsam gesetzten Pflanzen um die wie zufällig abfallende Senke eines geöffneten Blockinnenraums. Doch nicht nur neue Wahrnehmungsweisen, sondern auch neue Begriffe sind zu erarbeiten, da wir uns nur selten auf die Selbstaussagen der Architekten und Planer im Sprachstil ihrer Zeit stützen

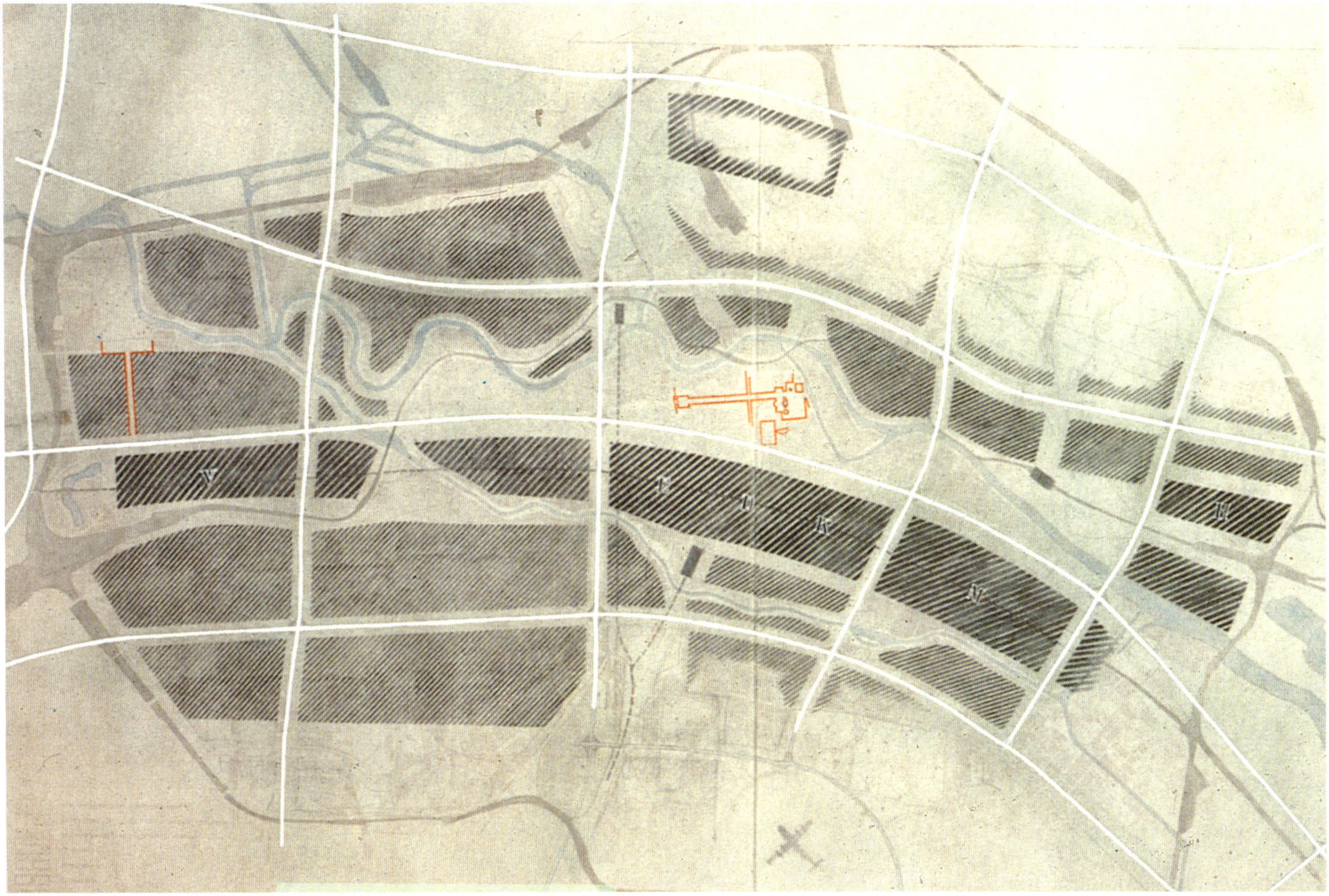

Berlin: Strukturplan/Raum Ring, Kollektivplan genannt, 1945/46 bearbeitet von Peter Friedrich

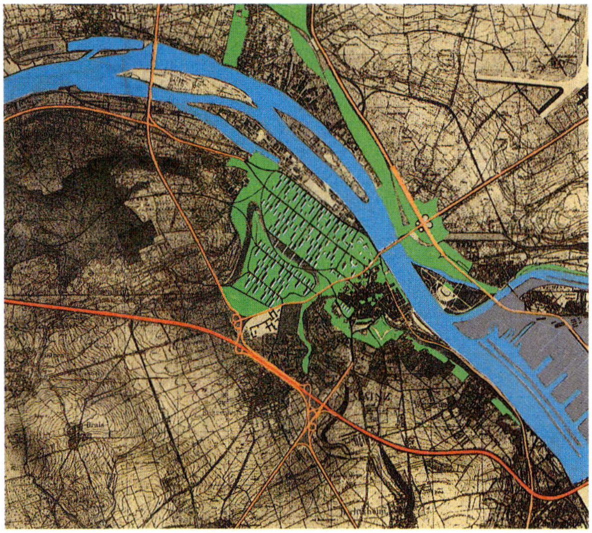

Mainz: Plan de Mayence, 1947 unter der Leitung von Marcel Lods erarbeitet von der Section du Plan

können, der immer noch die Apotheose von Naturfaktoren in den Mythen von „Blut und Boden" nachklingen läßt.[39]
Hier stellen sich schwierige Fragen wissenschaftlich exakter Begriffsbildung, Fragen auch an die Theorie und Methode einer weithin noch objektfixierten Denkmalpflege: etwa in der Definition von „Ensembles", wenn damit beispielsweise auch das charakteristische Zusammenspiel von Bauformen und Vegetation gemeint sein soll, das an einem konkreten Ort in seiner heutigen Form trotz Planung damals kaum antizipierbar war: Und doch war es ja gerade das Unplanbare, die offene Entwicklung der Zeit und die Entfaltung der Natur zwischen den Bauten, das Unplanbare als wesentliche Kategorie der Planung, die das Denken und Entwerfen der Architekten damals bestimmte; und eben nicht nur die antizipierten Zwänge der Technik, die wir heute verurteilen. Dem Unplanbaren neuer Entdeckungen und anderer Werte die Räume offenzuhalten und Spielräume zu sichern für die Entscheidungen künftiger Generationen - auch dies könnte eine sinnvolle Nebenfolge der Bemühungen sein, die Spuren der Stadtlandschafts-Planungen im Stadtbild neu zu entdecken, zu sichern und behutsam zu pflegen. Auch und gerade dort, wo solche Spuren so unauffällig oder banal erscheinen wie in den Bildern aus Darmstadt.

Anmerkungen

1 Max Taut: Berlin im Aufbau, Berlin 1946
2 Vgl. Dieter Hoffmann-Axthelm: Die verpaßte Stadt, Kassel 1989
3 Zur Kritik am Städtebau des 19. Jahrhunderts siehe Werner Hegemann: Das steinerne Berlin. Geschichte der größten Mietskasernenstadt der Welt, Berlin 1930
4 Siegfried Passarge u.a.: Stadtlandschaften der Erde, Hamburg 1930, siehe auch das Stichwort „Stadtlandschaft" im Handwörterbuch für Raumforschung und Raumordnung, hrsg. von der Akadamie für Raumforschung und Landesplanung, Hannover 1970, sowie Gerhard Rabeler: Wiederaufbau und Expansion westdeutscher Städte im Spannungsfeld von Reformideen und Wirklichkeit, hrsg. vom Nationalkomitee für Denkmalschutz, Bonn 1990
5 Wilhelm Wortmann: Der Gedanke der Stadtlandschaft, in: Raumforschung und Raumordnung, Heft 1/1941, siehe dort auch Hans Bernhard Reichow: Grundsätzliches zum Städtebau im Altreich und im neuen deutschen Osten, Heft 3-4/1941
6 Ebenezer Howard: Gartenstädte in Sicht, Jena 1907, siehe dazu Kristiana Hartmann: Deutsche Gartenstadtbewegung. Kulturpolitik und Gesellschaftsreform, München 1976
7 Bruno Taut: Die Auflösung der Städte oder Die Erde eine gute Wohnung, Hagen 1920, S.1
8 A.a.O., S. 10
9 A.a.O., S. 12
10 Ernst May: Grundsätzliche Erwägungen zur Stadterweiterung mittels Trabanten, Breslau 1922, zitiert in: Bauwelt, Heft 28/1986, S. 1074
11 Vgl. Christoph Mohr/Michael Müller: Funktionalität und Moderne. Das Neue Frankfurt und seine Bauten 1925-1933, Köln 1984
12 Ernst May/Hermann Mattern: Stadtlandschaft - Flurlandschaft, Wiesbaden 1964
13 Vgl. Gottfried Feder: Die neue Stadt. Versuch einer Begründung einer neuen Stadtplanungskunst aus der sozialen Struktur der Bevölkerung, Berlin 1939, sowie Carl Culemann: Die Gestaltung der städtischen Siedlungsmasse, in: Raumforschung und Raumordnung, Heft 3-4/1941
14 Vgl. Werner Durth/Niels Gutschow: Träume in Trümmern. Planungen zum Wiederaufbau zerstörter Städte im Westen Deutschlands 1940-1950, Braunschweig/Wiesbaden 1988
15 Herbert Rimpl: Die Stadt der Hermann Göring Werke, in: Die Kunst im Dritten Reich, Heft 4/1939, siehe auch Christian Schneider, Stadtgründung im Dritten Reich, München 1979
16 Konstanty Gutschow: Zehn Jahre Architekt 1935-1945, Hamburg 1946, zitiert in: Werner Durth: Deutsche Architekten. Biographische Verflechtungen 1900-1970, Braunschweig/Wiesbaden 1986
17 Vgl. Durth/Gutschow: Träume in Trümmern, a.a.O., S. 161 ff.
18 Hand Bernhard Reichow: Gedanken zur städtebaulichen Entwicklung des Groß-Stettiner Raumes, Stettin 1940
19 Der Reichsstatthalter in Hamburg - der Architekt des Elbufers: Ortsgruppe als Siedlungszelle. Vorschlag zur Methodik der großstädtischen Stadterweiterung, Hamburg 1940. Siehe auch Elke Pahl-Weber: Die Ortsgruppe als Siedlungszelle, in: Hartmut Frank, Faschistische Architekturen, Hamburg 1986, S. 282 f.
20 Wilhelm Wortmann: Der Gedanke der Stadtlandschaft, a.a.O., S. 16
21 Vgl. Niels Gutschow: Die ersehnte Katastrophe, in: Die Zeit, 8. Januar 1988
22 Vgl. Karl Gruber: Der Heilige Bezirk, Regensburg 1949
23 Werner Heldt: „Berlin am Meer". Brusberg Dokumente, Berlin 1987
24 Vgl. Durth/Gutschow: Träume in Trümmern, a.a.O., S. 607 ff.
25. A.a.O., S. 707 ff
26 Karl Elkart: Die städtebauliche Gestaltung von Hannover, in: Hannover. Bild, Entwicklungsgang und Bedeutung der niedersächsischen Hauptstadt, Jahrbuch der Geographischen Gesellschaft; Hannover 1942, S. 433 f.
27 Albert Speer, zitiert in: Werner Durth: Deutsche Architekten, a.a.O., S. 206
28 Karl Elkart: Erläuterungen zum Neugestaltungsplan, Hannover 1944/1945, Nachdruck in: Durth/Gutschow: Träume in Trümmern, a.a.O., S. 776 ff.
29 Vgl. Werner Durth: Deutsche Architekten, a.a.O., S. 65 ff.
30 Rudolf Hillebrecht, zitiert in: Durth/Gutschow, a.a.O. S. 754 ff.
31 Rudolf Hillebrecht, zitiert in: Stadtbauwelt, Heft 72/1981, S. 370
32 A.a.O., S. 371
33 Vgl. Johann Friedrich Geist/Klaus Kürvers: Das Berliner Mietshaus 1945-1989, München 1989
34 Hans Scharoun, zitiert in: Hans Scharoun. Katalog zur Ausstellung in der Akademie der Künste, Zweite Ausgabe, Berlin 1969, o.S.
35 Vgl. Durth/Gutschow: Träume in Trümmern. a.a.O., S. 867 ff.
36 Hans Bernhard Reichow: Organische Stadtbaukunst. Von der Großstadt zur Stadtlandschaft, Braunschweig/Berlin/Wien 1948
37 Vgl. Thilo Hilpert: Le Corbusiers „Charta von Athen". Kritische Neuausgabe, Braunschweig 1984
38 Vgl. Wilhelm Wortmann: Die Reurbanisierung, der Weg zu einer neuen Gestalt der Stadt, in: Johannes Göderitz (Hrsg.): Abhandlungen zum neuen Städtebau und Städebaurecht, Tübingen 1963
39 Vgl. Heide Berndt: Das Gesellschaftsbild bei Stadtplanern, Stuttgart/Bern 1968

Darmstadt: Wohnsiedlung an der Heinrichstraße, gebaut 1953/54 nach Entwurf von G. Mueller für die Wohnungsbaugesellschaft Hegemag, Zustand 1989

WINFRIED NERDINGER

Materialästhetik und Rasterbauweise Zum Charakter der Architektur der 50er Jahre

Nach einer laienhaften, aber für England weithin maßgeblichen Meinung - die Frage „What would Prince Charles say" bestimmt zunehmend das britische Architekturgeschehen - nach Prince Charles also heißt die Lösung für die Architektur der 50er Jahre: „Anything would be better"[1] Den königlichen Beitrag zur Durchsetzung eines architektonischen Thatcherismus, sein Ideal sind hierarchisch gegliederte Luxusbauten, Massenbauprobleme kennt er nicht, seinen Beitrag „Vision of Britain" durchzieht die ständige Forderung, die moderne Architektur in die Luft zu sprengen. Die Saat von Charles Jencks, der in seinem Buch „Die Sprache der post-modernen Architektur" 1976 das Sprengkommando von Pruitt-Igoe als Totengräber der Moderne begrüßt hat, geht allmählich auf.
Während die englische Denkmalpflege vielleicht bald keine Nachkriegsarchitektur mehr zum Schützen vorfinden wird, sind hierzulande die 50er Jahre, nicht zuletzt im Zuge der epochenweisen Geschichtsvermarktung, zunehmend ins Bewußtsein gerückt worden. Die 50er-Jahre-Architektur hat zwar inzwischen eine ganze Reihe von Etiketten erhalten, von „Nützlichkeits- und Kommerzbauten", über „resignativer Modernismus" bis „neue Leichtigkeit", „Architektur der Bescheidenheit" oder „dynamische Moderne"[2], und bei manchen setzt schon eine Mythisierung und nostalgische Schönfärberei ein, so wenn diese Architektur als die „vielfältigste des Jahrhunderts"[3] verklärt wird, aber so richtige Begeisterung kommt für die Bauten doch selten auf. Bei der Pressefahrt des Nationalkomitees durch Hessen 1988 erläuterte Volker Helas: „Der Verzicht auf die Rückversicherung bei der Geschichte ist gerade das Sympathische am Wiederaufbau Kassels. Ohne Sentimentalität sind in der Mehrzahl banale Bauten errichtet worden".[4] Schlicht, banal und bescheiden sind die häufigsten Charakteristika und Gottfried Kiesow meinte deshalb etwas resignativ: „Die Denkmalpflege kann sich ihre Aufgaben nicht aussuchen, sie hat keine Wahl".[5] Das klingt ein bißchen nach „Augen zu und durch". Noch problematischer wird es, wenn die Baudezernentin von Kassel in diesem Zusammenhang erklärte, den Bürgern gefalle zwar ihre ungemütliche Stadt nicht, da aber die verlorene Altstadt nicht wieder aufgebaut werden solle und könne, müsse erreicht werden, daß die Bürger die neue Stadt mögen: „Wenn wir heute die 50er Jahre unter Denkmalschutz stellen, dann zeigen wir, daß das, was wir nach dem Krieg geschaffen haben, wert ist, erhalten zu werden".[6]
Denkmalschutz als Mittel zur Erzeugung von Heimatgefühlen forderte zwar schon Cornelius Gurlitt 1900 beim 1. Tag für Denkmalpflege in Dresden: „Man muß beim Volk für die meist nur bescheidenen Objekte Liebe zu erwecken suchen",[7] ob derartige Überlegungen allerdings heute noch sinnvoll sind, erscheint doch fragwürdig (befohlene Liebe bewirkt häufig das Gegenteil). Anstatt zu schulmeistern, muß differenziert und der architekturgeschichtliche und kulturhistorische Stellenwert einzelner Bauten und Ensembles analysiert werden.
Diese Analyse ist in doppelter Hinsicht schwieriger als bei anderen Epochen. Einerseits rein quantitativ, denn wohl zu keiner Zeit wurden in einem derartig kurzen Zeitraum so viele Bauten in innerstädtischen Bereichen errichtet, und andererseits qualitativ, denn der architektonische Ausdruck ist nicht mehr wie z.B. in den 20er Jahren entlang von relativ geradlinigen Entwicklungslinien nach dem Schema „Avantgarde gegen konservatives Bauen" analysierbar. Nationalsozialismus und der Zweite Weltkrieg blockierten Entwicklungen, die in anderen Ländern weiterliefen, dann gleichsam phasenversetzt nach 1945 auf die deutsche Architektur zurückwirkten und sich mit kontinuierlich weitergeführten Bauauffassungen überlagerten. Die Architektur der 50er Jahre erscheint zwar vielen im Rückblick als ein abgeschlossenes, definierbares Phänomen,[8] und in der Literatur findet sich bereits ein immer wiederholter Merkmalskatalog, die Charakterisierungen beziehen sich aber zumeist auf Innenarchitektur. Nierentisch, Trichterlampe und geschwungene Treppengeländer werden zum Signum der Epoche stilisiert und bezeichnenderweise befinden sich Treppenanlagen auf mehreren Titelbildern von Publikationen zur 50er-Jahre-Architektur.
Wenn der architektonische Gesamtcharakter definiert wird, geschieht das zumeist in einer Art doppelter Abgrenzung sowohl gegen die 30er als auch gegen die 60er/70er Jahre. Gegenüber Monumentalität und Symmetrie, Schwere und Massigkeit, Materialkult und Bodenständigkeit der 30er Jahre werden transparente Leichtigkeit, dynamisch-fließende Bewegung, Verschlankung der Konstruktion und Materialbelebung der 50er Jahre gesetzt. Gegenüber der Klotzigkeit von Fertigbauten der 60er Jahre und den Betonorgien oder Großprojekten der 70er wird die schlichte, bescheidene, kleinteilige und leichte Architektur des Anfangs ausgespielt. Beide Abgrenzungen sind problematisch. Einerseits entstand in den 60er und 70er Jahren mit Sicherheit genauso viel gute und schlechte Architektur wie in den 50ern, auch im Bereich der reinen Betonarchitektur, man denke nur an Gottfried Böhm in

Frankfurt: Kleinteilige 50er Jahre-Rasterarchitektur und Fertigteilarchitektur (Sanierung der Kaufhof-Fassade, 1949 nach Entwurf von Peter Grund gebaut) stehen sich an der Hauptwache gegenüber, Photo 1990

Bensberg und Neviges, oder an Hardt-Walther Hämers Theater in Ingolstadt. Gerade der Denkmalpfleger sollte sich hüten, seine Kriterien aus negativer Abgrenzung der nächsten Epoche zu gewinnen, denn in spätestens 15 Jahren stehen die 60er-Jahre-Bauten zur Inventarisierung an, dann wird man ihn an seine früheren Urteile erinnern. Andererseits bestand die 30er-Jahre-Architektur nicht nur aus monumentalen Repräsentationsbauten, vieles setzte sich in den 50ern fort.

Die Abgrenzung gegenüber der vorangegangenen Architektur ist zudem zumeist ideologisch geprägt, wie sich z.B. schon bei Bruno E. Werner 1952 an seiner Beschreibung des Neuen Bauens in Deutschland zeigt: „An Stelle der dogmatischen Starre ist heute Differenzierung getreten, an Stelle des Purismus ein freies Spiel der Phantasie, an Stelle des Kubus zuweilen ein geschwungener Raumkörper, an Stelle der Rechtwinkligkeit zuweilen eine bewegte Linie".[9] Das von Werner gezeichnete Gegenbild faßt die Architektur der NS-Zeit und der Weimarer Republik zusammen: Mit Dogmatik, Kubus und Rechtwinkligkeit kann Neues Bauen genauso wie NS-Monumentalität gekennzeichnet werden. Werner suggeriert somit die Vorstellung von der Nachkriegsarchitektur als völlig eigenständigem Neuanfang. Ein bezeichnender Blickwinkel für einen Schriftsteller, der seine früheren Ideale im Dienst der NS-Propaganda geopfert hatte.

Damit sind wir mitten in dem auch für die Architekturbestimmung zentralen Problemkreis von Bruch oder Kontinuität, Stunde Null oder wie auch immer transformiertem Weiterleben. Jede Auseinandersetzung mit der 50er Jahre-Architektur muß dieses Problem miteinbeziehen. Stark vereinfacht lassen sich zwei Positionen unterscheiden. Einerseits die Vertreter einer Betriebsunfalltheorie: 1933 kamen die Barbaren, die „im deutschen Namen"[10] - so der

Berlin: Speisehaus der Nationen im Olympischen Dorf, gebaut 1936 nach Entwurf von Werner March. Obwohl es sich um einen NS-Repräsentationsbau handelt, ist die Anlage ohne Monumentalität als geschwungener Rasterbau ausgeführt.

Bundeskanzler noch in Bitburg - ihr Unwesen trieben, davon wurden die Deutschen 1945 befreit und konnten die abgebrochene gute demokratische Tradition auch in der Architektur fortsetzen. Andererseits die Kontinuitäts-Vertreter: Die Moderne war danach um 1930 am Ende, 1933 bezeichnet keinen Einschnitt,[11] sondern innerhalb des architektonischen Eklektizismus der NS-Zeit leben alle Richtungen fort, und insbesondere aus den Entwürfen und Konzepten des 1943 gebildeten „Arbeitsstabes für den Wiederaufbau der zerstörten Städte",[12] erwächst die Nachkriegsarchitektur. Beide Auffassungen erweisen sich, trotz häufig divergierender persönlicher Haltungen, in letzter Konsequenz als komplementär. Der Kampf gegen die „Legende von der Stunde Null"[13] liefert letztlich nur eine andere Form der Entlastung von der Geschichte, denn wenn die Nachkriegszeit so eng mit der NS-Zeit verflochten ist, dann kann diese ja gar nicht so schlimm gewesen sein. Der argumentative Irrtum dieser neuen Entlastungslegende liegt darin, daß einerseits übersehen wird, daß nicht einzelne Leitbilder oder Personen, sondern das Ineinandergreifen verschiedenster Wirkungsfaktoren den Wiederaufbau bestimmten, wie das Klaus von Beyme in seiner exemplarischen Studie analysiert hat,[14] und daß andererseits nicht genug zwischen einer erschreckenden personellen und z.T. auch strukturellen Kontinuität und prinzipiellen Unterschieden differenziert und gewichtet wird. Anders ausgedrückt: Auch wenn die meisten Volksgerichtshofrichter und Gestapobeamten in der Bundesrepublik wieder tätig waren, und das ist schlimm

genug, so gab es doch keinen Volksgerichtshof und keine Gestapo mehr.
Die ideologische Seite dieser Diskussion braucht hier nicht weiter verfolgt zu werden, aber zur Bestimmung des Charakters der Nachkriegsarchitektur ist eine Differenzierung sowohl der Kontinuitäten, als auch der Situation um 1933 bzw. 1945/50 notwendig. Kontinuitäten sind natürlich durchaus vorhanden, aber in den meisten Fällen spannen sie sich als städtebauliche Leitbilder oder Gestaltungsprinzipien von den 20er über die 30er Jahre in die 50er Jahre; sie sind an das Lebenswerk einzelner Architekten gebunden oder kennzeichnen eine bestimmte Bauaufgabe. Die Kleinhaussiedlungen der 50er Jahre z.B., Adenauers Bollwerke gegen den Bolschewismus, charakterisierte zwar bereits 1953 Wolfgang Koeppen als nichts „anderes, als die nationalsozialistischen Siedlungen... und wenn man die Blaupausen betrachtete, es war der Nazistil, in dem weitergebaut wurde";[15] aber die Kleinhäuser der 20er Jahre sahen genauso aus und das Bausparkassen-Haus im Jahr 2000 wird wohl immer noch so aussehen. Durchgängig ist der Versuch einer Bindung an die Scholle, aber der Minimalbau ermöglicht kaum eine weitere Differenzierung. Bezeichnenderweise fiel bereits die NS-Mustersiedlung in München-Ramersdorf in Ungnade, da es nicht gelang, mit den Kleinhäuschen Deutschtum auszudrücken,[16] und genauso vermitteln die zahlreichen Siedlungen und Neustädte für Flüchtlinge in den 50er Jahren keinen regionalen Ausdruck oder besonderen Heimatcharakter, wie Hermann Bausinger bereits 1959 in einer volkskundlich-soziologischen Untersuchung feststellte[17]. Ein geschichts- und gesichtsloses Glück im Winkel entsprach hier dem Verdrängungswunsch einer Generation. Gottfried Benns böses Wort von den „Kleinsiedlungen, darin subventionierten, durch Steuergesetz vergünstigten Geschlechtsverkehr"[18], gilt auch hier.
Im Lebenswerk einiger Architekten ist Kontinuität gleichsam biologisch evident[19]. Schmitthenners Königin-Olga-Bau in Stuttgart (1950), mit dem er bewußt einen Maßstab für die weitere Bauentwicklung setzen wollte, Roderich Ficks Münchner Verlagshaus Beck (1950) oder die Industriebauten Fritz Schupps in Dortmund, Essen und Bergkamen, sie alle variieren nur

Wangen im Allgäu: Umzug beim Siedlerfest, bei dem Kleinhausmodelle der Siedlung Waltersbühl mitgeführt werden

Stuttgart: Königin-Olga-Bau, gebaut 1950 nach Entwurf von Paul Schmitthenner. Ersatzbau an der Stelle des zerstörten Königin-Olga-Baus für die Dresdner Bank in historisierenden Formen

die 20er Jahre-Bauten dieser Architekten. Ähnlich sind das Rathaus von Schulte-Frohlinde in Düsseldorf (1956), das Landhaus von Werner March in Münster (1953) oder der Konzertsaal von Esterer in München (1963) nahezu unveränderte Fortsetzungen der Bautätigkeit dieser Architekten in den 30er Jahren[20]. Diese Art der Kontinuität liefert jedoch bestenfalls Nuancen, aber konstituiert keine Chrarakteristika der 50er-Jahre-Architektur.
Bei anderen Architekten aus den NS-Zeit findet sich ein fließender Übergang von den 30ern zu den 50ern, je nach den Repräsentationswünschen des Bauherrn. Helmut Hentrichs Bankhaus Trinkaus (1951) könnte aus den 30er Jahren stammen, sein fast gleichzeitiges Aluminium-Haus ist ein Musterbeispiel für elegant-leichte 50er-Jahre-Architektur und sein fünf Jahre späteres Thyssenhochhaus wurde zum Symbol für Wirtschaftswunder und Wiederaufbau. Ähnlich schwanken die Bauten von Clemens Klotz, Herbert Rimpl, Caesar Pinnau, Hanns Dustmann oder Konstanty Gutschow zwischen NS-Reminiszensen und dem gängigen Rasterbauschema der 50er Jahre[21]. Ob es sich hier um Anpassungsfähigkeit, um Verlagerung innerhalb des bereits in den 30er Jahren gepflegten Eklektizismus nach Bauaufgaben[22], oder um Rückkehr zu abgebrochenen eigenen Entwicklungen handelt (wie z.B. bei Wilhelm Kreis, der 1930 das moderne Kurheim in Bad Schwalbach[23], anschließend monumentale NS-Bauten und dann typische sog. 50er-Jahre-Architektur entwarf), das müßte im Einzelfall untersucht werden. Der schnelle Wechsel von NS-Monumentalität zu leichtem, angeblich „demokratischem" Bauen erscheint jedoch symptomatisch für die Verdrängungsstrategie der Aufbauzeit und wichtiger als der Verweis auf Kontinuitäten[24].
Zwar gab es vereinzelt Proteste gegen derartigen Opportunismus, aber letztlich bildete sich nicht nur eine Art „Burgfrieden"[25] zwischen Tätern und Opfern im Hinblick auf die gemeinsame Anstrengung zum Neuaufbau, sondern weitgehend herrschte eine absichtliche Ausklammerung der Vergangenheitsdiskussion, denn auch die Modernen waren fast alle mehr oder weniger mit der NS-Zeit verstrickt. Ob Eiermann, Scharoun, Vorhoelzer, Weber, Hoffmann, Häring oder sogar Doecker, keiner hatte Anlaß, den ersten Stein zu werfen[26]. Zwar

Brüssel: Schweizer Pavillon auf der Weltausstellung 1935, Entwurf von Hans Hoffmann. Dieses Pavillonmotiv mit dünnem auskragendem Dach wurde in der Nachkriegszeit bei Kinos, Cafés und Kleinbauten vielfach variiert.

Aarhus: Studentenwohnungen der Universität Aarhus, gebaut 1935–38 nach Entwurf von Kay Fisker, Povl Stegmann und C.F. Moller. Abbildung aus Steen Eiler Rasmussens Nordische Baukunst (1940)

Kopenhagen: Schule am Sund, gebaut 1938 nach Entwurf von Kaj Gottlob. Der dreigeschossige Rasterbau wurde zum Vorbild für zahllose Schulbauten der 50er Jahre

nicht reibungslos, aber ohne wirkliche Auseinandersetzung - die Diskussionen um die Anstellung von Schulte-Frohlinde und Schmitthenner verliefen harmloser als der Streit um die Polemik von Schwarz gegen das Bauhaus[27] - wurde der Aufbau untereinander verteilt. Nur im Bereich der Architektenausbildung konnten sich die alten NS-Größen kaum mehr etablieren, das lag aber weniger an den Hochschulen, als vielmehr daran, daß die meisten Stellen schon zwischen 1945 und 48 mit Vertretern der Moderne wieder besetzt worden waren[28].

Als Ausdruck dieses Burgfriedens könnte die in der Literatur immer wieder zitierte, für die 50er Jahre besonders typische sogenannte Anpassungsarchitektur, der angebliche Kompromiß zwischen konservativer und moderner Architektur bezeichnet werden. Im Vergleich mit der modernen Architektur der 20er Jahre wird diese Anpassungsarchitektur als „trivialisierte Bauhaus-Moderne"[29], als Rückschritt abgewertet. In Wirklichkeit handelt es sich um den Anschluß an die natürliche Weiterentwicklung des Neuen Bauens in den 30er und 40er Jahren, eine Entwicklung, die allerdings weitgehend nicht in Deutschland stattfand und deshalb zumeist übersehen wird. Es ist bezeichnend, daß sich nahezu keine direkte Anknüpfung an das Neue Bauen der 20er Jahre findet, auch nicht bei May, Kramer, Doecker, Elsässer, Haesler, Schweizer oder Bartning, denn die Architekten der Nachkriegszeit orientieren sich keineswegs über ein Viertel Jahrhundert zurück am Stand der Architektur der Weißenhofsiedlung oder des Bauhausgebäudes. Um 1930 hatte eine Transformationsphase für die moderne Architektur eingesetzt. Im Zuge der allmählichen Übernahme von „Erkennungszeichen"[30] der Moderne durch konservative Architekten (vgl. W. Kreis) und besonders durch die Wirtschaftskrise verlor die Bewegung viel von ihrem ästhetisch-moralischen Anspruch. Schon für die Mehrzahl der 30er-Jahre-Bauten gilt, was Rem Koolhaas[31] als besonderes Chrakteristikum der 50er Jahre sieht: Es geht nicht mehr um die Umsetzung eines sozialen Gedankens durch ideale Geometrie, weiße Kuben und Glas, gleichsam allgemein gültig für alle Bauaufgaben, sondern um den Ausdruck der Materialien, zumeist intensiviert durch Kontraste, und um Differenzierung von Räumen und Funktionen. Le Corbusier inszeniert als einer der ersten die Spannung zwischen Glas, Beton und Natursteinen,[32] Neutra entwickelt eine Minimierung des Materials zur Steigerung der Wirkung zwischen Natur und Architektur und insbesondere Aalto beeinflußt durch geschwungene Raumkörper und raffinierte Präsentation von Holz und Ziegel die weitere Architekturentwicklung.[33]

Das Vokabular der 50er-Jahre-Architektur entsteht weitgehend in den 30ern: Dünne, weit auskragende Dächer, strenger Beton-Rasterbau mit kontrastierenden Ausfachungen und rhythmisierter Aufglasung, abgesetzte, aufgeglaste Dachgeschosse, Fassadenornamentierung mit Beton-Fertigteilen oder dünne Holzlamellen an Wänden und Balkonbrüstungen, all die typischen Elemente der 50er Jahre finden sich insbesondere in der skandinavischen und in der Schweizer Architektur der 30er Jahre. Hier wurde angeknüpft, nicht an die 20er, von denen bezeichnenderweise Aalto[34] und Hans Hofmann 1940 nahezu übereinstimmend erklärten, daß die erste Phase der modernen Architektur „beinahe schon Vergangenheit"[35] sei, die Entwicklung sei vom Neuen Bauen zur Neuen Baukunst vorangeschritten, die sich um eine differenzierte Architektur für die verschiedenen Bauaufgaben bemühe. Besonders in der dänischen Architektur der 30er Jahre,[36] z.B. an der Universität Aarhus von Kay Fisker (1933), dem Rathaus von Aarhus von Arne Jacobsen oder der Schule am Sund (1938) von Kaj Gottlob ist jene typische Transformation der puristischen Moderne in ein Bautenensemble mit Materialbetonung abzulesen, an die dann in den 50er Jahren

Arbon: Bürogebäude der AG Adolph Sauer, gebaut 1942/43 nach Entwurf von G.P. Dubois und J. Eschenmoser

Basel: Druckerei des Verbandes Schweizerischer Konsumvereine, gebaut 1947 nach Entwurf von Bräuning, Leu, Dürig

München:
Landesversorgungsamt für Bayern und München, gebaut 1957 nach Entwurf von Wassili und Hans Luckhardt, abgerissen im August 1989

direkt angeknüpft wird. Über die Zeitschrift „Moderne Bauformen" und besonders durch Steen Eiler Rasmussens viel gelesenes Buch „Nordische Baukunst"[37] waren diese Vorbilder schon während der NS-Zeit in Deutschland präsent, bezeichnenderweise werden Bildbeispiele daraus in Reichows „Organische Baukunst"[38], zehn Jahre später, als besonders vorbildlich zitiert. In der Innenraumgestaltung ist dieser skandinavische Einfluß mit Rüstermöbeln, String-Regalen und kräftigen Blau-Grün-Tönen geläufig, für die äußere Erscheinung ist er nicht minder bedeutsam.
Während von der skandinavischen Architektur der 30er die Materialästhetik und Baukörperdifferenzierung weiterwirkt, entwikkelt sich in der Schweizer Architektur der 30er und 40er Jahre jene dann für die 50er Jahre exemplarische Rasterbauweise.[40] Das sichtbare Betonskelett verwendete zwar schon Max Taut in den 20er Jahren als strukturelles und gleichzeitig ästhetisches Element[41] und Egon Eiermann setzte diese Entwicklung in den 30er Jahren fort,[42] aber in der Schweizer Architektur wird diese Bauform für alle Bauaufgaben systematisiert und in den 40er Jahren formt sich der Typus des Rasterbaues mit variablen Raumachsen und hochrechteckigen Fenstern - nicht mehr wie in den 20er Jahren querformatig oder mit Fensterbändern - der in den 50er Jahren nahezu universal eingesetzt wurde. Zum durchschlagenden Erfolg dieser Entwurfs- und Baumethode in der ersten deutschen Aufbauphase trugen allerdings auch die Arbeiten Ernst Neuferts bei, der, ausgehend von den Untersuchungen der Reichsforschungsge-

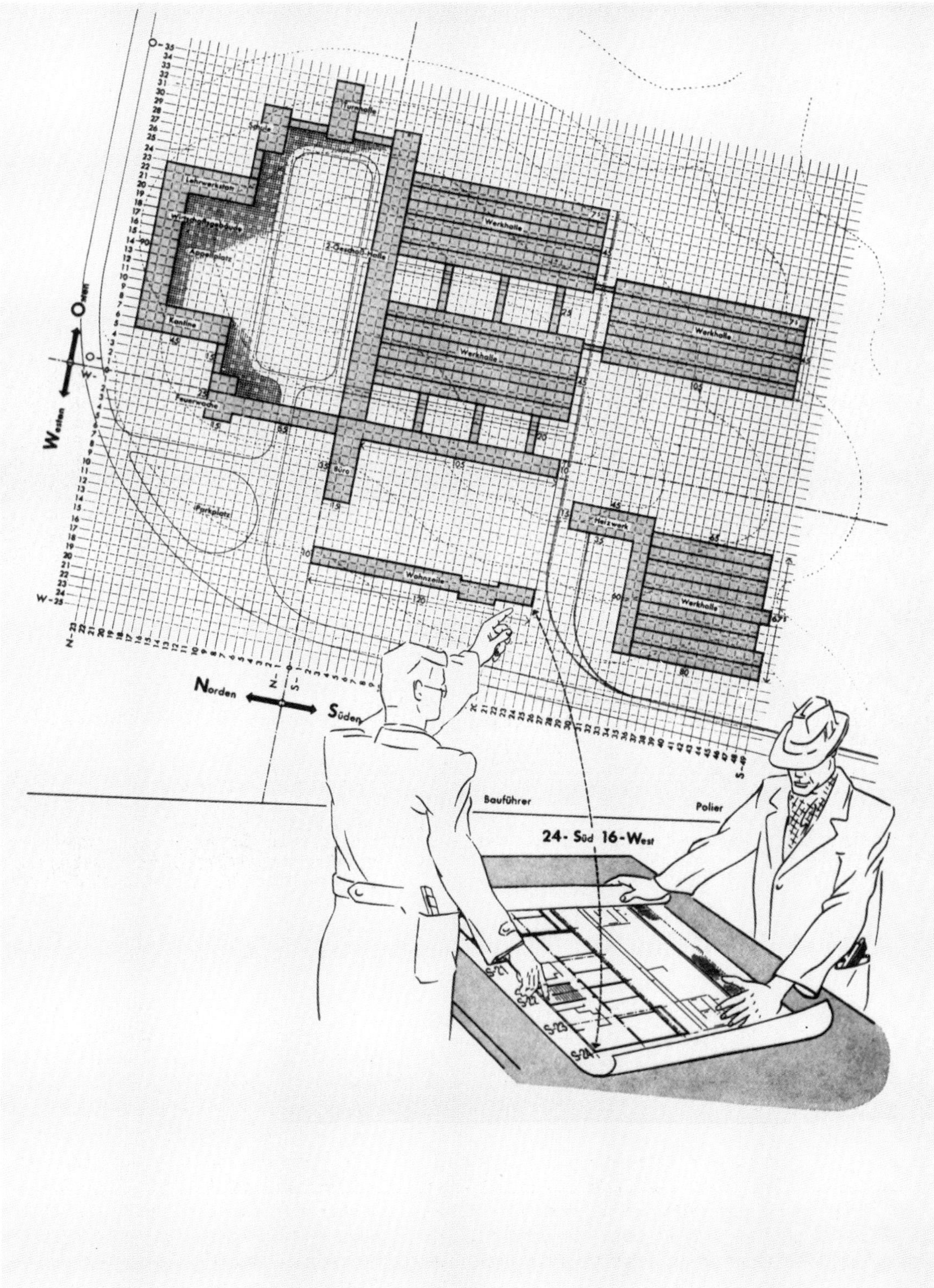

Ernst Neufert: Beispielhafte Planungsanleitung aus der Bauordnungslehre, die 1961 in Frankfurt erschien, in unveränderter Übernahme aus der 1. Auflage von 1941. Beispiel für „Rasteritis" mit einem Quadratnetz über einer Industrieanlage. An die Herkunft von 1941 erinnert die Bezeichnung „Appellplatz" für den Hof des Wirtschaftsgebäudes oben links.

Düsseldorf: Bürohaus Pempelfort-Aluminiumhaus, Ansicht von der Jägerhofstraße, gebaut 1952/53 nach Entwurf von Helmut Hentrich, Hans Heuser und Hubert Petschnigg.

sellschaft, den Raster zum fundamentalen Entwurfselement erhob und damit den zahllosen mittelmäßigen Architekten ein Universalmittel lieferte.[43] Zwar begründete Neufert den Raster als ökonomisches Rationalisierungselement, in der ersten, stark handwerklich geprägten Aufbauphase, spielte dieser Aspekt aber eine Nebenrolle.[44] Die Intensität mit der jedoch der Raster als universales Ordnungsmittel vom Stadtplan bis zum Fensterdetail eingesetzt wurde, verweist auf Ordnungs- und Anonymisierungszwänge als Kompensation der jüngsten Vergangenheit. Der Rasterplan erzeugte keinerlei geschichtliche Bezüge. Hinter der Anonymität des Rasters wurden alle gleich. Innerhalb der „Rasteritis" entfaltete sich jedoch durchaus noch ein Spektrum architektonischer Möglichkeiten: Vom Kontrastbau bis zur Anpassung an innerstädtisch historische Strukturen, von plumpen Vergitterungen bis zur statischen und bautechnischen Grenze der Verschlankung von flächigen Gestaltungen, die Gropius z.B. zum Ärger von Max Bill an der Hochschule für Gestaltung in Ulm bemängelte,[45] bis zur mehrschichtigen Fassadengliederung, von additiven Rastern bis zum Rhythmus von Primär- und Sekundärstützen. An derartigen architektonischen und innovativen Qualitäten können auch die Rasterbauten gewertet werden. Die Funktionsbereiche sind zwar häufig in einzelnen Bauteilen ausdifferenziert, die Rastergliederung unterscheidet aber kaum zwischen Verwaltungs-, Schul- oder Kaufhausbauten, nur bei wenigen Bauaufgaben wie Kino oder Café finden sich manchmal höchst originelle, eigenständige Architekturerfindungen.[46] Erst die Umsetzung betriebswissenschaftlicher Formeln erzeugte den fensterlosen Kaufhausblock der 60er Jahre. Durch die Einführung von Großraumbüros ab Mitte der 50er Jahre verändert sich der Charakter von Verwaltungs- und Bürobauten, parallel dazu setzt sich der curtain wall als architektonisches Pendant durch. Das Lever Building von SOM in New York 1952, das einflußreichste Bauwerk der 50er Jahre, lieferte die entscheidenen Anstöße für diese Entwicklung. Kopien und Variationen, die dann auch Mies' Entwürfe einbeziehen, finden sich seit dem Verwaltungsgebäude der Kaufhof AG in Köln 1954 von Wunderlich und Klüser bis weit in die 70er Jahre. Die technischen

Köln: Rheinpark-Café, gebaut 1956 nach Entwurf von Rambald von Steinbüchel-Rheinwall

Augsburg: Kino auf dem Ernst-Reuter-Platz, gebaut 1957

Erfordernisse des curtain wall befördern dann in der 2. Hälfte der 50er Jahre entscheidend die Präfabrikation und bereiten damit den Weg für die Fertigteilarchitektur der 60er und 70er Jahre. Auch in anderen bautechnischen Bereichen wirkten sich US-Einflüsse aus, wie z.B. bei der ersten Übernahme einer Hängedach-Konstruktion an der Schwarzwaldhalle 1953 von Erich Schilling nach dem Vorbild von Matthew Nowicki's State Fair Building in Raleigh N.C. Auch an der Schwarzwaldhalle kann im übrigen gut die Weiterentwicklung der 20-er-Jahre-Architektur verfolgt werden, denn die Grundidee zu einem rundum aufgeglasten Pavillon stammt von O.E. Schweizers Nürnberger Stationrestaurant 1928,[47] das aber durch eine neue Konstruktionsweise gleichsam dynamisiert wurde.

Während die meisten Bauaufgaben von Schulen bis Krankenhäuser und von Büros bis Hotels in den 50er Jahren mit einem eher beschränkten Formenrepertoire auf Rasterbasis abgewickelt wurden, findet sich im Kirchenbau eine nahezu unbegrenzte Formen- und Materialvariation. Diese Experimentierwut ist m.E. das Zeichen einer inhaltlichen Orientierungslosigkeit und das Gegenstück zur Erstarrung der Institution. Auch im Kirchenbau lassen sich zwar exemplarische Vorbilder benennen wie z.B. die reformierte Kirche in Zürich-Altstetten von Werner Moser 1941, dieser Bereich soll aber nicht weiter verfolgt werden, da er zur Frage des spezifischen Charakters der 50er-Jahre-Architektur kaum beiträgt. Dieser Charakter wurde bisher absichtlich eher durch Verweise auf architekturgeschichtliche Zusammenhänge eingegrenzt, als durch Definitionen fixiert. Auch abschließend sollen keine Definitionen, sondern nur einige weitere Tendenzen angegeben werden. Neben dem aus pragmatischen und gleichsam „psychischen" Gründen bevorzugten Rasterbau kann sicher eine Tendenz zur Antisymmetrie festgestellt werden. Achse und Symmetrie waren tabuisiert, sie wurden beim Wiederaufbau häufig bewußt durchkreuzt und gebrochen, wie z.B. bei der Neuanlage des Stuttgarter Schloßplatzes oder bei der Plazierung der Philharmonie in Berlin mitten auf die Potsdamer Straße.[48]

Das Gegenstück zu diesem Bruch mit „Herrschaftsformen" sind bescheidene Wohnanlagen, die an zentralen innerstädtischen Plätzen errichtet wurden, wie z.B. die kleinteiligen Häuserzeilen am Mainufer in Frankfurt oder die Wohninseln in Hannover, mit denen auch menschlich dimensionierte Stadträume geschaffen wurden, wenn auch selten mit urbanem Charakter. Aus heutiger Sicht handelt es sich hier für viele um Vergeudung kostbarsten Baugrundes und die Forderungen nach Verdichtung und höher verzinster Nutzung bedrängen derartige Anlagen, deren Bedeutung jedoch gerade in diesem Geist der Bescheidenheit, weniger in architektonischer Qualität liegt. Einzelne Elemente der 50er-Jahre-Architektur, wie dünne auskragende Dächer, aufgeglaste Terrassengeschosse, „fliegende" Vordächer, verschlankte Konstruktion etc. können aus der Architektur der 30er und 40er Jahre abgeleitet werden. In ihrer Kombination und insbesondere in Verbindung mit zeittypischen Dekorationsformen und Materialien entsteht jedoch der spezifische Charakter der 50er-Jahre-Architektur. In keiner anderen Zeit wurde derart unbekümmert mit neuen Materialien wie Plastik, Eternit oder Plexiglas experimentiert, wurden alle Materialien miteinander kombiniert und kontrastiert. Kleinmosaik umzieht Säulen und Fassaden, farbige Fliesen verkleiden Wände, Klinker verblenden Ausfachungen, Schmiedeeisen und Messing verzieren Balkone, Türen und Fenster. Eine zumeist aus der abstrakten Kunst trivialisierte Dekorationsform bestimmt nicht nur Innenräume, sondern zieht sich über Fassaden, Innenhöfe und Terrassen. Innen und außen bilden insofern eine Einheit, die durch Fertigbauweise und curtain wall aufgelöst wurde. Während für die berühmten „2 % Kunst am Bau" in den 50ern zumindest noch Flächen reserviert waren (vgl. z.B. die Liederhalle in Stuttgart) mußte sich die Kunst in den 60ern mit separierten und isolierten Brunnen und Denkmälern begnügen. In dieser Mischung aus Rasterbau, abstrahierter Dekoration und Materialpräsentation konkretisiert sich der Charakter der in den Details eher eklektischen 50er-Jahre-Architektur am deutlichsten.

Zum Schluß eine persönliche Bemerkung: Während meines Studiums in den 60er Jahren an der Münchner TU hatten wir einen Entwurfsprofessor, dem bereits unsere Vorgänger den bezeichnenden Namen Arne Miesplund gegeben hatten. Wenn man dazu nimmt, daß dieser, im übrigen fachlich ausgezeichnete Architekt bei Roderich Fick gelernt und am Obersalzberg mitgebaut hatte, dann wird der Charakter - moralisch und architektonisch - der 50er-Jahre-Architektur vielleicht am treffendsten deutlich.

Frankfurt: Wohnbebauung am Mainufer, Anfang der 50er Jahre, mit kleinteiliger, einfacher Wohnbebauung an prominenter Stelle, Photo 1990

Stuttgart: Blick über das Schloß und den Landtag (rechts) auf den Schloßgarten. Bewußt asymmetrische Anlage eines ehemals achsialen barocken Gartens.

Köln: Wohnhaus am Neusser Wall 1 mit farbigen Mosaiken an den Balkonbrüstungen, gebaut um 1955 nach Entwurf von Jakob Mähler

Anmerkungen

1 Charles, Prince of Wales, A Vision of Britain, London 1989, S. 39

2 vgl. Hermann Glaser, Kulturgeschichte der Bundesrepublik Deutschland, Band 2, München 1986, S. 59 ff; Sonderheft der Zeitschrift arch + Nr. 56, Die 50er Jahre - oder warum es keine deutsche Architektur gibt, bes. S. 13 ff., S. 33 ff., Joachim Petsch, Die Kunst der 50er Jahre - Literaturrückblick, in: Kritische Berichte Jg. 10, 1982, Heft 1, S. 54-60; Thomas Zaunschirm, Kritische Grenzen - Zum Literaturrückblick über die 50er Jahre, in: Kritische Berichte Jg. 10, 1982, Heft 9, S. 69-75; eine zeitgenössische Zusammenfassung liefert Martin Elsässer, Unbehagen an neuen Bauformen, in: Bauen + Wohnen 1954, S. 455 ff. mit Antworten an Hans Eckstein und Jürgen Joedicke, S. 647 ff.; sowie Martin Elsässer, zur Charakteristik des Neuen Bauens, in: Bauen + Wohnen 1955, S. 513-515

3 Wolfram Hagspiel/Hiltrud Kier/Ulrich Krings, Köln: Architektur der 50er Jahre, Köln 1986, S. 31

4 Volker Helas, Die Architektur der 50er Jahre in Kassel, in: Architektur und Städtebau der 50er Jahre, Schriftenreihe des Deutschen Nationalkomitees für Denkmalschutz Band 36, Bonn 1989, S. 72

5 Gottfried Kiesow, in: Architektur (Anm. 4) S. 59

6 Christiane Thalgott, Grußwort, in: Architektur (Anm. 4) S. 59

7 Zitat nach Georg Moersch, Aufgeklärter Widerstand: das Denkmal als Frage und Aufgabe, Basel 1989, S. 54

8 vgl. Wolfram Hagspiel, Die Architektur der 50er Jahre in Köln - Versuch einer stilistischen Einordnung, in: Hagspiel u.a., Köln (Anm. 3), S. 30-54

9 Bruno E. Werner, Neues Bauen in Deutschland, München 1952, S. 12

10 vgl. Wolfgang Fritz Haug, Vergangenheit, die Zukunft werden soll. Über den Historiker-Streit, in: Das Argument Nr. 161, 1987, Heft 1, S. 9-23

11 vgl. z.B. Hartmut Frank, Avanguardia e Moderno nella Germania nazista. Note sull'architettura tedesca degli anni trenta, in: Ausstellungskatalog L'Europa dei razionalisti, Mailand 1989, S. 302-313

12 vgl. Werner Durth, Deutsche Architekten. Biographische Verflechtungen 1900-1970, Braunschweig 1986, S. 231

13 vgl. Niels Gutschow, Die ersehnte

Katastrophe, in: Die Zeit vom 8.1.1988 sowie Gert Kähler, unverjüngt stieg Phoenix aus der Asche: Auch in der Architektur gab es keine Stunde Null - dieselben Leute bauten auf dieselbe Weise weiter, in: Die Zeit vom 24.3.1989; Christoph Hackelsberger, Die aufgeschobene Moderne, München 1985, S. 91: „Amtsarchitektur landläufiger Art kannte keine Stunde Null. Sie fuhr, als Bauen wieder möglich wurde, also nach 1948, da fort, wo man kriegsbedingt nach Stalingrad mit dem Bleistiftstrich aufgehört hatte." Eine differenzierte Analyse bietet Axel Schild/Arnold Sywottek, „Wiederaufbau" und „Modernisierung." Zur westdeutschen Gesellschaftsgeschichte in den fünfziger Jahren, in: Aus Politik und Zeitgeschichte (Das Parlament) vom 3.2.1989, S. 18-32

14 Klaus von Beyme, Der Wiederaufbau: Architektur und Städtebaupolitik in beiden deutschen Staaten, München 1987, S. 183 ff; cf. Winfried Nerdinger, Aufbauzeit - Planen und Bauen in München 1945-1950, München 1984

15 Wolfgang Koeppen, Das Treibhaus, Stuttgart 1954

16 Ursula Henn, Die Mustersiedlung Ramersdorf in München: ein Siedlungskonzept zwischen Tradition und Moderne; München 1987

17 Hermann Bausinger/Markus Braun/Herbert Schwedt, Neue Siedlungen, Stuttgart 1959

18 Gottfried Benn, Kunst und Drittes Reich, in: ders., Essays und Reden in der Fassung der Erstdrucke, Frankfurt/Main 1989, S. 333-351, Zitat S. 346

19 vgl. die Biographien in: Werner Durth/Niels Gutschow, Träume in Trümmern, 2 Bände, Braunschweig 1988

20 vgl. Ausstellungskatalog Grauzonen Farbwelten 1945-1955, Berlin 1983, S. 43-83; Aus den Trümmern - Kunst und Kultur im Rheinland und Westfalen 1945-1952, Köln 1985, S. 71-112; vgl. als zeitgenössische Kritik an der Kontinuität Hans Eckstein, Planen und Bauen aus der Sehnsucht nach dem Vorgestern, in: Bauen + Wohnen 1953, S. 629 f., sowie Albert Schulze-Vellinghausen, Das Gesicht einer Stadt, in: Bauen + Wohnen 1959, S. III f.

21 vgl. J. Schulte-Frohlinde, Baukunst zwischen Gestern und Heute, Düsseldorf 1960; eine Mustersammlung der Kontinuitäten.

22 vgl. Gerhard Fehl, Die Moderne unterm Hakenkreuz, in: Hartmut Frank (Hrsg.), Faschistische Architekturen, Hamburg 1985, S. 88-122

23 Staatliches Kurhotel in Bad Schwalbach, in: Zentralblatt der Bauverwaltung vom 20.1.1932, S. 25-33

24 vgl. Rainer Gries/Volker Hagen/Dirk Schindelbeck, Gestylte Geschichte, Vom alltäglichen Umgang mit Geschichtsvorbildern, Münster 1989

25 Werner Durth, Utopia im Niemands-Land, in: Hermann Glaser (Hrsg.), So viel Anfang war nie, Berlin 1989, S. 214-225

26 vgl. Durth, Architekten (Anm. 12); W. Nerdinger, Versuchung und Dilemma der Avantgarde im Spiegel der Architekturwettbewerbe 1933-35, in: H. Frank (Hrsg.) Faschistische Architekturen, Hamburg 1985, S. 65-87; Jean-Louis Cohen/Hartmut Frank, Architettura dell'occupazione: Francia e Germania 1940-1950, in: Casabella 567, April 1990, S. 40-58

27 Rudolf Schwarz, Bilde Künstler, Rede nicht, in: Baukunst und Werkform 1953, S. 9-24; die sich anschließende Diskussion zieht sich durch den gesamten Jahrgang der Zeitschrift.

28 vgl. Durth, Architekten (Anm. 12), allgemein Hauke Brunkhorst, Der Intellektuelle im Land der Mandarine, Frankfurt/Main 1984, bes. S. 138 ff.

29 Mathias Schreiber, Deutsche Architektur nach 1945: 40 Jahre Moderne in der Bundesrepublik, Stuttgart 1986, S. 7

30 Josef Frank, Architektur als Symbol, Wien 1930, S. 117 ff.

31 Rem Koolhaas, Trente ans après, in: Ausstellungskatalog Les Années 50, Paris 1988, S. 474-477

32 vgl. C.C. Collins, Le Corbusiers Maison Errazuris - A Conflict of Fictive Cultures, in: The Harvard Architecture Review, Vol. VI, 1987, S. 38-53

33 vgl. Jürgen Joedicke, Strömungen in der Architektur der Gegenwart, in: Bauen + Wohnen 1959, S. 329 f.; Malcolm Quantrill, Alvar Aalto, London 1983, S. 67 ff.

34 Alvar Aalto, The Humanizing of Architecture, in: The Technological Review, November 1940 vgl. Alvar Aalto, de l'oeuvre aux écrits, Paris 1989, S. 139-142

35 Hans Hofmann zur Schweizer Architekturausstellung 1946, abgedruckt in: Hans Volkart, Schweizer Architektur, Ravensburg 1951, S. 13; vgl. Christoph Luchsinger (Hrsg.), Hans Hofmann - Vom Neuen Bauen zur Neuen Baukunst, Zürich 1985, S. 136 f.; vgl. Alfons Leitl, Vom Bauen zur Architektur, in: Baukunst und Werkform 1956, S. 118 „Das Neue Bauen, meine ich, ist seit 1925 dreißig Jahre älter geworden. Nur - die wenigsten scheinen das bemerkt zu haben."

36 Sigvard Bernadotte/Johannes Lehm-Laursen, Moderne Dansk Boligkunst, 2 Bände, Odense 1947; The Architecture of Denmark, The Architectural Review, November 1945

37 Steen Eiler Rasmussen, Nordische Baukunst, Berlin 1940

38 Hans Bernhard Reichow, Organische Baukunst, Braunschweig 1949, S. 66

39 vgl. Th. Anderesen/Bitter Jordan, Wohnen in Skandinavien, Stuttgart 1958

40 vgl. Hans Volkart, Schweizer Architektur, Ravensburg 1951; Julius Maurizio, Der Siedlungsaufbau in der Schweiz, Erlenbach-Zürich 1952

41 vgl. z.B. das Bürohaus das ADGB von Max Taut in Frankfurt/Main, Katalog Max Taut 1884-1967, Berlin 1984, S. 85

42 vgl. Wulf Schirmer (Hrsg.), Egon Eiermann 1904-1970, Stuttgart 1984, S. 50 f.

43 Leonhard Michaels, Contemporary Structure in Architecture, New York 1953; Martin Elsässer u.a. (Hrsg.) Handbuch moderner Architektur, Berlin 1957, S. 318 ff., S. 447 ff.; vgl. Ernst Neufert, Bauordnungslehre, Frankfurt/Main 1961, S. 95

44 Hans Eckstein, Besseres Wohnen durch Rationalisierung des Bauens, in: Bauen + Wohnen 1950, S. 694-700; Axel Schildt/Arnold Sywottek (Hrsg.), Massenwohnung und Eigenheim, Frankfurt/Main 1988, S. 27 ff., 409 ff.

45 Briefwechsel zwischen Walter Gropius und Max Bill 1957 im Bauhaus-Archiv Berlin

46 Ernst Zietzschmann, Cafés Restaurants. Entwurf und Gestaltung, Zürich 1955; Paul Bode, Kinos, Filmtheater und Filmvorführräume, München 1957

47 vgl. Otto Ernst Schweizer, Die architektonische Großform, Karlsruhe 1957, S. 73

48 vgl. Anna Teut, Wider die Diktatur des Eindeutigen, in: Ausstellungskatalog Symmetrie, Band 1, Darmstadt 1986, S. 307-330

JEAN-LOUIS COHEN

Traditionalisten und Modernisten in den 50er Jahren Eine europäische Kontroverse

Die Architektur der 50er Jahre, die nach einer im großen und ganzen kurzen Periode der Verdammung in einem gewissen Maß wieder geschätzt wird, bleibt dennoch sehr umstritten. Die Inszenierung der Sektion „Architektur" im Rahmen der großen Ausstellung 1988 im Centre Georges Pompidou, bei der Jean Nouvel es für angebracht hielt, seine Verachtung durch eine wilde Anhäufung von aus den wohlbehüteten Archiven wahllos herausgegriffenen Gegenständen, Modellen und Zeichnungen zu manifestieren, ist ein Zeichen für die Heftigkeit der Diskussion über diese Zeit. So werden die verschiedensten Interpretationen für einen besonders schwer zu entschlüsselnden Abschnitt der jüngsten Geschichte vorgeschlagen, dessen Bedeutung nicht immer so klar erfaßt wird wie in Deutschland. Die Verantwortlichen für den Schutz der historischen Bauten in Frankreich scheinen zumindest zu zögern, die Bauten der Nachkriegszeit in Betracht zu ziehen. Dies zeigt die äußerst reservierte Haltung gegenüber den Betrachtungen über diese Periode anläßlich der ersten Begegnung in La Tourette im Juni 1987, die jemals dem architektonischen Erbe des 20. Jahrhunderts gewidmet war.

In einem gewissen Maße ist der deutsche Fall einer der klarsten. Es ist nicht meine Aufgabe, dies hier zu erörtern, ich muß allerdings darauf hinweisen, welchen Einfluß die Intensität der Forschungsarbeiten, die der Architektur der Weimarer Zeit und der Zeit des Nationalsozialismus gewidmet sind, auf die im Hinblick auf die 50er Jahre vorgeschlagenen Analysen hat. Die deutschen Historiker haben mehr als diejenigen in anderen Ländern die Möglichkeit, die Kontinuität oder im Gegenteil, die Brüche aufzuzeigen, nach denen die wichtigsten architektonischen oder städtebaulichen Maßnahmen der 50er Jahre einzuordnen sind.

Kontinuitäten und Veränderungen

Die Architektur der 50er Jahre kommt nicht aus dem Nichts, gewissermaßen aus einem „Punkt Null" der Geschichte, der im übrigen historisch festgelegt werden müßte. Alle Richtungen, die in Europa vor dem Zweiten Weltkrieg entstanden sind und sich dann entwickelt haben, bleiben manifest, jedoch ohne daß man deshalb automatisch auf eine Fortsetzung der früheren Bestrebungen schließen könnte.

Die kontinuierliche Verbindung mit der Vorkriegssituation ist sehr vielschichtig, aber es bleibt schwierig, auf europäischer Ebene eindeutig festzulegen, welche Richtungen den Modernisten und welche den Traditionalisten zuzuordnen sind. Jede Bewegung oder vielmehr jede Tendenz hat ihre Nebenströmungen und ihre manchmal auch sehr heftigen internen Konflikte.

Mit der Architektur der 50er Jahre kommt der Funktionalismus in diejenigen Länder zurück, aus denen er gewaltsam verbannt worden war. Diese Bewegung, die in der UdSSR seit 1932 aufgelöst und in Deutschland nach und nach an den Rand gerückt worden war, war zwar nie vollständig aufgehoben, setzt sich jedoch seit 1945 in Deutschland erneut durch, weiter im Osten allerdings nicht vor 1954.

Die Kontinuität der in faschistischen Regimes festgestellten Strömungen ist nicht weniger bemerkenswert: Ob es sich nun um den Akademismus eines Marcello Piacentini oder eines Boris Iofan handelt, oder aber um den „strukturellen Klassizismus" eines Auguste Perret, oder aber um den Tradionalismus eines Paul Schmitthenner.

Die Fortsetzung von Maßnahmen, die in den Bestrebungen der 20er oder 30er Jahre verankert sind, ist nicht nur eine direkte Weiterentwicklung früherer Projekte. Jede Strömung kennt vielmehr Perioden stärkerer Infragestellung und Krisen, die zu grundsätzlichen Abweichungen führen.

Zwei Beispiele genügen, um die Tragweite der jedem Abschnitt der architektonischen Kultur innewohnenden Bewegungen aufzuzeigen: Das erste betrifft die internationalen Kongresse der modernen Architektur (CIAM), die ihre 1939 eingestellte Aktivität schon 1946 wieder aufnehmen, sowie die ihnen zugehörigen Bewegungen. Während die Kongresse unmittelbar nach dem Krieg einen gewissen Konsens hinsichtlich gemeinsamer Verfahren der städtebaulichen Analyse und der Zuordnung von Projekten erfahren, wie z.B. das „CIAM-Proportionssystem", das Le Corbusier mit der Hilfe seines Modulors zeichnete, entstand ab 1952 eine heftige Protestbewegung der jungen Generation, die zur Auflösung der Organisation im Jahr 1959 führte.

Die andere, im wesentlichen politisch bestimmte Bewegung, deren Wende sich Mitte der 50er Jahre in der UdSSR und in den „Volksdemokratien" vollzieht, führt zur fast vollständigen Auflösung einer der am stärksten strukturierten Formen des Traditionalismus, des „sozialistischen Realismus", der Ende der 40er Jahre den der Sowjetunion vorgelagerten Staaten aufgezwungen worden war.

Marseille: Unité d'Habitation, gebaut nach einem Entwurf von Le Corbusier 1947-52. In Sichtbeton das Motiv des Modulor

Marseille: Unité d'Habitation, Gesamtansicht des 165 m langen Baus mit 337 Wohnungen in siebzehn Geschossen

Hintergründe der Modernisierung

Unabhängig von der Intensität der Gegensätze müssen die architektonischen Ströme der 50er Jahre in Europa ganz allgemein in den ihnen eigenen wirtschaftlichen Rahmen gestellt werden. Während im Städtebau die Wiederaufbaumaßnahmen in ihren großen Zügen vor 1950 programmiert und meistens auch bereits beschlossen waren, entstehen in der Zeit von 1950–1960 die großen Baustellen in den Stadtzentren und in den neuen Außenbezirken.
Unter diesen neuen Bedingungen bestimmen die Architekten nicht mehr allein, wie die Debatte geführt wird. Sie gehen neue Beziehungen mit immer anspruchsvolleren Partnern ein, nämlich mit den großen Stadtplanern, Finanziers und Ingenieuren. Unter diesen Umständen treten formale oder sprachliche Faktoren in den Hintergrund, während die politischen und kommerziellen Bedingungen der architektonischen Arbeit einen immer größer werdenden Druck ausüben.

Auf der Suche nach neuen Modellen

Weit davon entfernt, sich allein auf ihre eigenen Ressourcen zu stützen, machen sich die verschiedenen architektonischen Kulturen Europas vielfach die außerhalb des alten Kontinents gemachten Erfahrungen zunutze. Dies kommt zunächst im Amerikanismus zum Ausdruck, der bereits in der Zeit zwischen den beiden Kriegen eine bedeutende Rolle spielt, der aber eine große Entwicklung durch die wirtschaftliche Macht der USA und durch ihre kulturelle Strategie erfährt. Am wirksamsten verbreitet wird der Amerikanismus durch die großen Werbeausstellungen und ihre Kataloge, aber auch durch die Reisen von Architekten und die Aufnahme europäischer Studenten in den Schulen, die sich zum Träger einer anderen Konzeption der modernen Architektur machen. Das amerikanische Beispiel funktioniert auf mehreren Ebenen, ob es sich nun um Raumordnung handelt (das Modell der Tennessee Valley Authority), um Bürobauten oder um Privathäuser. Die Silhouette der Westküste ist hier ein besonders wichtiger Aspekt. Aber neben den USA treten weitere Länder wie Brasilien und Japan in den Vordergrund. Die Einladung an Oscar Niemeyer zur Teilnahme an der Interbau 1957 in Berlin bringt dies am besten zum Ausdruck.
Neben diesen Beispielen aus dem außereuropäischen Raum erhalten auch bestimmte nationale Szenen aus dem europäischen Raum Modellcharakter. Dies gilt z.B. für die Architektur von Alvar Aalto oder Arne Jacobsen, deren Einfluß bis nach Südeuropa reicht. Dies gilt auch für die städtebauliche Konzeption der neuen Städte in Großbritannien. Dies gilt schließlich natürlich auch östlich des „eisernen Vorhangs" für die Monumentalarchitektur der UdSSR, die als Modell für die Städte der sozialistischen Länder dient, unabhängig von der bis dahin herrschenden Kraft des Funktionalismus.

Staatsfunktionalismus in Frankreich

Der Sieg des Funktionalismus in Frankreich gestaltet sich nicht einfach und ist nicht vollständig. Einerseits setzen sich die konservativen Strategien des Vichy-Regimes (1940–1944) auf dem Gebiet des Städtebaus und der Architektur fort, sofern die unter dem französischen Staat ausgearbeiteten Pläne nicht vor Beginn der 50er Jahre endgültig realisiert worden sind. Das hierarchische Kontrollsystem des Wiederaufbaus, das die konservativen „Chef"-Architekten privilegiert, wird sogar nach der Libération wieder eingeführt, und es wird ein bestimmtes – natürlich zu Konflikten führendes – Gleichgewicht zwischen den verschiedenen Tendenzen bewahrt.
Unter diesen Umständen ist die Verwirklichung der wichtigsten Prototypen der Nachkriegs-Moderne alles andere als einfach. Le Corbusier gelingt es nicht vor 1958, seinen Wohnkomplex in Marseille zu vollenden, obwohl er schon 1946 entworfen war. Er wurde von vielen verdammt, weil man eine „Zunahme der Zahl der Geisteskranken" in der Stadt befürchtete. Im übrigen blieben die von Jean Prouvé vorgeschlagenen Leichtmetallbauten im wesentlichen im Stadium des Prototyps, wobei lediglich das kleinere Projekt von Meudon in Serie ging (1951).
Im Lager der Modernen gibt es im übrigen offenkundige Unterschiede. Einige Architekten verfolgen einen an die Vorkriegszeit anknüpfenden geradlinigen Weg, wie z.B. Marcel Lods, dem es trotz des Mißerfolgs seines von den französischen Besatzungsmächten unterstützten Projekts in Mainz gelingt, ein identisches Projekt in Sotteville-les-Rouen zu verwirklichen. Andere distanzieren sich in gewisser Weise vom Funktionalismus, so wie André Lurçat, der sich bei dem Wiederaufbau von Maubeuge oder bei den Stadtgebieten von Saint-Denis der Tradition zuwendet, deren Doktrin er seit 1937, als er in Moskau war, anhängt. In seiner Betrachtung über die „Gesetze der Komposition" verfolgt Lurçat eine Doktrin, die den „sozialistischen Realismus" mit den Regeln der Ecole des Beaux Arts verbindet.
Am Ende des Jahrzehnts ist der Funktionalismus allgemein verbreitet. Dies offenbart sich bei der Inneneinrichtung der Wohnungen, die die

Meudon: Einfamilienhäuser aus Stahl,
auf Stützen aus Stein gesetzt. Gebaut 1951 nach
Entwurf von Jean Prouvé und André Sive

Energien der ehemaligen Mitglieder der „Union des Artistes Modernes", die in der Vereinigung „Formes Utiles" (Zweckform) aufgeht, auf den Plan ruft. Dies äußert sich aber vor allem in der Massenkonstruktion, die dank der auf die Reihenbauten zurückzuführenden beträchtlichen Produktivitätssteigerung (die für den Bau einer Wohnung erforderliche Arbeitszeit verringert sich von 1940 bis 1950 auf die Hälfte) und der Verringerung der Dimensionen ein nie gekanntes Ausmaß annimmt. Die architektonischen Lösungen, für die man sich entschied, liegen im Schnittpunkt der großen Komposition, die aus der Ecole des Beaux Arts und dem Funktionalismus hervorgegangen ist, wobei das äußere Erscheinungsbild bis zum Beginn der 70er Jahre typische Merkmale bewahrt.

Die Krise des „sozialistischen Realismus" im Osten

Die Macht des staatlichen Eingriffs ist in Frankreich und der Sowjetunion gleichartig. Die Architektur, die seit Ende der 20er Jahre praktisch verstaatlicht ist, steht hier ab 1932 unter dem Zeichen des „sozialistischen Realismus". Der „nationale" Ausdruck und die „kritische Assimilation" des Erbes der Vergangenheit führen zu einer monumentalen Dekorbauweise, die sich in Planungen artikuliert, die aus fortlaufenden axialen Sequenzen bestehen. Diese Bauweise wird in die osteuropäischen Länder exportiert, nicht ohne Konflikte mit den anderen möglichen Optionen.
In der DDR werden die ersten Wiederaufbaupläne von Berlin, die auf der Rückkehr zum Neuen Bauen basierten, verworfen. Nach der Eröffnungsbaustelle an der Weberwiese verlieh ihr Architekt Hermann Henselmann der Stalinallee ein glanzvolles Äußeres, aus dem die Züge der Architektur des Schinkelschen Klassizismus herauszulesen sind. Während die neuen Städte wie Stalinstadt (heute Eisenhüttenstadt), Nowa Huta oder Dunapentele ähnliche Städtebaupläne durchführen, verbreiten sich die zwischen 1948 und 1954 in Moskau errichteten Wolkenkratzer von Prag

Sotteville-les Rouen: Wohnhochhäuser, gebaut 1948-52 nach Entwurf von Marcel Lods

<u>Maubeuge:</u> Wiederaufbau an der Uferstraße durch die 250 m lange „Mail", gebaut 1952-54 nach Entwurf von André Lurçat

Moskau: Lenin Universität
Modellphoto der Lenin-Universität, gebaut 1948-53 nach Entwurf von Lev Rudnev, Sergei Chernyschev, Pavel Abrosimov und A. Khriakov

über Warschau, wo das Stadtzentrum gewissenhaft wieder aufgebaut wird, bis nach Bukarest.
Seit dem Tod von Stalin im Jahr 1953 sieht sich Nikita Chruschtschew aufgrund des gemeinsamen Drucks der modernistischen Architektur und der Bauindustrie veranlaßt, die beim Kongreß der Architekten und Bauherren Ende 1954 angenommene neue Linie voranzutreiben. Von nun an treten die Bemühungen um Rationalität und Wirtschaftlichkeit in den Vordergrund, und die funktionalistischen Lösungen der May-Gruppe werden wieder auf die Tagesordnung gesetzt, manchmal in organischer Konzeption, wie z.B. in dem modellhaften Stadtviertel Novye Tscheremuschki in Moskau (1956). Architektonische Änderungen bei öffentlichen Gebäuden sind jedoch schwieriger, und der neue Wettbewerb für den Sowjetpalast 1957 ist durch die friedliche Koexistenz modernistischer kalter Kästen und großer heroischer Gesten gekennzeichnet.

Britischer Brutalismus

Die britische Architektur verfolgt verschiedene Richtungen. Einerseits ist im Städtebau eine gewisse organische Bauweise vorherrschend; die großen Kompositionen treten gegenüber einer Vision der Stadt als eine Gesamtheit menschlicher Gemeinschaften zurück, wie sie im London County Plan optimal zum Ausdruck kommt (1944). Dieser Plan wird auf alle neuen Städte im Londoner Raum ausgedehnt. In die-

Warschau: Alternative Entwürfe für den Kulturpalast (Palac Kultury i Nauki - gewidmet Josef Stalin) von Lev Rudnev, gebaut 1953-55

Warschau: Kongreßsaal des Kulturpalastes, gebaut 1953–55

Warschau:
Parlamentsgebäude (Sejm), gebaut 1949-51 nach Entwurf von Bohdan Pniewski

sen Plänen bestehen zwei Hauptformen der Architektur nebeneinander. Zum einen handelt es sich um eine konservative Architektur des Häuserbaus in der Kontinuität der früheren Arbeiterviertel und bürgerlichen Wohnsiedlungen. Es handelt sich aber auch um eine neue Architektur, die auf den Bestrebungen von Le Corbusier basiert und die nicht vor dem offenkundigsten Ausdruck der Materialität im Betonbau zurückschreckt, wie das ihr schnell beigegebene Etikett „Brutalismus" beweist. Mit der quasi königlichen Inthronisation der modernen Architektur anläßlich des Festival of Britain 1951 treten in dieser Phase die Bestrebungen des integrierten Stabs des Greater London Council auf den Gebieten des Wohnungsbaus und der vorgefertigten Metallkonstruktionssysteme für Schulen zutage, und nach und nach setzt sich das Vorgehen der „Neobrutalisten" wie James Stirling oder Alison und Peter Smithson durch.

Die Revolte des Teams X

Aber die Geschwister Smithson sind nicht die einzigen Anhänger von sichtbaren Backsteinen, Eisenträgern und Rohren. Zusammen mit ehemaligen Assistenten von Le Corbusier, wie z.B. Georges Candilis, aber auch den Niederländern Aldo van Eyck und Jacob Bakema und dem Italiener Giancarlo de Carlo, wirken sie an der Gründung einer revisionistischen Tendenz innerhalb der Internationalen Kongresse der modernen Architektur (CIAM), des Teams X, folgenreich mit.

Zwischen dem IX. Kongreß in Aix-en-Provence (1953) und dem X. Kongreß in Dubrovnik (1956), wo der Name Team X entstand, arbeitet die von den „Veteranen" mit der Vorbereitung beauftragte Gruppe das Thema der Kontinuität der städtebaulichen Kultur aus, die sie den reduzierenden Postulaten des anfänglichen Funktionalismus entgegenstellt, und sie erforscht biologische Analogien. Aldo van Eyck gibt mit seinem 1958 in Amsterdam erbauten Waisenhaus das beste Beispiel für eine Struktur, die das Verfahren der Gruppierung menschlicher Gemeinschaften mit einer zellularen und additiven Architektur verbindet. Die generationsbedingten unterschiedlichen Auffassungen führen 1959 in Otterlo dazu, daß sich die CIAM auflösen.

Casabella-continuità und „kritische Überprüfung"

Parallel zu der Infragestellung durch das Team X unternimmt der Mailänder Ernesto Rogers, der vor dem Krieg die Gruppe BBPR gegründet hatte, ab 1953 in seinen Leitartikeln in der Casabella-continuità eine historische Betrachtung der Architektur der „modernen Bewegung". Mit der „kritischen Überprüfung" wird eine Art allgemeine Bestandsaufnahme der Begriffe und Formen der Architektur der Avantgarde vorgeschlagen, um daraus gültige Verhaltensregeln abzuleiten. Rückkehr zu Perret oder Behrens oder aber Erinnerung an Adolf Loos: Die jungen Kritiker schlagen auf diese Weise ihre eigene Interpretation der Entwicklungen der Moderne seit 1900 vor.

Rogers verpflichtet für seine Aktion junge Architekten wie Aldo Rossi, Guido Canella, Vittorio Gregotti oder Manfredo Tafuri, die ihre ersten Kritiken in seiner Revue veröffentlichen. Aber es ist der 1957 in Mailand erbaute seltsame Torre Velasca, der auf spektakulärste Art und Weise die Doktrin von Rogers manifestiert. An diesem Bau sind hochgelegene Fenster, Fensterläden und ein für die mailändischen „palazzi" charakteristisches Dach – das Ganze über zwanzig Etagen hochgezogen – der glatten Stützmauer des zur gleichen Zeit von Gio Ponti für La Pirelli gebauten Hochhauses gegenübergestellt.

Übergreifende Themen

Diese neuen Konflikte, die in den 50er Jahren entstandenen neuen Bruchstellen, spiegeln zuweilen die Konfiguration der europäischen Architekturen der 30er Jahre wider. Sie werden ausgelöst durch extrem unterschiedliche soziale und politische Bedingungen, sowohl im Hinblik auf die Formen der Steuerung wie im Hinblick auf die vorherrschenden Lehrmeinungen auf dem Gebiet der städtebaulichen Form und der Architektur. Fragen dieser Art, wie sie zu diesem oder jenem Zeitpunkt des Jahrzehnts auftauchen, können hier anstelle einer Schlußfolgerung dargelegt werden:

Die erste Frage betrifft die Gestaltung des öffentlichen Raums in der Stadt. Den traditionalistischen Rekonstruktionen der Plätze und Straßen in der UdSSR, in Deutschland oder in Frankreich stehen die funktionalistischen „Freiräume" von Le Corbusier und der anderen „Totengräber" der historischen Stadt gegenüber. Es muß jedoch festgestellt werden, daß keine dieser gegensätzlichen Maßnahmen in Abrede stellt, welch herausragender Platz von nun an dem Auto in der Stadt zukommt. Mühsam erarbeitete Kompromisse werden schließlich am Ende des Jahrzehnts ausgehandelt, und die akademische Kultur wird zum Zeitpunkt der „großen Ensemble" die industriellen Techniken zu absorbieren wissen.

Die zweite Frage betrifft die kommunale, regionale und nationale Identität. Diese Identität wird von den Traditionalisten definiert als Fortsetzung der früheren Kulturen, während die Funktionalisten sie zwar nicht völlig negieren, aber sie vor allem in einer metaphorischen Perspektive sehen. Einer neuen Auslegung der Tradition folgend, legen einige Architekten Wert darauf, den Neubauten eine Identifizierungsmöglichkeit für die neuen Bewohner der großen Städte zu verleihen. In diesem Sinne bleibt die Arbeit der italienischen Neorealisten wie Ludovico Quaroni und Mario Ridolfi am wirksamsten.

Die dritte Frage schließlich betrifft das Verhältnis zur Technik. Die Traditionalisten betrachten die modernen Techniken nur als einfache Mittel für schnelleres und billigeres Bauen, und manchmal bedienen sie sich ihrer, wie es die vorgefertigten gerundeten Simsornamente an den Gebäuden der stalinistischen Epoche zeigen. Die orthodoxen Funktionalisten und die kühnsten Neuerer dagegen sehen in Hilfsmitteln wie Schalen oder Metall die Gelegenheit für die Erfindung neuer Formen, wobei sie die Architektur an die Industriekultur oder die Plastikform im Reinzustand heranführen.

Aus all diesen Konflikten entwickelt sich also eine im wesentlichen pluralistische Architektur, deren bauliche Qualität es heute erlaubt, die Erhaltung und sogar Restaurierung ins Auge zu fassen. Vor dem Hintergrund der Gebäude zeichnet sich eine theoretische Kultur und eine Denkweise ab, deren Beitrag nicht mehr unterschätzt werden sollte, denn sie sind nicht nur zum Verständnis der Bauten der 50er Jahre nützlich, sondern auch zur eindeutigeren Festlegung eines großen Teils der heutigen Diskussionsthemen.

Hunstanton, Norfolk: Secondary School, gebaut 1952-54 nach einem Entwurf von Alison und Peter Smithson aus dem Jahre 1949

Amsterdam: Waisenhaus, gebaut 1958-60 nach Entwurf von Aldo van Eyck

Mailand: Torre Velasca, gebaut 1957 nach Entwurf von der Gruppe BBPR, die von Ernesto Rogers begründet worden war

PETER GORALCZYK

Architektur und Städtebau der Fünfziger Jahre in der DDR

In den Fünfziger Jahren begann in der Deutschen Demokratischen Republik der Wiederaufbau der im 2. Weltkrieg zerstörten Städte. Es entstanden in dieser ersten Neubauphase, die in der Zeit des kalten Krieges geprägt war durch den Wunsch der SED-Führung, sich auch im Städtebau und der Architektur konsequent vom Westen abzugrenzen, ganz eigenartige Bauten und städtebauliche Ensembles, die heute das Bild zahlreicher Stadtzentren stark mitbestimmen.

Im Mittelpunkt der Planungen und Wiederaufbauarbeiten standen die Innenstadtbereiche. Sie vor allem waren durch den Bombenkrieg und durch Kampfhandlungen zerstört worden. Sie sollten als Zeichen für den Neubeginn zuerst wiederaufgebaut werden. Die Planungen dafür in den Vierziger Jahren bewegten sich wie überall in Deutschland zwischen zwei Extremen: einem Wiederaufbau, orientiert weitgehend an der alten Stadtstruktur, und einem Wiederaufbau bzw. besser einem Neubau auf einer völlig veränderten Grundlage an alter Stelle oder bisweilen auch an einem neuen Standort.

Die Planungen hatten vor allem konzeptionellen Charakter und waren, auch bei den denkmalpflegerisch orientierten Wiederaufbauplänen, um eine strukturelle Neuordnung als Zeichen für eine Neuordnung der Lebensverhältnisse auf demokratischer Grundlage bemüht.

Städtebauwettbewerbe gab es z.B. 1946 für Dresden, 1947 für Berlin, Potsdam und Rostock, 1949 für Magdeburg. Ausgeführt wurde davon nichts. Bemerkenswert ist aber noch heute die damals entwickelte Fülle schöpferischer Gedanken. Bekannt und vielfach publiziert sind die Berliner Planungen. Aufschlußreich ist aber auch die Entwicklung der Planung in Dresden.

Ich zeige Ihnen hierzu den „Vorentwurf für die Neugestaltung der Innenstadt der Landeshauptstadt Dresden" vom Jahre 1946 von dem damaligen Stadtbaurat Dr. Conert im Vergleich zu der Struktur der Innenstadt vor der Zerstörung.

Die Stadtstruktur ist die alte geblieben, ebenso die Anlage und Dimensionierung der Plätze. Einige Straßen sind zur Verbesserung der Verkehrsführung sowie zur „Auflockerung" und „Durchgrünung" ausgeweitet. Es handelt sich um eine Planung, der später das Odium des „denkmalpflegerischen" anhaftete.

Man wollte nur wiederherstellen, was einmal war, schrieben die Kritiker in den Fünfziger Jahren, nicht neue fortschrittliche Städtebauideen verwirklichen. Die Verfasser suchten zwar einen Weg zwischen Konservatismus und Fortschritt; das Resultat wurde aber als zu retrospektiv am Bestehenden orientiert angesehen.

Conert sagte in einem erläuternden Vortrag zu seinem Wiederaufbauvorschlag:

„Es kann selbstverständlich nicht unsere Aufgabe sein, das alte Dresden im alten Umfange und in der alten Architektur, wie es war, wiederherzustellen. Aber man muß die Forderung aufstellen: Wahrung der barocken Haltung im Stadtinneren, des Maßstabes in diesen Straßen- und Platzräumen, der durch die Baudenkmäler gegebenen Grundlinie. So sehr die wohlerwogene Beachtung moderner Entwicklungen wie der Bauhausrichtung, die Zulassung von Bauten, wie etwa der Großsiedlung der Gewobag in der Aachener Straße möglich und notwendig war, so wenig passen Turmbauten und Hochhäuser in Gruppen zusammengefaßt in die innere Stadt. Wir können hier die Bauten, die die Silhouette der Stadt ausmachten, bis auf die Frauenkirche wiederherstellen. Daß ein beherrschender Bau, eine Stadtkrone, in ähnlicher Form wie die Frauenkirche wiederkommt, ist für die Stadtsilhouette notwendig, ob in den nächsten Jahren daran gedacht werden kann, mag zunächst dahingestellt bleiben. Wir werden also den Zwinger, die Hofkirche, einen großen Teil des Schlosses und andere Bauten wieder herstellen können. Wir werden an der Rampischen Straße und Großen Meißner Straße einige der schönsten Bürgerhäuser wieder instandsetzen können, wir werden diese Straßen im übrigen in der alten Haltung ergänzen können. Die Vorarbeiten hierzu sind im Gange. Der Altmarkt wird ohne Zweifel schöner werden müssen; es standen manche schlechten Gebäude daran. Aber wir werden auch hier den Maßstab wahren, das, was am Altmarkt charakteristisch war, erhalten und ausbauen müssen: das Verhältnis der einzelnen Teile zueinander, den Blick in die Schloßstraße hinein und zur Kreuzkirche."[1]

Das andere Extrem, den Vorschlag zum Wiederaufbau des Zentrums Dresdens von dem Architekten Hanns Hopp, erwähnt Conert, um ihn dann aber zurückzuweisen:

„Ich will deshalb auch einen Vorschlag eines auswärtigen Architekten erwähnen, der einen grundsätzlich anderen Standpunkt einnimmt: Er will die gesamte Innenstadt beseitigen und eine neue Stadt - neu in jeder Beziehung - aufbauen: Wenige überbreite Ost-West- und Nord-Süd-Straßen und dazwischen eine Hochhausstadt, Zwinger, Katholische Hofkirche, Oper usw. bleiben als Ruinen an der Elbe liegen."

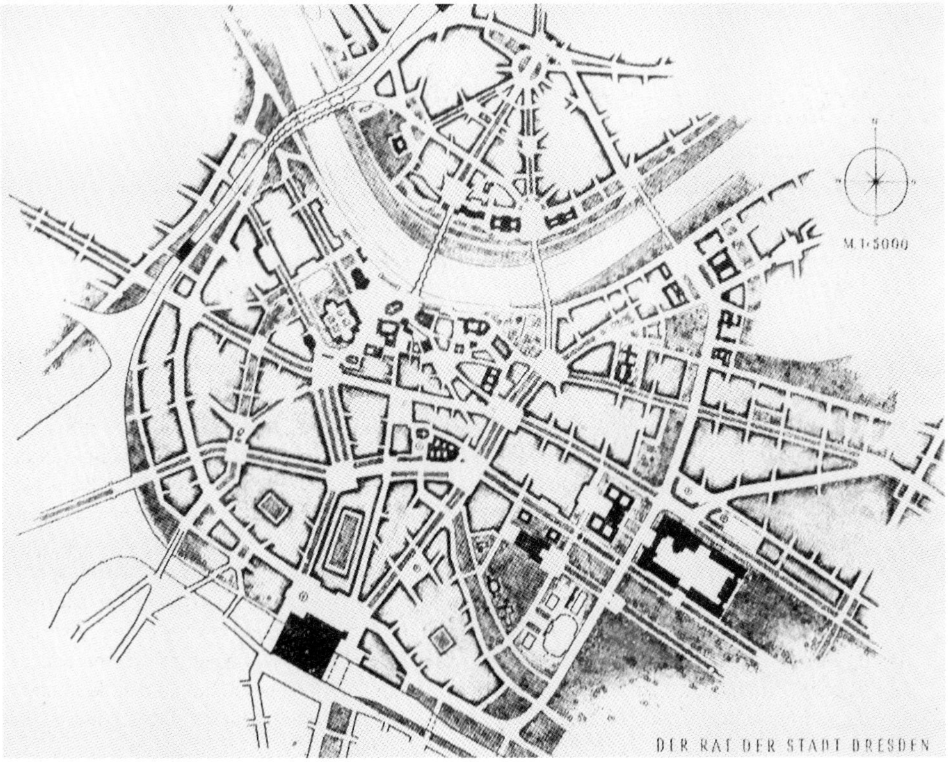

Dresden: Vorentwurf
für den Wiederaufbau von
Stadtbaurat Conert, 1946

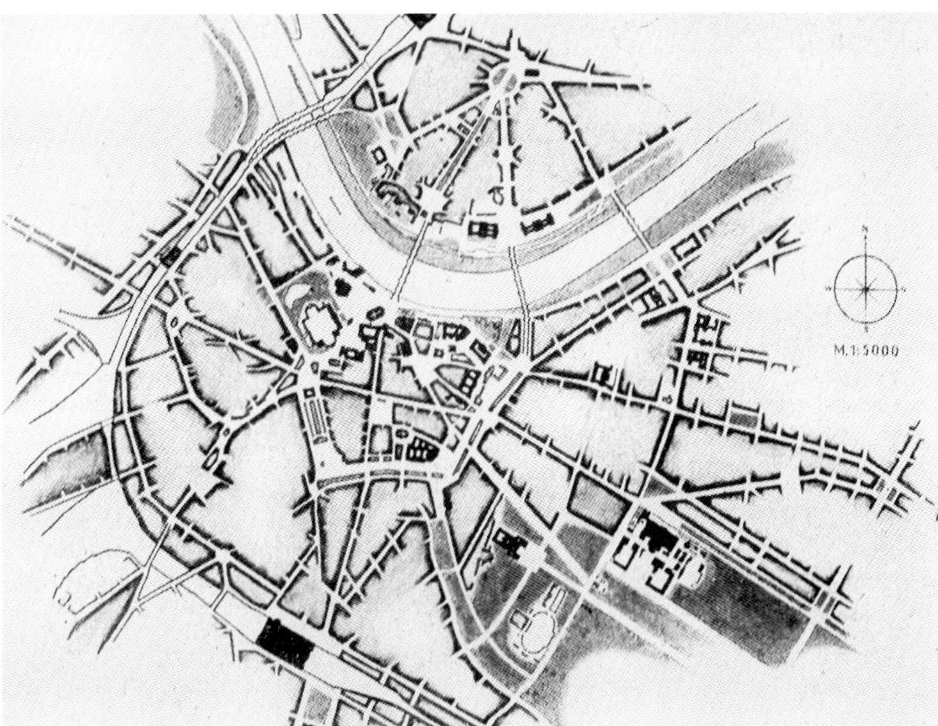

Dresden: Inenstadt vor
der Zerstörung

Der Wiederaufbau des Stadtzentrums erfolgte dann in den Fünfziger Jahren mit dem Ziel, die Grundriß-Struktur der Stadt zu bewahren, sie aber auch gleichzeitig umzugestalten. Nach dem Vorbild des sowjetischen Städtebaus sollte an nationale Traditionen angeknüpft, der Stadt ein neuer Charakter, ein neues Erscheinungsbild gegeben werden. Die wichtigsten Mittel dazu waren:

- die Anlage eines sogenannten „Zentralen Platzes" als Ort für Aufmärsche und Demonstrationen,
- die Anlage einer Magistrale, einer breiten Verkehrs- und Architekturachse, die sich durch die Stadt zieht,
- und der Bau eines sogenannten „Zentralen Gebäudes", das das Zentrum beherrschen sollte.

In den „Mitteilungen des Bundes Deutscher Architekten", herausgegeben aus Anlaß einer Architekturkonferenz über die Umgestaltung Dresdens, heißt es dann: „Die Umgestaltung Dresden kann nur erfolgen, unter der sorgfältigen Pflege der erhaltenen Baudenkmäler und unter kritischer Verarbeitung des baukünstlerischen heimatlichen Erbes bei der Umgestaltung der Stadt".

Im November 1952 wurde ein neuer Wettbewerb veranstaltet mit dem Ziel:

- den Altmarkt zum Zentralen Platz zu gestalten und ihn dabei beträchtlich zu vergrößern,
- die Verbindungsstraße zwischen Pirnaischen Platz und Postplatz als die Magistrale Dresdens neu zu gestalten und ihr durch Breite der Straße und Größe der Bauten eine repräsentative Form zu geben,
- am Zentralen Platz und an der Magistrale Wohnungen von hoher Wohnkultur zu errichten, dazu Läden, Restaurants, Kinos, Kaufhäu-

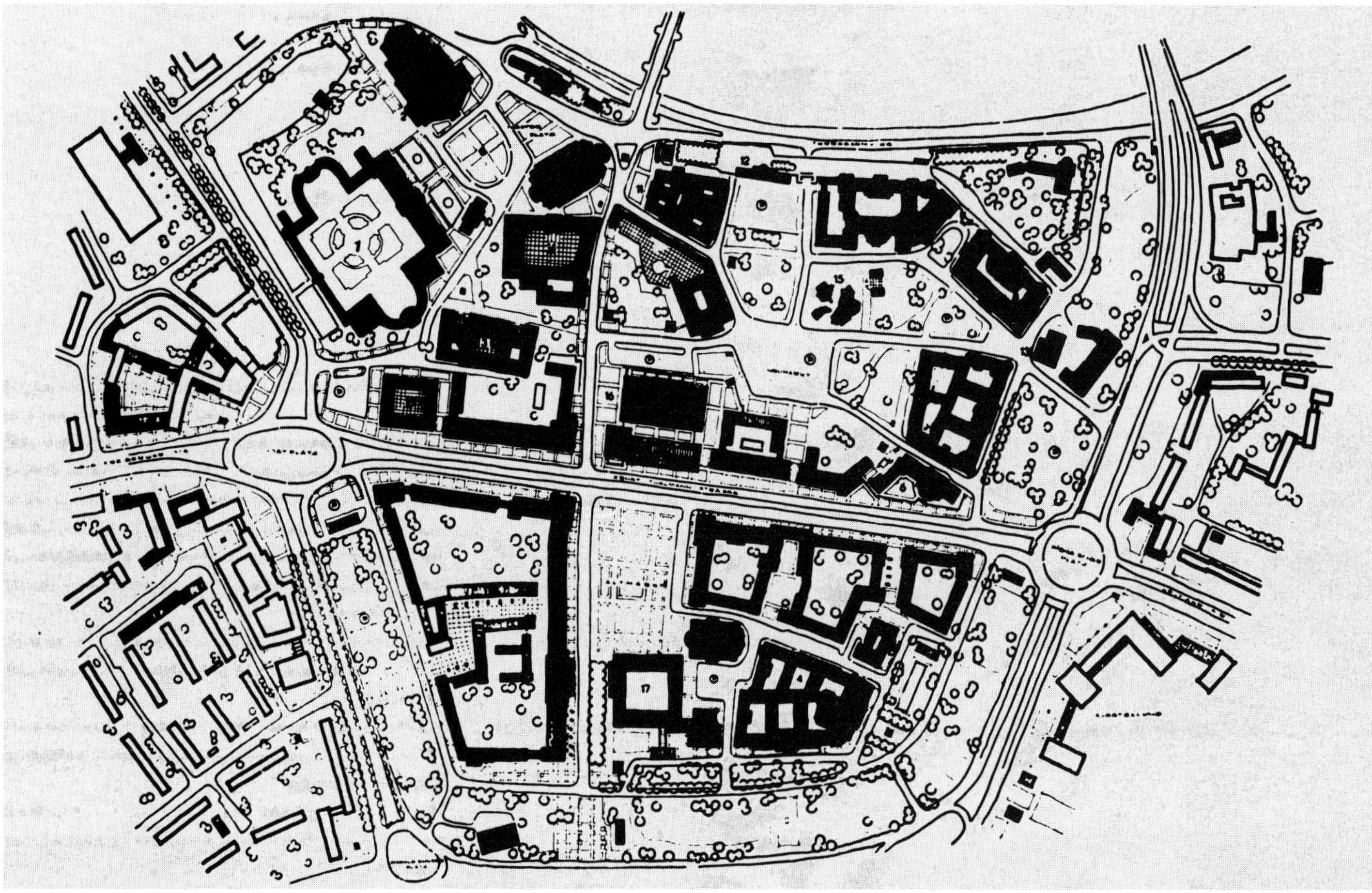

Dresden: Konzeption für den Wiederaufbau der Innenstadt
im Siebenjahresplan ab 1952, Entwurf von Hans Hunger, Stadtbauamt

Dresden: Altmarkt mit Blick auf das „zentrale Gebäude" auf der Nordseite nach Entwurf von H. Schneider

Dresden: Westseite des Altmarktes, gebaut 1953-1958 nach Entwürfen von J. Rascher, G. Guder, G. Müller u.a.

ser, um sie zum Mittelpunkt der Stadt zu machen,
- wertvolle historische Bauten in die Stadtplanung einzubeziehen.

Bei vielen Anknüpfungen an das alte Stadtbild erhielt das Zentrum doch eine weitgehend neue räumliche Struktur.

Die Grundlage für die Wiederaufbauplanungen, für die umfassenden Gestaltungsideen der Fünfziger Jahre waren das 1950 formulierte Aufbaugesetz, mit dem die Inanspruchnahme von Grund und Boden für den durchgängigen Neubau gesichert wurde, und die auch 1950 beschlossenen „Sechzehn Grundsätze des Städtebaus". Mit ihnen wurde die Orientierung auf den vorrangigen Wiederaufbau oder Neubau der Stadtzentren gegeben. Es hieß dort sinngemäß: Das Zentrum bildet den bestimmenden Kern der Stadt. Hier liegen die wichtigsten politischen, administrativen und kulturellen Stätten. Das Zentrum sollte mit den wichtigsten und monumentalsten Gebäuden bebaut werden, die die Silhouette beherrschen und die „sozialistische Stadtkerne" bilden.

In diesem Sinne begann 1953 der Wiederaufbau des Zentrums Dresdens am um das Dreifache, von 1,3 ha auf 3,4 ha vergrößerten Altmarkt. Die Ostseite wurde nach den Entwürfen der Architekten Schneider, Röthig, Konrad und anderen gestaltet, die Westseite nach Entwürfen von Rascher, Guder, Müller und anderen, das Warenhaus Centrum nach Plänen von Künzer, Klossek und anderen.

1954 begann nach der gleichen Konzeption der Aufbau der Ernst-Thälmann-Straße als Ost-West-Magistrale. In der 2. Hälfte der Fünfziger Jahre und zu Beginn der Sechziger Jahre wurde die Bebauung weitergeführt mit einfacher gestalteten Bauten, aber immer noch in geschlossenen Blöcken östlich und westlich des Altmarktes sowie auf der nördlichen Seite der Ernst-Thälmann-Straße.

Der Anspruch, das Zentrum nach einem einheitlichen Plan, nach wenigstens einheitlichen Prinzipien etwa in Formen einer Blockrandbebauung zu errichten, wurde beibehalten. Es entstanden am Altmarkt und in der Thälmann-Straße siebengeschossige Häuserblocks, die in der Baukörperbildung und im Detail an barocke Architekturformen erinnern. Anstelle des 1953 geplanten Hochhauses auf der Nordseite des Altmarktes wurde 1967-69 der Flachbau des „Kulturpalastes", d.h. einer Kongresshalle errichtet.

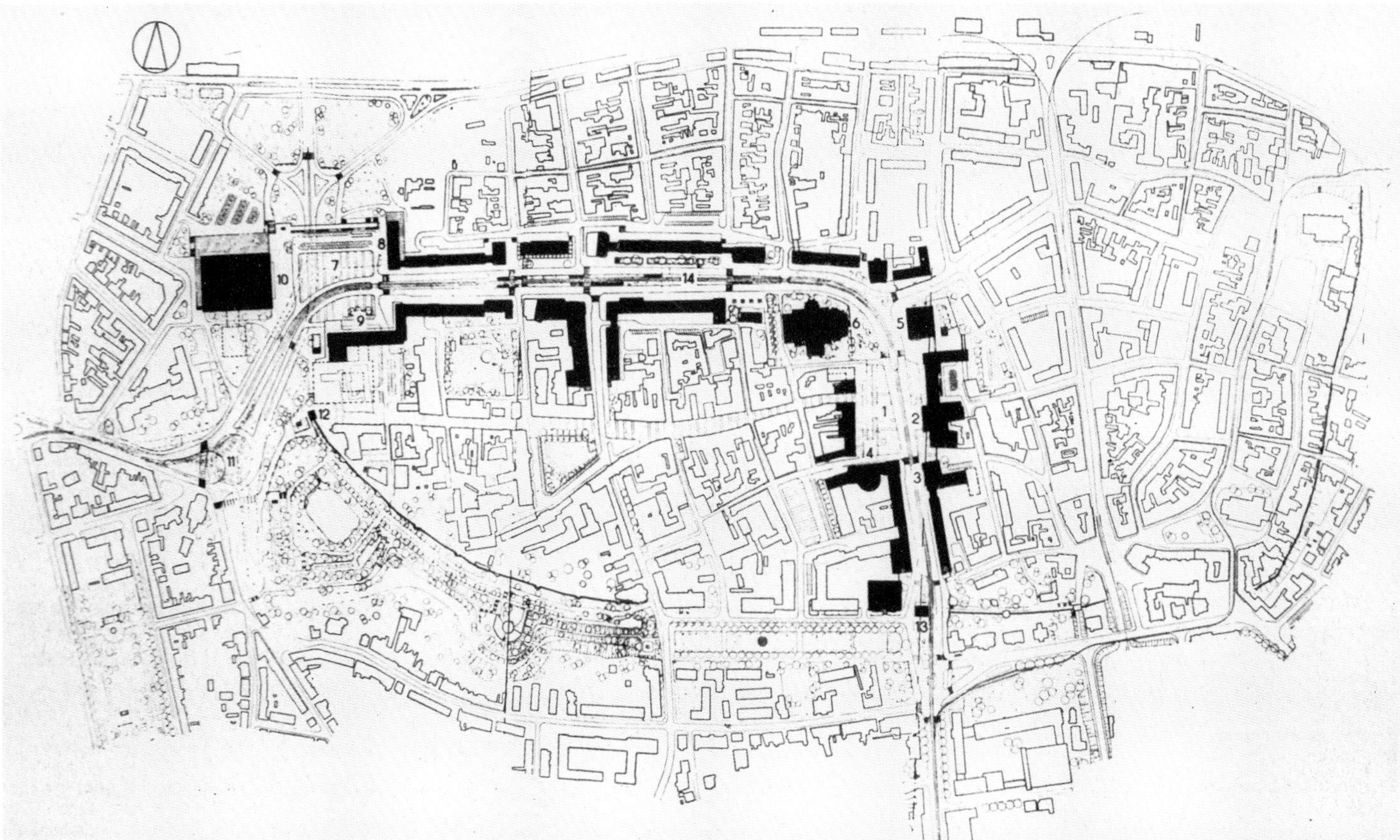

1

Rostock: Lageplan der Altstadt mit der auf 60 Meter verbreiterten Langen Straße, gebaut 1953/59 nach Entwürfen von Näther, Colden, Brauns u.a.

Das Gebiet ist auch heute noch das Zentrum der Stadt: Bauten der Fünfziger Jahre strahlen Schwere und Behäbigkeit aus, sie haben Gewicht und Masse, städtische Dimensionen. Sie gehören zweifellos einer abgeschlossenen Kulturepoche an und sind auch zumindest für Dresden die bedeutendsten Bauten ihrer Zeit. Sie sind unangefochten bedeutungsvoll für die städtebauliche und architektonische Gestalt der Stadt. Um eine eventuelle Verkleinerung des Altmarktes etwa auf seine ursprüngliche Größe durch Bebauung der Südseite wird heute wieder gestritten. Charakteristisch für das Bauen dieser Jahre ist bei gleichen städtebaulichen Prinzipien die regionale Vielfalt in den Erscheinungsformen der Architektur.
Ganz anders sehen z.B. Bauten der Fünfziger Jahre in Rostock aus. Hier war der Wiederaufbau des Zentrums 1953 mit der Bebauung der auf ca. 60 Meter verbreiterten Langen Straße begonnen worden. Sie sollte mit einer Länge von 550 Metern die stadtbildbestimmende Ost-West-Magistrale werden. Langgestreckte Häuserblocks in Klinkerbauweise, gegliedert durch Hochbaukörper geben der Straße einen monumentalen Charakter (städtebauliche Planung Näther, Colden, Brauns und andere).
Die Bauten entsprechen den Forderungen, die in den „Sechzehn Grundsätzen des Städtebaus" für eine repräsentative großstädtischen Architektur erhoben wurden. Die Konzeption dazu wurde im August 1952 entwickelt. Sie löste einen Aufbauplan von Wolfgang Rauda von 1951/52 ab, der schlichte viergeschossige Bauten im Zentrum vorsah. Dieser stand in der Tradition der frühen Aufbaupläne, die vom Grundmodell der Gartenstadt geprägt waren. In ihrem Sinne hatte Heinrich Tessenow 1946 Aufbaupläne für die Städte Pasewalk, Friedland, Woldeck, Neubrandenburg, Demmin und Rostock entworfen: mit reich durchgrünten, siedlungsartig aufgelockerten Zentrumsbebauungen.
Während in Dresden Elemente der barocken Bautradition bei der Gestaltung der Baukörper und Fassaden verarbeitet wurden, bemühten sich die Architekten in Rostock, Bau- und Schmuckformen aus der norddeutschen Backsteingotik zu dekorativen Gliederungen der Gestaltung von Fassaden zu entwickeln. 1959 war der Aufbau der Langen Straße im wesentlichen abgeschlossen. Es fehlte noch der sogenannte Zentrale Platz. Seine Funktion übernahm der ehemalige Marktplatz. Hier

Rostock: Blick auf den Markt mit dem Rathaus und den neuen Giebelhäusern für das Hauptpostamt und das Haus „Sonne"

Rostock: Restaurierte und rekonstruierte Häuser an der Westseite des Marktes mit der Marienkirche

wurde das Rathaus instandgesetzt und mit einem Erweiterungsbau vergrößert. Die Südseite wurde geschlossen mit Giebelhäusern, dem Hauptpostamt und dem Haus Sonne. Bis auf den Nordwestabschnitt wurden auch die anderen Seiten bebaut. Den Auftakt auf der Ostseite der Langen Straße bildet der hochragende Baukörper der Marienkirche. Die Westseite der Langen Straße wird durch drei Bauten der Sechziger Jahre markiert: einem 1959-62 errichteten „Haus der Schiffahrt", einem „Haus des Reisens", gebaut 1964-66 und dem Hotel „Warnow", errichtet 1964-67. Den Auftakt für den Wiederaufbau in den Fünfziger Jahren in der DDR bildeten die Planungen in Berlin. Hier war nach der Gründung der DDR im Jahre 1949 der Bandstadtplan von Hans Scharoun, vom Jahre 1946, weiterbearbeitet und in veränderter Form von den Stadtverordneten als „Generalaufbauplan" bestätigt worden. Aus den Leitvorstellungen funktioneller Städtebautheorien der 20er Jahre waren sogenannte „Nachbarschaftseinheiten" für 4000 bis 5000 Einwohner in

Berlin: Stalinallee (heute Karl-Marx-Allee) mit dem Laubenganghaus gegenüber dem Filmtheater Kosmos, gebaut 1950 nach Entwurf von Ludmilla Herzenstein

Zeilenbauten geplant worden, die ohne kompositionelle Steigerungen zum Stadtzentrum hin das Stadtgebiet überziehen sollten. In diesem Sinne wurde mit dem Bau einer „Wohnzelle Berlin Friedrichshain" an der Frankfurter Allee begonnen. Es entstanden dabei an der Straße die zwei bekannten Laubenganghäuser, fünfgeschossige schlichte Bauten, deren Laubengänge zur Verkehrsstraße orientiert sind.

Gleichzeitig wurde von der SED in den frühen Fünfziger Jahren der grundlegende Wandel der städtebaulichen Leitbilder durchgesetzt. Das neue Leitbild wurde der sowjetische Städtebau. Am nationalen Erbe orientiert und großstädtisch in der Form - in deutlichem Gegensatz zum „westdeutschen Konstruktivismus" - begann die Planung hoher mächtiger Wohnbauten entlang der in Stalinallee umbenannten Frankfurter Allee, die zur Stadtmitte hin, zum Zentrum durch Hochhäuser weiter ausgestaltet werden sollte.

Die früheren Siedlungsbauten sollten übertrumpft werden durch eine stark ideologisch gemeinte Architektur, „die vom Pathos des neuen Aufbauwerkes erfüllt", das „Repräsentationsbedürfnis des werktätigen Volkes befriedigen" und als „baukünstlerische Manifestation des Kampfes um Frieden und nationale Einheit" verstanden sein wollte.

Gebaut wurden repräsentative Wohnhäuser mit Geschäften und Gaststätten in den Erdgeschossen in einem bemerkenswert großstädtischen Maßstab. Es entstanden Wohnungen, die auch heute noch allgemein begehrt sind. Städtebaulich wurde an bewährte Grundprinzipien der traditionellen Stadtbaukunst angeknüpft. Geschlossene Straßen- und Platzbildungen, Axialität und Symmetrie waren in der Baukörper- und Raumgestaltung die Regel. Für die Bauformen war der Bezug auf nationale Bautraditionen, auf ausgewählte regionale Bauformen obligatorisch.

Am 2. Januar 1952 begannen die Bauarbeiten, am 3. Februar wurde der Grundstein für die Stalinallee gelegt. Am 21. Dezember 1952, dem 73. Geburtstag Stalins, sollten 13 Wohnblocks mit insgesamt 2236 Wohnungen

Stalinallee
Säulen und Quadern wie Schritte,
Fest auf die Erde gesetzt –
Und eine blühende Mitte:
Herrliches Heute und Jetzt!
Herrliches Heute und Hier!
Spruchband leuchtender Worte.
Fahnenumkränzt ist die Pforte,
Durch die der Friede zieht – WIR!
Schwingender, winkender Gang,
Wie ein Triumph ohne Ende
Seht der erhobenen Hände
Jubel im Völkergesang!
Name, den jeder kennt,
strahlender heute denn je:
Strasse – sein Monument!
Stolze Stalinallee!

Gedicht von Johannes R. Becher aus dem Jahre 1952

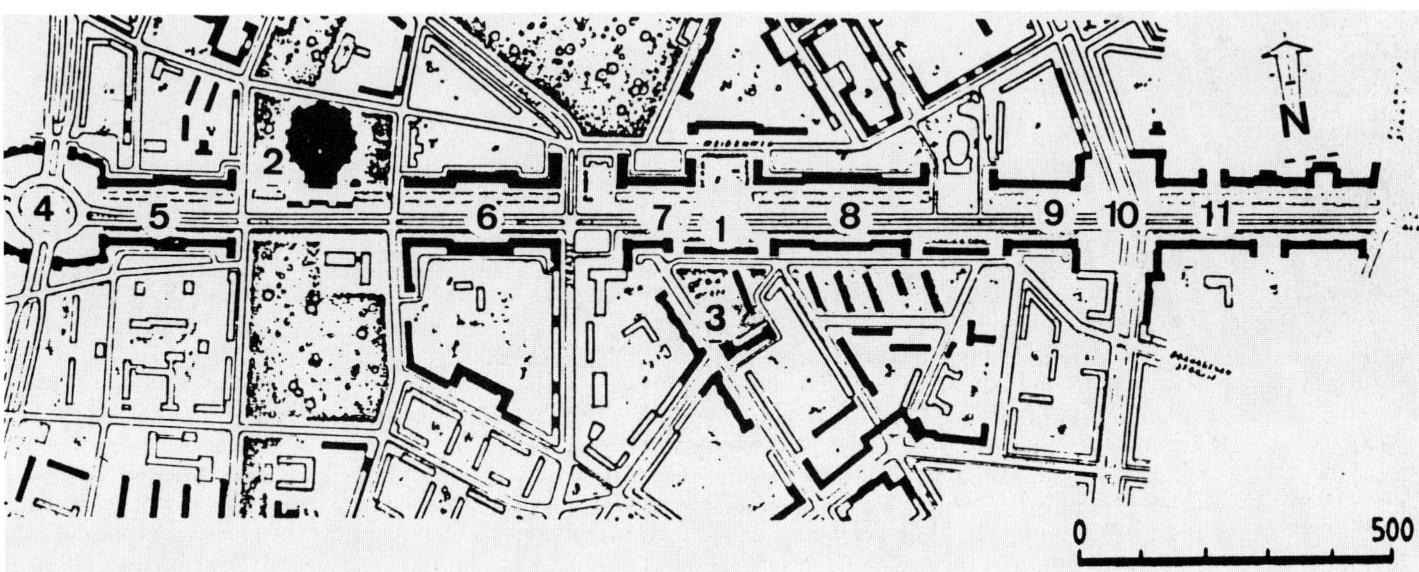

Lageplan der Stalinallee (seit 1961 Karl-Marx-Allee), gebaut 1951/52:
1. Laubenganghaus, Ludmilla Herzenstein, 2. Deutsche Sporthalle, Richard Paulick, 3. Weberwiese, Hermann Henselmann,
4. Strausberger Platz, Hermann Henselmann, 5. Block B, Egon Hartmann,
6. Block C, Richard Paulick, 7. Block D, Kurt W. Leucht,
8. Block E, Hanns Hopp, 9. Block F, Karl Souradny,
10. Frankfurter Tor, Hermann Henselmann, 11. Block G, Hanns Hopp

Berlin:
Stalinallee (heute Karl-Marx-Allee), Block D-Nord

und 100 Verkaufsstellen gebaut sein. Tatsächlich wurde am 27. September 1952 das Richtfest gefeiert. Zum Jahresende zogen die ersten Bewohner in die Neubauten ein.
Im Jahre 1958 konnte das Straßenensemble mit der Vollendung der Turmhäuser am Frankfurter Tor abgeschlossen werden. Ein Wohnraumvolumen war entstanden, das quantitativ dem einer Kleinstadt von etwa sechs- bis siebentausend Einwohnern entsprach.
Die ersten Neubauten nach dem 2. Weltkrieg in Ostberlin wurden nicht im unmittelbaren Zentrum etwa um das Rathaus oder den Berliner Dom errichtet, sondern in einem Arbeiterbezirk des Berliner Ostens. Es wurde damit auch das städtebauliche und gesellschaftspolitische Ziel unterstrichen, den Berliner Osten an das Zentrum anschließen zu wollen, ihn mit dem Zentrum zu verbinden. Eine bereits seit Jahrzehnten von Städtebauern aufgestellte Forderung konnte so erfüllt werden.
Wiederum eine andere Gestalt erhielt, bei

gleichen städtebaulichen Zielsetzungen, die Innenstadt von Neubrandenburg im Norden der DDR. Die Altstadt von Neubrandenburg innerhalb der erhalten gebliebenen mittelalterlichen Stadtmauer mit ihren berühmten Toranlagen war 1945 durch Artilleriebeschuß bei Bodenkämpfen und einem Flächenbrand fast vollständig zerstört worden. Der Wiederaufbau der Altstadt als Stadtzentrum begann mit einer Planung 1952, die 1954 endgültig verabschiedet wurde, und die eine Neubebauung im alten Schema einer Blockrandbebauung, in einem die Grundrißstruktur bestimmenden gitterförmigen Straßensystem vorsah. Das Grundrißschema der alten Stadt wurde beibehalten, die Straßen nur etwas verbreitert. Ein nahezu vollständig erhaltener Mauerkranz mit einem Grünzug, den ehemaligen Wallanlagen davor, umgibt das jetzt fast vollständig neu mit zwei- bis viergeschossigen Häusern bebaute Gebiet. Es wurde nicht nur der historische Stadtgrundriß zur Grundlage für die Neubebauung gemacht, man versuchte auch, die Neubauten in ihrem Maßstab dem alten Stadtbild anzupassen. In der Mitte, an der Stelle des alten Marktes wurde der sogenannte Zentrale Platz geplant, der erst 1963 bis 1965 zum Teil mit einem Kulturhaus bebaut wurde. Die Wohnhäuser wurden als Putzbauten gestaltet. Klinkerbauten, mit aus der Backsteingotik entlehnten Ornamenten verboten sich wegen der Qualität der Toranlagen, die durch sie nicht abgewertet werden sollten. Den Schmuck für die Wohnhausfassaden bildeten einfache Zwerchgiebel, entlehnt in der Form von Renaissance-Wohnbauten. Die langgestreckten Typenhausfronten mit ihren gleichartigen Achsmaßen wurden durch die Treppenhausachsen und durch unterschiedliche Sockel- und Dachhöhen gegliedert. Einer der Architekten, Hanns Hopp, formulierte das Ziel, „neben der optimalen Befriedigung der Wohnbedürfnisse und der Bedürfnisse der Gesellschaft ... ein Erinnerungsbild an die alte zerstörte Stadt zu schaffen; ein Stadtbild, das mit der Stadtmauer und den Toren ein einheitliches und harmonisches Ganzes, also eine norddeutsche kleine Stadt darstellt..."[2]

Mit dieser traditionsbewußten, behutsam historisierenden Bebauung der Fünfziger Jahre ist es immerhin gelungen, dieser Innenstadt ein charakteristisches Bild zu geben.

Berlin: Stalinallee (heute Karl-Marx-Allee), Uhren- und Schmuckladen, gebaut 1952, im Bild die Situation 1990

In der DDR wurde in den Fünfziger Jahren auch eine neue Stadt gebaut. Neben Fürstenberg an der Oder entstand ein Eisenhüttenwerk, in dem aus Erz aus der Sowjetunion und Kohle aus Polen Stahl geschmolzen wurde. Für dieses Werk entstand ab 1951 eine neue Stadt mit dem Namen Stalinstadt (seit 1961 Eisenhüttenstadt), geplant als eine geschlossene, an Vorbildern barocker Stadtbaukunst orientierte Anlage für ca. 30 000 Einwohner. Zuerst war sie fächerförmig disponiert. Die Grundstruktur

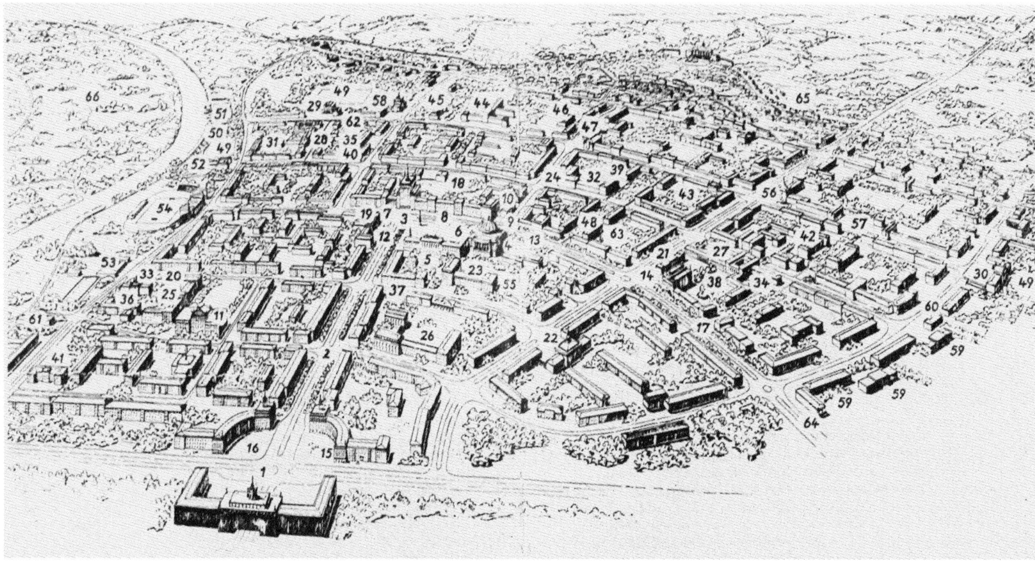

Stalinstadt:
(Eisenhüttenstadt ab 1961)
Planungsstand 1951, Entwurf
von Kurt W. Leucht

Eisenhüttenstadt: Wohnkomplex II,
gebaut 1953/54 nach
Entwurf von Siegert

Eisenhüttenstadt: Gebäude am zentralen Platz, gebaut 1954-1958 nach Entwurf von H. Wunderlich

Eisenhüttenstadt: Kindergarten

wurde später verändert. Den Mittelpunkt bildet ein großer zentraler Platz, von dem ausgehend über eine Magistrale eine unmittelbare räumliche Beziehung zum Werk, dem Eisenhüttenkombinat hergestellt wurde. Die Magistrale, die zugleich zum Zentrum der Stadt ausgebaut wurde, sollte ursprünglich auf ein U-förmiges Verwaltungsgebäude mit dem Haupteingang zum Werk zulaufen. Dieses Verwaltungsgebäude wurde nie gebaut und es entstand die heute sehr interessante Blickbeziehung von der zentralen Achse auf eine Hochofenbatterie, die heute bereits schon wieder Denkmalwert besitzt.
In den Fünfziger Jahren wurden vier Wohnkomplexe in geschlossener Blockbebauung, mit geräumigen Wohnhöfen errichtet, von denen schon in den Siebziger Jahren ein Teil architektonisch entwertet wurde, indem in sie zur Verdichtung neue Wohnzeilen gesetzt wurden.
An der Nord-Süd-Magistrale entstand zuerst 1953 ein Theaterbau in klassizistischen Formen. Ihre räumlich-architektonische Fassung erhielt die Straße 1959 durch den Bau von drei neungeschossigen Punkthäusern und dazwischen angeordneten Flachbauten mit Geschäften und Gaststätten. 1955 entstanden am sogenannten Zentralen Platz ein Rathaus, ein Hotel und ein Textilkaufhaus.
Charakteristisch für die Architektur der 50er Jahre in Eisenhüttenstadt ist auch ein Kindergarten in einem der Wohnhöfe.
In den Sechziger Jahren wurde die in sich geschlossene Form der Stadtanlage durchbrochen. Es entstanden Wohngebiete entlang der sich ebenfalls vergrößernden Werkanlage. Die Stadt entwickelte sich bandartig, parallel zur Werkanlage; die Neubebauung erreichte das alte Fürstenberg. Die ursprünglich geplante Einwohnerzahl ist längst überschritten. Die Stadt soll im Jahre 2000 etwa 100 000 Einwohner beherbergen. Die Fünfziger Jahre werden dann nur noch eine Episode in der Städtebaugeschichte der Stadt sein, allerdings eine Episode von besonderer Bedeutung und besonderem Wert.
Mitte der Fünfziger Jahre kam es zu einer erneuten Umorientierung in der Baupolitik der DDR. Kritisiert wurde die ungenügende Effizienz im Bauwesen. Die allzu ehrgeizig angelegten Planungen konnten nur zum Teil verwirklicht

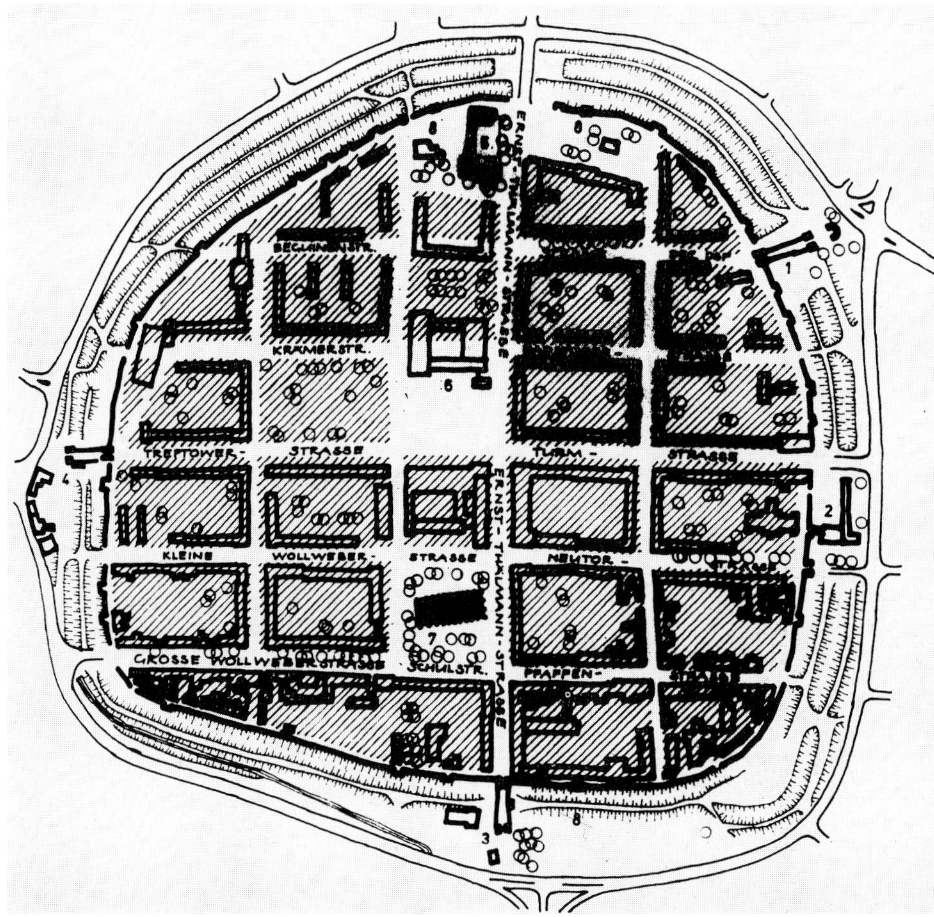

Neubrandenburg: Grundriß der Innenstadt mit Angabe der Neubebauung über der alten Quartiersstruktur

werden. Es waren Neubaugebiete mit insularem Charakter entstanden. Der zeitliche und der materielle Aufwand und die Baukosten waren viel zu hoch. Die Ursachen dafür lagen in der traditionell-handwerklichen Basis des Bauens. Die Überwindung sollte die Industrialisierung der Bauprozesse bringen sowie die Einführung neuer rationeller Planungs- und Projektierungsmethoden.
Die Resultate dieser neuen Orientierung wurden aber erst am Ende der Fünfziger und zu Beginn der Sechziger Jahre sichtbar. Inzwischen wurde in der zweiten Hälfte der Fünfziger Jahre an einer Vollendung einiger Innenstadtbereiche auf der Grundlage der 1952/53 bestätigten Konzeptionen weitergearbeitet.
Die Denkmaleigenschaft der Bauten der Fünfziger Jahre ergibt sich aus einem Geflecht von Werten, die ermittelt und anerkannt werden müssen, wenn die Unterschutzstellung in Bemühungen um eine Erhaltung, eine Bewahrung einmünden sollen. Sicher gehören die Bauten

Berlin: Stalinallee (heute Karl-Marx-Allee), Block F-Nord mit einem der beiden Turmhochhäuser, gebaut 1957-1960

einer abgeschlossenen Kulturepoche an. Sie sind uns heute fern und fremd, bei allem Postmodernismus, der Züge dieser Bauten wieder lebendig zu machen scheint.
Die Bauten der Fünfziger Jahre werden von den Fachleuten heute spontan bewundert wegen ihrer städtebaulichen Qualität und zum teil auch der Qualität der handwerklichen Verarbeitung. Sie vor allem ist in der DDR in den folgenden Jahren verlorengegangen und konnte nicht durch eine neue industriell bestimmte Qualität ersetzt werden. Die künstlerische Qualität der Bauten ist umstritten. Über Jahre wurde den Bauten jede künstlerische Qualität abgesprochen. Untersuchungen, die das immer noch stark ablehnende Urteil differenzieren könnten, gibt es nicht. Die Gliederung der Baumassen, ihre Proportionierung, das Verhältnis von großer und kleiner Form an den Fassaden, die Auswahl und Anwendung von Schmuckformen ist nie diskutiert worden. Es gibt auch keine vergleichenden Untersuchungen zur Qualität der sehr verschiedenen Bauten und Ensembles, die damals entstanden sind. Die künstlerische Qualität der äußeren Erscheinungsform ist aber nur ein Kriterium für einen eventuellen Denkmalwert. Wichtig ist auch die künstlerische Qualität der Gestaltung der Innenräume, ihre Proportionierung, die handwerkliche Qualität der Ausstattung der Geschäfte, Treppenhäuser und Wohnungen, auch im Vergleich mit den Bauten der Zeit der gleichen Stilrichtung oder auch einer

Neubrandenburg:
Neubauten am Friedländer Tor, gebaut ab 1952

anderen Stilrichtung.
Wichtig für die Bestimmung des Denkmalwertes ist ebenso die entwicklungsgeschichtliche Bedeutung der überlieferten Bauten. Charakterisieren sie eine bestimmte Etappe in der Stilentwicklung? Sind sie eventuell einziger Zeuge einer bestimmten Periode oder Richtung, die für die weitere Entwicklung von Städtebau und Architektur bedeutsam war, d.h. haben sie einen Seltenheitswert? Der ist zweifellos vorhanden, denn es handelt sich ja um eine kurze Etappe in der Baugeschichte, und auch dies nur in einem Teil Deutschlands. Zur Weiterentwicklung der Architektur, wie sie sich dann in den Sechziger und Siebziger Jahren vollzogen hat, haben die Bauten einen Beitrag geleistet, wenn auch vor allem als Zielscheibe für eine Ablehnung. Andererseits haben sie keinen Seltenheitswert, wie etwa eine romanische Mauer. Sie sind noch recht zahlreich vorhanden, obgleich heute eine Verunstaltung durch Veränderungen im Zuge von Modernisierung droht. Die Anerkennung des Wertes der ursprünglichen Erscheinungs-

form ist kaum vorhanden.
Mit der Wirkung etwa der Stilrichtung des Bauhauses kann die Bauweise der 50er Jahre nicht konkurrieren. Sie verkörpert in der DDR eher eine Episode nochmaliger Rückentwicklung, bevor sich die Moderne auch im Bauen in der DDR durchgesetzt hat. Daß eine solche Rückentwicklung oder Rückbesinnung aber auch künstlerische Kraft haben kann, wissen wir aus parallelen Erscheinungen in der Kunstgeschichte. Ich erinnere an den spätbarocken Klassizismus der Zeit Friedrichs II. mit den prachtvollen Bauten Gontards und Ungers in Berlin, aber auch an den zu spät gekommenen Berliner Dom von Raschdorff am Lustgarten. Mit dem künstlerischen Wert hängt eng der geschichtliche Wert zusammen. Er bekommt heute in der Denkmalpflege eine immer größere Bedeutung. Bis in die Sechziger Jahre war die in allen Teilen harmonisch gestaltete Umwelt das Ziel der Architekten, in die auch die historischen Bauten als Monumente künstlerischer Kraft vergangener Generationen eingebunden werden sollten. Heute ist die

Neubrandenburg: Neubebauung der Ernst-Thälmann-Straße, gebaut 1956 nach Entwurf von J. Breuer und H. Warthemann

differenziert gestaltete Umwelt mit ihren Ecken und Kanten, mit dem Recht des nicht ins Bild passenden Individuellen das Ziel von Umweltgestaltung. Dabei interessiert das geschichtlich Gewachsene mit seinen Veränderungen und Überformungen, das vom Umgang mit Geschichte bei allem Respekt mehr zeugt als eine in sich geschlossene stileinheitliche Form. Die Bauten der Fünfziger Jahre sind für die politische Geschichte, die Bau- und Kunstgeschichte ein wichtiges Zeugnis. Sie verkörpern gleichsam eine geschichtliche Etappe in der Entwicklung der DDR, die gekennzeichnet ist durch ein starkes Einwirken der Situation in der Sowjetunion auf die Gestaltung der Gesellschaft im östlichen Teil Deutschlands. Architektur spiegelte schon zu allen Zeiten die politischen, sozialen und kulturellen Verhältnisse in der jeweiligen Gesellschaft wider. Immer mehr oder weniger eindeutig. Die Bauten der Fünfziger Jahre in der DDR tun es recht eindeutig. Sie sind selber Zeitzeugen und waren auch der Rahmen für wichtige politische Ereignisse als Zentrumsbereiche in den Städten. Die Bauten der Fünfziger Jahre sind ungemein aufschlußreich für die Sozialgeschichte in der DDR. Der Anspruch, repräsentative Wohnhäuser zu errichten, mit geräumigen Treppenhäusern, Dachterrassen, mit Geschäften und Restaurants in den Erdgeschossen, erläutert das. Die sehr konservative Gestaltung der Wohnungsgrundrisse, die Festsetzung der niedrigen Mieten, die Belegung der Wohnungen: sie wurde zentral angeordnet, und was aus den Belegungen geworden ist, enthält zahlreiche Aussagen über den Zusammenhang von Architektur, von Bauen und Gesellschaftspolitik in der Zeit des tiefen Stalinismus in der DDR. Die Bauten haben als ein Ausdruck des Stalinismus, der von oben angeordneten Architektur auch einen stark negativ bestimmten Symbolwert. Sie sind ein Teil der Geschichte der Teilung Deutschlands und ein Ausdruck der Wirkung eines stalinistisch regierten Partei- und Staatsapparates. Das Ende dieser bei den Intellektuellen ziemlich verhaßten Nati-Tradi-Architektur (Nationale Traditionen) am Ende der Fünfziger Jahre wurde mit Erleichterung begrüßt.
Andererseits sind die Bauten der Fünfziger Jahre aus dem Erscheinungsbild der Städte, vor allem der im 2. Weltkrieg stark zerstörten, nicht mehr wegzudenken. Sie sind hier Teil einer bereits wieder über 30jährigen Geschichte. Gerade die Bauten der Fünfziger Jahre sind wichtige raumbildende und milieuprägende Bestandteile der neu entstandenen Innenstädte, so bescheiden und ärmlich sie auch heute empfunden werden. In den letzten Jahren wurden sie zunehmend höher bewertet und weitgehend in den Kreis des Denkmalwerten mit aufgenommen.
Ob das bei der jetzt sehr viel kritischer zu bewertenden Episode „DDR" in der deutschen Geschichte aufrecht zu erhalten ist, wird die Zukunft erweisen. Denn Denkmäler können nicht dekretiert werden, nicht durch Verordnungen des Staates, aber auch nicht durch die Meinung von Spezialisten. Ihre Anerkennung muß durch ein Erkennen der Werte in der Öffentlichkeit vorbereitet und durch wissenschaftliche Erforschung begründet werden, wenn ihre Erhaltung in der überlieferten ursprünglichen Form als Ausdruck eines öffentlichen Interesses erfolgen soll.
Und damit stehen wir, nicht zuletzt wegen der Wende oder der Revolution und der zu erwartenden Umbewertung der Werte erst am Anfang.

Anmerkungen:

1 Vortrag von Stadtbaurat Dr. Conert: Gedanken über den Wiederaufbau Dresdens, 22. November 1945, S. 29

2 Hanns Hopp: Zum Wiederaufbau Neubrandenburgs. In: Deutsche Architektur, Heft 5, Berlin 1956, S. 294
Zitiert in: Thomas Topfstedt: Städtebau in der DDR 1955-1971, Leipzig 1988, S. 178

Grundsätze des Städtbaues

Von der Regierung der Deutschen Demokratischen Republik am 27. Juli 1950 beschlossen

Die Stadtplanung und die architektonische Gestaltung unserer Städte müssen der gesellschaftlichen Ordnung der Deutschen Demokratischen Republik, den fortschrittlichen Traditionen unseres deutschen Volkes sowie den großen Zielen, die dem Aufbau ganz Deutschlands gestellt sind, Ausdruck verleihen. Dem dienen die folgenden Grundsätze:

1. Die Stadt als Siedlungsform ist nicht zufällig entstanden. Die Stadt ist die wirtschaftlichste und kulturreichste Siedlungsform für das Gemeinschaftsleben der Menschen, was durch die Erfahrung von Jahrhunderten bewiesen ist. Die Stadt ist in Struktur und architektonischer Gestaltung Ausdruck des politischen Lebens und des nationalen Bewußtseins des Volkes.

2. Das Ziel des Städebaues ist die harmonische Befriedigung des menschlichen Anspruches auf Arbeit, Wohnung, Kultur und Erholung.
Die Grundsätze und Methoden des Städtebaues fußen auf den natürlichen Gegebenheiten, auf den sozialen und wirtschaftlichen Grundlagen des Staates, auf den höchsten Errungenschaften von Wissenschaft, Technik und Kunst, auf den Erfordernissen der Wirtschaftlichkeit und auf der Verwendung der fortschrittlichen Elemente des Kulturerbes des Volkes.

3. Städte „an sich" entstehen nicht und exisiteren nicht. Die Städte werden in bedeutendem Umfange von der Industrie für die Industrie gebaut. Das Wachstum der Stadt, die Einwohnerzahl und die Fläche werden von den städtebildenden Faktoren bestimmt, das heißt von der Industrie, den Verwaltungsorganen und

den Kulturstätten, soweit sie mehr als örtliche Bedeutung haben.
In der Hauptstadt tritt die Bedeutung der Industrie als städtebildender Faktor hinter der Bedeutung der Verwaltungsorgane und der Kulturstätten zurück.
Die Bestimmung und Bestätigung der städtebildenden Faktoren ist ausschließlich Angelegenheit der Regierung.

4. Das Wachstum der Stadt muß dem Grundsatz der Zweckmäßigkeit untergeordnet werden und sich in bestimmten Grenzen halten. Ein übermäßiges Wachstum der Stadt, ihrer Bevölkerung und ihrer Fläche führt zu schwer zu beseitigenden Verwicklungen in ihrer Struktur, zu Verwicklungen in der Organisation des Kulturlebens und der täglichen Versorgung der Bevölkerung und zu betriebstechnischen Verwicklungen sowohl in der Tätigkeit wie in der Weiterentwicklung der Industrie.

5. Der Stadtplanung zugrunde gelegt werden müssen das Prinzip des Organischen und die Berücksichtigung der historisch entstandenen Struktur der Stadt bei Beseitigung ihrer Mängel.

6. Das Zentrum bildet den bestimmenden Kern der Stadt. Das Zentrum der Stadt ist der politische Mittelpunkt für das Leben seiner Bevölkerung.
Im Zentrum der Stadt liegen die wichtigsten politischen, administrativen und kulturellen Stätten. Auf den Plätzen im Stadtzentrum finden die politischen Demonstrationen, die Aufmärsche und die Volksfeiern an Festtagen statt.
Das Zentrum der Stadt wird mit den wichtigsten und monumentalsten Gebäude bebaut, beherrscht die architektonische Komposition des Stadtplanes und bestimmt die architektonische Silhouette der Stadt.

7. Bei Städten, die an einem Fluß liegen, ist eine der Hauptadern und die architektonische Achse der Fluß mit seinen Uferstraßen.

8. Der Verkehr hat der Stadt und ihrer Bevölkerung zu dienen. Er darf die Stadt nicht zerreißen und der Bevölkerung nicht hinderlich sein.
Der Durchgangsverkehr ist aus dem Zentrum und dem zentralen Bezirk zu entfernen und außerhalb seiner Grenzen oder in einem Außenring um die Stadt zu führen. Anlagen für den Güterverkehr auf Eisenbahn und Wasserwegen sind gleichfalls dem zentralen Bezirk der Stadt fernzuhalten.
Die Bestimmung der Hauptverkehrsstraßen muß die Geschlossenheit und die Ruhe der Wohnbezirke berücksichtigen.
Bei der Bestimmung der Breite der Hauptverkehrsstraßen ist zu berücksichtigen, daß für den städtischen Verkehr nicht die Breite der Hauptverkehrsstraßen von entscheidender Bedeutung ist, sondern eine Lösung der Straßenkreuzungen, die den Anforderungen des Verkehrs gerecht wird.

9. Das Antlitz der Stadt, ihre individuelle künstlerische Gestalt, wird von Plätzen, Hauptstraßen und den beherrschenden Gebäuden im Zentrum der Stadt bestimmt (in den größten Städten von Hochhäusern). Die Plätze sind die strukturelle Grundlage der Planung der Stadt und ihrer architektonischen Gesamtkomposition.

10. Die Wohngebiete bestehen aus Wohnbezirken, deren Kern die Bezirkszentren sind. In ihnen liegen alle für die Bevölkerung des Wohnbezirks notwendigen Kultur-, Versorgungs- und Sozialeinrichtungen von bezirklicher Bedeutung.
Das zweite Glied in der Struktur der Wohngebiete ist der Wohnkomplex, der von einer Gruppe von Häuservierteln gebildet wird, die von einem für mehrere Häuserviertel angelegten Garten, von Schulen, Kindergärten, Kinderkrippen und den täglichen Bedürfnissen der Bevölkerung dienenden Versorgungsanlagen vereinigt werden. Der städtische Verkehr darf innerhalb dieser Wohnkomplexe nicht zugelassen werden, aber weder die Wohnkomplexe noch die Wohnbezirke dürfen in sich abgeschlossene isolierte Gebilde sein. Sie hängen in ihrer Struktur und Planung von der Struktur und den Forderungen der Stadt als eines Ganzen ab.
Die Häuserviertel als drittes Glied haben dabei hauptsächlich die Bedeutung von Komplexen in Planung und Gestaltung.

11. Bestimmend für gesunde und ruhige Lebensverhältnisse und für die Versorgung mit Licht und Luft sind nicht allein die Wohndichte und die Himmelsrichtung, sondern auch die Entwicklung des Verkehrs.

12. Die Stadt in einen Garten zu verwandeln, ist unmöglich. Selbstverständlich muß für ausreichende Begrünung gesorgt werden. Aber der Grundsatz ist nicht umzustoßen: in der Stadt lebt man städtischer; am Stadtrand oder außerhalb der Stadt lebt man ländlicher.

13. Die vielgeschossige Bauweise ist wirtschaftlicher als die ein- oder zweigeschossige. Sie entspricht auch dem Charakter der Großstadt.

14. Die Stadtplanung ist die Grundlage der architektonischen Gestaltung. Die zentrale Frage der Stadtplanung und der architektonischen Gestaltung der Stadt ist die Schaffung eines individuellen einmaligen Antlitzes der Stadt. Die Architektur muß dem Inhalt nach demokratisch und der Form nach national sein. Die Architektur verwendet dabei die in den fortschrittlichen Traditionen der Vergangenheit verkörperte Erfahrung des Volkes.

15. Für die Stadtplanung wie für die architektonische Gestaltung gibt es kein abstraktes Schema. Entscheidend ist die Zusammenfassung der wesentlichsten Faktoren und Forderungen des Lebens.

16. Gleichzeitig mit der Arbeit am Stadtplan und in Übereinstimmung mit ihm sind für die Planung und Bebauung bestimmter Stadtteile sowie von Plätzen und Hauptstraßen mit den anliegenden Häuservierteln Entwürfe fertigzustellen, die in erster Linie durchgeführt werden können.

Berlin: Luftbrücke zur Überwindung der Berliner Blockade 1948/49

VORBEMERKUNG

Die Dokumentation der Podiumsdiskussion gliedert sich in die Stellungnahmen der sechs Teilnehmer des Podiums zur Fragestellung und in ausgewählte Beiträge im Rahmen der nachfolgenden Diskussion mit dem Publikum. Die Niederschrift der Stellungnahmen wurde von den Autoren in unterschiedlichem Ausmaß, meist aber weitgehend korrigiert, zusammengefaßt und auch erweitert. Allein Klaus von Beyme hatte in Hannover seine Stellungnahme bereits in schriftlicher Form vorliegen, die hier unverändert übernommen ist. Von den zahlreichen Diskussionsbeiträgen sind nur wenige in die Dokumentation übernommen worden, um einen „roten Faden" des lebhaften Gesprächs aufscheinen zu lassen. Die Herausgeber haben die Niederschrift der Diskussionsbeiträge redigiert und dann die Zustimmung der Autoren zur geschriebenen Version eingeholt. Die Bebilderung der Stellungnahmen und der Diskussionsbeiträge erfolgte durch die Herausgeber.

PODIUMSDISKUSSION

Wodurch bilden die 50er Jahre eine Epoche?

Einführung:
Dr. Ing. Niels Gutschow,Abtsteinach (Architekt und Bauhistoriker)

Beiträge:
Professor Dr. Klaus von Beyme, Heidelberg (Politologe, Universität Heidelberg)
Professor Dr. Jost Hermand, Madison (Germanist, University of Wisconsin)
Professor Dr. Hermann Glaser, Nürnberg (Germanist, Stadtrat in Nürnberg)
Professor Dr. Thomas Topfstedt, Leipzig (Kunsthistoriker, Universität Leipzig)
Professor Dr. Hiltrud Kier, Köln (Stadtkonservatorin in Köln)
Professor Dr. Manfred Fischer, Hamburg (Landeskonservator von Hamburg)

Diskussion:
Jost Hermand, Hiltrud Kier, Jost Hermand, Hiltrud Kier,
Niels Gutschow, Klaus von Beyme,Hermann Glaser,
Dipl.-Ing. Carl Bauer, Hannover (Architekt), Dr. Hans Hanke, Bochum
(Kunsthistoriker, Landesamt für Denkmalpflege, Münster), Hermann Glaser,
Dipl.-Ing. Marianne Adrian, Hannover (Architektin), Hiltrud Kier,
Thomas Topfstedt, Jost Hermand, Hermann Glaser, Jost Hermand
Niels Gutschow, Manfred Fischer

Schlußwort:
Niels Gutschow

NIELS GUTSCHOW

Lassen Sie mich, bevor wir mit der Podiumsdiskussion beginnen, noch einmal rekapitulieren, wie es zu dieser Tagung gekommen ist und wie das Thema der nun folgenden Diskussion zugleich dokumentiert, daß die über Jahre sich hinziehende Vorbereitung einer solchen Veranstaltung ganz wesentlich zur Klärung eines Legitimationsprozesses beiträgt.
Seit Mai 1982 wurden die 50er Jahre als ein möglicher Arbeitsschwerpunkt des Nationalkomitees benannt, doch erst 6 Jahre später kam die Idee, zu diesem Thema eine Tagung zu veranstalten, wieder auf. Auf der ersten Vorbereitungssitzung am 30. Mai 1988 schlug ich vor, im Rahmen einer Podiumsdiskussion der Frage nachzugehen, ob die 50er Jahre eine Epoche bilden. Obwohl sich die Tagung mit einer solchen Frage die eigene Berechtigung entzog, schien die Erörterung dringend, da in allen vorbereitenden Sitzungen immer wieder Zweifel daran laut wurden, ob die 50er Jahre überhaupt eine Epoche bilden, und wenn eine solche erkennbar werde, wie sie sinnvollerweise zeitlich einzugrenzen sei. Schließlich stieß die in den Medien seit Jahren verwendete Bezeichnung „50er Jahre" für den versuchsweise identifizierten Zeitraum 1945-1962 immer wieder auf Widerstand. Noch am Vorabend der Tagung wurde an der Legitimation und Schärfe der Bezeichnung gezweifelt. Am Ende hat die allgemeine Sprachregelung jedoch die Zweifel der Wissenschaftler gewissermaßen überrollt.
Indem wir nun hier in Hannover zusammengekommen sind, um nicht nur zur Charakterisierung und Abgrenzung dieses Begriffs beizutragen, sondern auch über ganz konkrete und aktuelle Probleme der Bedrohung und der Erhaltung von Zeugen dieser Zeit zu sprechen, scheinen alle Zweifel am Begriff zerstreut. Sinnvollerweise lautet nunmehr die Frage der Diskussion: „Wodurch bilden die 50er Jahre eine Epoche?"
Wir setzen also für die Diskussion voraus, daß die 50er Jahre eine Epoche bilden, und so haben wir uns dann folgerichtig mit den Beiträgen des heutigen Tages den Inhalten zugewandt. Werner Durth hat zum Leitbild der Stadtlandschaft gesprochen, Winfried Nerdinger zum Charakter der Architektur. Dabei wurde bisher noch nicht versucht, den Übergang in die folgende Epoche der 60er und 70er Jahre zu kennzeichnen, der auf einem Wandel der Werte beruht und dann ganz neue Dimensionen entstehen läßt.
Nerdinger stellte heraus, daß die 50er Jahre nicht eindeutige Charakteristika aufweisen, sondern immer beide Pole einer Entwicklung vereinen, nämlich Schwere und Leichtigkeit, Dynamik und Beharren, Kontinuität und Neubeginn.
Entscheidend war dabei vor allem, daß die so oft unterschlagenen 12 Jahre der NS-Herrschaft nicht den Bruch bedeuten, wie viele Kommentatoren und Architekturkritiker es bis heute darstellen. Bei aller Breite des Spektrums erkennt Nerdinger jedoch „absolut spezifische Elemente" und spricht von deren „tausendfachem Auftreten". Da scheinen sie also ganz deutlich auf, die 50er Jahre, die zugleich Schulte-Frohlindes Deutsche Arbeitsfront spiegeln wie Eiermanns Rüstungsbauten und Kay Fiskers Gebäude in Århus und Kopenhagen, die Steen Eiler Rasmussen[1] bereits 1940 in seiner „Nordischen Baukunst" vorgestellt hatte.
Indem die nun folgende Podiumsdiskussion durch die Beiträge dieses Tages bereits thematisch vorbereitet erscheint, erlaube ich mir auch selbst eine Antwort auf die Frage, wodurch die 50er Jahre eine Epoche bilden. Auf der Suche nach Kennzeichnungen von Qualitäten bin ich nicht in den Bauzeitschriften, sondern in der Literatur auf bemerkenswerte Äußerungen gestoßen, die versuchen, zu Beginn der 50er Jahre einer Vision eben nicht baulichen, sondern sprachlichen Ausdruck zu verleihen. Es galt, ein Wunschbild zu beschreiben, das zukünftige Lebensgefühl zu umschreiben.
Alberto Moravia hat das ganz vorzüglich in seinem Roman „Der Konformist" geleistet, der 1951 in Italien erschien.[2] Die Hauptfigur des Romans ist ein italienischer Geheimagent, der bei der Übergabe Roms im Juli 1944 flüchtet. Auf der Fahrt in die Provinz malt er sich die Zukunft seiner Tochter folgendermaßen aus: „Alles im Leben meiner Tochter soll Schwung, Grazie, Leichtigkeit und Klarheit, Frische und Abenteuer sein. Alles soll einer Landschaft gleichen, in der es keine schwüle Atmosphäre gibt, sondern nur die raschen, reinigenden Stürme, die die Luft klarer und die Farben leuchtender machen. Nichts soll in diesem Leben an jene blutrünstige Pedanterie erinnern, die bis gestern mein Geschick gewesen ist. Ja, sie soll in voller Freiheit leben!"
Die Konturen der Zukunft, einer Utopie des Abenteuers, das herausführt aus vergangener Pedanterie sind 1950, als Moravia diese Zeilen verfaßte, bereits deutlich geworden, im architektonischen wie im städtebaulichen Bereich. Es entstehen bereits Bauten voller Schwung und Leichtigkeit, Bauten, die das Abenteuer neuer konstruktiver Möglichkeiten wagen. Nicht Granit für die Ewigkeit ist nun gefragt, sondern fragiler Spannbeton mit - wie wir heute wissen - ganz begrenzter Lebensdauer. Häufig war das Vorläufige und Versuchsweise im Bauen bevorzugt, eben weil dem keine Zukunft anhaftete, sondern die Erfahrung des Augenblicks.
Sicher ist damit zumindest für die Bundesrepublik nur die eine, oft propagandistisch in den Vordergrund geschobene Seite des Geschehens charakterisiert. Ralph Giordano[3] hat immer wieder eindrücklich einer Verklärung der von ihm als „unsäglich" empfundenen 50er Jahre entgegengearbeitet. Er spricht von dem „großen Frieden mit den Tätern". Und er bezeichnet diesen Frieden als die Voraussetzung für den Aufstieg der Bundesrepublik und die Koalitionsfähigkeit im Zeichen des Kalten Krieges. Auch Moravias Geheimagent will ja jede Erinnerung an „blutrünstige Pedanterie" ausgelöscht wissen. Das Abenteuer der 50er Jahre ist also das Abenteuer auf dem Grunde des Vergessens. Eben daraus resultiert der „Schwung" auf dem Wege in die Unverbindlichkeit. So sehr auch der „große Friede" das Lebensgefühl der Menschen prägte, im Bauen geht es dennoch nicht so schnell mit dem Vergessen. In der Eisdiele oder im Cafe der 50er Jahre ließ sich sicher unbeschwert von Capri träumen, auch ohne gleich von „Frische und Abenteuer" überwältigt zu sein. Aber da sind eben auch all die anderen Bauten, von denen uns Christoph Mohr heute einige vorgeführt hat, etwa die „unsäglichen" Schulbauten aus dem Taunus. Da steht plötzlich eine

Stuttgart:
Milchbar auf der Deutschen Gartenschau 1950, nach einem Entwurf von Rolf Gutbrod und Holder. Unten der Blick über den Flamingosee, oben in den Gastraum mit einer Wandplastik von Fritz Melis. Drei Tage Planung, sechs Wochen Ausführung.
Rolf Gutbrods Beschreibung in der Zeitschrift Die Neue Stadt benennt die Ziele der Gestaltung deutlich: „Trotzdem diktierte auch weiterhin der Zweck die äußere Gestalt. Milch, ein mir bisher fast fremder Stoff, verlangt doch wohl Heiterkeit und Leichtigkeit. Vor allem sollten sich auch Kinder jeden Alters hier wohlfühlen.
Man durfte also durchaus etwas Amüsantes bauen, und – farbenfroh war eine Grundforderung. – So entstand nach unserer Meinung ein Gebilde, das den Besucher der rauhen Wirklichkeit um ein kleines entrückt. Es sind keine Wände mehr da, kein ‚Raum' ist ohne weiteres ablesbar, und dennoch glaubten wir, daß die aufgestellten Stühle zum Verweilen einladen. – Zudem erschien es uns wichtiger, den richtigen Ton zu treffen und eine gewisse Frische und Unbekümmertheit zu erhalten."

ungeschminkte Kontinuität vor uns, die wir als bedrückend empfinden, weil wir sie nicht wahrhaben wollen. In der Diskussion wurden diese Bauten gar als „Zumutung" bezeichnet, deren Denkmalwert geradezu absurd sei. Genau da aber liegt die Aufgabe der Denkmalpflege: Nicht etwa allein der anmutigen Milchbar Gutbrods - 1950 auf der Stuttgarter Deutschen Gartenschau gebaut - gilt das Interesse, sondern eben auch diesen Zeugnissen, die in der unbeachteten Provinz ganz ungeschützt in der Manier der Täter entstanden. Beide Pole charakterisieren die 50er Jahre und Zeugnisse beider Bautraditionen verdienen Schutz. Denkmalschutz heißt letztlich, Zeugnisse vor dem Vergessen und damit vor dem Verschwinden zu bewahren. Indem wir uns intensiv den bedrückenden Zeugnissen dieser Zeit zuwenden, entgehen wir der Versuchung, eine Epoche „verklären" zu wollen.

Anmerkungen

1 Steen Eiler Rasmussen, Nordische Baukunst, Berlin 1940
2 Alberto Moravia, Der Konformist, Rowohlt, Bd 5629, Hamburg 1965 (das Zitat ist der Seite 313 entnommen)
3 Ralph Giordano, Die zweite Schuld oder Von der Last Deutscher zu sein, Hamburg 1987 (siehe insbs. S. 119 u. 122)

KLAUS VON BEYME

Einst lernte man in der Schule die Definition eines Meters: „Ein Meter ist der Abstand zweier Marken auf dem Urmeter in Paris". Ein ähnliches Kunstprodukt der Mathematik ist die Dekade - und es wäre mehr als verwunderlich, wenn sich politische und kulturelle Ereignisse in Jahrzehntsprüngen vollzögen, trotz der besonders guten Vorsätze, welche die Akteure am Ende einer alten und bei Anbruch einer neuen Dekade in der Sylvesternacht haben mögen, daß nun alles anders werden müsse!
Die uns gestellte Frage unterstellt bereits, daß es sich bei den 50er Jahren um eine Epoche handelt. Da wir gehalten sind, keine weitschweifigen Vorträge, sondern pointierte Thesen zu formulieren, kann ich am besten provozieren mit der Behauptung, daß die Bezeichnung 50er Jahre eine saloppe und unscharfe Redeweise ist, nicht jedoch ein wissenschaftlich haltbarer Terminus. Dennoch weiß man in der Architektur- und Städtebaugeschichte in etwa, was gemeint ist, und obwohl dieser Inhalt keineswegs mit dem der Zeit von 1950-1960 voll deckungsgleich ist, können wir durch die Hintertür die 50er Jahre als Epochenbegriff wieder einführen und analysieren, wodurch er zu einer Epoche wird.
Die Geschichtswissenschaft kommt ohne diesen Epochenbegriff aus. Sie hält sich gern an Termini wie „Adenauerzeit". Denkt ausnahmsweise einmal ein Historiker über die 50er Jahre als Epoche nach, wie Hans-Peter Schwarz, so liegt die Epochenzäsur in der Herausbildung eines neuen internationalen Systems, in dem die Bundesrepublik eine wichtige Rolle spielt. Ansonsten sind die 50er Jahre als die Jahre eines „beispiellosen" Modernisierungsschubes gewürdigt worden.[1] Das gilt für Wertsysteme und Lebensformen.
Es bleibt die Frage, ob im Lichte anderer Epochenzäsuren der Modernisierungsschub der 60er Jahre in der Architektur und im Städtebau nicht noch weit auffälliger ist. Auch für die Architektur waren die 60er Jahre die Zeit der „triumphierenden Ökonomie" voller Aufbruchstimmung und Optimismus, wo die 50er Jahre noch skrupulös und unsicher tastend gewesen waren.[2] Wertet man nur Umbruchstimmung und Wandel der Lebensformen, dann kann die Zäsur eher bei 1945 angesetzt werden. Neuerdings plädieren Historiker wieder für den Epocheneinschnitt zwischen Stalingrad und Währungsreform.[3]
Wer dem Epochenbegriff in seiner Ausdehnung ausweicht und nach Zäsuren sucht, wird leichter immer weiter zurückverwiesen. Dahrendorf hatte ja schon Wirbel verursacht: Die Deutschen - „unmoderne Menschen in der modernen Welt" - wurden zwangsmodernisiert bereits im technokratischen Nationalsozialismus.[4] Allen, die eine Kontinuitätshypothese der Nachkriegsarchitektur vertreten - bescheidener gewordener Postfaschismus - ornamentlos, kahl, geschrumpft, modernisiert „durch die amerikanischen Material-, Konstruktions- und Designstandards, bis der faschistische Vorstellungskern nicht mehr erkennbar war"[5], muß eine solche Rückverlagerung der Zäsur gelegen kommen.
Mit dem Abflauen der sozialkritischen Literatur über die Ursprünge der Republik im Sinne der „verpaßten Chancen" wurde eine kulturgeschichtliche Betrachtung wieder üblich. Plötzlich schienen die „falschen Fuffziger" nostalgieverklärt.[6]
Kulturgeschichtliche Darstellungen - wie die von Jost Hermand - haben jedoch die Dekaden so wenig gesondert, wie die Geschichten der deutschen Malerei oder internationale Geschichten der modernen Architektur.[7] Problematisch wird jedoch ein Epochenbegriff der 50er Jahre dann, wenn er offenbar nur in

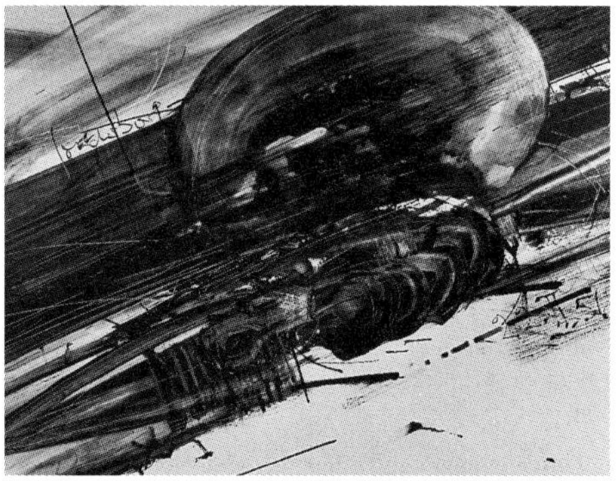

K.R.H. Sonderborg, Komposition 22.11.1956 (Kunsthalle Hamburg) – Beispiel abstrakten Expressionismus in Westdeutschland

Deutschland Sinn macht. Am ehesten werden die 50er Jahre in der amerikanischen Geschichte der Malerei noch abgesondert, als Zeit der Dominanz des abstrakten Expressionismus, der in den 60er Jahren zwar nicht verdrängt, aber doch als wichtigste Strömung abgelöst wurde.[8] In Deutschland dauerte dies wesentlich länger. Offenbar läßt sich nicht, wie in der DDR, aufgrund direkter politischer Einwirkung aus der Sowjetunion eine klare Epochenzäsur festmachen, nach der Chruschtschows neue modernere Baugesinnung sich in der DDR um 1955 durchsetzte und nun die Position der vorangegangenen Epoche rigoros bekämpfte.[9]
Auch wenn man die politischen cleavages der Weimarer Zeit in zwei deutschen Staaten territorialisiert sieht,[10] läßt sich dies für die Fronten der städtebaulichen Leitbilder kaum behaupten. Dennoch fällt ein gewisser Gleichschritt des Paradigmenwandels auf. Die erste Phase wurde um 1955 umgepolt - in der DDR durch politischen Einfluß der Schutzmacht, in der Bundesrepublik durch kulturell-hegemonialen Einfluß der Schutzmacht. Die 50er Jahre als Epoche bleiben jedoch erhalten, wenn man vor allem Alltagsarchitektur studiert, wie sie neuerdings auch aktive Architekten interessiert. Meinhard von Gerkan ließ von seinen Schülern ein wahres Gruselkabinett zusammenfotographieren.[11]
Je stärker man sich an einer Höhenwanderung origineller Schrittmacher orientiert oder gar nur an Schubladenarchitektur, Wettbewerbsentwürfen und Ausstellungen, um so früher wird man die Zäsur ansetzen. Aber manches spricht bei einem elitenorientierten Ansatz jenseits des alltagsarchitektonischen Gesamtbildes der Republik dafür, daß um 1957 ein Wandel eintritt. Durth/Gutschow plädieren mit guten Gründen für ihre Dekade 1948-1958.[12] Sie lassen ökonomische Eckdaten gelten, wie Währungsreform 1948 und Eintritt der annähernden Vollbeschäftigung um 1959. Diese Begründung ist einleuchtender als eine allzu vordergründige Agententheorie, welche der Sphäre von Kunst und Architektur wenig Autonomie einräumt. Die „absolute Mehrheit" für die Union bei den Bundestagswahlen 1957 wurde nach Waltraud und Joachim Petsch der Anlaß, sich von den „ideologisch entbehrlich gewordenen Architekturformen" zu trennen,

die nicht mehr „produktionsrelevant" sind.[13] Man sollte die Sondergesetzlichkeiten von Kunst und Architektur so weit respektieren, daß man nach immanenteren Kriterien sucht. Als solche können eine ganze Reihe von Indikatoren dienen. Ist der Fokus einer Darstellung das Lob der 60er Jahre, so erscheint alles davor nur „Unterbringungsarchitektur", „fünfstöckige Satteldach-Kasernen in öden Reihenhauszeilen und biederen Minibungalow-Plantagen einfallsloser Eigenheimpolitik". Aber selbst diese Darstellung von Nestler und Bode setzt den Einschnitt Ende der 50er Jahre an.[14]
Ist der Fokus die 50er Jahre, so verklärt er sich hingegen meist im Vergleich zu den 60er Jahren. Das „Mittelmaß" der 60er Jahre war durch Häufung und Dimensionierung in den Augen einiger Architekturhistoriker noch penetranter als das Mittelmaß der 50er Jahre.[15]
Der Streit ist offenbar nicht zu schlichten. Für die jeweiligen Dekaden werden in allen Kritiken gern weite Bereiche herausgenommen: Kirchenbau und Bau kultureller Einrichtungen in den 50er Jahren, viele Industrie- und andere Großbauten in den 60er Jahren, und das Ausland urteilte bei beiden oft milder als die einheimischen Kritiker.[16]
Ein analytischer Ansatz vermeidet tunlichst pauschale Werturteile über ganze Dekaden und versucht die Gemeinsamkeiten der Epoche herauszuarbeiten. Zu ihnen gehören ganz unterschiedliche Indikatoren, von den vorherrschenden ideologischen Leitbildern bis zu den verwendeten Materialien.
(1) Die These vom Postfaschismus, für die es bis 1955 vor allem in der „Amtsratsarchitektur" mannigfache Belege gibt, übersieht, daß die für die 50er Jahre typische Baukunst sich von der Schwere des traditionellen Bauens und der alten Blut und Boden-Gesinnung durch einen Drang zu schwebender Leichtigkeit und geradezu frivolen Vergessens des Geschehens neigte: transparente Wände mit breiten Verglasungen zwischen zierlichen Stützen, geschwungene Bewegungsabläufe gegen strenge Symmetrie neben monotoner Symmetrie der Rasterbauten. Pavillons, Schwebedächer, Messinggeländer, Mosaik und Schmiedeeisen wurden gerne eingesetzt.[17]
Neue Materialien bestimmen das Bild wie Beton, Plastik, Glasbaustein, gebremste Modernität in der zaghaft vorlugenden Dachplatte, die wie eine Konzession des Flachdachbaus an das traditionelle Haus wirkte. Die Zeitschrift Film und Frau hat man verdächtigt, einflußreich für die Herausbildung des textilig-femininen Geschmacks der 60er Jahre mit seiner pastelligen Farbgebung gewesen zu sein.[18]
(2) Erst die postmoderne Architektur hat in den verwendeten Formen und Ornamenten wieder so unverstellt Zitate aus der zeitgenössischen Kunst verwendet. Die Übertragung der Motive des abstrakten Expressionismus als der vorherrschenden Richtung der Zeit wirkt vor allem dort deplaciert, wo keine Rücksicht mehr auf das transportierende Material, wie Plastik und Acella genommen wird. Die Unsicherheit im Umgang mit den neuen Baustoffen und ihre wahllose Anhäufung ist ganz sicher ein Kennzeichen der Epoche. Isomorphien zwischen der Kunst der Zeit und der Architektur kann man auch dort feststellen, wo es nicht zu fragwürdigen Anleihen kam, etwa zwischen den spiegelnden Rasterfassaden und einigen Richtungen der zeitgenössischen Malerei.[19]
Ende der 50er Jahre endet das Pathos der Einfachheit. Jürgen Paul spitzte den Gedanken zu der These zu: „Die funktionalistische Hochrenaissance wurde von einem funktionalistischen Barock abgelöst" mit horizontal umlaufenden Bändern, grazilem Stabwerk und luftigen Lamellen.
(3) Eine relativ klare Epoche bilden die 50er Jahre auch in ihren Siedlungen. Oft wird behauptet, daß die 60er Jahre den Aufbau an die Peripherie verlegten. Tatsache war, daß schon die 50er Jahre damit begannen, nicht nur beim Bau von Besatzungsghettos. Die ECA-Siedlungen, die der Marshallplan ermöglichte, sind bis auf Bremen alle in den Außenbezirken entstanden. Erst Ende der 50er Jahre kam ein neuer Typ Großsiedlung auf, wie in der Neuen Vahr in Bremen oder in der Frankfurter Nordweststadt. Die Großsiedlung entideologisierte sich. Schwagenscheidts freie

Blumberg (Schwarzwald): Taschentuchweberei, gebaut 1949-51 nach Entwurf von Egon Eiermann; Beispiel für die "funktionalistische Hochrenaissance"

Bremen: Haus der Bürgerschaft, Am Markt. Gebaut 1962-66 in der Folge eines mehrstufigen Wettbewerbsverfahrens (1958-61) nach Entwurf von Wassili Luckhardt und Achim Wendschuh; Beispiel für den "funktionalistischen Barock"

Bremen: Wochenmarkt in der Neuen Vahr, mit Blick auf das 1959-62 nach Entwurf vo Alvar Aalto gebaute Wohnhochhaus

Bremen: "Gartenstadt" Neue Vahr, 1. Baustufe 1955-57 gebaut nach einem städtebaulichen Entwurf von Ernst May, Max Säume und Günter Hafemann

pluralistische Raumstadt ist gegen die sozialdemokratische Behäbigkeit der Römerstadt Ernst Mays ausgespielt worden, zu Unrecht. May hat sich selbst gewandelt, wie er in der Neuen Vahr oder in Darmstadt-Kranichstein dokumentierte. Low rise - high density wurde auch von ihm vergessen. Man gewann gegenüber den spießigen Siedlungen der 50er Jahre einiges an Großzügigkeit und Variation, man verlor jedoch an Atmosphäre. Die Häufung der Punkthäuser ließ keinen Erlebnisraum entstehen, trotz Berufung auf die Raumstadt. Die 50er Jahre schufen keine neuen Städte nach britischem Vorbild, sondern Trabantenstädte, die in vielen wichtigen Funktionen auf die City angewiesen blieben.

Der strenge Zeilenbau wurde bald aufgelokkert. Dörfliche Nostalgie, malerisch geschwungene Straßenführung, geringe Variation der Haushöhen blieben charakteristisch. Anfangs waren selbst die Fensterläden und das Steildach noch dominant. Gelegentlich zog diese Art der Siedlungsbauweise sogar in die Innenstädte ein, wie südlich des Frankfurter Doms. Manchmal ist sie heute nostalgisch verklärt, wie das Gebiet um die Kreuzkirche in Hannover. Die Siedlungen der 50er Jahre sind als spießig belächelt worden, aber sie waren noch nicht megaloman, und ihr psychischer Wohnwert ist späteren komfortableren Bauten gegenüber eher positiv bewertet worden.

(4) Der Modernisierungsdrang der 50er Jahre hielt sich noch in den Proportionen der alten Stadt. Die alten Dominanten waren unbestritten. Die Wiederherstellung der Stadtsilhouette, vor allem durch Wiederherstellung der Türme, ließen sich die Bürger etwas kosten, die sonst eher der Behebung der Wohnungsnot Priorität vor der Stadtbildpflege einräumten. „Erhaltung des Stadtgrundrisses" war Minimalkonsens zwischen Modernisten und Traditionalisten. Mancher Glaubenskrieg um die Erhaltung der Stadt scheint nach einem Vergleich der Planungsvorschläge überflüssig. In Frankfurt war der Vorschlag der Altstadtfreunde nicht so weit von dem des Stadtplanungsamtes.

Auch der Höhendrang der Bauten respektierte meist die Schamgrenze der höchsten Kirche. Selbst in Frankfurt wurde diese Grenze erst mit der Hochschule für Erziehung Mitte der 60er Jahre überschritten.

(5) Hauptsünde der 50er Jahre schien die Idee der verkehrsgerechten Stadt. Die 60er Jahre haben mit gigantischen Stadtautobahnen und Außenringen Schneisen in die Städte geschlagen. Die schmaleren Schneisen der 50er Jahre von der Ost-West-Achse in Hamburg bis zur Nord-Süd-Schneise in Kassel oder der Rennbahn, die das Saartal in Saarbrücken zerschnitt, gingen auf die 50er Jahre zurück, weil nur damals noch Weichen gestellt werden konnten. Sie betrafen aber die Innenstadt! Auch die weitschauendsten Planer, wie Hebebrand, konnten sich offenbar nicht vorstellen, daß die Zeil in Frankfurt nicht wieder die wichtigste Ost-West-Verbindung sein werde.

(6) Nur in einer Hinsicht sind die 50er Jahre säuberlich mit der Dekade abgegrenzt, weil 1960 das Bundesbaugesetz um ein Jahrzehnt zu spät kam. Das Bauleitplansterben in den Städten begann. Verfahrensfehler wurden überall entdeckt, und in den Lücken halbgültiger Baupläne konnten Großunternehmen ihren Verhandlungsspielraum mit dem Stadtregiment ausnutzen und die Umwidmung immer weiterer Außenbezirke der City einleiten. Die Liberalisierung des Wohnungsmarktes der 60er Jahre hob sich vorteilhaft von dem Mief der Wohnungsämterbürokratien, welche die Menschen gängelten, ab. Aber sie hatten ihren Preis durch steigende Grundstückspreise, wachsende Ansprüche und Megalomanie.

Die 50er als unser aller Armutssozialisation lange verdrängt, bemächtigten sich nostalgieverklärter Betrachtung. Meine Kinder belächelten 20 Jahre lang meine Krawatten oder Sonnenbrillen aus den 50er Jahren, und als ich sie endlich weggeworfen hatte, fragten sie nach ihnen, wollten sie plötzlich haben, denn sie seien angeblich wieder „in". Die Inspektion der 50er Jahre endet nach einer gewaltigen Beschimpfung häufig mit der Feststellung, daß die „Rasteritis" zwar „zu den elendesten Machwerken der Architektur aller Zeiten" ge-

Frankfurt: Nordweststadt, gebaut 1962-65 nach einem abgewandelten Wettbewerbsentwurf von Walter Schwagenscheidt und Tassilo Sittmann aus dem Jahre 1959

höre. Dennoch, so lautet der unerwartete Schluß, sei bis 1957 die „vorläufig beste Zeit" gewesen.[20]

Die Qualität des Umbruchs in Deutschland ist mit den „roaring twenties" in den USA verglichen worden, sicher zu Unrecht in Bezug auf die Spitzenerzeugnisse der Kultur. Aber im Alltag vollzog sich tatsächlich eine vergleichbare Dynamik mit der Motorisierung, der Technisierung des Alltags und der Entwicklung eines wohlgemuten Hedonismus.[21]

Von den Trizonesiern, die 1948 im Kölner Karneval ihren Frust in optimistischen Leichtsinn umsetzten, bis hin zur deutschen Halbmoderne, die bis Ende der 50er Jahre das Kulturleben dominierte,[22] scheint es doch so etwas zu geben wie den „Geist der 50er Jahre", und er wird zunehmend weniger belächelt.

Anmerkungen:
1 Hans-Peter Schwarz: Die 50er Jahre als Epochenzäsur. In: Jürgen Heideking u.a. (Hrsg.): Wege in die Zeitgeschichte. Berlin, de Gruyter, 1989 (473-496), S. 474
2 zu den 60er Jahren: Heinrich Klotz: Architektur und Städtebau. Die Ökonomie triumphiert. In: Hilmar Hoffmann/Heinrich Klotz (Hrsg.): Die 60er. Die Kultur unseres Jahrhunderts. Ein Econ-Epochenbuch, Düsseldorf, Econ, 1987 (133-247), S. 133
3 Martin Broszat u.a. (Hrsg.): Von Stalingrad zur Währungsreform. Zur Sozialgeschichte des Umbruchs in Deutschland. München, Oldenbourg, 1989
4 Ralf Dahrendorf: Gesellschaft und Demokratie in Deutschland. München, Piper, 1965, S. 115 ff.
5 Dieter Hoffmann-Axthelm: Deutschland 1945-1980. Der Architekt ohne Architektur. Arch plus, 1981, Nr. 56 (13-22), S. 15
6 vgl. Axel Schildt/Arnold Sywottek: „Wiederaufbau" und „Modernisierung". Zur westdeutschen Gesellschaftsgeschichte in den 50er Jahren. APuZG, B 6-7, 1989 (18-32)
7 Jost Hermand: Kultur im Wiederaufbau. Die Bundesrepublik Deutschland 1945-1965. München, Nymphenburger, 1986. Paul Vogt: Geschichte der deutschen Malerei im 20. Jahrhundert. Köln, Dumont, 1989, 3. Aufl.
8 Diana Crane: The Transformation of the Avant-Garde. The New York Art World 1940-1985. Chicago UP, 1987
9 vgl. Klaus von Beyme: Der Wiederaufbau. Architektur und Städtebaupolitik in beiden deutschen Staaten. München, Piper, 1987, S. 291 ff.
10 Hoffmann-Axthelm, a.a.O., S. 15
11 Meinhard von Gerkan: Alltagsarchitektur. Wiesbaden, Bauverlag, 1987.
12 Werner Durth/Niels Gutschow: Architektur und Städtebau der 50er Jahre. Bonn, Nationalkomitee für Denkmalschutz, 1987, S. 16
13 Waltraud und Joachim Petsch: Bundesrepublik eine Neue Heimat. Städtebau und Architektur nach '45. Berlin, Elefanten Press, 1983, S. 83
14 Paolo Nestler/Peter M. Bode: Deutsche Kunst seit 1960. Architektur. München, Bruckmann, 1976, S. 9
15 Vittorio M. Lampugnani: Architektur und Städtebau des 20. Jahrhunderts. Stuttgart, Hatje, 1980, S. 169
16 J. Burchard: The Voice of the Phoenix. Postwar Architecture in Germany.Cambridge/Mass., MIT Press, 1966, S. 1-6
17 Durth/Gutschow, a.a.O., 1987, S. 16, 132
18 Christoph Hackelsberger: Die aufgeschobene Moderne. Ein Versuch zur Einordnung der Architektur der 50er Jahre. München, Deutscher Kunstverlag, 1985, S. 59
19 Jürgen Paul: Kulturgeschichtliche Betrachtungen zur deutschen Nachkriegsarchitektur. In: Helge Bofinder u.a.: Architektur in Deutschland. Stuttgart, Kohlhammer, 1981 (11-22), S. 17 f.
20 Hackelsberger, a.a.O., S. 63 f., 104
21 Hans-Peter Schwarz: Geschichte der Bundesrepublik Deutschland. Die Ära der Republik 1949-1957. Stuttgart, DVA, Bd. 2, 1981, S. 387
22 vgl. Hermand, a.a.O., S. 501 ff.

JOST HERMAND

Ich stehe den 50er Jahren nicht ganz so positiv gegenüber wie Sie. Was konstituiert sie eigentlich als Einheit? Wir sind durch fatale Begriffe wie die 20er und die 30er Jahre darauf gekommen. Von den 40er Jahren spricht zum Glück niemand, da sie in zwei 40er Jahre zerfallen. Die 50er sollen dagegen eine Einheit sein. Wenn sie für mich überhaupt eine Einheit bilden, dann vor allem vom Ökonomischen her. Ich würde sagen, sie beginnen im Sommer 1948 mit der Währungsreform und hören um 66–67 mit der ersten Krise des westdeutschen Wirtschaftswunders auf. Sie sind eine Periode der schnell akzelerierenden wirtschaftlichen Expansion, die um 55 auf volle Touren kommt. Die eigentlichen 50er Jahre, wenn man sie von dort her sieht, sind die Jahre zwischen 55 und 65, die der voll entwickelten Wirtschaftswundersituation, oder, wie manche sagen würden, die Jahre zwischen Wirtschaftswunder und Kaltem Krieg, wie eine Münchner Ausstellung zu diesem Zeitraum jüngst hieß. Solch ein Konzept finde ich treffender als die „sogenannten 50er Jahre" oder ähnliche Begriffe. Bei Periodisierungsfragen, die meiner Meinung nach nicht nur akademische Fragen sind, sollte man stets davon ausgehen, was wir überhaupt als „geschichtlich" empfinden, also ob wir solchen Gliederungen sozio-ökonomische, politische, ideologische oder bloß formale Gesichtspunkte zugrunde legen. Solche Fragen sind wichtig, und zwar nicht nur im Hinblick auf Buch-, Vorlesungs- oder Konferenztitel, sondern auch als Formen der Vergangenheitsbewältigung. Ich würde daher diesen Zeitraum etwas größer fassen: also von der Gründung der Bundesrepublik Deutschland bis zu ihrer ersten Krise, als Ludwig Erhard, der Vater des Wirtschaftswunders, als Kanzler abtreten mußte. Die Abschwächung der wirtschaftlichen Expansion wurde um die Mitte der 60er Jahre als so gravierend empfunden, daß sich ein früherer PG wie Kiesinger mit einem Mann des Exils wie Brandt erstmals zu einer Regierung zusammenschließen konnte. Das war ein Symptom einer unglaublichen Erschütterung der politischen Szene.

Wenn man diesen Zeitraum unter kulturpolitischer Perspektive betrachtet, war er an sich ein recht magerer. Ich sage das bewußt gegen die Euphorie der sogenannten „Wende" seit 1982, durch welche die Enkel Adenauers an die Macht gekommen sind – und sich dadurch eine Postmoderne verbreitet hat, die in ihrer Konjunkturmentalität in vielem eine innere Affinität zu den kulturellen Produkten der sogenannten 50er Jahre verrät. Was haben denn diese 50er Jahre, falls man diesen Zeitraum einmal unter dem Schlagwort zusammenfaßt, eigentlich kulturell vorzuweisen – wenn man sie außerhalb der deutschen Grenzen international zu repräsentieren versucht? An sich herzlich wenig, wenn man ihre kulturellen Leistungen einmal mit der geradezu bestürzenden Opulenz an künstlerischen Leistungen nach dem Ersten Weltkrieg und in der Weimarer Republik vergleicht. Wenn Sie wie ich seit über 30 Jahren in den USA leben und von der Kultur der Weimarer Republik sprechen, wo es sich nur um einen ganz kurzen Zeitraum, um ganze 12 Jahre handelt, haben Sie unglaublich viel vorzuweisen, was „Weltniveau" hat. In den USA geht daher ein Kongreß nach dem anderen über die Kultur der Weimarer Republik über die Bühne. Dagegen stößt die Kultur der sogenannten 50er Jahre, der Adenauer-Ära oder des CDU-Staats, oder wie immer Sie diesen Zeitraum nennen wollen, kaum auf Neugier oder Interesse. Da läßt sich auf internationaler Ebene einfach nichts an großen kulturellen Leistungen vorweisen. Man bewundert zwar das westdeutsche Wirtschaftswunder, die harte Währung, Ludwig Erhard oder die NATO-Treue, aber auf kulturellem Sektor herrscht nicht einmal ein Informationsbedürfnis.

Man sollte daher einmal tiefer auf die Frage eingehen, warum nach dem Ersten Weltkrieg und dem Zusammenbruch des Wilhelminischen Reiches so viel Kultur – und nach dem Zweiten Weltkrieg und dem Zusammenbruch des Faschismus so wenig Kultur entstanden ist. Warum steht die eine Periode im Zeichen einer unglaublichen kulturellen Produktivität, Aktivität und weltkulturellen Bedeutsamkeit – und warum hat die andere nur das „Wirtschaftswunder" aufzuweisen. Ich meine, daß das mit der mangelnden Vergangenheitsbewältigung zu tun hat. In den 20er Jahren, anläßlich der ersten Gründung einer deutschen Republik, ist wesentlich mehr Bewältigungs- oder Konfliktarbeit geleistet worden als 20 Jahre danach. Und daher gab es auch auf architektonischem Gebiet, ob nun im Bereich des Bauhauses, bei May oder Bruno Taut, ganz andere Lösungen als später. Das hatte weltkulturelles Niveau.

In der Besatzungszeit und den ersten 15 Jahren der Bundesrepublik fehlen dagegen solche Lösungsversuche. An die Stelle einer wirklichen Vergangenheitsbewältigung oder irgendwelcher Neuordnungskonzepte trat hier einfach die bloße Akzeleration der wirtschaftlichen Expansionsrate. Es gab zwar kurz nach dem Zweiten Weltkrieg einige solcher Neuordnungskonzepte auch in der Architektur. Denken Sie an Scharoun in Berlin. Aber solche Konzepte wurden damals schnell abgewürgt. So klagte Walter Dirks in Frankfurt schon 1949 darüber, daß sich aufgrund der üblen Bodenspekulation sicher eine kapitalistische Architektur durchsetzen werde, die auf städteplanerische oder soziale Fragen nur wenig Rücksicht nehmen wird. Statt den Faschismus zu bewältigen, setzte sich daher eine Architektur durch, die sich nicht demokratisch einfügte, sondern sich eher schreihaft zur Schau stellte, sich verkaufte, andere Werke zu übertrumpfen versuchte, das heißt, eine Architektur, die eher zur Unwirtlichkeit unserer Städte als zu einer Gemeinsamkeitsvorstellung beitrug. In den Jahren nach dem Ersten Weltkrieg hat es dagegen bei den Neuordnungskonzepten Deutschlands viele solcher Gemeinschaftsvorstellungen gegeben, und zwar von links bis hin zur bürgerlichen Mitte. Die Bundesrepublik der 50er und frühen 60er Jahre hat dagegen solche Konzepte nicht gehabt. Ihr Staatsverständnis spiegelt sich wohl am besten in einer Formulierung von Ludwig Erhard wider, der einmal gesagt hat, daß er diesen Staat nicht ideologisch, sondern lediglich als ein ökonomisches Rahmengebilde verstehe, „innerhalb dessen dem persönlichen Bereicherungsdrang des Einzelnen sowenige Schranken wie nur möglich entgegengestellt werden sollten." Dies ist meiner Meinung nach die beste Definition der Bundesrepublik bis heute. Überhaupt ist Erhard wohl der folgenreichste Politiker dieser Phase der Bundesrepublik gewesen. Jedenfalls hat er jenen Akzelerationstrieb in Gang ge-

setzt, der uns zwar den Wohlstand, aber auch die steigende Vernichtung unserer Umwelt beschert hat.
Im Rahmen einer Dominanz der wirtschaftlich Stärkeren hat sich seitdem eine Ellbogengesellschaft entwickelt, die auch in der Architektur zu einer Ellbogenfreiheit geführt hat. Ihre Architektur geht nur in seltenen Ausnahmen von irgendwelchen Ensemblevorstellungen aus, das heißt ordnet sich in das bereits Bestehende ein – und wenn sie das tut, dann lediglich aus religiösen oder postfaschistischen Gründen. Architektur ist meiner Meinung nach nur gut, wenn sie nicht einfach wild nebeneinander steht und sich wechselseitig überbrüllt, wie das in vielen Städten heutzutage der Fall ist. Irgendwelche Änderungen können da nur eintreten, wenn sich irgendwelche neuen Gemeinschaftsvorstellungen bilden würden. Aber das sind alles Dinge, die man heute schon fast nicht mehr sagen kann. Lediglich kurz nach dem Zweiten Weltkrieg – in der Trümmerzeit – wurden solche Meinungen geäußert, als der Kapitalismus noch als Steigbügelhalter des Faschismus galt, wie damals selbst die CDU zugeben mußte. Doch warum das alles in diesem Staate nicht in die Praxis umgesetzt wurde, damit eröffnen sich Fragen, auf die wir bei einem solchen Forum kaum eingehen können, so nötig es an sich wäre.

Düsseldorf: Verwaltungsgebäude der Mannesmann-Röhrenwerke, gebaut 1953-55 nach Entwurf von Paul Schneider-Esleben, mit einer Plastik aus Edelstahl von Norbert Kricke, 1958/61

HERMANN GLASER

Ich versuche eine kurze mentalitätsgeschichtliche Annäherung ans Thema. Wir wurden aufgefordert, möglichst persönlich ins Thema einzusteigen. Das tue ich, indem ich ganz knapp meine Amtsadresse beschreibe: Nürnberg, Rathaus am Hauptmarkt. Es ist ein Bau der frühen 50er Jahre; auch wenn ich nicht so den Jargon der Denkmalspfleger und Architekten beherrsche, den ich bewundernd am heutigen Vormittag und Nachmittag erlebt habe, so möchte ich doch sagen: wenn man in das Gebäude eintritt, dann offenbart sich eine vorsichtige Verspieltheit, eine zurückhaltende Aleatorik; ich sehe viele Rundungen (anthroposophisch fast); sie strahlen eine gewisse Heiterkeit aus, eine rigide Heiterkeit, vielleicht eine frigide Heiterkeit; die Stockwerke laden zu viel Kommunikation ein, es handelt sich nicht um Gänge, sondern Plateaus. Ein Bau der 50er Jahre, wie dieses Rathaus, ergibt psychotopographisch keinen Geschichtsbezug. Man weiß nicht, wo man ist – außer in den 50er Jahren. Das Rathaus steht am Hauptmarkt; dort war früher ein Getto, das weggeräumt wurde; die benachbarte Frauenkirche ist ein Zeugnis des mittelalterlichen christlichen Judenhasses, man merkt nicht, daß dies der Adolf-Hitler-Platz war; man erlebt „Hauptmarkt", aber nichts von der totalen Zerstörung der Stadt (das Zentrum 1945 zu 95 % ein Schutthaufen). Wenn ich das jetzt übertrage auf die Epoche der 50er Jahre, übertrage ich Heiterkeit, aber nicht auf dem Grunde der Schwermut, sondern eine Heiterkeit, die, so sagt man heute systemtheoretisch, selbstreferentiell ist. Nur auf sich bezogen. Eben geschichtslos. Eine zweite Bemerkung, die Epoche betreffend.

Was ist eine Epoche? Die frühen 50er Jahre sind weniger eine Epoche, als eine Epochenschwelle. Eine Schwelle kann bedeuten: man geht aus einem Raum heraus und geht in einen anderen hinein. Man verläßt die Trümmerzeit und tritt mit der Währungsreform und dem Grundgesetz in die Wirtschaftswunderzeit ein. Das macht die Zeit ambivalent; sie ist aber auch dichotomisch („gegabelt") strukturiert. Das möchte ich mit einer dritten Bemerkung erläutern: Ich gehe aus von dem (nach meiner Sicht) zentralen Topos der Trümmerzeit, der auch in der Wirtschaftswunderzeit und dann, nach dem kurzen Zwischenspiel der 68er Bewegung, wieder eine Rolle spielt, der ferner für das 19. Jahrhundert bedeutsam ist, schließlich im 18. Jahrhundert seine Wurzeln hat: Dem Idyll. Die Sehnsucht der Deutschen nach Geborgenheit inmitten der politischen, wirtschaftlichen und gesellschaftlichen Wirrungen und Irrungen der Modernität findet hier Halt. Die Trümmerzeit ist durch das „panische Idyll" geprägt. Die Schrecknisse werden aus der Distanz der Kriegs- und Waffenruhe wahrgenommen. In der Mittagsstunde schläft der Gott Pan; doch die „Panik" kann jederzeit wieder ausbrechen. Die Trümmerzeit zeigte das innerste und finsterste Deutschland. Das hängt natürlich auch mit den Generationen zusammen, die aus dem Krieg kamen und nun Erfahrungen machten, die sie vorher verdrängt hatten. Dann kommt das „schwitzende Idyll" der Wirtschaftswunderzeit; ein Neon-Biedermeier, ohne Tiefendimension. Die 50er Jahre sind – wenn ich diese Metapher wagen darf: ein „onduliertes Idyll". Damit dies verstanden wird, nehme ich eine Stelle aus einem Trivialroman der damaligen Zeit: „Sie hatte sich extra die Haare frisch ondulieren lassen und ihr festliches Piqué-Kleid angezogen, denn zum ersten Mal hatte er sie eingeladen, abends mit ihm auszugehen. Gern hatte sie ihm zugesagt, war er doch ein Mann, der es so kurz nach der Währungsreform schon zu etwas gebracht hatte und bei dem sie sicher sein konnte, daß er es ernst meinte." Ich zitiere dies nicht mit dem Hochmut des Nachgeborenen, sondern mit der Rührung des Frühgeborenen:

Typische Seite der Zeitschrift Magnum, September 1956 unter der Überschrift „Elemente moderner Schönheit". Oben der Hauptbahnhof in Rom (Stazione Termini - Photo: Franz Hubmann), unten eine Gießkanne aus Plastik nach einem Entwurf von Wilhelm Wagenfeld

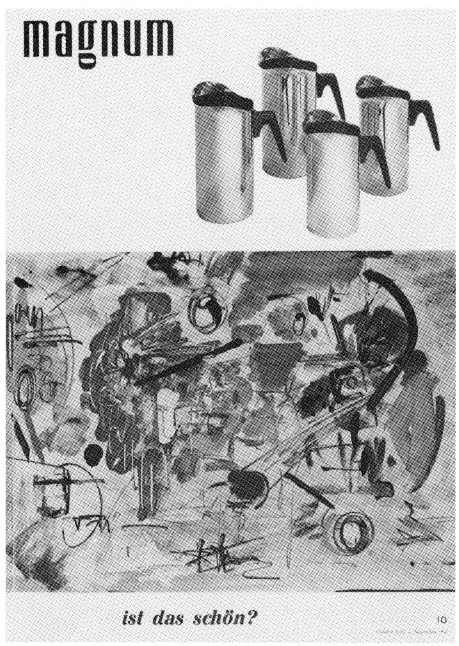

Titelbild der Zeitschrift Magnum, September 1956 mit einem Aquarell des venezianischen Malers Emilio Vedova und Aluminiumtöpfen mit Bakelitgriffen nach einem Entwurf (1956) des Architekten Erik Herlöw für die „Dänische Aluminium-Industrie A/S, Kopenhagen"

Die 50er Jahre zeigen eine platte idyllische Heiterkeit, die sich ganz ernst nimmt.
Wer nun dieses Zitat unter dem Niveau mentalitätsgeschichtlicher Annäherung empfindet, dem will ich noch ein dichterisches Zitat vorlesen. Es stammt von einem Mann, der als Person die „Wunde Deutschland" verkörperte, nämlich von Gottfried Benn; in „Doppelleben" schreibt er: Der Lyriker (und das traf auch für den Phänotyp der 50er Jahre zu) müsse heute Nüstern auf allen Start- und Sattelplätzen haben, auf den intellektuellen, da wo die materielle und ideelle Dialektik sich voneinander fortbewegten wie zwei Seeungeheuer, sich bespeiend mit Geist und Gift, mit Büchern und Streiks – „und da, wo die neueste Schöpfung von Schiaparelli einen Kurswechsel in der Mode andeutet mit dem Modell aus aschgrauem Leinen und mit ananasgelbem Organdy. Aus allem kommen die Farben, die unwägbaren Nuancen, die Valeurs – aus allem kommt..." – jetzt aber verändere ich das Zitat (Benn sagt: aus allem komme das Gedicht) – ich sage: aus all dem, aus materialistischer Oberfläche und der tieferen Bedeutung von Lebenssucht, kommen die frühen 50er Jahre.

<u>Nürnberg:</u>
Neues Rathaus am Hauptmarkt, gebaut 1956 nach Entwurf von Kurt Schneckendorf vom Hochbauamt der Stadt

THOMAS TOPFSTEDT

Meine Damen und Herren, Sie werden gewiß nicht von mir erwarten, daß ich mich mit der Kompetenz der anderen auf dem Podium versammelten Kollegen zur Kultur- oder zur Baugeschichte der Fünfziger Jahre in der Bundesrepublik äußere. Stattdessen will ich einige Anmerkungen zur Entwicklung der Architektur und des Städtebaus der DDR machen, die sich in der gleichen Zeit teils mit verwandten, teils mit völlig entgegengesetzten Intentionen vollzogen hat. Insgesamt gesehen, sind die Fünfziger Jahre auch in der DDR hinsichtlich der baulichen Resultate so facettenreich und von Wandlungsprozessen geprägt, daß man geneigt ist, eher das Uneinheitliche zu betonen als die übergreifenden Elemente herauszustellen. In das starre Korsett eines sauber abgrenzbaren „Dezenniums" sind gerade diese Jahre nicht zu pressen. Um sie in ihrer Vielgestaltigkeit, ihren mannigfaltigen Traditionsbezügen und ihrer spezifischen kulturellen Qualität fassen zu können, müssen wir jene historisch differenzierende und zugleich höchst komplexe Sichtweise ausprägen, die J. Huizinga in einem Aufsatz zu Wertungsfragen der Renaissance empfiehlt: „Der Übergang vom Mittelalter zur Neuzeit bietet (und wie könnte es anders sein?) nicht das Bild eines einzigen großen Umschwungs, sondern das einer langen Reihe von Wellen, die anrollen auf einen Strand: jede von ihnen bricht sich in einem anderen Abstand und in einem anderen Augenblick. Überall liegen die Grenzlinien zwischen alt und neu wieder anders; jede Kulturform, jeder Gedanke wendet sich zu seiner eigenen Zeit, und die Veränderung gilt nie für den gesamten Komplex der Bildung. ...Wer ein Einheitsschema als Netz auswirft, um diesen Proteus darein zu fangen, der wird nur sich selbst in den Maschen verstricken."[1]
Während der Nachkriegsjahre 1945-1949 vollzog sich die Architekturentwicklung in der damaligen Sowjetischen Besatzungszone nach gleichen architekturtheoretischen Prämissen und in Entfaltung gleicher Gestaltvorstellungen wie in den anderen Besatzungszonen. In regem, zonenübergreifendem Gedankenaustausch wurde ein Ideenspektrum entfaltet, das von Leitbildern der Werkbund- und Heimatschutzbewegung über konservative bzw. gemäßigt moderne Architekturströmungen der Zwanziger und Dreißiger Jahre bis hin zu Versuchen reicht, an das Neue Bauen direkt wieder anzuknüpfen. Die Architektur der Sowjetunion spielte so gut wie keine Rolle in den Fachdiskussionen. Mit umso größerem Interesse wurde das Bauen in den skandinavischen Ländern, in England, Frankreich und den USA verfolgt. An größeren städtebaulichen Vorhaben wurde allerdings nichts realisiert, aber es war die Zeit großer Wiederaufbauplanungen und Wettbewerbe. Dem Lebensgefühl und dem Berufsverständnis vieler Architekten, die ihre ganze Kraft in den Dienst des Wiederaufbaues stellten und sich geradezu als Demiurgen fühlten, indem sie einer neuen, demokratischen Gesellschaft den modernen baulich-räumlichen Lebensrahmen entwarfen, hat Franz Ehrlich zeittypischen Ausdruck gegeben: „Die neue Stadt soll eine Einheit aus Arbeit, Wohnen, Kulturpflege, Erholung, Hygiene und Verkehr werden. Bauen im Sinne eines landschaftlich gebundenen Organisierens menschlicher Bedürfnisse ist nichts anderes als planvolles Organisieren dieser Elemente. Damit wird der Planer zum Ordner zivilisatorischer Gegebenheiten. ...Die frühere Palastfassaden-Architektur hat ihre Berechtigung für uns endgültig verloren. Ein Haus wird wieder Ausdruck der Möglichkeiten werden, die wir mobilisieren können."[2]
In den fünfziger Jahren haben sich in beiden deutschen Staaten die für den jeweilig eingeschlagenen Weg der gesellschaftlichen Entwicklung maßgebenden politischen Strukturen herausgebildet. Die grundlegenden baupolitischen Entscheidungen wurden in der DDR 1950 getroffen mit der Verabschiedung der „Sechzehn Grundsätze des Städtebaus" und des sogenannten Aufbaugesetzes. Fortan war es möglich, Baugrund für zentrale Aufbauvorhaben zu enteignen, das gesamte Bauwesen mit der Volkswirtschaftsplanung zu koordinieren sowie die Entwicklung von Städtebau und Architektur bis hin zu ideologischen und baukünstlerischen Fragen staatlich zu steuern und zu kontrollieren. Die Hauptprämissen des neuen sozialistischen Architekturleitbildes wurden von der Theorie und Praxis des sowjetischen Bauschaffens geradlinig übernommen und 1950/51 rigoros durchgesetzt.
Die hinter dieser Architekturkonzeption stehende kulturpolitische Strategie ist in der Regierungserklärung der DDR vor der Volkskammer am 15. November 1950 wie folgt definiert worden:
„Aufbauend auf dem klassischen Kulturerbe, aufgeschlossen für das kulturelle Wirken aller Völker, werden wir in einem großzügigen Kulturaustausch mit der Sowjetunion und den Volksdemokratien die gewaltigen kulturellen Erfahrungen dieser Länder für den schnellen Aufstieg der deutschen Kultur nutzbar werden lassen. Es gilt, in unserer Kultur demokratische Bewußtseinsbildung, den Kampf der werktätigen Massen um Frieden und Einheit, die Arbeit an dem großen wirtschaftlichen Aufbau wirksam zum Ausdruck zu bringen und in ihr eine Kraftquelle und ein Erziehungsmittel des werktätigen Volkes zu schaffen. ...Die Regierung wird mit ihrem Programm der kulturellen Entwicklung ...ein lebendiges, überzeugendes Beispiel für ganz Deutschland geben. Mit Nachdruck erklären wir, daß alle unsere kulturellen Maßnahmen unter dem gesamtdeutschen Gesichtspunkt ergriffen werden, und daß sie Gesamtdeutschland zu dienen haben."
Damit erlebte die von Franz Ehrlich 1948 verfrüht als unbrauchbar abgetane „Palastfassaden-Architektur" zwischen 1951/52 und 1955 in der DDR noch einmal eine nachhaltige Konjunktur. Unter dem Schlagwort „Architektur der nationalen Bautraditionen" in die Baugeschichte eingegangen, wurde diese Architekturströmung zum Synonym und zum Inbegriff des Bauens der Fünfziger Jahre in der DDR. Walter Ulbricht nannte die Forderungen, welche die Partei- und Staatsführung an eine traditionsbezogene deutsche Baukunst unter dem Vorzeichen einer sozialistischen Gesellschaftsentwicklung stellte, in seiner am 8. Dezember 1951 auf dem Deutschen Architektenkongreß zu Berlin gehaltenen Rede: „Die Bauwerke, die unsere deutschen Architekten jetzt entwerfen und bauen werden, sind Bauwerke für Jahrhunderte, für eine Zeit, in der das einige, demokratische und friedliebende Deutschland hergestellt sein wird. ...Deshalb ist es die geschichtliche Aufgabe der deutschen Architekten, die großen Ideen des Fortschritts, des Kampfes um ein friedliches Deutschland

Berlin: Stalinallee (heute Karl-Marx-Allee), Block C-Süd, gebaut 1952

und der neuen Zeit in ihren Bauwerken zu gestalten. Die Baukunst soll im wahrsten Sinne des Wortes im Dienste des Volkes stehen. Es gilt, eine deutsche Architektur zu entwickeln, die sich rücksichtslos von allen Einflüssen des Formalismus und Konstruktivismus trennt. Mögen die großen deutschen Architekten die edlen Traditionen der Baukunst studieren, sich mit den Leistungen der großen Baumeister aller Völker der Welt vertraut machen, vor allem aber von den großen Leistungen der sowjetischen Baukunst lernen."

So anachronistisch konservative Züge diese keinesfalls auf „Schwung, Grazie, Leichtigkeit", sondern eher auf „Granit für die Ewigkeit" abhebende Architektur auch ausprägte, wurde sie doch auf ihre Weise von einem „Prinzip Hoffnung" getragen. Es war die Utopie einer siegreich unter Führung der SED voranschreitenden sozialistischen Gesellschaft, in deren Bauten sich das Volk als Bauherr und Nutznießer manifestieren sollte. Architektonischer Pomp war gleichsam als symbolischer Vorgriff auf zukünftigen gesellschaftlichen Reichtum gedacht; historistische Umhüllung diente zur Legitimierung eines kulturellen Führungsanspruchs. Die Kehrseite dieser Erbepflege war die bedingungslose Verketzerung der modernen Kunst des 20. Jahrhunderts und damit auch der Architektur des Neuen Bauens. Insbesondere gegen das Bauhaus und seine Nachfolge richteten sich die gehässigsten Angriffe, weil man in ihm das Musterbeispiel spätbürgerlichen Kulturverfalls sah, dem nur durch die Architektur der nationalen Bautraditionen zu begegnen sei. Die als Kampf gegen Formalismus und Konstruktivismus deklarierte Kampagne hat ungeheuren Schaden angerichtet, indem die eben sich konstituierende DDR-Architektur von der gesamten Breite der internationalen Entwicklung für eine entscheidende Reihe von Jahren isoliert wurde. Der dritte, uns heute besonders interessant erscheinende, damals aber außerhalb der DDR kaum wahrgenommene Aspekt

der Architektur der nationalen Bautraditionen war die erklärte Absicht, das Modell einer sozialistischen deutschen Baukunst zu schaffen für ein zukünftig wiedervereintes Deutschland. Daher wurde die Adaption klassischer Bauformen durch die Aufnahme von Elementen regionaler Bautraditionen gezielt ergänzt. Insbesondere bei der architektonischen Gestaltung der Magistralen und Zentralen Plätze wichtiger „Aufbaustädte" wurde eine solche Differenzierung gefordert und der jeweilige Baustil per Anweisung festgelegt (Berliner Stalinallee: Klassizismus der Schinkelzeit; Rostocker Lange Straße: Norddeutsche Backsteingotik; Dresdner Altmarkt: Barock).
In der Ergänzung der klassischen durch die nationalen Bautraditionen folgte man getreu dem sowjetischen Vorbild. Andererseits bot aber auch die deutsche Architekturgeschichte seit der Zeit nach 1900 genügend Ansatzpunkte, um einem ideologisch verbrämten Regionalismus das Wort zu reden. Ebenso selbstverständlich griff man auf die altbewährten Leitbilder zurück, die der deutsche

Rostock: Langgestreckte Häuserblocks in Klinkerbauweise an der zur Ost-West-Magistralen umgestalteten Langen Straße, gebaut 1952/53. Städtebauliche Planung durch Näther, Colden und Brauns

Leipzig: Verkehrshalle im Kellergeschoß des Messehofes, gebaut 1950 nach Entwurf von Eberhard Werner

Städtebau im 19. Jahrhundert und der konventionelle Siedlungsbau der Zwanziger Jahre hervorgebracht hat (symmetrische, geschlossene Baublockbildungen, baulich-räumliche Instrumentierung des Stadtensembles mittels Hauptstraßenachsen, großen Platzanlagen und als monumentale Turmhäuser auszubildenden Stadtdominanten). Die Kontinuität der baukünstlerischen Auffassungen läßt sich im Werk vieler Architekten nachweisen, so z.B. bei Hanns Hopp, dessen 1923 in Königsberg/Pr. errichteter Handelshof die gleiche Baumassenkomposition zeigt wie seine dreißig Jahre später entwickelten Entwürfe für die Baublocks im Abschnitt G der Berliner Stalinallee. Charakteristisch ist, daß Hopp zwischenzeitlich auch durchaus „moderne" Gebäude in Annäherung an die Formensprache des Neuen Bauens entworfen hat und 1946 mit einem radikalen Neubebauungsplan für die kriegszerstörte Dresdner Innenstadt aufwartete, der an Le Corbusiers Bebauungsmuster des Plan Voisin erinnert.

Es ist auch eine Legende, daß sich die meisten der damals tätigen Architekten nur widerwillig dieser Architektur der nationalen Bautraditionen angeschlossen hätten, denn für sie, die ihre Ausbildung in vielen Fällen während der Dreißiger Jahre absolviert hatten, war dies ein vertrautes Formenrepertoire. Traditionell, heimatstilig geprägt war die Architektur in den ländlichen Gebieten sowie in den Klein- und Mittelstädten. Hier ist die Situation im Bauen mit der Bundesrepublik am ehesten vergleichbar. Auch wirkte die Ideologie einer genuin sozialistischen Baukunst nicht so nachhaltig in die Entwurfsarbeit hinein als vielmehr elementare materielle Zwänge, die ein werkgerechtes, traditionelles Bauen bedingten. Erstaunlich ist übrigens die breite Palette an Gesellschaftsbauten, die gerade in den Fünfziger Jahren allerorts realisiert worden ist und ohne die heutzutage die kulturelle Infrastruktur der DDR überhaupt nicht denkbar wäre.

Praktisch unberührt von der Debatte um die Architektur der nationalen Bautraditionen blieb der Industriebau, der immer als eine Domäne ingenieurtechnischer Disziplinen und nicht der „eigentlichen" Baukunst angesehen wurde. In diesem Bereich konnten sich die funktionell intendierten Gestaltungsgrundsätze der Nachkriegszeit ebenso behaupten wie bei den

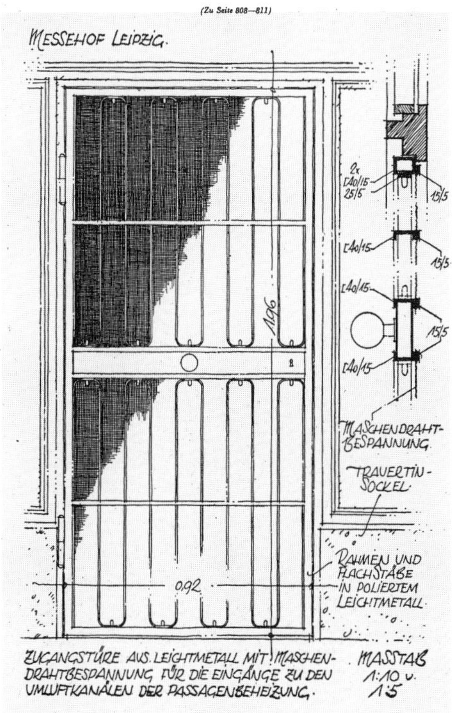

Leipzig: Messehof, Detail der Zugangstür aus Leichtmetall mit Maschendrahtbespannung, 1950

qualitativ herausragenden Leistungen des industriellen Designs und des Kunsthandwerks. Schließlich muß betont werden, daß man sich auf Dauer gegenüber den Einflüssen westlicher Modeströmungen doch nicht ganz verschließen konnte. So wurde seit Mitte der Fünfziger Jahre in der Innenarchitektur die starre Palette konventioneller Repräsentationsformeln zunehmend aufgehellt und angereichert durch pastellene Farben und Wanddekorationen mit abstrakten Mustern, gesellten sich zu Holzfurnier, Mäander und Kronenleuchter nun auch plastebeschichtete oder eloxierte Oberflächen, Nierentisch und Tütenlampe. Nicht so nachhaltig wie in der BRD haben diese Dinge aber doch auch die Alltagskultur in der DDR während der zweiten Hälfte der Fünfziger Jahre beeinflußt.

Der eigentliche Umbruch in der Architektur und im Städtebau ist dann nach 1956 mit der Umstellung des Bauwesens auf industrielle Baumethoden erfolgt. Hier liegt eine viel tiefere und in ihren Folgen viel weiter reichende architekturgeschichtliche Zäsur, als sie vergleichsweise mit der Orientierung auf die nationalen Bautraditionen 1950/51 anzusetzen wäre. Der sozial richtige Entscheid, den Massenwohnungsbau zu forcieren durch Einführung der Großblock- und dann der Großplattenbauweise, hat zunächst zu der gewünschten Effektivitätssteigerung hinsichtlich größerer Bauvolumen geführt, im Lauf der Jahrzehnte die heute allenthalben zu beklagende Verödung der Baulandschaft der DDR bewirkt, weil letztlich nicht die qualitativen, sondern vorrangig die quantitativen Parameter im Mittelpunkt staatlicher Baupolitik standen.

Abschließend möchte ich noch ein Wort zur Denkmalpflege an den Bauten der 1950er Jahre sagen. Seit den 1970er Jahren hat man begonnen, die signifikanten Bauzeugnisse wie z.B. das Hochhaus an der Weberwiese und die Stalinallee in Berlin, die Kernstadt von Eisenhüttenstadt (bis 1961 Stalinstadt), das Kulturhaus der Maxhütte als „Denkmale des sozialistischen Aufbaus" unter Schutz zu stellen, wobei ihr geschichtlicher und nicht ihr bauhistorischer Wert ausschlaggebend für die Klassifizierung war. Was uns bewegt, ist nicht so sehr das Problem der „wechselnden Moden", sondern das des allgemeinen Verfalls der Bausubstanz, denn auch bei den Bauten der Fünfziger Jahre sind die elementaren Anforderungen an eine kontinuierliche Werterhaltung in der Regel sträflich vernachlässigt worden. Es erweist sich als eine Frage der Zeit, wie viel wir an originaler Bausubstanz erhalten können. Grundsätzlich sind die Probleme der Denkmalpflege an Bauten der Fünfziger Jahre in der Bundesrepublik und in der DDR gleich gelagert. Wir haben sie als Denkmale den kommenden Generationen zu bewahren als ein Stück anschaulicher Geschichte. Da spielt es eigentlich keine Rolle, ob dieses Thema auch auf Kongressen in den USA auf breiteres Interesse stößt.

Zum Beitrag Topfstedt:

1. J. Huizinga: Das Problem der Renaissance, 1928 (Deutsche Erstveröffentlichung)
2. Franz Ehrlich: Zur Neugestaltung Dresdens, 1948

HILTRUD KIER

Also ich muß gleich anfangen mit dem, was Herr Hermand da zum Schluß gesagt hat. Einen der schönsten Aussprüche der letzten Wochen fand ich den von Willy Brandt: „Man sollte endlich aufhören, Völker auf Räder zu setzen." Ich möchte in Abwandlung davon sagen, wir sollten endlich aufhören, ein Klima zu schaffen, in dem irgendjemand irgendetwas in diesem Land flächendeckend zerstören kann. Indem man feststellt, das sind Bauten, die aus diesem oder jenem Grund zu verwerfen und deswegen abzubrechen sind. Wir sollten mit dieser Gesinnung aufhören.
Letztendlich hat die Ablehnung des 19. Jahrhunderts zu einem ganz großen Teil dazu geführt, daß mit einer solchen Hemmungslosigkeit dieser Bombenkrieg geführt wurde und zu dieser Zerstörung führte. Es ist Aufgabe der Denkmalpflege, Bauten zu schützen, als Dokumente unabhängig von ihrer Ästhetik, aber natürlich mit der Begründung, welche historische Bedeutung sie haben. Wir schützen auch unangefochten – und Herr Hermand wird dem zustimmen – Schlösser, obwohl sie Denkmäler der Unterdrückung sind, nicht nur in Deutschland. Ich denke, daß der Abbruch des Berliner Schlosses auch nicht mehr von Ihnen unterstützt würde und schließlich betreiben wir Denkmalschutz in Europa, damit die Amerikaner dann so gerne nach Deutschland kommen. Das zum Grundsätzlichen. Die Frage, wodurch die 50er Jahre eine Epoche sind, ist natürlich eine sehr aufgeblasene. Natürlich sind knappe 20 Jahre nie eine Epoche. Es ist ein Hilfsbegriff, den wir als Denkmalpfleger zunächst einmal aus rein pragmatischen Gründen verwenden. Jeder weiß, was mit den 50er Jahren gemeint ist. Wir haben lange darüber diskutiert, ob es besser ist zu sagen „Wiederaufbauzeit" oder „Nachkriegsarchitektur". Wir waren uns einig, die Nachkriegszeit ist noch nicht vorbei. Wir wissen nicht, wann sie vorbei sein wird. Ich persönlich meine, wenn die Kuppel der Dresdener Frauenkirche geschlossen ist, dann ist möglicherweise in Deutschland die Nachkriegszeit vorbei. Jeder weiß, was mit „50er Jahre" gemeint ist, und das ist letztendlich entscheidend.
Wir sollten aber versuchen zu überlegen, wie in etwa 200 Jahren, also im Jahre 2190, wenn es vielleicht die 200-Jahr-Feier für diese Tagung hier gibt, man rückblickend auf diese Zeit schaut und sich dann wahrscheinlich sehr lächelnd über unsere heutigen Sorgen hinwegsetzen kann. Weil man nämlich ähnlich wie wir rückblickend das 17. und 18. Jahrhundert durchaus zusammen sehen können, dann möglicherweise in einem sehr großen Umfang das 19. und 20. Jahrhundert in einem einzigen Zusammenhang sieht, und daß man als den wichtigsten Stil, der in dieser Zeit vorherrschend ist, den Klassizismus ausmachen wird. Er ist heute in den verschiedenen Referaten mit Traditionalismus umschrieben worden, je nachdem wie man es wollte: mit monumentaler Gesinnung, mit Triumpharchitektur, Postmoderne. Ich denke, daß ein durchgehender Stilbegriff, wenn er dann gesehen wird, dieser Klassizismus ist, der sicherlich begleitet wird von einer zweiten Stilströmung in diesen beiden Jahrhunderten, von der Moderne, dem Neuen Bauen, die mit der Eisenarchitektur Mitte des 19. Jahrhunderts beginnt, da ihre Wurzeln hat und sicher weiterhin lebendig ist. Das Nebeneinander dieser beiden Strömungen wird, glaube ich, aus dem zeitlichen Abstand wesentlich ruhiger und wesentlich weniger emotional gesehen werden, als wir dies heute aus einem besonderen Grund haben. Ich meine unsere emotionale Betroffenheit von dem, was in diesem 20. Jahrhundert stattgefunden hat und speziell mit einer Zeit, um die wir eigentlich alle einen enormen Bogen machen, nämlich die zwölf nicht vorhandenen Jahre von 1933–1945, die wir uns ungern ansehen, und die wahrscheinlich sicherlich eine der wichtigsten „Epochen" ist, die wir uns ansehen müßten, um überhaupt zu einem richtigen Verständnis zu kommen. Es gilt, auch die Brücken zu sehen, die Verbindung und die Frage der Kontinuität noch einmal richtig zu stellen. Es war interessant, wie entspannt jeder zur Kenntnis nahm, welche „bezaubernde" Vielfalt Le Corbusier in seiner politischen Lebensgestaltung hatte und natürlich wird ihm dies niemand übelnehmen. Dagegen ist die nachgewiesenermaßen politische Vielfältigkeit unserer eigenen Architekten und aller anderen Berufsgruppen, ob sie Juristen sind oder Kunsthistoriker usw., für uns natürlich wesentlich schwerer, weil da diese zwölf Jahre sind, die so ungeheuer bedrückend sind, daß wir tatsächlich nicht wissen, wie wir damit umgehen sollen. Die wir auch, und dies war durchgehend eigentlich in allen Referaten, nicht fassen können. Es wird immer wieder gesprochen, „da waren die Nationalsozialisten", das ist

Nürnberg: Das Zeppelinfeld auf dem Reichsparteitag-Gelände, gebaut 1934-1937 nach Entwurf von Albert Speer. Abbildung aus dem 1940 erschienenen Band Neue Deutsche Baukunst

ein Begriff, der in allen Referaten vorkam, Werner Durth sagte wenigstens „die Machthaber". Wer war das? Wenn man das so hört – auch in der allgemeinen Diskussion hat man das Gefühl – dann glaubt man, es ist eine 1933 von irgendeinem Stern gekommene Rasse, die dann 1945 wieder verschwand. Dem steht gegenüber, daß etwa Herr Adrian, der ja einer der älteren ist, der hier gesprochen hat, dann selbstverständlich von „meinen Lehrern" spricht, die er persönlich gekannt hat. Natürlich spricht er auch voll Hochachtung von Hillebrecht, den er persönlich gekannt hat, zu dem er eine persönliche Beziehung hat. Ich aber, um sozusagen diese emotionale Betroffenheit zu nennen, muß sagen, daß mir der Name Hillebrecht einfach nur Schauer über den Rücken fließen läßt, seit ich eine Bemerkung von ihm gehört habe in dem Film über Hamburg, der 1985 von Christian Bau und Manfred Oppermann gedreht wurde.

Er war im Büro Gutschow tätig und zuständig dafür, auch die Ziegelformate für die Neugestaltung der Stadt auszusuchen. Deswegen mußte er zu dem Ziegelwerk in Neuengamme in dem Hamburger Konzentrationslager und er hat angeblich überhaupt nichts gemerkt, obwohl er immer wieder dagewesen ist, um Ziegelformate zu begutachten. Ich sage dies, um die emotionale Betroffenheit, die wir alle haben, darzustellen. Ich denke aber, daß es ganz wichtig wäre, dieses anzugehen. Das Fehlen genau dieser Diskussion und die Auseinandersetzung letztendlich auch um die Normalität, die in diesen zwölf Jahren auch im Baugeschehen stattgefunden hat, belastet uns. Wenn man genau hinsieht, dann ist das, was es an wirklich aufgeblasenen Begriffen und Getöse gegeben hat um diese Architektur, in keiner Weise tatsächlich dargestellt. Ich spreche jetzt nicht von den Modellen, die ja nie ausgeführt wurden, sondern von dem, was tatsächlich gebaut wurde. Man ist selbst dann immer erstaunt, wenn man auf dieses Zeppelinfeld kommt, wie „niedlich" dies im Grunde genommen im Verhältnis zu dem ist, wie es beschrieben wird, wie es auch heute als Triumpharchitektur gesehen wird, als monumentale Gesinnung.

Gehört das Zeppelinfeld nicht vielmehr formal zur allgemeinen klassizistischen Stilrichtung des 19. und 20. Jahrhunderts, wie z.B. auch

Melle: Hermann-Göring-Heim der HJ, gebaut ca. 1937 nach Entwurf von Hanns Dustmann.

dieser neueste Bau, in dem wir sitzen. Der ja so unendlich klassizistisch ausgerichtet ist, mit dieser Monumentalauffahrt und mit einer Halle, die unbeschreiblich riesig ist. Ich hab' so das Gefühl – und jetzt kommt wirklich Emotion – zu bestimmten Zeiten hätte man auch Spaß gehabt an dieser Aufmarschsituation, die es da im Inneren gibt, mit diesem Fußboden von Monumentalität, den Säulen, den Kapitellen und und und. Ich denke, daß man dies aber stilistisch in größerem Zusammenhang sehen sollte und daß man auch diese ausgeklammerten zwölf Jahre etwas näher betrachten sollte. Ich weiß nicht, wie weit dies geht, wie man's fassen kann, wie man diese emotionale Betroffenheit dann tatsächlich in den Griff bekommt.

Ich hoffe, daß Herr Kowalski und Frau Kirschbaum vom Deutschen Nationalkomitee, die Herr Möller heute vormittag bei der Danksagung vergessen hat zu nennen, die nächste Tagung zu dem Thema „Das Dritte Reich in Deutschland" schon vorbereiten könnten. Ich glaube, daß wir dann auch besser zurechtkommen mit der Beurteilung von Dingen, wie z.B. den Bauten an der Stalinallee (heute Karl-Marx-Allee, möglicherweise ist gerade der Antrag gestellt worden, sie wieder in Frankfurter Allee zurückzubenennen). Dies sind Bauten, die natürlich in der Tradition des 19. Jahrhunderts stehen. Wenn Herr Adrian als ein Mann des Neuen Bauens die Schwülstigkeit des 19. Jahrhunderts pauschal abqualifiziert und damit nichts anfangen kann und sie für unannehmbar hält, dann steht dies im Zusammenhang mit seiner Ablehnung des 19. Jahrhunderts. Ich denke, daß man weder sagen kann, daß die Stalinallee sozialistische Architektur ist, noch daß sie kapitalistische Architektur in einer sozialistischen Realität ist oder wie immer man das ausdrücken kann. Ich denke, daß sie außerordentlich schützenswert ist, sehr gute Architektur ist, die unbedingt zu erhalten ist und wir nur hoffen können, daß jetzt in der Umbruchsituation nicht diejenigen wieder die Oberhand bekommen, die meinen, sie müßten das 19. Jahrhundert noch einmal wieder abbrechen. Ich möchte dies einmal betonen: Es ist für uns Denkmalpfleger natürlich keine Folgerung, daß wir uns den 50er Jahren zuwenden und damit dann gleichzeitig das 19. Jahrhundert oder das, was in dieser Tradition steht, wieder freigeben zum Abbruch. Denkmalpflege, ich betone das, ist eine Forderung, Denkmale als Anstöße zu erhalten, ob uns die Geschichte dieser Denkmäler nun paßt oder nicht. Sie sind ein Teil unserer Geschichte. Zu meiner vorhin genannten Forderung, die Jahre zwischen 1933 und 1945 zu bearbeiten, betone ich, falls irgendjemand das mißverstanden hat oder mich vielleicht auch noch nicht lange genug kennt, daß dies keine Entschuldigung werden soll für das, was geschehen ist in den zwölf Jahren. Es ist vielmehr die bedrückende Erkenntnis, daß es „die Nationalsozialisten" nicht gegeben hat, sondern das dies unsere Väter, Mütter, Großväter, Großmütter, Lehrer, Freunde... gewesen sind, und daß wir uns genau damit auseinandersetzen müssen und auch versuchen müssen, umzugehen mit dieser Situation. Ich denke, daß das gerade jetzt wichtig ist, in der Situation, in der Deutschland ist, wo natürlich mit der Veränderung in der DDR sich diese Diskussion wieder neu stellt. Dabei sitzen in der Bundesrepublik genüßlich viele Leute da und sprechen von den Wendehälsen. Und dies können sie natürlich relativ undifferenziert, weil die Diskussion hier überhaupt nicht stattgefunden hat, die die eigene Vergangenheit betrifft. Ich glaube, daß wir diese Diskussion zuerst führen müßten, und daß dann das Verhältnis auch zu der Architektur des 19. und 20. Jahrhunderts nicht nur in Deutschland etwas entkrampfter werden kann.

MANFRED F. FISCHER

Der Philosoph Sören Kirkegaard hat einmal sinngemäß gesagt, Geschichte werde vorwärts gelebt und rückwärts begriffen. Dieses vorausgeschickt möchte ich sagen, daß ich selbst die 50er Jahre nicht einfach als eine Kulturepoche wie viele andere in der allgemeinen Aufeinanderfolge betrachten kann, sondern als eine, die auch Teil des persönlichen Erlebens meiner Generation ist. Aufbau und Wiederaufbau waren die Antwort auf eine Katastrophe, die sich hier zuerst als das Erlebnis von Bombenangriffen zeigte, dann von endlosen Ruinenfeldern wie etwa in Berlin oder Nürnberg, wo der Weg vom Bahnhof zur Burg nur ein dünner Pfad in einer friedhofsartigen Landschaft des Nichts war.

So ist auch die Bewertung der Aufbauepoche und ihrer Leistungen nur als der Versuch des Abschlusses einer Reihe von durchaus konträren subjektiven Urteilen möglich. Am Beispiel des heute schon mehrfach zitierten Kreuzkirchenviertels in Hannover ist dies besonders eindringlich im Bewußtsein. Als Student in Göttingen reiste ich Ende der 50er Jahre dorthin, mich interessierte die konsequente Planung des Wiederaufbaues für die Bedürfnisse der Stadt von morgen. Das kleine Quartier um die noch nicht wiederaufgebaute Kirche war neu, hell und offen. Alles schien der Zukunft zugewandt und befreit vom ängstlichen Festhalten an überholten Strukturen. Faszination kam auch von der Person und dem Werk des verantwortlichen Planers.

Ein gutes Jahrzehnt später, nach beruflichen Erfahrungen vor allem in alten historischen Zentren Europas, erschienen mir die meisten inzwischen ruinenlos gewordenen Städte der Heimat gesichtslos, austauschbar, technokratisch, ohne Patina. Vor allem in Hannover kulminierte dies. Das früher so neu und frisch Wirkende erschien jetzt nur als Teil einer Allerweltsumgebung, der jede Individualität fehlte.

Auch zeigten sich schon die Irrtümer der Planungen, die durch neue Erfahrungen überrollt schienen. Wieder später, schon mit den Augen des berufsmäßigen Denkmalpflegers urteilend, entdeckte ich in den Zeilenbauten um die Kirche die traditionellen Details. Das Quartier war, eingehüllt in dichtes Grün, mit der Kirche zu einer neuen Nachbarschaft und Gemeinschaft verwachsen. Dies empfand ich um so mehr, als überall schon Spuren mangelnder Pflege und falsch begonnener Modernisierungen die Gefährdung signalisierten. Doch aus den Fenstern blickten Kinder, deren Eltern vielleicht schon hier geboren waren. Ihnen war es vertraute Heimat geworden. Die subjektiven Urteile von früher wichen dem Bedürfnis nach einer rationalen Einordnung, das Historiker-Denken begann, die Erscheinungen in vertrauten Kategorien zu ordnen, das Erlebnis von einst war Geschichte geworden. Und es paßte zu vielen ähnlichen Erfahrungen, angesichts eines erneuten großen Wandels in allen gesellschaftlichen Bereichen.

Die Epoche der 50er Jahre erschien nun in nahezu allen Bereichen des Bauens, der Produktgestaltung und des Design als kohärent. Beim Betrachten zeitgenössischer Fotos von Bauten der 20er Jahre fallen die zufällig ins Bild genommenen Autos z.B. als veraltet gleichsam „aus dem Rahmen". Moderne im Windkanal „gestylte" Exemplare werden ohnehin meist vor Schlössern und Gutshäusern optisch vermarktet. Bei Straßenbildern aus den 50er Jahren ist beides in seltsamer Weise „stimmig".

Dennoch sind deutlich die großen Abweichungen, ist eine große Bandbreite der Möglichkeiten festzustellen. Die berühmten Grindelhochhäuser in Hamburg, den Utopien der 20er Jahre folgend, entstanden zur gleichen Zeit wie Reichows Stadtrandsiedlung Hohnerkamp ebenda.

Bisweilen sind bei demselben Auftraggeber

Hannover: Wiederaufbau der Wohnsiedlung Kreuzkirche 1951 nach Entwürfen von Georg Seewald, Konstanty Gutschow, Ernst Zinsser, Hans-C. Jaeckel, Erwin Töllner, Gebrüder Siebrecht und Ewald Zenker. Rechts der Bebauungszustand vor der Zerstörung

Hannover: Blick in die Karmaschstraße, am Kröpcke, etwa 1954, mit Bauten nach Entwürfen von Falke, Huch und Herlitzius

alle Phasen der Entwicklung innerhalb dieses Zeitraumes zu sehen. Ein berühmter Elektrokonzern z.B. begann die Bürobauten seiner neuen Filiale in Franken nach dem Krieg mit den aus den 20er und 30er Jahren bewährten Stilformen der bisherigen Berliner Zentrale. Die erste Erweiterung wurde ein typisches Beispiel der grazilen Rasterbauweise der Zeit. Das abschließende Hochhaus um 1960, mit einer gläsernen Vorhangfassade, zeigt ganz den internationalen Stil und negiert jeden bisher erkennbaren „Firmenstil". Es gibt also auch für die 50er Jahre jene Mischung von Erscheinungen, die man mit dem Worte „noch" oder dem Worte „schon" sich zu erklären versucht, je nach subjektiver Fragestellung.

Eine Epoche ist in der Tat zu erkennen, aber mit vielen Varianten, eine in sich reiche Mischung, die man aber rückblickend als Einheit erkennt. Der Punkt des Abschlusses ist fließend und schwer zu bestimmen. Er ist sicher Teil einer gesamtpolitischen und gesellschaftlichen Wendung: Ende des Aufbruches, Beginn der Krise.

Der Denkmalpfleger steht heute vor allem vor dem Problem einer sehr großen Quantität, die vielerorts über die Hälfte der gebauten Umwelt darstellt. Bei Objekten früherer Epochen argumentierte mancher oft mit dem Seltenheitswert, obgleich dieser in keinem Denkmalschutzgesetz vorkommt und allenfalls unter der „historischen Bedeutung" subsummiert werden kann. Hier aber ist ein mit nahezu 100 % erhaltener Bestand zu bewerten, mit Hochleistungen, mit Durchschnittlichem, mit Typischem, aber auch mit Irrtümern und Fehlern. Jede wissenschaftliche Tätigkeit lebt davon, daß nach vernünftigen Kriterien ausgewählt wird. Nur nach gründlicher Erforschung werden wir also der schwierigen Aufgabe gerecht werden können, das aus dem Ganzen zu benennen, an dessen zukünftiger Behandlung unter denkmalpflegerischen Aspekten ein öffentliches Interesse besteht.

DISKUSSION

Jost Hermand:
In zwei Punkten fühle ich mich direkt angesprochen. Zuerst möchte ich auf Herrn Glasers Begriff des „Biedermeiers" eingehen. Zugegeben: Das Schlagwort „Biedermeier" war in der Diskussion der 50er Jahre sehr verbreitet und wurde von vielen als höchst relevant empfunden. So wurde ich 1953 von meinem germanistischen Doktorvater dazu angehalten, eine Dissertation über „Biedermeier in den bildenden Künsten und in der Literatur" zu schreiben. Ich glaube, daß das eine falsche Zuweisung war. Wenn die damaligen Konservativen die Adenauersche Restaurationsperiode mit der Metternichschen Restaurationsperiode, also dem „Biedermeier" verglichen, so hatte das an sich keine wirkliche Berechtigung. Erstens wiederholt sich die Geschichte ohnehin nicht wirklich. Und zweitens wollte Metternich, im Gegensatz zu Adenauer, die industrielle oder überhaupt städtische Entwicklung in Deutschland bewußt aufhalten. Die 50er Jahre sind dagegen eine Hochkonjunkturperiode der Industrialisierung. Sie sind neben der Gründerzeit, der Jahrhundertwende, der Mitte der 20er Jahre und unserer eigenen Gegenwart eine der fünf Boom-Perioden der letzten 150 Jahre in Deutschland. Und darum sitzen wir ja auch hier.
Hochkonjunkturperioden haben stets ein besonders starkes Interesse an Architektur und Design. Mit dem Biedermeier haben also die 50er Jahre fast gar nichts gemein. Und auch mit der „Restauration" nicht. Ich sehe daher die 50er Jahre gar nicht als das Zeitalter der Adenauerschen Restaurationsperiode. Restauration würde ja bedeuten, daß man sich gegen die Industrialisierung gewandt und eine Rückkehr zu vorindustriellen Zuständen befördert hätte. Das Gegenteil war der Fall. Wie die 20er Jahre waren die 50er Jahre keine Restaurierungs-, sondern eine Renovierungsphase des Kapitalismus. 1929 stand Deutschland wieder an der zweiten Stelle in der Rangliste der Industrienationen der Welt. Und auch zu Anfang der 60er Jahre stand es wieder ganz oben. Darin äußern sich unglaubliche Modernisierungsschübe, aber keine Restaurationsversuche. Daher auch die enormen Aktivitäten im Bereich der Architektur und des Designs, die in solchen Perioden, wo genug Investitionskapital zur Verfügung steht, stets im Vordergrund stehen. Das sind stets Perioden, in denen am stärksten gebaut wurde. Das sind die großen Bauboom-Perioden.
Das Problematische ist nur, daß die Bauboom-Periode in den 50er Jahren in Deutschland in eine Zeit der Verdrängung des Faschismus fiel. Und daher finde ich auch das Zitat, das Sie, Herr Gutschow, an den Anfang dieser Gesprächsrunde stellten, etwas problematisch. Da war von Schwung, Grazie, Leichtigkeit, Frische und Abenteuer die Rede. In anderen Ländern hatten solche Phänomene sicher eine andere Funktion als in der Bundesrepublik. In Westdeutschland hätte dies eine Zeit der Schuld und der Neubesinnung sein müssen. Hier ist mir daher ein Begriff wie „neue Heiterkeit" höchst verdächtig. Und noch etwas. Ich meine, das mit dem Modischen, mit der Heiterkeit, dem Kurvenstil und den Nierentischen, das ist auch ein Problem der geplanten Obselenz. Architektur schmeißt man nicht so schnell weg, wie man Designprodukte wegschmeißt. Denn gesteigerter Profit ergibt sich im Rahmen von Wirtschaftswunderperioden nur, wenn die Sachen nicht haltbar sind. So fand ich etwa die Häuser der 50er Jahre, die Sie, Herr Mohr, uns zeigten, nicht sehr berauschend und sah in ihnen eher Wegschmeißhäuser als bedeutende Designleistungen. Man müßte einmal der Frage nachgehen, ob solche Produkte von der Industrie oder den Firmen, die dahinter stehen, bereits in der Planung als Wegschmeißwerke gedacht waren. Wenn Sie sich eine Zeitschrift wie „Magnum" aus der zweiten Hälfte der 50er Jahre ansehen, die für mich in vieler Weise repräsentativ für den Stil der Wirtschaftswunderära ist, so stoßen Sie dort immer wieder auf Thesen wie: Weg von der Tristesse der Nachkriegszeit, weg von den Schuldgefühlen, weg von Kollwitz und Barlach und all diesen „schrecklichen" Dingen – und hin zur neuen Heiterkeit, zur Farbe, die wieder Buntheit ins Leben bringt; hin zu den schwungvollen Nierentischen und den von der schlechten Realität abstrahierenden Mondrian-Bildern. All das hat es damals in anderen Ländern auch gegeben, aber es hat dort eine andere Funktion gehabt. In der Bundesrepublik wollte man sich durch solche Dinge erst einmal von der immer noch unbewältigten Schuld „entlasten". Wenn

Frankfurt am Main: Messe 1948, Warengruppe Textilerzeugnisse

man also hier Heiterkeit, Grazie und Schwung hochzujubeln versuchte, so finde ich das eher fatal. Denn damit wollte man sich zu einer Hochkonjunktur bekennen, die sich lediglich den Freuden eines verantwortungslosen Modernisierungsschubs hingab. Das war kein Biedermeier, das war eine unglaublich „rasante" Periode.
Und noch kurz zu dem, was ich „hier so abgelaicht hätte", wie sich Frau Kier ausgedrückt hat. Ich will da nicht genauso polemisch werden wie Sie, Frau Kier. Dagegen möchte ich noch etwas zum Nationalsozialismus und Ihrem Konzept des Nationalsozialismus sagen. Welche Bauten des Nationalsozialismus würden Sie denn unter Denkmalschutz stellen? Würden Sie etwa die Neue Reichskanzlei als Zeugnis der Geschichte wieder maßstabgerecht aufbauen wollen?

Hiltrud Kier:
Entschuldigung, bevor hier irgendetwas Falsches im Raume steht: Denkmalschutz heißt nicht, Rekonstruktion von etwas, was weg ist, sondern Erhaltung von etwas, was da ist. Wäre die Reichskanzlei da, würden wir sie selbstverständlich unter Denkmalschutz stellen. Es ist überhaupt keine Frage.

Jost Hermand:
Gut, das wollte ich nur gehört haben. Sie würden also die Neue Reichskanzlei unter Denkmalschutz stellen. Doch was verstehen Sie eigentlich unter einem „Denkmal": etwas ästhetisch Bedeutungsvolles, ein Zeugnis der Geschichte oder was sonst? So wie Sie es formuliert haben, scheint mir das noch zu allgemein. Es geht Ihnen doch auch stark um das Formale und Ästhetische, Frau Kier, wenn ich Sie recht verstanden habe. Würden Sie also die Bauten der frühen Stalin-Allee, weil sie klassizistisch oder weil sie Denkmäler ihrer Zeit sind, unter Denkmalschutz stellen? Ich selbst finde sie gar nicht so klassizistisch im Sinne des 19. Jahrhunderts, wie gern behauptet wird. Hermann

Berlin: Neue Reichskanzlei, gebaut 1938 nach Entwurf von Albert Speer. Blick in den Ehrenhof und Detail der Tür, die aus dem Arbeitszimmer Hitlers in die Marmorgalerie führte.

Henselmann, ihr Architekt, wollte keine klassizistischen Mietskasernen im Sinne des 19. Jahrhunderts, sondern riesige Paläste für Arbeiter bauen. Mit formalistischen Kriterien kommt man da nicht sehr weit.
Und dann noch zwei andere Punkte. Da wäre erst einmal Ihre Einschätzung des Nationalsozialismus, die mich irritiert. Sie haben von emotionaler Betroffenheit gesprochen – und unsere Mütter und Väter als Nazis apostrophiert. So sollte man meiner Meinung nach nicht reden. Damit begibt man sich auf das Niveau der bekannten Kohl-Äußerung über die „Gnade der späten Geburt". Kohl meinte doch damit wohl, daß er, wenn er im Jahre 1920 geboren wäre, auch ein Nazi geworden wäre. Das ist ein schreckliches Mitläuferdenken, das überhaupt keine Alternativen kennt. Wenn es so abgelaufen wäre, hätte es überhaupt keinen Widerstand, keine Gegner des Faschismus gegeben. Meine Eltern waren keine Nazis. Darauf bilde ich mir gar nichts ein. Aber ich wehre mich gegen die Vorstellung, die Deutschen einer bestimmten Altersschicht seien alle Nazis gewesen. Ich kenne sehr viele Menschen, die Antifaschisten waren, deren Eltern im KZ waren, die ins Exil gegangen sind oder die sich als sogenannte Nichtfaschisten verhalten haben. An die „Deutsche Frage" auf der Kohl-Ebene heranzugehen, finde ich daher sehr problematisch. Ich weiß, da finden im Moment viele Enttabuisierungen statt. So sagte vor kurzem jemand auf einer Tagung bewußt provozierend: „Als wir damals 1940 in Frankreich einmarschierten". Zum Glück saßen im Saale mehrere ehemalige deutsche Juden, die sofort eine heftige Diskussion in Gang setzten.
Bleibt die Frage, was Naziarchitektur war und ob man sie unter Denkmalschutz stellen soll? Ist sie ein historisches Zeugnis? Und wenn ja, für was? Soll man auch die Nazibilder wieder in den Museen aufhängen? Das sind sehr schwierige Fragen, über die man diskutieren müßte. Und zum Abschluß noch eins. Ich bin nicht so optimistisch wie Sie, Frau Kier. Ihre Behauptung, daß man im Jahr 2190 einmal auf das gesamte 19. und 20. Jahrhundert als eine Periode des „Klassizismus" zurückblicken wird, erscheint mir reichlich ungebrochen und fortschrittsgläubig. Denn damit glauben Sie, daß das Erhardsche System, in dem wir uns noch immer befinden, bis zu diesem Zeitpunkt weiterbestehen wird.

Doch wenn dieses System so bleibt, wie es ist, wird es nicht bleiben. Dann wird es schon das Jahr 2090 nicht mehr geben. Schließlich sagen uns selbst besonnene Naturwissenschaftler, daß wir bei gleichbleibender Akzelerierung der ökonomischen Expansionsrate, auf der unser System beruht, bereits in 35 Jahren den Punkt der „Irreversibilität" erreicht haben werden.

Hiltrud Kier:
Ich find's natürlich ganz ungemein „schmeichelnd", daß Sie mich plötzlich mit Kohl und Erhard vergleichen. Wenn meine Denkmalpflegekollegen dies hören, für die ich ja so entsetzlich links bin, daß man Schaden an seiner Seele nimmt, wenn man neben mir sitzt, finde ich das eine ganz schöne Entwicklung! Was ich ausdrücken wollte, um das ganz kurz zu sagen, ist: Wenn man das Entsetzliche des Dritten Reiches an den Bauten dieser Zeit irgendwo wirklich festmachen könnte und es dann bewältigen könnte durch Abbruch, würde ich Ihnen zustimmen. Ich denke nur, daß wir uns in eine Ausredesituation begeben, in der wir mehr auf diese Bauten als auf die Menschen schauen, die sie gemacht haben oder besser gesagt: die trotz der Harmlosigkeit der überwiegenden Zahl dieser Bauten und der nach außen hin bürgerlichen Normalität des Lebens dieses Entsetzliche gemacht haben. Selbstverständlich hat es den Widerstand gegeben. Aber es hat eben – und das ist das Bedrückende – nicht so viel gegeben, daß diesem System ein Ende gesetzt wurde; daß es nicht möglich gewesen ist, daß irgendjemand Hitler irgendwo mal erschossen hat. Er fuhr ja durch die Lande, und das ist das Unbegreifliche für uns. Auch daß es Gesetzestexte gab, in denen stand, es soll Wohnungen nur geben für lebenswerte und echte Volksgenossen: an so einer Formulierung hat man sich kaum gestört. Dies sind Dinge, die ich als die Normalität ansehen möchte, die wesentlich weiter ging, als wir das normalerweise sehen und deshalb stört mich die so anonyme Bezeichnung: „die Nationalsozialisten".

Niels Gutschow:
Ich glaube, das ist ein Dilemma: wenn wir über die 50er Jahre reden, dann landen wir notwendigerweise bei den angeblich nicht gewesenen zwölf Jahren. Dies ist eine allgemeine Erfahrung: aber vielleicht können wir trotzdem etwas näher an dem Epochenbegriff und bei der Charakteristik der 50er Jahre bleiben.

Klaus von Beyme:
Ich möchte noch an einem anderen Punkt Kritik üben, den Herr Hermand vorgebracht hat. Ich nehme Anstoß an seinem Versuch, die „goldenen Weimarer Jahre" gegen die „Unfruchtbarkeit des Kulturlebens der Bundesrepublik" auszuspielen. Da wir beide Komparatisten – nur auf verschiedenen Gebieten – sind, können wir uns vielleicht darauf einigen, daß an solchen diachronischen Vergleichen methodisch Anstoß genommen werden kann. Wir müßten in einem synchronischen Vergleich hingegen fragen, haben die Nachbarländer, die nicht an unserer faschistischen Tradition litten, im Bauwesen und ihrer Kulturproduktion soviel besser abgeschnitten? Wenn es „roaring fifties" gegeben hat, dann allenfalls in Amerika.
Die USA profitierten von der Auswanderung einer Kulturströmung, in der Malerei etwa, die bis dahin in Paris zentriert war. Die eigentliche Innovation kam auch dort erst in den 60er Jahren, als mit Pop Art für Europa unerhört Neues geschaffen wurde. Selbst Amerika war in den 50er Jahren nicht so innovativ wie in seinen 20er Jahren. Wenn wir Faulkner und Hemingway nach 1945 für zeitgenössisch hielten, mußten wir später erkennen, daß diese Entdeckungen eher in die 20er als in die 50er Jahre gehörten.
Mit Herrn Topfstedt würde ich auch gern stärker ins Gespräch kommen und mich notfalls mit ihm anlegen. Die DDR hat die Verklärung der linken Kultur der Weimarer Zeit mitgemacht und manchmal vorgegeben, daß der Konflikt zwischen rechter und linker Kultur sich nach 1945 gleichsam territorialisiert habe. Bei kühler Betrachtung ziehe ich aus der Entwicklung der Kultur in der DDR noch zusätzliche Evidenz gegen die Thesen von Herrn Hermand. Die DDR hat die faschistische Tradition abgeschüttelt. Daß die kulturellen Blütenträume gleichwohl nicht reiften, läßt sich nicht ausschließlich dem Stalinismus anlasten. Mir fällt im Gegensatz zur Darstellung von Thomas Topfstedt eigentlich eher eine erstaunliche Parallelität zu Fehlentwicklungen in der Bundesrepublik auf, zumindestens in Architektur und Städtebau. In der Bundesrepublik enden die 50er Jahre als Epochenbegriff etwa 1955–1957. Es gab einen ähnlichen Einschnitt in der DDR, als die nationale Tradition der Kulturpolitik aufgegeben wurde und unter dem Eindruck von Chruschtschows Reformen einer neuen technokratisch orientierten modernistischen Kultur in Literatur, Kunst und Städtebau gehuldigt wurde. Um 1973 kam es in der Nachkriegsentwicklung der Bundesrepublik zu einem erneuten Paradigmawechsel, der häufig mit dem Postmodernismus in Verbindung gebracht wurde. Die DDR vollzog den Wandel mit einiger Verspätung ebenfalls, diesmal allerdings weniger unter sowjetischem Einfluß als aufgrund westlicher Vorbilder. Angesichts der drei Epochen hat man den Eindruck, daß die deutsche „Kulturnation" – wenigstens im Negativen – ähnlicher geblieben ist, als beide deutsche Staaten wahrhaben wollten.

Hermann Glaser:
Bei den 50er Jahren kann man von einem Neon-Biedermeier sprechen. Das panische Idyll der Trümmerzeit verflacht; Alexander Mitscherlich spricht von der Unfähigkeit zu trauern. Der praktizierte Materialismus überlagert Reflexion. Die Schwermut – die Erinnerung an die historische Fragwürdigkeit des neuen Staatsgebildes ist aber nicht völlig eskamotiert. Eine transitorische Zeit: von dem Bemühen um Aufklärung geht sie

über in die fröhliche Aufklärung; dann findet Aufklärung kaum mehr statt. Statt dessen Hochglanzkultur. Die Zeitschrift Magnum sollte man dennoch nicht denunzieren; sie leistete ein gutes Stück kultureller Vermittlungsarbeit; ließ urbane Luft in die muffige Stube des Provinzialismus wehen. Signifikanter noch die Zeitschrift Das Schönste. Schon vom Titel her hatten diese Kulturzeitschriften gelegentlich lächerliche Aspekte. Würde ich bestimmte Passagen aus Das Schönste vorlesen, dann klänge das kabarettreif. Zugleich aber hat Das Schönste einen wesentlichen Beitrag geleistet, daß die Grauflanell-Welt mit funkisch gegrölten Sturmbannliedern (G. Benn), also die nationalsozialistische Spießerideologie abgebaut werden konnte. Insgesamt sorgten die Publizisten, Journalisten, Literaten, Künstler, Rundfunkleute dafür, daß sich eine gewisse Urbanität in diesem Lande wieder entwickelte. Von einem abgehobenen Standpunkt aus mag man das alles in den Orkus hineinverdonnern; dieser Gefahr verfällt auch Herr Hermand, der einem undifferenzierten Kulturpessimismus frönt. Gerade, weil ich diesen Staat vielfach kritisiert habe, so daß man mich im CSU-Bayern sogar lange Zeit für einen Linksextremisten gehalten haben mag, möchte ich auch für republikanische Ichstärke plädieren. Die Errungenschaften dieser Republik sind ein wichtiger „Generator" für Engagement und die „Dreckarbeit der Reform". Was konnte man in den 50er Jahren alles machen! Allein schon in den Nachtstudios der Rundfunkanstalten (es waren freilich Nachtstudios!); oder auf den Feuilletonseiten (freilich „unterm Strich"!). In der Tat: die Schubladen waren weitgehend leer. Warum? Noch nie waren die Vertreter des deutschen Geistes derart hinaus- und vertrieben worden, wie im Dritten Reich (wenn sie nicht umgebracht worden waren). Die von draußen wurden allerdings – und das ist fatal in den 50er Jahren – zu wenig beachtet. Andererseits stößt man, geistig eingeengt, auch die Fenster auf, um endlich Weltkultur erleben zu können. Damals ist auch viel nach Deutschland eingeströmt; und dies ist einigermaßen rezipiert und verarbeitet worden, verhalf zur kulturellen Identität. Die kulturelle Egozentrik wurde abgebaut; am deutschen Wesen wollte man die Welt nicht mehr genesen lassen.

Niels Gutschow:
Es gibt jetzt Meldungen aus dem Publikum; bitte nennen Sie Ihre Namen.

Carl Bauer, Hannover:
Zu der Diskussion über das Bauen der 50er Jahre und prägende Einflüsse aus dem Ausland wäre gerade hier in Hannover einiges über schwedische Vorbilder zu sagen. Eine kleine Gruppe Kieler und Hannoverscher Architekten erhielt im März 1950 von der englischen Besatzungsbehörde die Genehmigung zum Besuch der nordischen Bauausstellung in Stockholm.

Zu dieser Zeit lagen unsere Städte noch größtenteils in Trümmern.
Hannover hatte im Herbst 1948 Rudolf Hillebrecht zum Stadtbaurat berufen, der bereits im Dezember 1949 ebenfalls das Bauen in Schweden in Augenschein nehmen konnte.
Für unsere ruinengewohnten Architektenaugen wirkten die damaligen schwedischen Eindrücke, insbesondere des sozialen Wohnungsbaus wie ein Traum, den ich dann durch einige 100 Fotos mit nach Deutschland brachte. Sie dienten hauptsächlich dem neuen Stadtbaurat – meinem TH-Studienfreund – dazu, die aufbauwilligen Bürger, die Aufbaugemeinschaft und alle interessierten Kreise in zahlreichen Bildvor-

Eindrücke einer Studienreise nach Schweden, in Stockholm und Malmö fotografiert und gesammelt von Carl Bauer, Hannover, März 1950

trägen für den hannoverschen Wiederaufbau und besonders seine neue Verkehrsgestaltung zu gewinnen.
Der schwedische Einfluß und die Vorbilder waren somit nicht unwichtig für eine Denkweise, die mir als Absolvent des Bauhauses (1933) besonders nahe lag und erklärlich war, da zahlreiche Schweden in Weimar und Dessau studiert hatten, u.a. auch der Stockholmer Stadtbaurat Sven Markelius.

Auch das von der hannoverschen Aufbaugemeinschaft im Zentrum der Innenstadt errichtete Viertel „Rund um die Kreuzkirche" bekam offenbar seine Anregung von einem ähnlichen Stockholmer kleinstädtischen Idyll, das sich inmitten der City in der Nähe des Konzerthauses (von Tengbom) am Heumarkt (Hötorget) befand. Daß die Schweden bereits 1930 für das „moderne" Bauen aufgeschlossen waren, zeigten uns die z.T. noch bestehenden Bauten der damaligen Werkbundausstellung in Stockholm.

Hans Hanke, Bochum:
Die gesamte Diskussion geriet mir zuvor zu stark in Wertungen kultureller, gesellschaftlicher, politischer Ereignisse. Eine solche Verurteilung oder Verteidigung der Zeit zwischen 1946 und 1960 scheint mir im Rahmen der „Epochenfrage" aber ebensowenig angebracht zu sein, wie sie es in diesem Zusammenhang erst einmal für die „vergessenen zwölf Jahre" oder eben die so genannte „Biedermeierzeit" ist. Allein ausschlaggebend muß doch wohl auch nach allgemeiner Meinung in diesem Anfangsstadium sein, ob die Bauten der 50er Jahre aussagefähige Dokumente der Zeit sind. Das Podium geht aber immer mehr in die Richtung: Die 50er waren schlimme Zeiten mit schlechten Bauten, die darum auch keine Pflege brauchen. Dabei stellt die Diskussion den Epochencharakter der Zeit hervorragend dar. Selbst die abwertendsten Beiträge scheinen mir recht klare Grenzen – dies sind schließlich auch Übergangsphänomene – bei 1945 und 1960 zu setzen. Hier geschah etwas, was so in anderen Zeiten nicht

Bochum: Foyer und Interieur des Schauspielhauses, gebaut 1952/53 nach Entwurf von Gerhard Graubner, Photos 1990

auszumachen ist, und brachte eine eigene Architektur hervor, die natürlich immanent Entwicklungen erfuhr. Ich bin 1956 geboren und kann nur sagen, für mich waren die Bauten der 50er Jahre immer eine fest auszumachende Baugruppe im Stadtbild meiner Heimatstadt Bochum, Identifikationspunkte, nicht gleichförmig und gleichgültig – also Epoche. Und das gilt für viele Menschen meiner Generation.

Hermann Glaser:
Zunächst in eigener Rechtfertigung, daß ich hier oben sitze: Es ist die Aufgabe dieser Diskussion, den Bereich „Architektur" auf den allgemeinen Zeitgeist hin zu transzendieren. Sonst hätte der Veranstalter falsche Leute eingeladen. Man kann eben eine Epoche, und das müssen manchmal Kunsthistoriker, und auch Denkmalpfleger oder Architekten lernen, nicht nur stilgeschichtlich definieren. Das ist das Vorgehen von gestern. Wir können heute nicht mehr mit Hilfe analytischer Vernunft eine Epoche, wie etwa Romantik oder Biedermeier oder Postmoderne, definieren, indem wir uns auf Bauformen konzentrieren, so wichtig diese sind. Ohne W-Fragen und entsprechende Antwort-Versuche verfehlt man die Essenz von Epochen: Warum tun wir was wie? Woher kommen wir, wohin gehen wir? Den Geist und die Artikulationsformen einer Epoche „aufheben" heißt: bewahren. Denn ich kann nicht über etwas reflektieren, das nicht aufgehoben ist: Da ist sozusagen der stoffliche Aspekt zu beachten, etwa durch die Denkmalpflege. „Aufheben" bedeutet auch Überwinden, Wegräumen, im geistigen Sinne. Unruhe über das „Gegebene" ist notwendig. (Der Frankfurter „Römer" ist stattdessen eine sicherlich dauerhafte Momentaufnahme einfallslosen Konservativismus; da hat das „Aufheben" nicht funktioniert!) „Aufheben" heißt schließlich „Höherheben"; sublimieren; weiterbringen. Dieses dreifache „Aufheben" haben die 50er Jahre nur von der Peripherie her geleistet.
Im Zentrum dominierten die Agenten des Schöner-Lebens; es hätte nicht das Kuhglück der Saturiertheit sein müssen.

Marianne Adrian, Hannover:
Mir fällt auf, daß niemand davon spricht, daß es immer mehrere Aufgaben, nicht nur die Denkmalpflege gibt. Immer ist die wichtigste Frage die abwägende: Wieviel wollen wir bewahren und wieviel müssen wir erneuern?
Auch in den 50er Jahren hat man abgewägt. Ich habe damals studiert und kann bestätigen, daß mit großem Ernst gearbeitet wurde.
Ich habe diese Zeit allerdings als sehr biedermeierlich empfunden, im Sinne einer unpolitischen Zeit, als zu ruhig sogar – im Sinne von zu „friedfertig" auf manchen Gebieten. Beispielsweise habe ich damals widerspruchslos akzeptiert, daß städtebauliche „Achsen" mit „Nationalsozialismus" gleichgesetzt wurden, obwohl mir das schon damals zu simpel erschien. Heute wehre ich mich gegen allzu simple Parallelen, zum Beispiel gegen ähnliche Assoziationen beim Betreten dieses Kongreßgebäudes. Simpel betrachtet könnte man auch noch die Bemühungen der 50er Jahre um „demokratischen Städtebau", um städtische Räume, die anders als über Achsen definiert werden, als große Lebenslüge von Wendehälsen interpretieren, die sich nur gestalterisch „entnazifizieren" wollten – oder wie sieht das Frau Kier?
Übersehen wir dabei nicht, daß – bis heute – das Naive, das Unpolitische die große Gefahr darstellt; daß aber die ältere Generation ebenso lernfähig war, wie das jeder von uns heute für sich beansprucht?
Wir reden von Denkmalpflege und davon, daß es nötig ist, zu bewahren. Ich meine, daß zwar die Bauten der 50er Jahre in großer Gefahr sind, daß aber durch die heutige Animosität gegenüber der Hinterlassenschaft der 60er Jahre die Bauten dieser Zeit sehr viel gefährdeter sind. Und das sollten wir jetzt schon beachten.

Hiltrud Kier:
Frau Adrian, ich glaube, Sie haben mich mißverstanden. Ich habe diesen neuen Messebau hier in die ganze Entwicklung klassizistischer Architektur gestellt seit Beginn des 19. Jahrhunderts und ihn nicht an der klassizistischen Epoche oder einem Teil der klassizistischen Epoche dieser zwölf Jahre des Nationalsozialismus festgemacht. Ein großer Teil von Details, die in diesem Bau vorhanden sind, lassen sich, wenn Sie so wollen, natürlich auch in einem Begriff wie „Triumpharchitektur" eingliedern. Nicht nur Triumpharchitektur, weil man's geschafft hat, den Vorgängerbau abzubrechen und dies dann stattdessen zu bauen, sondern weil es in seiner ganzen Dimension so aussieht. Ich habe mein Argument nicht nur auf die klassizistische Tradition des Dritten Reiches bezogen. Das haben Sie dann offensichtlich falsch verstanden.
Und noch eine Bemerkung: Nicht eine einzige der gotischen Kathedralen stünde, wenn nicht immer an den Stellen, wo das Material gerade heftig ermüdet, ausgewechselt worden wäre in den vergangenen Jahrhunderten und weiterhin ausgewechselt wird. Dies wird auch bei der Architektur der 50er Jahre an den notwendigen Stellen unter möglichster Respektierung der Originalsubstanz notwendig sein und wird diesen ewigen Kampf zwischen verändern-wollenden Architekten und erhalten-wollenden Denkmalpflegern auslösen, indem verändern-wollende Architekten die Materialmüdigkeit so groß finden, daß man eigentlich abbrechen müßte, während Denkmalpfleger eben versuchen festzustellen, daß dies noch nicht so weit ist und man das weitgehend erhalten kann.

Thomas Topfstedt:
Eine bestimmte Facette der Diskussion verstehe ich nicht. Ich meine die Auffassung, daß sich die Denkmalpfleger ausschließlich um die Denkmäler kümmern sollen, ohne

Berlin: Beispiele von Bauten im Stile der Nationalen Tradition (links: Eingangssituation an der Stalinallee), der Moderne (rechts: Fernsehturm) und der Postmoderne (unten: Hotelneubau ca. 1986) in der DDR

sich tiefer in Wertungsprobleme oder Fragen der Geschichtsaufarbeitung zu kümmern. Die Architekturgeschichte der 50er Jahre wird doch so spannend und aktuell für uns, weil sich jetzt, im angemessenen historischen Abstand, die hinter den Bauten stehenden Gesellschaftsmodelle deutlicher abzuzeichnen beginnen. Erst jetzt ist die Botschaft dieser Architektur, die eine eminent politische war, klarer zu erkennen. In der Dokumentation und qualitativen Bewertung des DDR-Bestandes stehen wir am Anfang, desgleichen in der Quellenforschung. Auch der Frage, in welchen deutschen Kontinuitätssträngen die DDR-Architektur der 50er Jahre eingespannt ist und welche internationalen Einflüsse sie verarbeitet hat, muß die Baugeschichte in Zukunft viel größere Aufmerksamkeit widmen.

Jost Hermand:
Ich meine, wir müßten endlich einmal mit der Vergangenheitsbewältigung der 50er Jahre beginnen. Immer wird gefragt: was ist da alles passiert? Aber nur selten: was ist da alles versäumt worden? Warum hat die Bundesrepublik so wenige Leute aus dem Exil zurückgeholt? Es gab da kaum Versuche in dieser Richtung. Viele der Exilanten waren den Machthabern der 50er Jahre von vornherein verdächtig, weil sie als antifaschistische Linke ins Exil gegangen waren. Darum wurden sie zum größten Teil nicht zurückgeholt. Manche gingen dann nach Ostberlin. So gibt es kaum einen bedeutenden Schriftsteller, der in die Bundesrepublik zurückgekehrt ist. Eine antifaschistisch-linke Position war eben nicht gefragt in dieser Bundesrepublik. Im Gegenteil. Eins der ersten Gesetze Adenauers war, den VVN, den Verein der Verfolgten des Naziregimes, als republikschädlich zu bezeichnen und damit zu kriminalisieren.
Und ich meine, die kulturelle Dürftigkeit, die ich erwähnte, hängt auch damit zusammen. Man hat die Begabten nicht aus dem Exil zurückgeholt, sondern zum größten Teil den USA „geschenkt". Ja, manche waren froh, sie los zu sein und sich mit Mitläufern des NS-Regimes umgeben zu können. So hat Herr Erhard 1965 im Wahlkampf gegen Willy Brandt einmal gesagt, daß er 1942 in Deutschland bereits an der Stabilität der D-Mark gearbeitet habe, als Herr Brandt noch im Exil gewesen sei. Das ist eine schreckliche Mentalität, die dahinter steht. Ja, selbst viele der Antifaschisten, die 1945 aus deutschen Gefängnissen zurückkamen, waren zwar erst einmal die Helden der ersten Stunde, wurden jedoch in den frühen 50er Jahren erneut kriminalisiert und landeten zum Teil in Gefängnissen, wie Hannover und Abendroth nachgewiesen haben. Schließlich wurden in den 50er Jahren, wenn ich mich recht erinnere, mehr Prozesse gegen Antifaschisten geführt als unter Bismarck gegen die „gemeingefährlichen" Sozialdemokraten.

Hermann Glaser:
Ich habe mich nochmals zu Wort gemeldet, weil ich der Meinung bin, daß es ja zur Dialektik des Podiums gehört, Behauptungen gegenseitig nachzuprüfen, und deshalb noch einmal ein Wort zu Jost Hermand. Seine These ist: Die 50er Jahre (und das bestätigt ihn in seiner negativen Beurteilung dieser Zeit) müssen wir vor allem dahingehend beurteilen, was versäumt wurde. Ich bin der Meinung, daß dies auch notwendig ist; bislang habe ich die positiven Seiten dieser Jahre herausgestellt. Ich kann in vielem Hermand zustimmen, z.B. was das Versagen der politischen Kräfte hinsichtlich ihres Verhältnisses zum deutschen Geist betrifft. Das ist skandalös gewesen; eine gewisse Ignoranz mag entschuldigend wirken. Der „gute Mensch vom Tegernsee" hatte eben kein Verhältnis zum Geist; ich spreche von Ludwig Erhard. Er hat dies ja in einem ganz besonderen Maße auf die Spitze gebracht, damals in der Auseinandersetzung mit Rolf Hochhuth, als dieser das Wirtschaftswunder kritisierte: „Da hört der Dichter auf, da fängt der ganz kleine Pinscher an."
Nun, die Literaturgeschichte ist inzwischen einen Schritt weiter und ich glaube, jenes Wort hat Hochhuth nicht sehr geschadet. Was eine andere These von Hermand betrifft, so gilt: Wenn man eine Wahrheit umdreht, kann eine andere Wahrheit herausfallen. Ich sage: Vor allem zu Anfang der 50er Jahre hat sich der Trend zur Kulturgesellschaft außerordentlich verstärkt. Man denke an die Bedeutung des Rundfunks, der Zeitschriften, des Feuilletons. Da sehe ich etwas sehr Positives. Hermand sagt: Es ist doch keiner mehr in die BRD zurückgekehrt. Das ist falsch. Es sind zwar viele Leute in die DDR gegangen, viele Dichter, Schriftsteller: Brecht, Heym, Hermlin, Arnold Zweig; auch Heinrich Mann wollte, starb aber vorher.
Eine andere Gruppe wurde dringlichst gebeten, endlich in die Bundesrepublik zu kommen, hat dies aber aus verschiedenen Gründen abgelehnt, auch weil sie dem neuen Staat nicht traute. Das Musterbeispiel ist Thomas Mann. Aber er war vielfach präsent; desgleichen Carl Zuckmayer, der vorher schon als Besatzungsoffizier gewirkt hatte. Hermann Hesse lebte schon lange in der Schweiz; er wollte nicht mehr umsiedeln. Andere aber, eine dritte Gruppe, engagierte sich in der Bundesrepublik, wie Hermann Kesten, der Präsident des PEN wurde. Im Bereich des Theaters kehrten sehr viele Schauspielerinnen, Schauspieler und Regisseure zurück. Sie haben meist kein einfaches Leben gehabt. Musterbeispiel hierfür Fritz Kortner, oder, als jüngerer, Peter Zadek.
Im Bereich der Soziologie kehrten nach Frankfurt Max Horkheimer und Theodor W. Adorno zurück. Die progressiven gesellschaftlichen Kräfte, und das ist meine These, waren in der Bundesrepublik durchaus so stark, daß sich wieder ein demokratisch-kultureller Geist dialektisch, kritisch, urban entwickeln konnte. Andere wiederum sind aus der Bundesrepublik zunächst weggegangen, z.B. Hans Mayer oder Ernst Bloch gingen in die DDR.
Es ist schlichtweg nur die eine Hälfte der Wahrheit, so wie Jost Hermand zu argumentieren. Man braucht bei der berechtigten Kritik an der Bundesrepublik nicht die Fakten verfälschen und schwarz-weiß etwas malen, was nuanciert und differenziert gerade hinsichtlich der 50er Jahre darzustellen wäre.

Jost Hermand:
Ich will keinen Streit mit Ihnen vom Zaune brechen, Herr Glaser, ich sympathisiere ja mit vielem, was sie sagen – und Sie ja auch zum Teil mit meinen Ansichten. Es handelt sich einfach um die „Dialektik" eines solchen Podiums, wie Sie das so schön genannt haben, also um die Tatsache, daß man sich ständig wechselseitig hinterfragt. Ich möchte doch festhalten, daß kein Schriftsteller von Rang, außer Döblin, in diese Bundesrepublik zurückgekehrt ist. Und selbst der ist später wieder nach Frankreich zurückgegangen, so unwohl hat er sich hier gefühlt. Es sind einfach keine konkreten Einladungen an diese Leute ergangen. In die DDR sind dagegen manche dieser Leute gegangen, nicht nur aus politischer Überzeugung, sondern auch, weil man ihnen dort ganz konkret ein Haus, einen Job usw. angeboten hat. Hier gab es 1947 lediglich eine recht allgemein gehaltene Erklärung der Kultusminister, daß man sich über Rückkehrer freue. Aber dann folgten keine konkreten Angebote – und ohne solche kommt niemand. So hat sich etwa Arnold Zweig an die Westberliner Behörden mit der Bitte gewandt, ihm doch sein Haus zurückzugeben, das 33 konfisziert worden sei. Und als man ihm diese Bitte abschlug, hat er das Angebot zur Rückkehr nach Ostberlin angenommen.
Und vielleicht noch ein anderes Beispiel, Herr Glaser, weil es Bayern betrifft. Ich habe gerade die Akte einer Meinungsbefragung durchgesehen, welche die US-Behörden 1947/48 in München durchgeführt haben. Man hat damals rund 200 Bayern gefragt, und zwar Professoren, Pfarrer, Lehrer, Journalisten usw., ob man sich für die Rückkehr der Exilanten einsetzen solle. Als die wichtigsten Exilanten wurden dabei Carl Zuckmayer und Thomas Mann, und nicht irgendwelche Linken, hingestellt. Mehr war 1947/48, als bereits der Kalte Krieg angefangen hatte, schon nicht mehr möglich. Und da haben etwa 70 bis 80 Prozent dieser bayerischen Intellektuellen gesagt: nein, man wolle solche Leute nicht zurückhaben. Solche Äußerungen sind keine vereinzelten, sondern gingen auf eine allgemeine Aversion gegen Linke, Juden und andere „unliebsame" Elemente zurück.
Soviel nur zu den Fakten. Zuckmayer und Mann zogen es daraufhin vor, nicht in die Bundesrepublik zurückzukehren, sondern lieber in ein neutral-bürgerliches Land wie die Schweiz umzusiedeln. Wie Sie selber sagen, Herr Glaser, sind das alles höchst komplexe Vorgänge. Aber ich meine, die Gründe dieser Rückkehrunwilligkeit lassen sich mit vielen Fakten recht konkret belegen. Wir sollten da nichts im Nachhinein beschö-

nigen. Und daher würde ich auch bei meiner These bleiben, daß wir den Begriff „Vergangenheitsbewältigung" heute viel weiter fassen sollten und auch die späten 40er und frühen 50er Jahre unter einer solchen Perspektive sehen sollten. All die damit zusammenhängenden Probleme lassen sich weder ohne eine Einbeziehung des Faschismus noch des Kalten Krieges sinnvoll interpretieren.

Niels Gutschow:
Dazu muß man eigentlich anfügen, daß außer Ernst May auch kein bedeutender Architekt zurückgekehrt ist. Martin Wagner wollte Stadtbaurat in Hamburg werden 1949. Die Hamburger haben ihn nicht gewollt. Dann muß man aber auch ergänzend sagen, daß nicht sehr viele der bedeutenden Architekten ins Exil gegangen sind, denn es gab arg viel zu tun nach 1933 und da haben sich dann auch fast alle beteiligt. Jetzt Herr Fischer – und ich glaube, dann kommen wir langsam zum Ende auf dem Podium.

Manfred Fischer:
So interessant ich die Debatte auch in Teilen finde und so wichtig es ist, dieses alles beizusteuern, erinnert sie mich doch ein bißchen an den Weg einer Spirale nach außen. Ich möchte zurückkommen zu dem Thema und nicht nur die Epoche befragen, sondern auch die Frage der denkmalpflegerischen Behandlung ihrer Ergebnisse stellen. Ich muß da ein bißchen Wasser in den Wein gießen: Wir Denkmalpfleger haben uns in den letzten 15 Jahren so einige Sprüche angewöhnt und die sind auch von den Politikern übernommen worden; sie werden landauf, landab zitiert oder benutzt, etwa „die Geschichte der Nachkriegszeit hat mehr zerstört als die Bomben des Krieges" oder „die Bausubstanz der Bundesrepublik Deutschland kann in zwei Hälften geteilt werden: eine von Karl dem Großen bis 1945 und die andere Hälfte von 1945 bis heute." Wenn wir über die 50er Jahre sprechen, müssen wir uns klar darüber sein, daß wir es in der Relation zu der historischen Bausubstanz aus anderen Epochen mit einer in exponentiellem Wachstum befindlichen Masse zu tun haben. Zusätzlich haben wir es in allen Epochen vor 1945 mit einer Bausubstanz zu tun, die nur noch verschwindende Reste der ursprünglichen Gesamtmasse sind. Wir haben es also in den 50er Jahren mit einer Masse zu tun, die als Gesamtmasse, zwar mit bösen Einbrüchen und Verunstaltungen, aber nahezu zu 100 % noch da ist. Wenn ich jetzt aber mal manche Gutachten und manche Begründungen lese, und ich nehme mich da nicht aus, das sage ich selbstkritisch –, wo es heißt, „ein selten gewordenes Beispiel für", „eines der letzten Beispiele von", „ein äußerst rares Exempel der Gattung" etc. und schaue mir die Denkmalschutzgesetze an, dann ist von Seltenheitswerten nirgend die Rede. Da gibt es ganz klar „künstlerische Bedeutung", „geschichtliche Bedeutung", „städtebauliche Bedeutung".
Wir müssen also in den sauren Apfel beißen, daß wir hier vor den 50er Jahren endlich vor der ehrlichen und uns fordernden Frage stehen, nicht auszuweichen auf gesetzlich nicht definierte Begriffe, sondern ganz aus der Sache heraus zu argumentieren. Und das ist verdammt schwer. Und dann mal zu sagen, wo Qualität ist und die dann zu begründen. Hier haben wir einmalig die Gelegenheit, nicht auszuweichen und mit Scheinargumentation vorwärtszugehen, sondern wir müssen an die Sache selbst herangehen und diese Sache so gründlich wie möglich erforschen – und dann wirklich die Kriterien des Gesetzes anwenden. Wissenschaftler unterscheiden sich vom Müllkutscher dadurch, das sie auswählen: Jedes wissenschaftliche Tun ist auswählen. Und dazu die Kriterien entwikkeln – das heißt forschen, forschen, forschen.

Niels Gutschow:
Herzlichen Dank, Herr Fischer, ich darf damit die Diskussion hier auf dem Podium beenden und auch keine Wortmeldungen mehr aus dem Publikum annehmen. Wenn ich auf's Programm schaue, dann sehe ich, daß mir noch eine Zusammenfassung zusteht. Das will ich ganz kurz nutzen, um zumindestens drei Punkte noch einmal zu benennen. Herrn Hermand möchte ich sagen, wir sind hier nicht angetreten, den 50er Jahren Großartigkeit zu attestieren. Wir wollen hier also nicht aus Nichts einen Elefanten bauen, sondern wir sind hier mit der ganz bescheidenen Frage angetreten: „Wodurch bilden die 50er Jahre eine Epoche?" Nun, darauf hat es sowohl gestern Abend in der Diskussion über den Appell eine Diskussion gegeben und in den verschiedenen Vorträgen heute.
Herr Beyme sagte, daß es uns schwerfällt, Epitheta zu finden, denen alle zustimmen, weil die 50er Jahre sehr stark Gegensätzlichkeiten charakterisieren. Für die Kirchen jener Zeit wurde als Bild hier „das Zelt und die Höhle" benannt, das fand ich ein sehr schönes Beispiel, weil eben wieder beides vertreten ist: das Temporäre und das Verkriechen in die Sicherheit. Herr Glaser hat von „Heiterkeit und Schwermut" gesprochen. Ich glaube, daß, wo immer oder welcher Baugattung auch immer wir uns nähern, wir beide Extreme finden werden. Zum Schluß darf ich vielleicht noch das aufgreifen, was Frau Kier gesagt hat. Bewahren können wir nur, indem wir einen Standort einnehmen, uns einem Standort nähern, diesen Standort beschreiben, und dazu gehört notwendigerweise die Beschäftigung mit diesen dagewesenen oder nicht dagewesenen 12 Jahren vor diesen 50ern. Die Geschäftsstelle des Nationalkomitees war vielleicht etwas traurig, daß es zu oft dorthin zurückging und daß es uns nicht möglich war, einen Standort genau zu identifizieren. Aber ich glaube, dazu brauchen wir noch mehr Zeit und deshalb beenden wir vielleicht dieses Gespräch und morgen auch diese Tagung hier in Hannover mit dem Ausblick, uns vielleicht einmal in einem ähnlichen Rahmen mit diesen 12 vorausgehenden Jahren zu beschäftigen, bevor dann irgendwann einmal die 60er Jahre auf dem Programm stehen werden.

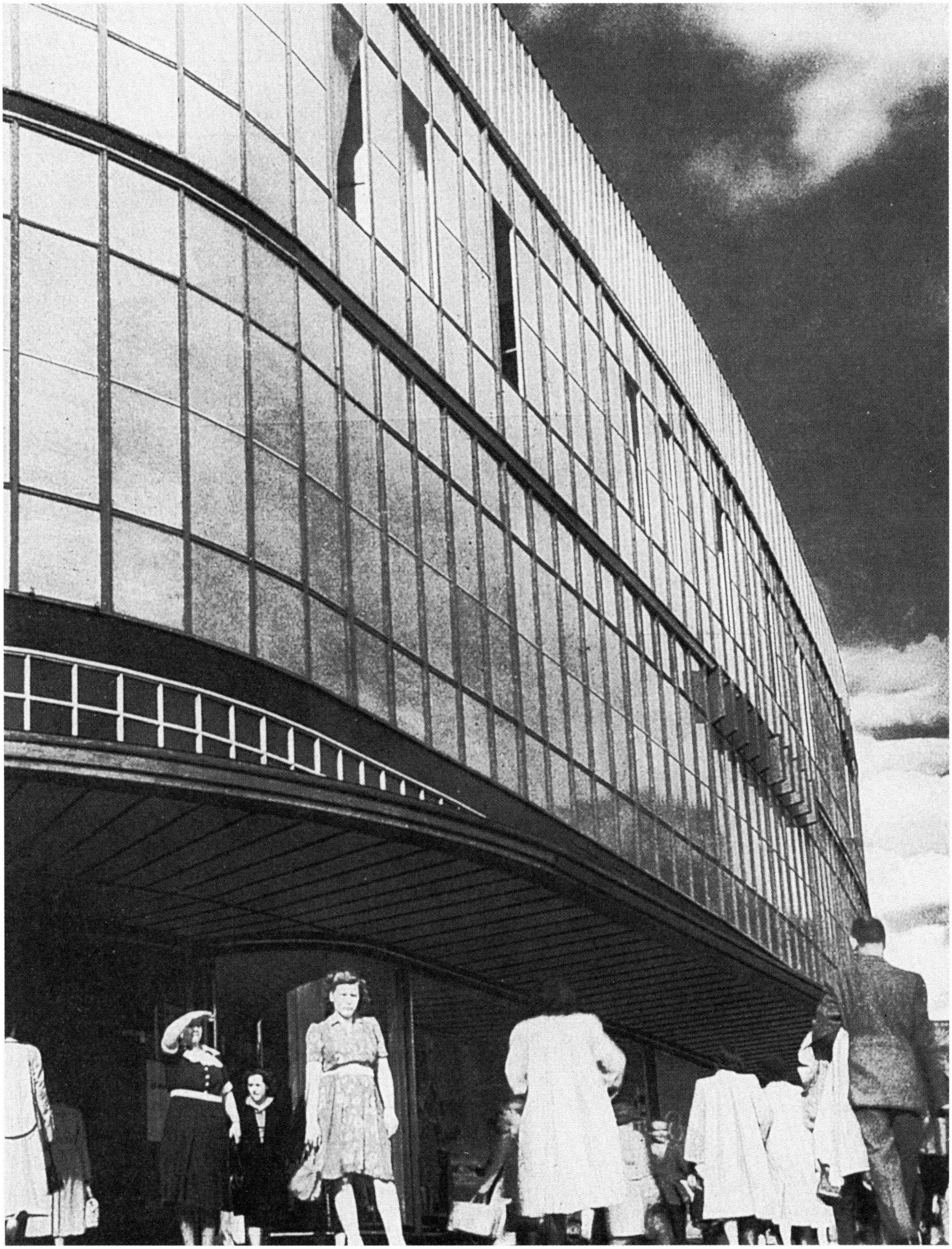

Frankfurt am Main:
Der Kaufhof.
Erbaut 1950 nach dem
Entwurf von Peter Grund

CHRISTOPH MOHR

Architektur der 50er Jahre ohne Namen - Erfahrungen aus der Provinz

Ein Bericht über Erfassung, Bewertung und Auswahl in Hessen

Mein Vorhaben, jenseits der großen Namen der Architekturgeschichte der Nachkriegszeit und des Wiederaufbaus, den Versuch zu wagen, Kategorien des Erhaltenswerten in der Alltagsarchitektur zu finden, ist wohl verfrüht angesichts der Forschungslage. Trotz einiger weniger Vorreiter-Publikationen hat die wissenschaftliche Diskussion um die Architekturproduktion dieser Epoche in der Kunstwissenschaft noch nicht recht begonnen.
Trotzdem will ich versuchen, aus dem Zwang, der die Denkmalpflege begleitenden Inventarisation heraus den Architekturen des 16., 17., 18. oder 19. Jahrhunderts ohne Namen, deren Denkmalwert uns ohne weiteres einleuchtet, die Alltagsarchitektur der letzten vergangenen Generationen des 20. Jahrhunderts zur Seite zu stellen.
Es geht mir dabei nicht vorrangig um die Architektur ohne Architekten, die das Bild des Aufbaus nach 1945 in Form des Einfamilien-Eigenheims bestimmt, sondern um weniger spektakuläre Architektur von unbekannten Baumeistern, die in keinem Architekturlexikon zu finden sind. Ich meine damit den Bereich des Bauens, der im englischen Sprachgebrauch „minor architecture" genannt wird und für den das deutsche Wort eigentlich fehlt. Mit „Alltagsarchitektur" ist das Phänomen ungenügend charakterisiert.
Sie werden fragen, was diese Beschränkung auf das Bescheidene, wenig Spektakuläre für die Erkenntnis bringen soll. Und ich wage die These, daß, abgesehen von den Wiederholungen und Zitaten großer Vorbilder, die natürlich, wie auch sonst in der Architekturgeschichte, zu finden sind, die beiden scheinbar erratischen Blöcke der Moderne und des Traditionalismus in ihren Verschränkungen und Durchdringungen sich besser entschlüsseln lassen an diesen zweitklassigen Produkten, als an den großen Vorbildern. „Anständige Baugesinnung" (Schulte-Frohlinde) und der Geist der Moderne, der aus den USA und Skandinavien zum Ausgangsort zurückkehrt, sind die beiden Pole und es ist erstaunlicherweise nicht das „Gausiedlungsbild" in seiner entnazifizierten Variante, das sich durchsetzt, und auch nicht die internationale Moderne, sondern es entsteht eine dritte Kraft, die man besonders abseits der Metropolen - wo sich die Moderne doch durchgesetzt hat - trifft.

Mainz-Gustavsburg: Stahlblech-Tafelhaus der MAN 1948/49, konventioneller Steildachtyp mit Pfannen gedeckt, hölzernen Klappläden und Dachgaupen, Dachstuhl aus stählernden U- und T-Profilen. Trotz des ungewöhnlichen Materials ein Bau, der die traditionelle Formensprache des Massivbaus übernimmt.

Der sogenannte Traditionalismus hatte es auf dem Lande leichter. Dort bestand, besonders in Süddeutschland, aber auch im Norden, eine ungebrochene Tradition seit dem Entstehen des Heimatschutzgedankens um die Jahrhundertwende. Der Aufbruch der Moderne in den Zwanziger Jahren war kaum bis dorthin gedrungen.
Neben den Heimatbünden und Baugewerbeschulen und einzelnen Lehrstühlen war es vor allem auch die Denkmalpflege, die das Baugeschehen auf dem flachen Lande beeinflußte, bzw. in den Tendenzen des Traditionalismus den adäquaten Ausdruck sah, für das Bauen an oder neben dem Denkmal. Die Planarchive der Landesämter sind voll von den Entwürfen von stichbogigen, aufgedoppelten Türen, schmiedeeisernen Türklinken, Arkadenlösungen mit Bruchsteinpfeilern. Die Tätigkeit des Konservators bestand vor 1945 und auch danach auch darin, als Entwerfer die form- und materialgerechten Zutaten zum Denkmal zu liefern. Hier entstand ein regelrechtes Denkmalschutzdesign, das sich der großen Linie des Traditionalismus unterordnet, ja diese selbst mitdefiniert.
Die staatliche Denkmalpflege (und besonders auch die kirchliche Denkmalpflege) hat bis heute etwas von diesem Erbe bewahrt. Die von uns geforderte ortsübliche Bauweise unter Verwendung ortsüblicher Materialien ist auch im postmodernen Gewand den „Richtlinien für die Planung und Gestaltung der Städte in den eingegliederten deutschen Ostgebieten vom 30.1.1942" des Reichskommissars für die Festigung deutschen Volkstums - Reichsführer SS, Heinrich Himmler, verwandter, als die alldies negierenden Prinzipien der Moderne von der Nordsee bis zu den Alpen.
Bitte erwarten Sie nun keine Beispiele, bei deren Betrachtung sich der denkmalpflegerisch-

Friedberg-Ossenheim: Volksschule, erbaut 1952 in der Tradition preußischer Landbaukunst mit funktionsloser Würdeform an Portal und konventionell belichtetem Klassenraum, die Errungenschaften des Schulbaus der Zwanziger Jahre negierend.

Mainz-Gustavsburg: Stahlblech-Tafelhaus der MAN 1948/49, Typ mit stumpfem Satteldach, „Barackenform", aus den Möglichkeiten der Tafelbauweise entwickelt, ohne ausgebautes Dachgeschoß.

Niederems (Taunus): Volksschule von 1952 mit pathetisch durch Hausteinpylonen betontem Eingangs-Zwerchhaus, Blumenfenster-Erker auf Konsolen und programmatischem Sgrafitto. Die Idee leitet sich von HJ-Erholungsheimen her.

kennerhafte Aha-Effekt sofort einstellt. Erwarten Sie ebensowenig organisch-nierenartig geschwungene Formen, wie platte Neuauflagen von Hitlerjugend-Erholungsheimen. Die dokumentierten Beispiele aus Hessen sind ebenso unspektakulär wie das Bauen in der Provinz zu jener Zeit überhaupt.

Da der Aufbau oder Wiederaufbau - je nach der ideologischen Position kann er so oder so genannt werden - in den zerstörten Groß- und Mittelstädten stattfindet, sind diese Zentren auch der vorrangige Ort der Auseinandersetzung zwischen den Prinzipien der Moderne und der Tradition. Blättert man in den beiden wichtigsten Bauzeitschriften der Zeit, Baukunst und Werkform und Baumeister, so dominiert besonders in Baukunst und Werkform die Stadt mit ihren räumlichen Implikationen. Die Stadt ist der Ort, wo an die Fäden des Projektes der Moderne angeknüpft wird. Es geht um Großbauten, Siedlungsbau, Raumplanung, Verkehrsplanung.

Die Landbaukunst ist nach dem Übergewicht in der Zeit des Nationalsozialismus kein Thema, das ohne weiteres wieder aufgegriffen wird. Im Baumeister dagegen erscheinen schon bald gar nicht zaghaft Artikel und Beispiele über werk- und landschaftsgerechtes Bauen mit vielem, was sich mit den Vorstellungen von Schulte-Frohlinde über „anständige Baugesinnung" deckt.

Auf dem Lande wird dies aufgegriffen. Die Masse der Baueingabeberechtigten, die aus der Praxis kommenden „Baumeister", verfügen über die Erfahrungen im Bauen vor 1945 und sehen in der landschaftsgebundenen Baukunst, wie sie von der gleichnamigen Zeitschrift Baumeister propagiert wird, die geeignete Formsprache für das Bauen im ländlichen Bereich. Die Bauaufsichtsbeamten bei den Kreisbehörden stammen zum großen Teil aus der gleichen Schule und die stark handwerklich orientierte Bauwirtschaft kommt mit ihren Produktionsprinzipien dem traditionell verhafteten Bauen entgegen. Über die affirmative Rolle der Denkmalämter bei diesem Prozeß habe ich bereits gesprochen. Aus der Sicht des Denkmalpflegers waren also die Voraussetzungen auf dem Lande günstig.

In der Stadt hat die Denkmalpflege als beteiligte stilbildende Kraft im Neubaubereich ihre Macht verloren, sieht man von den bekannten Beispielen etwa in Münster oder Freudenstadt einmal ab.

Die durch den Krieg und die Entnazifizierung stark dezimierten Denkmalämter dämmerten weiter und hatten einen bescheidenen Spielraum in der Provinz, den sie ausgiebig nutzten und zwar viel freier als in der Stadt. Aufgrund fehlender Gesetze war die Denkmalpflege fast ausschließlich bei öffentlichen und kirchlichen Bauvorhaben beteiligt - und nicht bei privaten. Grundlegende Strukturveränderungen auf dem Land gibt es in den 50er Jahren kaum. Die Dörfer und Kleinstädte verändern ihr Gesicht in dieser Zeit nur wenig. Es werden zwar Erweiterungsgebiete für den Bau von Einfamilienhäusern für Flüchtlinge ausgewiesen, dort entstehen jene gleichförmig an der Straße aufgereihten giebelständigen Häuser mit steilem Satteldach ohne architektonischen Anspruch - eigentlich die unveränderte Wiederholung des Einfamilienhaustyps der Zeit vor 1945.

In der planerischen und gestalterischen Unzulänglichkeit dieser Dorferweiterungen wirklich über das reine Faktum des Historischen hinaus Qualitäten zu sehen, die eine Erhaltung im öffentlichen Interesse nahelegte, fällt schwer.

An dieser Stelle ein Einschub: Es fällt überhaupt schwer, die zersplitterte, zu 90 % traditionalistisch-geprägte - wenn man hier überhaupt von Stilprägung sprechen kann - Einfamilienhausproduktion kritisch zu würdigen. Es fällt hingegen leicht, die herausragenden Produktionen im gehobenen Einfamilienhausbau oder Villenbau namhaft zu machen, wenn sie, wie die Mehrzahl, sich zur Moderne bekennen, schwerer schon bei der traditionalistisch orientierten Minderheit. Doch diese Qualitätsebene einer Architektur, die mit bekannten Namen und Schulen verbunden ist, meine ich hier nicht; sie ist heute nicht mein Thema. Es werden also nur im Einzelfall im Einfamilienhausbau abseits der Großstädte Qualitäten zu finden sein, die die Einschränkung des Eigentums durch den Denkmalschutz rechtfertigen. Es sind andere Bauaufgaben im Dorf und in der Kleinstadt, die die ganze planerische und gestalterische Kraft einer begrenzten Region eines Landkreises in Anspruch nehmen. Doch mehr dazu später. Zur Frage des Wohnungsbaus möchte ich Ihnen Beispiele vorführen, wie die brachliegenden Kapazitäten der Rüstungsindustrie zur Herstellung von Wohnraum neu genutzt werden sollten: Die Idee der Massen- und Baukastenproduktion von Einfamilienhäusern, wie sie Gropius in Dammerstock und May in der Praunheimer Plattenbauweise vorformuliert hatte, werden nach Kriegsende von der Industrie sofort aufgegriffen.

Rüstungsfirmen, deren Produkte nach 1945 nicht mehr gefragt waren, warfen sich auf die Produktion der Friedensware Wohnung.

Die Flugzeugfirma Messerschmidt entwickelte die sog. Messerschmidt-Bauart aus Porenbetontafeln in Stahlblechrahmen für Ein- bis Sechsfamilienhäuser. Dornier entwickelte das Dornier-Heim, ein Stahlskelett-Fertighaus mit dampfdruckgehärteten Gasbetonplatten verkleidet. Im Ergebnis entstanden konventionelle Baukörper mit Satteldach und stehenden Fensterformaten, denen man nach Verputz den Fertigbau-Charakter nicht mehr ansehen sollte. Bis auf die Idee der massenhaften billigen Produktion haben diese Typen wenig gemein mit den Prototypen der 20er Jahre, wo die Technik der Fließbandproduktion auch eine radikal neue Ästhetik hervorbrachte. Weder Dornier noch Messerschmidt kamen über die Präsentation von Prototypen nennenswert hinaus. Es fehlte der massenhafte Abnehmer und die Bauwirtschaft war ähnlich wie in den 20er Jahren nicht bereit oder in der Lage, ihre traditionellen Produktionsweisen zu ändern.

Ein weiteres Beispiel dieser Art entstand in der Entwicklungsabteilung der MAN, die jetzt keine Panzer mehr zu bauen hatte, aber über Erfahrung und Werkzeuge in der Stahlplattenproduktion verfügte. Radikaler als Messerschmidt und Dornier entwickelte MAN eine doppelwandige Tafelbauweise mit Glaswolle-Isolierung und konsequenter Durchbildung des Entwurfs, der sich aus den Möglichkeiten der Technologie herleitet und nicht versucht, konventionellen Mauerwerksbau mit Verputz nachzubilden, wie die anderen Beispiele. Ein konventionellerer Haustyp in der traditionellen Form des deutschen Einfamilienhauses der 30er und 40er Jahre aus hochrechteckigen Tafeln mit einer Art Kanneluren zur Aussteifung der Bleche ist mit den üblichen zweiflügigen Fenstern mit Klappläden versehen. Das steile Satteldach trägt traditionalistische Schleppgaupen. Der Dachstuhl besteht aus vernieteten Winkelprofilen mit Diagonalaussteifungen.

Blessenbach (Kreis Limburg-Weilburg):
Das erste Dorfgemeinschaftshaus in Hessen von 1953/54 ohne besondere Würdeformen mit Wiederaufbauthema in Sgrafittotechnik

Hasselbach (Kreis Limburg-Weilburg): Rathaus und Spritzenhaus. 1952 erbaut nach Entwurf von W. Fries. Bescheidener Bau, im Sinne der Ortsbildpflege in das Dorf integriert, ein „zeitloser" Denkmalpflegeentwurf.

Der eigentlich moderne und unkonventionelle Typ ist jedoch der mit stumpfem Satteldach, das verdächtig zum Flachdach tendiert. Die Konstruktion besteht aus hochrechteckigen Tafeln mit eingefalzten Queraussteifungen. Bei diesem Typ sind die Möglichkeiten der Bauweise voll ausgeschöpft: Versenkbare Schiebefenster wie im Eisenbahnwaggon, Entlüftungsluken wie im Schiffsbau und das gleiche, jedoch hier viel passender wirkende freitragende Eingangsvordach.
Dieses und ähnliche andere Fertighausprojekte schienen das geeignete Mittel, breite Kreise schnell mit neuem Wohnraum zu versorgen. Die massenhafte Auflage scheiterte jedoch an den fehlenden Distributions- und Montagekapazitäten, den Bedenken der Bauphysiker und nicht zuletzt an der fehlenden Akzeptanz der Bauinteressenten, die konventionelle Bauweisen bevorzugten und alles genormte mit Assoziationen an Barackenarchitektur ablehnten. Die Zeitschrift Baumeister schürte natürlich diese Abneigung gegen alles Unkonventionelle. In einem Kommentar zum MAN-Haus heißt es: „... es genügt vollauf, um zu zeigen, daß hier der Weg beschritten wurde, der dazu führt, das vieldiskutierte ‚vorfabrizierte' Haus bei allen Menschen von Geschmack und Kulturwillen in Mißkredit zu bringen. So jedenfalls geht es nicht! Der Maschineningenieur allein kann kein Haus bauen, auch keines fabrizieren, wenn anders ein Haus und nicht eine Stahlschachtel herauskommen soll. Wenn man aber eine Stahlschachtel konstruieren will, wozu man den Architekten eher entbehren kann, dann dürfte diese Konstruktion nicht den untauglichen, um nicht zu sagen lächerlichen Versuch machen dürfen, einem Haus ähnlich zu sehen. An dem hier abgebildeten ‚Haus' aber ist kaum eine Möglichkeit der Häßlichkeit versäumt worden. Da können auch Blumenkästen nichts mehr retten. Es ist tief deprimierend für uns Deutsche, wenn ein Werk von der Bedeutung und den Möglichkeiten der MAN so jede Spur von Kulturwillen vermissen läßt!"[1]
Die Sprache dieses Artikels sagt mehr aus über den ideologischen Standort des Baumeisters als über das Thema Fertighaus aus Metall. Von diesen Häusern gibt es noch einige Exemplare in Gustavsburg und Mainz sowie angeblich einige im Raum Hannover. In Gustavsburg ist eine komplette Gruppe von 12 Musterhäusern erhalten.
Das Baugeschehen abseits der großen Städte ist selbstverständlich nicht bestimmt vom Serienbau oder industrieller Produktion im Bauen. Wie gesagt, ist der Wohnungsbau auf dem Land von konventionellen Methoden der Fertigung bestimmt und entbehrt auch in der Regel eines besonderen architektonischen Entwurfes. Die öffentlichen Bauvorhaben bieten aber die Gelegenheit im Dorf und in der Kleinstadt, sich mit dem architektonischen Vokabular der Zeit auseinanderzusetzen und sichtend und wertend das Baugeschehen zu untersuchen: Rathaus, Schule, Dorfgemeinschaftshaus sind die Bauaufgaben dieser Zeit auf dem Land.
Zu Beginn der 50er Jahre wird in der Diskussion um den Schulbau an den Vorgaben der 20er Jahre angeknüpft. Die Pavillonschule, die Freiluftschule, die May, Schuster und andere vor 1933 formuliert hatten, war in der Theorie das Vorbild. Es erschien umfangreiche Literatur von Medizinern, Psychologen und Architekten über den neuen Schulbau. Auf Schulbautagungen der frühen 50er Jahre wurden die Anforderungen an den Schulbau formuliert. (Stuttgart 1950, Jugenheim/Bergstraße 1951). Über die Bauauffassung sagen diese Tagungen und ihre Publikationen wenig. Die zitierten großen Vorbilder der 20er Jahre aus Deutschland und Holland gehören selbstverständlich zum neuen Bauen. Die meisten bedeutenden Großstadtschulen nach 1945 sind ebenfalls der Moderne verpflichtet. Auf dem Lande sieht es anders aus.
Die 1962 gebaute Volksschule in Ossenheim bei Friedberg steht der preußischen Landbaukunst oder der nassauischen Simultanschule

von 1815 näher als den auf den Tagungen propagierten Vorbildern aus Dänemark, England oder den USA. Der „grundsolide" Entwurf kommt nicht ohne Sockelrustika, überproportional überhöhte hochrechteckige Fenster und Satteldach aus. Gestalterischer Schwerpunkt zwischen Klassenbau und dem Toiletten-Winkelbau ist das tiefeingeschnittene, scharrierte Kunststeingewände mit Stichbogen und krönendem Okulus, letzteres ein Architekturmotiv der Moderne der 20er Jahre, das Bullauge, das schon damals von den Traditionalisten übernommen wurde. Auf dem wenig einladenen Schulhof ist übrigens Ballspielen untersagt, worauf das geschickt plazierte Schild im Giebel des Toilettenhäuschens hinweist. In seiner ungestört überkommenen Form ist dieser Bau ein schon selten aussagekräftiger Beleg für den Dorfschulbau um 1950.
Ein anderes Beispiel von 1952 stellt die Schule in Niederems im Hintertaunus dar. Sie ist in der Grundkonzeption ähnlich, der Klassenhauptbau hat einen rechtwinklig angesetzten Toilettenflügel. Die Situation ist jedoch bereits verunklärt durch einen Vorbau der 60er Jahre. Der wohnhausartig, giebelständig zur Straße orientierte Baukörper weist einige Würdeformen auf, die man der aus der Dorfbebauung herausgehobenen Funktion schuldig zu sein glaubte. Der Eingang an der Traufseite wird durch einen Zwerchhausrisalit gebildet, das Stichbogenportal mit archaisierenden Strebpfeilern und überhaupt die ganze Anlage des Eingangs erinnert trotz seiner reduzierten Form an Ordensburgen und HJ-Erholungsheime. An der Giebelseite gibt die Häufung der Würdeformen fast schon Anlaß zum Schmunzeln: so etwa das Blumenfenster mit Kupferdach und Speer'schen Konsolen, dessen Funktion besonders bei einer Schule unklar bleibt.
Ihm zur Seite steht eine großflächige Darstellung des Schulspruches „Nicht für die Schule, sondern für das Leben lernen wir", mit Darstellungen des Nährstandes in verschiedenen Altersstufen. Die Malerei wirkt jetzt leider sehr isoliert, weil sie die ursprüngliche Farbe des naturfarbenen Kratzputzes zeigt, das Gebäude aber kürzlich zu hell gestrichen wurde, was die ursprüngliche Einheit zwischen Bau und Kunst am Bau zerrissen hat. Die Schule in Niederems von 1953 repräsentiert in reiner Form all das, was der Reichwohnungskommissar Robert Ley das „Bauen als Pflege von Volkstum und Landschaft" nannte.
Das sog. landschaftsgebundene Bauen ist auch ein Kind des Heimatschutzes nach 1900 und hat außer in den Köpfen von Denkmalpflegern und Heimatideologen nie funktioniert. Denn anhand der sehr differenzierten Kulturlandschaften von der Nordsee bis zu den Alpen und im Osten bis nach Ostpreußen haben sich natürlich keine praktikablen Typen für die einzelnen Siedlungsgebiete entwickeln lassen, sondern es entstand auf den Reißbrettern eine ideale Einheits-Landbaukunst, die bis zum Ural Verwendung finden sollte. Aus der Feder dieser geschulten Baumeister floß noch bis über die Mitte der 50er Jahre dieser ortsgebundene Stil, der mit der lokalen Bautradition natürlich nichts zu tun hat und eine Art Idealisierung einer zeitlosen Tradition in der Baukunst zum Ziel hat.
Weitaus weniger spektakulär und aufregend stellt sich das angeblich erste Dorfgemeinschaftshaus in Hessen in Blessenbach im Kreis Limburg-Weilburg von 1953/54 dar. Das Motiv der überhöhten Fenster, die den Saal belichten, ist schon bei der kleinen Schule in Ossenheim aufgefallen, ebenso der stichbogenüberwölbte Eingang, hier jedoch in der einfachen, geputzten Version. Die durchaus qualitätsvolle Kratzputz-Darstellung weist auf die Funktion des Hauses hin und nicht zufällig mit einem Motiv des handwerklichen Aufbaus. Das Grundstück ist in der gleichen Art mit Bruchsteinmauerwerk und Zaunlatten eingefriedet, wie die Schule in Waldems, durchaus in Anlehnung an lokale Vorbilder des 19. und 20. Jahrhunderts. Die Bedeutung dieses Baus liegt noch weitaus weniger als bei dem vorigen Beispiel im eindeutig zuzuordnenden und Partei ergreifenden Entwurf, sondern in seiner Funktion als Vertreter einer neuen Bauaufgabe, der des Dorfgemeinschaftshauses. Auf die politischen Implikationen will ich hier nicht eingehen. In Idealentwürfen zum Siedlungs- und Dorfbau der späten 30er Jahre ersetzte das Volkshaus die Funktion der Kirche. Im Nachkriegsdeutschland war das Dorfgemeinschaftshaus u.a. geschaffen worden, um die Neuhinzugezogenen, Heimatvertriebenen und Flüchtlinge zu integrieren. Der Bau ist in allen Details unverändert erhalten und ein wichtiges Belegstück für die Strukturplanung auf dem Land zu Beginn der 50er Jahre.
Der Bau von Rathäusern ist sowohl in der Stadt wie auf dem Land eine typische Bauaufgabe der Zeit, in der sich die junge Demokratie darzustellen versucht. Ein Beispiel der bescheidenen Kategorie ist das Rathaus in Hasselbach. Dieses Objekt - 1955 erbaut nach einem Entwurf von H. Fries, belegt in eindrucksvoller Weise das Fortbestehen eines alten, seit dem 17. Jahrhundert bekannten Bautyps, der Verbindung von Rathaus und Spritzenhaus. In diesem Fall ist also nicht nur die Architektursprache traditionsgebunden, sondern auch die Art der Unterbringung von verschiedenen Nutzungen. Der Baukörper selbst, das übliche Haus-an-sich der 30er und 40er Jahre mit Satteldach in dorfbildlich herausragender Lage - vielleicht an der Stelle des alten Rathauses - ist geschickt plaziert. Der Dachreiter des Schlauchturms signalisiert öffentliche Nutzung, die gewaltig aufgestellten Schleppgaupen mit ihren eleganten Schieferkehlen stehen für das Handwerkliche, Landschaftsgebundene. Mit zwei Arkadenbögen wird eine Vorhalle für das Amtszimmer geschaffen und damit ein Architekturelement eingeführt, das in dieser Landschaft unüblich ist. Es ist jedoch signifikant für eine Architekturhaltung in der Wiederaufbauplanung vor und nach 1945, die zwanghaft die Städte von Wilhelmshaven bis Bozen mit Arkadenbögen aufputzen wollte.

Wölfersheim (Wetteraukreis): Rathaus und Ratslichtspiele, 1954 von W. Zilmer. Seltene Verbindung zweier Bauaufgaben in durchaus moderner Formensprache mit Sgrafitto-Darstellungen, die Landwirtschaft und Bergbau heroisieren

Friedberg: Landratsamt, 1955 erbaut nach Entwurf von Heinrich Hohmann, Stahlbetonskelettbau mit vertikalisierendem Raster und leichtem Flugdach. Der als separater Baukörper ausgebildete Plenarsaal wurde gegen den Protest der Denkmalpflege 1987 abgebrochen und durch Neubau ersetzt.

Als Beweis für die Kontinuität dieser Architekturauffassung ist selbst dieser bescheidene Bau ein wichtiges Belegstück aus der Provinz. Ein anderes Rathaus wurde 1954 in einer größeren Gemeinde, Wölfersheim, nach Entwurf von W. Zilmer gebaut. Ungewöhnlich ist bei diesem Bau die Koppelung des Rathauses mit einem Kino am alten Ortsmittelpunkt. Auf den ersten Blick ein bescheiden wirkender Mauerwerksbau mit einem Walmdach, das sich dem Flachdach annähert. Die Fassade zum Platz ist als Betonskelett konzipiert, mit keramischen Brüstungsfüllungen; das Treppenhaus ist asymmetrisch an die linke Achse geschoben. Gleichzeitig wurden als einheitlicher Komplex die Ratslichtspiele geplant und erstellt, deren Fassade dem Schwung der Straße folgt und durch große Kratzputzdarstellungen betont ist, die das bäuerliche und handwerkliche Leben der Region in der Art früherer Darstellungen des Reichsnährstandes heroisieren. Dieser kontrapunktische Akzent von Kunst am Bau, der uns heute überholt, ja peinlich vorkommt, wurde zu seiner Zeit nicht als Gegensatz zu der durchaus funktionalen Gestalt des Gebäudekomplexes verstanden. Das auch im Innern völlig intakte und ursprünglich erhaltene Kino wird seit Jahren nicht mehr genutzt und steht zur Disposition.

Doch auch abseits der Zentren des Aufbaus hat die Moderne ihre Spuren hinterlassen und durchaus in beachtlichen Beispielen, wie zum Beispiel das Landratsamt in Friedberg zeigt. Erbaut 1955 von Heinrich Hohmann, einem ansässigen Architekt, ist der Entwurf ganz auf der Höhe seiner Zeit: Der Betonskelettbau entstand mit hochrechteckigen Fenstern, gewagt vorkragendem Rhombendach am Eingang und schwebend aufliegendem, ehemals papierdünnem Flachdach, das jetzt durch Alublenden seiner Leichtigkeit beraubt ist. Die Gefachbrüstungen sind mit Spaltkeramik

Hadamar: Glasfachschule, 1955 und 1957 gebaut nach Entwurf von Regierungsbaurat Ewald. Stahlbetonskelett, Ziegel, Glasbausteine in verschiedenen Mustern sowie Wellasbestzement als Dachmaterial bestimmen die Erscheinung des radikal modernen Baus.

verkleidet, und die Schmalseite der Scheibe ist durch den Treppenhausschlitz entmaterialisiert. Alles in allem ist das eine Lösung, die sich sehen lassen kann, auch noch angesichts der Tatsache, daß der autonom auf Pfeilern im Winkel vorgesetzte Plenarsaalbau gegen den Willen der Denkmalpflege auf dem Kompromißwege einem Erweiterungsbau der 80er Jahre weichen mußte.

Von ähnlicher Qualität und frei von irgendwelchen ortsbedingten Rücksichtsnahmen ist die Glasfachschule in Hadamar, 1955-57 in zwei Abschnitten nach Entwurf von Ewald gebaut. Dieser Bau muß in meinem Beitrag gerechterweise außer Konkurrenz laufen, da er vom Staatsbauamt Weilburg - also vom Land Hessen gebaut wurde. Hier ist aber die Stelle, auf die fast durchgängig hohe Qualität der von den Landesbaubehörden erstellten Objekte hinzuweisen; das Gebiet der Baupolitik der Länder nach dem Krieg wäre eine eigene Untersuchung wert.

Die Glasfachschule verdankt ihr Entstehen am Ort ausgesiedelten sudetendeutschen Facharbeitern und Lehrkräften aus Haida in Böhmen. Der Stahlbetonskelettbau mit Pultdach und gelben Klinkerwangen hat nun gar nichts Spektakuläres, besticht jedoch durch das bewußte Einsetzen von verschiedenen Materialien wie Beton, Klinker und Glasbausteinen.

Das im Laufe der 50er Jahre durch unsachgemäßen Einsatz in Verruf geratene Material Glasbaustein wird hier ganz in der Art zur Zeit seiner Erfindung um 1920 als kristallin-transparentes Medium zur Auflösung der Wand gebraucht.

Die neue plumpe Aluminiumtür von 1970 kann diesen Eindruck kaum stören. Im Innern entstand eine freischwingende Blockstufentreppe von besonderer Leichtigkeit und Eleganz.

Ein Firmensitz in Fulda von 1952 spricht eine ganz andere Formensprache. Inmitten eines

ansonsten denkmalpflegerisch uninteressanten Wohnquartiers der Jahrhundertwende gelegen, überrascht die „stromlinienförmige" Ecklösung des Geschäftshauses. Das verglaste Treppenhaus als Eckbetonung, ein bekanntes Motiv der Nachkriegsarchitektur, gibt dem konventionellen Putzbau eine moderne Note, die an Vorbilder von fließend abgerundeten Eckausbildungen der zwanziger Jahre etwa bei Erich Mendelsohn denken läßt. Die komplizierte Mehrschichtigkeit der Fassade, die abgerundeten Übergänge der Wand, der Eindruck von Fensterbändern, der Einsatz von Bullaugen am repräsentativen Eingang: Alle diese Einzelheiten wachsen zu einem gelungenen Ganzen zusammen, das den Bau als gekonntes und gar nicht provinzielles Produkt einer Bauauffassung zu erkennen gibt, die, von den Wurzeln des Neuen Bauens ausgehend, eine verständliche Architektursprache nach 1945 zu formulieren versucht.
Die Entwicklung des Individualverkehrs war bekanntermaßen ein zentrales Thema des Auf- und Umbaus deutscher Städte nach 1945. Die aus damaliger Sicht utopisch anmutenden Prognosen der Planer über die Zunahme des Verkehrs hatten sich bald, spätestens in den 60er Jahren erfüllt. Großgaragen, wie die von Schneider-Esleben in Düsseldorf oder das Parkhaus Hauptwache in Frankfurt von Meid und Romeick gehören international zum Besten, was in dieser Baugattung geschaffen wurde.
Zu den Bauten des Verkehrs zählt natürlich die Tankstelle, deren frühe Vertreter durch das Tankstellensterben der 70er Jahre und neuerliche Vereinheitlichungs- und Umgestaltungsmaßnahmen der Mineralökonzerne stark dezimiert sind. In den Großstädten findet man davon kaum mehr etwas. Aber auf dem flachen Land sind noch Belegstücke für die erste Motorisierungswelle nach 1950 zu finden.
Als Beispiel mag die 1953 in Fulda nach einem Entwurf von Götz gebaute Pavillontankstelle in Pilzform gelten - heute bereits ein rar gewordener Typ von Tankstelle. Trotz der jüngst angebrachten störenden Blende, die das dünne, entmaterialisierte Pilzdach verdeckt, ist der Bau weitgehend original überkommen. Die dünne Stahlbetonschale des kreisförmigen Daches wird von nur einem Pfeiler getragen, der überraschenderweise nicht im Zentrum der Dachscheibe auftritt, sondern so verschoben

Fulda: Heinrichstraße, Firmengebäude von 1952 mit starker Betonung der Ecke durch Mehrfachabrundung. Der Versuch, von den Wurzeln der 20er Jahre ausgehend, eine neue, verständliche Architektursprache zu formulieren.

Fulda: Andreasberg, pilzförmige Tankstelle der BP, 1953 nach Entwurf von Götz gebaut. Vorbilder der 20er Jahre sind unverkennbar, das papierdünne Pilzdach, die Zutat der 50er Jahre, ist durch die Blende leider verdeckt.

Bad Nauheim:
Stahlbrunnen, erbaut 1953–54 nach Entwurf von Oberregierungsbaudirektor Köhler durch Regierungsbaurat Dr. Spieß. Metallgitter und Brunnenfassung von Heinz Hemrich. In der Tradition klassischer Kur- und Freizeitbauten als Monopteros mit papierdünner Dachschale konzipiert, sind dem Gestalten mit organischen Formen im Sinne des Modernismus oder stile novo keine Grenzen gesetzt.

ist, daß ein freier Verkaufsraum möglich wird. Der Glaszylinder, der den Raum bildet, hat nichts zu tragen und besteht noch aus den originalen Stahlprofilen. Diese Tankstelle ist meines Wissens die letzte Vertreterin ihrer Art in Hessen, obwohl dieser Typ ab 1952 in einer Vielzahl in der Bundesrepublik errichtet worden war.

Nicht immer ist es die Qualität des architektonischen Entwurfs oder die Seltenheit eines nicht mehr gebräuchlichen Bautyps, der die Bedeutung eines Baudenkmals ausmacht, sondern es kann auch ein kulturanthropologisch interessantes Phänomen sein, als Beleg für einen bestimmten Epochenabschnitt und sein Zeitgefühl, das in der Rückschau erinnert wird. Der staatliche Hochbau der Zeit ist zwar nicht immer konkret mit dem Namen eines entwerfenden Architekten verbunden, aber unter der Oberleitung bestimmter Beamten kommt in diesen Jahren erstaunlich viel Qualität aus den Bauabteilungen der Ministerien und Staatsbauämter: also eigentlich keine Architektur ohne Namen, sondern oft Gemeinschaftsleistungen der Bauabteilung einer Behörde. Ein Beispiel dieser Zeit aus dem Bereich der Kurarchitektur ist der Stahlbrunnen in Bad Schwalbach. Eine durch Kriegseinwirkung zerstörte Quellenfassung war neu zu gestalten. Ganz in der Tradition klassischer Kurparkarchitektur wird diese Aufgabe in Form eines offenen Monopteros gelöst. Bei dieser Entwurfsaufgabe hatte die Landesbauabteilung

der Oberfinanzdirekton Frankfurt sich die Freiheit genommen, mit den organischen Strukturen des internationalen modern style eine spielerisch beschwingte Ferien- und Freizeitarchitektur zu konzipieren. Das trichterförmige, konvexe Dach in papierdünner Ausformung wird von schlanken, organisch in die Dachmaterie übergehenden Stützen getragen, während ein Zylindersegment aus Schieferbruchstein eine kreissegmentförmige Schutzwand bildet. Dem Durchmesser der Dachöffnung entspricht der eingetiefte Brunnenraum mit einer schneckenförmigen, mosaikverzierten Brunnenfassung von Heinz Hemrich. Vom gleichen Künstler stammt der Entwurf des Brüstungs- und Treppengeländers mit parabelförmigen Grundstrukturen, in die in Pastelltönen abgesetzte, organisch wirkende Blechsegmente eingesetzt sind. Die Brunnenwand wie der Windfang ist aus Schiefermauerwerk, der Boden aus unregelmäßig gebrochenen Schieferplatten.

An diesem Objekt, das beispielhaft ist für die Stilrichtung des Modernismus oder Stilnovo, sind alle verfügbaren Register des Gestaltens gezogen, in der geglückten Verbindung von weitgehend entmaterialisierter Betonkonstruktion, die bis zur Grenze ihrer Möglichkeiten getrieben wird, und freier Bildhauer- und Designerarbeit. Also nicht Kunst am Bau sondern Bau und Kunst.

Bitte verzeihen Sie mir, daß ich die Einschränkung meines Themas nicht durchgehalten habe. Denn das, was sich zu Beginn der Inventarisationstätigkeit als Architektur ohne Namen darstellt, gewinnt durch eingehendere Beschäftigung Konturen und ist als Architektur des zweiten Gliedes nur unzureichend benannt. Innerhalb der Kultur des ländlichen Raums gewinnen diese Objekte zur Zeit eine Bedeutung, die der der allseits bekannten Schöpfungen der Nachkriegsarchitektur in den Städten vergleichbar ist. Ihnen muß die gleiche Aufmerksamkeit und Pflege zukommen wie ihren großen Vettern, die bereits Architekturgeschichte gemacht haben.

Anmerkung:
1 Hier stimmt etwas nicht!, in: Baumeister, Heft 2/3, München 1947, S. 91

HANS-CHRISTOPH HOFFMANN

Der schöpferische Umgang mit dem Denkmal

Hand aufs Herz: Wer unter uns Denkmalpflegern hat noch nicht schöpferisch Hand an ein Denkmal gelegt, hat noch nicht nach bestem Wissen, Gewissen und Geschmack gestaltet - gestalten müssen, sollte man hinzufügen!
Das Thema: Der schöpferische Umgang mit dem Denkmal - natürlich beschränkt auf die frühe Aufbauphase, die mittlerweile berühmten, auch berüchtigten 50er Jahre - führt in das Zentrum eines sich in der Geschichte öfter geänderten Selbstverständnisses der Denkmalpflege, die, so Huse in seiner Zitatensammlung, erst seit 15 Jahren dabei sei, ihre Grundlagen zu überdenken. In diesem Selbstverständnis spielte das Gestalten am Denkmal auch durch den Konservator, die künstlerische Befähigung des Konservators, immer wieder eine Rolle. Als Zeugen dessen lassen Sie mich aus einem Aufsatz von Josef Maria Ritz Das Künstlerische und die Denkmalpflege[1] zitieren: „...Das bedeutet unseres Erachtens aber, daß der rein wissenschaftliche Denkmalpfleger ohne starkes künstlerisches Gefühl vor solchen Aufgaben versagen muß." An anderer Stelle: „...Hier sind wir bei dem Begriff der schöpferischen Denkmalpflege angelangt...", und an wieder anderer Stelle: „...Gerade beim Wiederaufbau ergibt sich dann nicht selten die Notwendigkeit, völlig neuschöpferisch vorzugehen...", und endlich ein „anderer Fall: Ein alter Raum hat seine originale Ausstattung verloren, das 19. Jahrhundert hat sie etwa im schlechten eigenen Zeitstil ersetzt und dadurch die künstlerische Einheit gestört. Hier ist der Grundsatz der Denkmalpflege, die Formen der eigenen Zeit sprechen zu lassen. Das Selbstschöpferische kann sich unter solchen Bedingungen stark ausleben..." - Soweit also Ritz 1955.
Es war darum nichts Außergewöhnliches, wenn der Konservator in der hier angesprochenen Wiederaufbauzeit schöpferisch Hand an das Denkmal gelegt hat - wie anders hätten die Kirchen in Hildesheim auch wieder aufgebaut werden sollen? Und doch ist es notwendig, will man dieses schöpferische Tun kritisch beleuchten, das Thema nach verschiedenen Seiten ab- und einzugrenzen.
Es ist zunächst festzustellen, daß der Denkmalbegriff bei weitem nicht so weit gefaßt war wie heute. Auch wenn der Dehio früher weniger Ersatz für Denkmallisten war denn in der Gegenwart, signalisieren die für Bremen aufgeführten 36 Objekte (einschließlich der Bürgerhäuser), die 29 von Hannover oder die 22 für Stuttgart einen Auswahllevel, einen Kunst- und Denkmalanspruch, der auf der Fülle des damals noch Vorhandenen gut ruhen hatte. Die Baukunst des 19. Jahrhunderts war dabei nicht kunst- oder denkmalwürdig, ebensowenig waren es etwa die prunkvollen Höfe des Artlands. Ich entsinne mich aus meinem ersten Semester 1955 eines heftig, kontrovers, ja erbittert ausgetragenen Streites zwischen Sedlmayr und Evers über die Frage des Kunstwertes des 19. Jahrhunderts und nicht ohne Faszination liest sich der Schlagabtausch zwischen Heinrich Kreisel - Die Beurteilung der Kunst der letzten hundert Jahre und die Denkmalpflege[2] - und Peter Hirschfeld - Wie weit ist das 19. Jahrhundert denkmalschutzwürdig?[3] - in der Deutschen Kunst und Denkmalpflege 1957 und 1959. Dreißig Jahre, die berühmte Generationsspanne, ist es gerade her, daß einem Teil der Kunst des vorigen Jahrhunderts die Kunstbedeutung per se abgesprochen wurde und das, während Musik und Literatur derselben Epoche wahre Triumphe feierten.
Das hatte natürlich handgreifliche Folgen, denn jede bauliche Maßnahme an einem solchen Bau war demzufolge eine routinemäßige Bauunterhaltungsaufgabe, die die Denkmalpflege nicht zu interessieren brauchte. Ferdinand Leitner, Wolfgang Windgassen und Martha Mödl waren bei der Wiedereröffnung des Stuttgarter Opernhauses nach dem Umbau von 1956 nicht deshalb empört, weil ein Kulturdenkmal auf das Schwerste beschädigt worden war, sondern weil die Raumakustik durch den Eingriff gelitten hatte. Mit Denkmalpflege, mit schöpferischem Umgang mit dem Denkmal, hatte das überhaupt nichts zu tun.[4]
Aber es gab auch da schon Grenzfälle, etwa wenn Kirchenbauten der 2. Hälfte des vorigen Jahrhunderts im Zuge von Wiederherstellungen oder Renovierungen eine Purifizierungswelle über sich ergehen lassen mußten, die man sich heute kaum mehr vorstellen kann, und das nicht selten nach Konsultierung und mit Zustimmung des staatlichen Konservators. „Es bot nichts Verpflichtendes" war ein beliebter Topos für die Begründung abweichender oder erneuernder Gestaltung. Wie weit der schöpferische Impetus unter Konservatoren gehen konnte, wurde mir deutlich, als ich das Gutachten von Günther Grundmann zur Neugestaltung des Bremer Domes[5], hier besonders des Chores, zu lesen bekam. Da wurden nicht nur das Abendmahlsmosaik von Hermann Schaper und der Fußbodenbelag, beide von 1900, wegen ihres nicht ausreichenden künstlerischen Wertes zur Disposition gestellt, sondern auch die romanischen Blendbogennischen in den Seitenwänden des Chores; sie sollten

zugesetzt werden, um dort Bänke aufstellen zu können, bei deren Ausbildung die Reste des mittelalterlichen Chorgestühls verwendet werden könnten.
Vorher lassen Sie mich das Thema weiter eingrenzen und zwar gegenüber den zerstörten Denkmälern. Der Wiederaufbau von etwas Zerstörtem ist ohne schöpferisches Zutun nicht möglich und ich glaube, daß unsere Kollegen jener Zeit auf diesem Gebiet stellenweise Großes geleistet haben: Ich nannte schon die Kirchen von Hildesheim, aber auch das Münster in Essen ist hier zu nennen. Die Frage, die die Verantwortlichen damals beschäftigte und die für uns heute Ansatzpunkt der Reflexion über das Handeln unserer Vorgänger sein muß, war aber doch die, wann ein Bauwerk so zerstört war, daß sich der schöpferische Akt verselbständigte oder der schöpferische Umgang mit dem Denkmal geboten war, um keine Rekonstruktion, keine Kopie zu erstellen, denn die wollte keiner. In einem Vortrag auf einer Tagung für Denkmalpfleger im Ruhrgebiet im Jahre 1948 sagte Graf Wolff Metternich - ich zitiere aus dem Besprechungstext des Vortrages[6] im Münster: „Was wird wiederhergestellt? - Eine Wiederherstellung gänzlich vom Erdboden durch die Wucht der Zerstörung verschwundener Baudenkmale in sklavischer Kopierung des ehemaligen Zustandes sei zu verneinen. In solchen Fällen müsse bei einem Wiederaufbau mit dem Griffel unserer Zeit geschrieben werden, ein Wagnis, das jede künstlerische Tat in sich schließe. Die Wiederherstellung von Teilschäden solle im Rahmen des überkommenen Raum- und Stadtbildes erfolgen. An Stelle des bisher vielfach üblich gewesenen sterilen Wiederaufbaues forderte er den schöpferischen Wiederaufbaugenius, gezügelt durch Ehrfurcht vor dem überkommenen Kulturgut."
In der Praxis dürfte allerdings in den seltensten Fällen die Denkmalpflege sine ira et studio darüber gerichtet haben, ob ein Werk mit mehr oder weniger schöpferischem Wieder-

Berlin: Heilig-Kreuz-Kirche nach der Restaurierung (Wiederherstellung) 1951–1958

aufbaugenius erhalten werden solle oder könne. Öffentliche und private Bauherren mit Bauämtern oder privaten Architekten und mit hartem Rechenstift nahmen den Denkmalpflegern das Nachdenken über so subtile Fragen ab. Ein schönes Beispiel für eine geglückte Gratwanderung zwischen Denkmalserhaltung, Rekonstruktion und freiem Wiederaufbau ist aber die Wiederherstellung des Preysing-Palais in München durch Hermann Hartlaub als Bauherrn und Erwin Schleich als Architekt im Jahre 1958.[7] Die Aufgabe bestand darin, von einem schon vor dem Krieg bis auf Fassaden und Treppenhaus ausgeschlachteten Stadtpalais auf wirtschaftlicher Basis soviel wie möglich zu erhalten. Die Lösung war, daß zu den Innenhöfen mehr Geschosse angeordnet wurden als zu den Straßenseiten, die mit Ausnahme der Schaufensterzone rekonstruiert wurden. Indem man im Durchschreiten der Passage die Hoffronten nicht zu sehen bekommt, indem auch das notwendige zweite Treppenhaus hinter der Prunkstiege zu liegen kam, bleibt der neuschöpferische Anteil an der Wiederherstellung des Palais fast unsichtbar. Anders das Görtzsche Palais in Hamburg, gegen dessen Wiederaufbau sich die Finanzbehörde der Stadt vehement zur Wehr gesetzt hatte.[8] Hand in Hand arbeiteten die vom Bauträger, dem Germanischen Lloyd, beauftragten Architekten und die Denkmalpflege das Wiederaufbauprojekt aus, bei welchem nicht allein der gesamte hinter der Schaufront entwickelte Baukörper im Zeitstil gestaltet wurde, sondern auch die Fenster und das ganz in Glas gehaltene Portalfeld, denn, so Günther Grundmann, „...das Denkmalschutzamt wollte sich keinesfalls den Vorwurf der inneren Unwahrheit machen lassen, wenn es pseudo-barocke Verbundfenster mit Sprossenteilung auszuführen verlangt hätte. Entscheidend war vielmehr das Bestreben des Amtes in voller Übereinstimmung mit den Architekten, den neuen Verwendungszweck des ehemaligen Palais gerade in den modern sachlichen Fenster- und Türelementen zum Ausdruck zu bringen..." - Es hat zunächst den Anschein, hier lägen zwei sich widersprechende Lösungen für im Grunde doch eine Aufgabe vor. Prüft man das Münchner Beispiel aber genau in Hinblick auf diese Frage, diesen denkbaren Vorwurf innerer Unwahrheit, die Grundmann an die Wand malte, dann ist der Unterschied so groß nicht, lagen die Verhältnisse in München doch nur so unvergleichlich besser, daß es unverständlich oder orthodox gewesen wäre, hätte man die nach innen gewandte Moderne demonstrativ auch nach außen gekehrt - in sich, in den neu

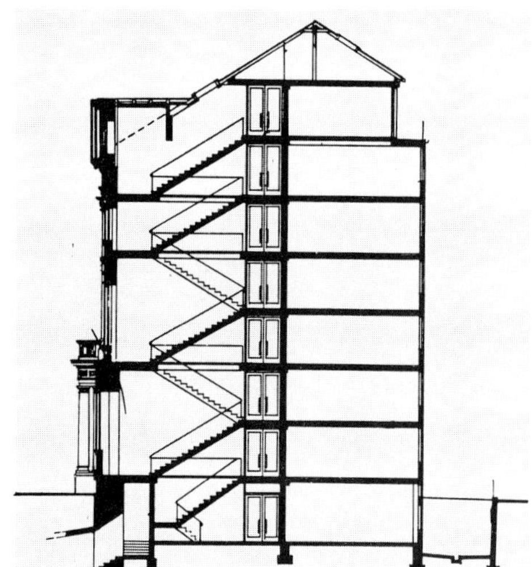

Hamburg: Palais Görtz, Ansicht und Rückansicht nach dem Wiederaufbau, 1954, sowie Querschnitt

München: Alte Pinakothek, neues Treppenhaus von Hans Döllgast

zu erstellenden Teilen ist der Münchner Bau nicht weniger schlüssig.
Ein anderes prominentes Beispiel ist der Wiederaufbau der Alten Pinakothek durch Hans Döllgast, der an die Stelle des Fürstengangs die riesige, monumentale Doppeltreppe legte und mit seinem Vorschlag, die Wunden, die der Krieg dem Gebäude zugefügt hatte, auf einfache Weise zu schließen, die Diskussion um den Wiederaufbau zugunsten des Denkmals entschieden hatte, denn auch hier gab es gewichtige Stimmen, die meinten, die Instandsetzung des Alten würde nicht lohnen und es sei weder uns Zeitgenossen noch den Kunstwerken zuzumuten, dieses Gebäude mit seinen museologischen und technischen Vorgaben und Bindungen weiterzunutzen.[9]
Schließlich ein letztes Beispiel: die Auseinandersetzung um die Gestaltung des Rückgiebels der ehemaligen Stadtwaage in Bremen. Das 1582 erbaute Gebäude, das im Kriege fast vollständig zerstört worden war, besaß ursprünglich an der Rückseite einen querstehenden Anbau. Da der auf keinen Fall wieder aufgebaut werden sollte, blieben nur drei Außenmauern historisch wiederherzustellen - die Rückfront war also ebenso neu zu gestalten wie das Innere. Für beides lagen bereits mehrere verhalten moderne Vorschläge vor, als die bremische Bauverwaltung Friedrich Kraemer aus Braunschweig um einen Gegenentwurf bat. Ausschlaggebend dafür war, daß es in dieser Behörde eine starke Tendenz gab, das historische Erbe in Kontrastpositionen zu exponieren - eine Erscheinung, der man damals häufig begegnete. Beispiele dafür gibt es in Bremen in Hülle und Fülle. Kraemer schlug, darin den in ihn gesetzten Erwartungen voll entsprechend, eine Betonskelettkonstruktion vor, die verschieden ausgefüllt werden könne, am konsequentesten mit Emailleplatten. Zwischen Rudolf Stein, dem Baudenkmalpfleger, der nun seinerseits einen Entwurf vorlegte, und der Bauverwaltung entspann sich in der Folge ein unvorstellbar hart und unversöhnlich geführter

Bremen:
Stadtwaage, Rückfront nach dem Wiederaufbau, um 1960

Kampf um die Frage nach dem Primat der inneren Wahrheit - mit Ausnahme von drei Außenmauern war ja alles andere neu - oder dem der gestalterischen Einheit aus dem Geist des Baues. Die Entscheidung erzwang die Bauherrin, die Sparkasse in Bremen, die ihr Recht auf Baufreiheit gegenüber der Baubehörde geltend machte, zugunsten des Denkmalpflegers. Ich kann nicht ausschließen, daß es auch unter Denkmalpflegern (noch oder wieder) Vertreter gibt, die eine aus der Struktur eines Kulturdenkmals entwickelte Lösung als mit der reinen Lehre des Konservierens unvereinbar halten. Indes, Rudolf Stein war als Schüler Tessenows alles andere als ein Eklektizist und die Lösung, die Kraemer aufgezeigt hatte, war, bei allem Verständnis und aller Verpflichtung gegenüber dem Zeitgeist, diesem Bau nicht angemessen, war ein Allerweltsraster.[10]

Jeder von Ihnen kennt mehr oder weniger gelungene Beispiele solcher Wiederaufbauten, die ohne schöpferisches Gestalten nicht wieder erstanden wären; einem Gestalten, das oft genug Hand in Hand mit den Denkmalpflegern vor sich ging, mit deren Ergebnissen sich die Denkmalpfleger auch heute noch zu identifizieren vermögen.

Es gab daneben aber ein Gestalten an Baudenkmälern, deren historischer und kunsthistorischer „Dehio"-Wert nie umstritten war und die entweder gar nicht zerstört waren oder doch so, daß die Wiederherstellung des letzten historischen Zustands denkbar gewesen wäre, die aber gleichwohl ihrer Geschichtlichkeit entkleidet wurden, weil Bauträger und Bauherren, Architekten und auch Konservatoren ihre zeitgebundenen Vorstellungen über den Urkundscharakter des ihnen anvertrauten Kulturguts stellten, weil in ihren Augen das Gerümpel der Geschichte den Kern der Urkunde wie unter einer Staubschicht verdeckt hatte. Beispiele: Die Marktkirche in Hannover war im Kriege so schwer zerstört worden, daß man wohl darüber nachdenken mochte, ob ihr Wiederaufbau als Denkmal des 14. Jahrhunderts gerechtfertigt sei; man hat sich dann für den Wiederaufbau entschlossen und dabei ein Werk geschaffen, daß man eher als ein charaktervolles, monumentales Werk der Gegenwart bezeichnen muß, denn als ein mittelalterliches. „Entsprechend unserem Materialempfinden", so Dieter Oesterlen 1952, blieben die neuen Gewölbe ungeschlämmt und ungeputzt und wurde der (noch vorhandene) Putz von den Wänden und den Pfeilern „abgehackt" (O-Ton Oesterlen).

Mochte dieses Vorgehen sich rechtfertigen aus der Situation des Wiederaufbaus, so war die Rustifizierung der Kirche Unser Lieben Frauen in Bremen ein Eingriff, der sich nur aus der Epoche erklären läßt. Die Restaurierung war veranlaßt durch Forderungen der Gemeinde - die Akustik sollte verbessert, die Einrichtung den liturgischen Bedürfnissen angepaßt, behelfsmäßige Einbauten entfernt und Zubehörräume neu geordnet werden.[12] Da hat man dann, wie in Hannover, den Putz von den Wänden und Gewölben abgeschlagen - nun aber in einer baulich unversehrten Kirche - und den Raum rustifiziert. Architekt war wieder Dieter Oesterlen, und so überzeugt das immer wieder vorgetragene Argument, daß dies zur Verbesserung der Akustik unumgänglich gewesen sei, wenig. Das Argument paßt nicht zu dem für Hannover so trefflich formulierten Materialempfinden. Bestenfalls wird die Forderung nach einer Verbesserung der akustischen Verhältnisse das Vehikel für das Gestalten „entsprechend unserem Materialempfinden" gewesen sein. In der Würdigung zur Verleihung des BDA-Preises 1974 für Bremen (Zeitraum 1945-74) in der Gruppe „Baudenkmalpflegerische Arbeiten" liest sich das dann so: „aus diesen rein sachlichen Aufgaben (Zusatz des Verf.: Die Forderungen der Gemeinde) ergab sich zwangsläufig die ‚denkmalpflegerische' Arbeit. Ziel der Planung war, dem Kirchenraum seine baugeschichtliche Form wiederzugeben..." - Die baugeschichtliche Form wurde also erst gewonnen unter Abtrag der Putz- und Farbschichten von sieben Jahrhunderten. Eben weil der Bau unzerstört war, weil nur die zeitgebundenen Wünsche der Gemeinde das Baugeschehen ausgelöst hatten, die dann beim Architekten das durchaus zeitgebundene Materialempfinden zum Klingen brachten, sehe ich in diesem Eingriff in das Wachstumsbild, in die Ursubstanz des Baues den „schöpferischen Umgang mit dem Denkmal" in nuce. Das mag manchem überspitzt erscheinen, hat sich doch außer dem betroffenen Baudenkmalpfleger Rudolf Stein niemand in Deutschland betroffen gezeigt. Das Beispiel blieb unveröffentlicht. Das ist sicher eine Folge der Randlage Bremens, die dem Geschehen in der Stadt mehr Spielraum gewährt als einer Stadt, die stets im Rampenlicht der Medien steht. Die Eingriffe an den Domen in Würzburg und Speyer erregten dagegen zu ihrer Zeit Aufsehen. Die „umfassende Restaurierung" (so der heute gültige Dehio[13]) von Freckenhorst in den Jahren 1955-62 - also zeitgleich mit Unser Lieben Frauen in Bremen - unter der geistigen Vaterschaft von Hans Thümmler, erregte sogar Bewunderung.

So verschieden diese Fälle lagen, so verschieden ihre publizistische Aufarbeitung war, Ziel war jedesmal, „den urtümlichen Ernst des romanischen Raumcharakters", so kann man es im jetzt gültigen Dehio zu Speyer[14] nachlesen, wieder zu gewinnen. War das schöpferischer Umgang mit Denkmälern? Ich denke ja und zwar deshalb, weil, ganz abgesehen davon, daß große Teile des Würzburger Domes nach dem Krieg neu errichtet werden mußten - was, da an eine bildhafte Kopie nicht zu denken war, einer Raumneuschöpfung nahekam - es ja darum ging, ein imaginäres Urbild, das Bild deutscher Kaiserherrlichkeit, zu beschwören: Es ging um Rückführung der Geschichte evozierenden Raumbilder unter Aufgabe der von ihnen tatsächlich erlittenen Geschichte.

In Würzburg opferte man die barocke Fassung des Pietro Magno - sie ging übrigens einher mit der Aufgabe der barocken Überformung der im Kern mittelalterlichen, 1945 zerstörten Stadt -, angeblich, weil die durch Kriegsschäden beschädigten Stukkaturen nicht mehr erhalten werden könnten und fast vollständig erneuert werden müßten. In Wirklichkeit aber geschah es, weil man den Reichtum, ja Prunk des Barock fürchtete, weil die schlichte Würde des Enzelin-Baues des 12. Jahrhunderts eher in die materiell noch nicht so gesegnete Aufbauzeit paßte, als die wahrhaft festliche Raumhülle, die Fürstbischof Philipp von Greiffenclau als Auftraggeber erschaffen ließ. Die Entscheidung war umstritten, die Denkmalpflege hatte lange für den Erhalt der Stukkatur gekämpft, hatte immer wieder versucht, die negativen Darstellungen zu widerlegen. Der nicht unbedingt glückliche Kompromiß zeugt von diesem Widerstand.[15]

Und in Speyer und Freckenhorst opferte man

Schöpfungen des Historismus. Die Restaurierungen unterschieden sich von den Arbeiten in Würzburg allerdings in zwei wesentlichen Punkten: Der Krieg hatte keine „Vorgaben" gesetzt und die Restaurierungen wurden in beiden Fällen von der Denkmalpflege (mit)getragen. Günther Grundmann hatte immerhin noch soviel Abstand zu dem Geschehen, daß er seine in der Summe zustimmende Darstellung der Problematik der Restaurierung des Speyerer Domes[16] mit den folgenden Sätzen einleitete:

„Jedes Bauwerk entspricht in seinen Lebensphasen der jeweiligen geistigen Haltung einer Epoche. Als der Kaiserdom zu Speyer sein 800jähriges Gründungsjubiläum 1861 feierte, war seine Ausmalung durch Schraudolph ein Bekenntnis zu einem tief empfundenen spätromantisch-christlichen Geschichtsbild der deutschen Vergangenheit. Dagegen steht sein 900jähriges Jubiläum unter dem Zeichen eines immer mehr schwindenden Geschichtsbewußseins, so daß die Preisgabe der Schraudolphschen Freskenzyklen keineswegs als ein Verlust an historischer Substanz empfunden wird. Statt dessen bemüht man sich um das der Gegenwart entsprechende Ideal edler Materialschönheit und gereinigter Urspünglichkeit, doch wer will wissen, welche Beurteilung im Jahre 2061 zum 1000jährigen Jubiläum das diesmalige Tun erfahren wird!"

Die „edle Materialschönheit und gereinigte Urspünglichkeit", wie es Grundmann nannte oder, pathetischer „die unter der Putzkruste und den auf ihr befindlichen Gemälden schlummernde Kraft des steinsichtigen Quaderwerks mit handwerklichen Mitteln wieder zum Sprechen zu bringen und dadurch dem salischen Dom seine sakrale Hoheit zurückzugeben"[17] in der Sprache des mit der Restaurierung betrauten Architekten Rudolf Esterer, wurde erkauft durch eine in ihrem Umfang erschreckende Erneuerung der sichtbaren Steinflächen, denn offenbar - das muß ich aus Worten und Bildern schließen - war das Quadermauerwerk nicht so edel, wie es sein sollte, sondern glich eher einer „geflickten Unterhose", um ein Wort des bremischen Denkmalpflegers Rudolf Stein aus anderem Zusammenhang aufzugreifen. Wirkliche Bedenken gegen die Restaurierung wurden indes nur laut, soweit die Umstände die Rückführung des Domes auf die wissenschaftlich belegten (belegbaren) Formen - genannt sind etwa das horizontale Gesims im Langhaus und die Befreiung der Vierung von den barocken Stützgliedern - nicht zuließen: Wenn schon verändert wird, dann soll das Ergebnis nicht nur schön, sondern archäologisch auch stimmig sein. Ich denke, daß auch hinter der Rückführung von Freckenhorst[18] auf seine romanische Urgestalt solche Forscherlust und -neugier zu sehen ist, die Freude, aus einem von Geschichte verunklärten Gehäuse durch die Inspiration des Geistes den Weg zu den Anfängen nicht nur zu finden, sondern diese (immer edlen) Anfänge auch vor sich zu sehen. - Dem forschenden Geist mußte sich da immer auch ein schöpferischer zugesellen.

Die Worte, mit denen Günther Grundmann seine Betrachtungen zu den Arbeiten am Speyerer Dom einleitete - das schwindende Geschichtsbewußtsein und die Idealisierung des Materials als eines künstlerischen Eigenwerts -, weisen auf zwei Wurzeln für das Verhalten gegenüber den Denkmälern. Beide indes sind keine wilden Triebe der Nachkriegszeit, sondern reichen weiter zurück.

Der Idealisierung des Materials, die sich bis zu einem Materalfetischismus steigern konnte, begegnen wir seit den Anfängen der Moderne im Heimatstil - heute gern als Regionalismus verbrämt, um nur ja nicht das Wort Heimat in den Mund zu nehmen -, aber auch im Werkbund und Konstruktivismus; vereinzelt auch schon im vorigen Jahrhundert bei der Freilegung von Bauten. In den 20er Jahren wurde sie das einzig Verbindende zwischen den verfeindeten Vertretern des Neuen Bauens und den konservativeren Strömungen, und sie war nach dem Krieg eine der verbal lautesten Forderungen dessen, was man sich „modernes Bauen" zu bezeichnen angewöhnt hat. Es wäre mit diesem oft genug verlogen aufgetischten Ideal zu leben gewesen, wäre es nicht zu einer verhängnisvollen Verbindung mit der Denkmalpflege gekommen: die Kunstgeschichtsschreibung des ersten Drittels unsereres Jahrhunderts selber hatte mit der Verherrlichung des Steins, der Verherrlichung des immer steinsichtig gedachten Mittelalters und der Verdammung der farbigen Putzfassungen des vorigen Jahrhunderts die Hand dazu gereicht. Ich möchte dazu nur ein einzi-

Würzburg: Domvierung vor der Zerstörung

Würzburg: Dom, Zustand des Stuckes im Querhaus um 1956

Würzburg: Der Dom nach der Wiederherstellung

ges Zitat von Paul Frankl zur Klosterkirche von Limburg a.d. Haardt, bei der er von Steinsichtigkeit ausging („.. die liebevolle Behandlung der Quader legt den Schluß nahe, daß der Stein unbemalt blieb..") bringen: „.. allein wer für romanische Baukunst offene Sinne hat, der spürt wohl, daß alle Romantik der jetzigen Lage gegen den gesunden, starken Geist nicht aufkommt, der in jedem erhaltenen Stück dieses Bauwerks unzerstörbar bleibt, gerichtet auf das für alle Ewigkeit in sich Geschlossene".[19] Wieweit ein Buch wie das von Adolf Behn „In Stein und Erz"[20] mit seiner großen Verbreitung in dieser Richtung eine Katalysatorfunktion erfüllt hat, wäre zu untersuchen.

Das „schwindende Geschichtsbewußsein" als das andere Stichwort ist ein eigenes Vortragsthema. Ich kann hier nur bitten, dieses Phänomen als Axiom zu akzeptieren und, daß es sich nach dem verlorenen Krieg und der Wahrnehmung, welche Greuel sich auch im eigenen Namen mit dem Regime von 1933-45 verbunden haben, zwar verstärkt hat, daß seine Wurzeln aber viel tiefer reichen. Für den Komplex „Stadterhaltung, -sanierung, Wiederaufbau und Aufbau" haben Werner Durth und Niels Gutschow in „Träume in Trümmern" im Kapitel „Gemordete Stadt - getilgte Geschichte" mit einer Aufarbeitung dieser Entwicklungslinie begonnen.[21]

Wie wirkte sich das in der Fachpresse aus? Aus einer Fülle ähnlicher Zitate will ich nur ein einziges herausgreifen, und zwar aus der Zeitschrift Bauen und Wohnen, Jahrgang 1952; es ging damals um den Wiederaufbau der Alten Pinakothek, der in drei Artikeln in scheinheiliger Neutralität diskutiert wurde.[22] Da schrieb Hans Eckstein: „Hoffentlich hat es der bayerische(!) Staat weniger eilig als Herr Pfister. Denn der Fall ist alles andere als klar. Den klassizistischen Zierrat, der künstlerisch nicht wertvoll war, mit denkmalpflegerischen Fälscherkünsten wiederherzustellen, kann keinesfalls in Frage kommen .." Gewiß, man kann Bauen und Wohnen, ohne der Zeitschrift Unrecht zu tun, ein gestörtes Verhältnis zu Ge-

Speyer:
Dom, Blick aus dem nördlichen
in den südlichen Querhausarm mit der
historischen Ausstattung

schichte und Tradition unterstellen; der im Zitat genannte Pfister, Herausgeber des Baumeister, äußerte sich regelmäßig traditionsverpflichteter. Er betrieb das Geschäft der schöpferisch wirken wollenden Architekten subtiler, indem er stets betont, daß ein rekonstruierender Wiederaufbau nicht in Frage kommen könne. Der (zweifellos qualitätvolle) Wiederaufbau von Münster, über den er 1952 ausführlich berichten ließ, entsprach mehr seinen Vorstellungen. Aber auch eine Zeitschrift wie Das Münster, die ihrem Wesen nach nicht so forsch auftreten konnte wie Bauen und Wohnen, hielt gegenüber der Denkmalpflege auf Distanz; das zeigen nicht nur die Artikel über die Wiederherstellung des Würzburger Domes, sondern auch die Berichte, in denen andere Wiederaufbauten beschrieben wurden - Geschichtlichkeit als ein Wert für sich kam da praktisch nicht vor. Und die Praxis: Als ich frisch diplomiert im Staatlichen Hochschulbauamt in Darmstadt ins Berufsleben eintrat, wurde mir eröffnet, daß man als Anfänger erst einmal Latrinen zu putzen hätte - damit wurde mir die Aufbauplanung für einen großen Teil des alten Schlosses in Darmstadt übertragen; im übrigen nicht ohne die Zusicherung, daß, wenn ich diese unerfreuliche Aufgabe mit Anstand lösen würde, ich auch an den schönen Neubauprojekten mitmachen dürfe. Ich will diesen Ausflug ins Biographisch - Anekdotische nicht vertiefen und bestimmt gab es in Deutschland auch staatliche Bauämter, die solchen Aufgaben offener gegenüberstanden, etwa im Sinne von Pfister. Sie waren aber nicht die Regel, und des Beschlusses der bayerischen Staatsregierung, das Nationaltheater rekonstruierend wiederaufzubauen, erinnere ich mich als einer Sensation – damals.
Und was taten die Konservatoren? Ich deutete schon an, daß nicht wenige unter ihnen ähnlich dachten wie Pfister und die Rekonstruktionen, wie sie der Literaturhistoriker Beutler für das Goethehaus am Hirschgraben gegen alle Widerstände durchgepeitscht hatte, als unhistorisch ablehnten und von Neuzuschaffendem verlangten, daß es sich vom Alten abset-

<u>Speyer:</u>
Dom, derselbe Blick nach der Restaurierung, um 1961

ze. Es gibt eine Fülle von Zitaten, die diesen hohen moralischen Anspruch belegen. Dehios Wort: Konservieren, nicht restaurieren, war auch zu einer Zeit, da ganze Kunstlandschaften ausgelöscht waren, noch das verbindende Ideal. Das mag manchem unserer Vorgänger im Dienst den für sie ohnehin unaufhaltsamen Abgang von Restdenkmälern erleichtert haben - Abgänge, an denen wir noch heute nicht leicht tragen. Gegenüber den reihenweisen Niederlegungen ausgebrannter mittelalterlicher oder barocker Haus- und Palastruinen, etwa in Würzburg, gegenüber Abbrüchen selbst von Bauten, die die Architekturgeschichte unserer Zeit geprägt haben, wie dem Warenhaus Schocken in Stuttgart,[23] war die Verwendung eines historischen Restes, seine Neuschöpfung als ein Bauwerk mit Dach, Etagen, Fenstern immerhin ein Stück Erhaltung. Ich spürte beim Lesen der Worte Günther Grundmanns zum Wiederaufbau des Palais Görtz in Hamburg die Erleichterung des Verfassers, wenigstens das erreicht zu haben.

Ich hatte anfangs gesagt, daß es den schöpferischen Umgang mit dem Denkmal immer gegeben habe und auch weiter geben wird. Ging es aber in der Vergangenheit, im Historismus und bis in die Gegenwart und immer dann, wenn Bauhistoriker oder Architekten, die sich der Geschichte verpflichtet fühlen, aus innerster Überzeugung heraus Hand an ein Denkmal gelegt haben, darum, Geschichte zurückzugewinnen, Geschichtlichkeit zu intensivieren, unabhängig davon, wie fragwürdig das im Einzelfall sein mag, so verlangte die Nachkriegszeit, sofern man sich nicht einfach des Denkmals entledigt hat, vom Denkmal, daß es sich den gegenwärtigen Architekturvorstellungen und -moden anzupassen habe. Geschichtlichkeit, Ursprünglichkeit oder Originalität sind aus dem Denken von mittlerweile nicht nur einer Generation Planer und Bauherren ausgelöscht, haben keinen Platz mehr im Denken einer Zeit, die täglich das Gestern vergißt und keine Projektion für das Morgen hat - das aber (be-)trifft nicht mehr nur die Denkmäler.

Speyer:
Dom, Auswechslungen am Sichtmauerwerk im Inneren, um 1960

Anmerkungen

1 Josef Maria Ritz, Das Künstlerische und die Denkmalpflege, in: DKD (Deutsche Kunst und Denkmalpflege) 1955, S.1
2 Heinrich Kreisel, Die Beurteilung der Kunst der letzten hundert Jahre und die Denkmalpflege, in: DKD 1957, S. 82–87
3 Peter Hirschfeld, Wie weit ist das 19. Jahrhundert denkmalschutzwürdig?, in: DKD 1959, S. 75–77
4 Wolf Fischer, Das Große Haus der Württembergischen Staatstheater Stuttgart, in: DKD 1988, S. 16–20
5 In: Landesamt für Denkmalpflege, Bestand „St. Petri Domkirche". Das Gutachten wurde zwar erst 1966 verfaßt, beruht jedoch auf der Diskussion der 50er Jahre.
6 In: Das Münster 2, 1948–49, S. 108
7 Erwin Schleich, Der Wiederaufbau des Preysing-Palais in München, in: DKD, 1960, S. 129–144
8 Günther Grundmann, Wiederaufbau des Görtzschen Palais in Hamburg, in: DKD, 1956, S. 79–85
9 Zur Diskussion um den Wiederaufbau der Alten Pinakothek (AP) vgl.: Hans Kiener, Die AP in München, in: Der Baumeister, 47/1950, S. 732–735; Rudolf Pfister, Die Wahrheit um die AP in München, in: Ebda., 49/1952, S 52f.; Hans Eckstein, Wiederaufbau oder Abbruch der AP? in: Bauen und Wohnen, 1952, S. 119f.; Walther Schmidt, Von der Wiederherstellbarkeit klassizistischer Bauten – Anläßlich eines Vorschlages zur Ergänzung des Pinakothekbaues, in: Ebda., 1952, S. 167f.; Hans Eckstein, Um das Schicksal der AP, in: Ebda., 1952, S. 169; Anton Reß, Zur Frage der AP, in: DKD 1952, S. 138f.; Hans Eckstein, Münchens AP, das Opfer einer Ruinen Romantik, in: Bauen und Wohnen, 1955, S. 83; Josef Maria Ritz, Die AP in München wieder eröffnet, in: DKD, 1957, S. 125–127
10 Hans-Christoph Hoffmann, Die Stadtwaage – ein Bau im Stil der Weserrenaissance, Bremen 1979, spez. S. 17ff.
11 Das Zitat Oesterlen aus: baukunst und werkform, 1952, H 8, S. 30 ff. (R. Steinbeck); ergänzend dazu Dieter Oesterlen ebda., H. 10, S. 49
12 Landesamt für Denkmalpflege Bremen, Bestand „Unser-Lieben-Frauen-Kirche" 1946 ff.
13 Georg Dehio, Handbuch der Deutschen Kunstdenkmäler, Westfalen, bearb. von Dorothea Kluge und Wilfried Hansmann, 1969, S. 164 ff.
14 Ebda., Rheinland-Pfalz, Saarland, bearb. von Hans Caspary, Wolfgang Götz und Ekkard Klinge, 1972, S. 831 ff; das Zitat auf S. 832 unten
15 Die Auseinandersetzung um den Würzburger Domstuck in Auswahl in: Josef Maria Ritz, Zur Geschichte des Wiederaufbaues des Domes zu Würzburg, in: DKD 1957, S. 19–25 und Hans Kauffmann u.a., Erklärung zum Wiederaufbau des Würzburger Domes, ebda., S. 26; Hugo Schnell, Die Diskussion um den Würzburger Dom, in: Das Münster, 10, 1957, S 213 ff.; ders, Der Dom zu Würzburg, in: Das Münster, 11, 1958, S. 64 ff.; Otto Meyer, Der Wiederaufbau des Domes zu Würzburg 1957 bis 1960, DKD, 1960, S. 116–128; Anton Reß, Der Würzburger Dom-Stuck, in: DKD, 1962, S. 103–126
16 Günther Grundmann, Zur Problematik der Restaurierung des Speyerer Doms, in: DKD 1960, S. 1–13 mit Hinweisen auf die wichtigsten Äußerungen der Beteiligten wie Rudolf Esterer, Werner Bornheim gen. Schilling u.a.
17 Rudolf Esterer in: Kunstchronik 1958
18 Hans Thümmler, Die Stiftskirche in Freckenhorst und ihre Wiederherstellung, in: Das Münster, 16., 1963, S. 161ff.
19 Paul Frankl, Die frühmittelalterliche und romanische Baukunst, Wildpark-Potsdam 1926 (Handbuch der Kunstwissenschaft), S. 77
20 Adolf Behn, In Stein und Erz, Berlin 1941
21 Werner Durth und Niels Gutschow, Träume in Trümmern, Planungen zum Wiederaufbau zerstörter Städte im Westen Deutschlands, 1940–50, I. Konzepte, 1988, hier spez. S. 237ff.
22 Vgl. Anm. 9
23 Das 1926–28 durch Erich Mendelsohn erbaute Kaufhaus Schocken in der Eberhardstraße in Stuttgart wurde 1960, wiewohl im wesentlichen unbeschädigt über den Krieg gekommen, auf Veranlassung der Geschäftsleitung Horten, deren Architekt Egon Eiermann und der Stadt Stuttgart, die an dieser Stelle eine Straßenverbreiterung durchzusetzen suchte, trotz heftigster Proteste abgerissen und durch den heute noch bestehenden Bau ersetzt. Die Proteste verhallten, weil die Furcht (und die Einschüchterung) vor unermeßlichen Entschädigungen den Landesdenkmalrat, der den Kunstwert bereits anerkannt hatte, vor der Empfehlung, das Haus in die Denkmalliste eintragen zu lassen, zurückschrecken ließ. Vgl. hierzu die ausführliche Berichterstattung in den Stuttgarter Nachrichten vom 18.07.1959 bis zum 04.05.1960 (Bildmeldung über die Abbrucharbeit), einzelne Meldungen ferner in der Stuttgarter Zeitung und im Amtsblatt der Stadt Stuttgart. Im Archiv des Landesdenkmalamtes Baden-Württemberg auch eine Sammlung von „Stimmen zum geplanten Abbruch des Mendelsohn-Baues, Kaufhaus Schocken, heute Merkur".

CHRISTINE HOH-SLODCZYK

Der Berliner City-Betrieb als Herausforderung für den Denkmalschutz

Noch sind Eigenart und ursprüngliche Prägung des City-Bereiches stärker als die Schäden, die ihm Abriß und Veränderungen zufügten. Doch droht der Ort der 50er Jahre zu verschwinden - und mit ihm die typischen City-Elemente: Kaufhaus und Restaurant, Bürobau und Kino, Schaufenster und Passage, Eingang und Schaukasten, Café und Flanierhof, Kiosk und Eisdiele, Laden und Tankstelle, Parkgarage und Markise, Lampe und Verkehrskanzel, Türgriff und Wandmosaik, Lichtreklame und Treppengeländer, Blumentrog und Stragula...
In der Öffentlichkeit gilt die Aufmerksamkeit, wenn überhaupt, qualitätvollen Einzelbauten oder spektakulären Leistungen wie dem demonstrativen Neuaufbau des Hansaviertels, das sich bis heute programmatisch als Alternative zum Städtebau der Gründerzeit, des Dritten Reichs und der Ost-Berliner Stalinallee mitteilt, als Absage an enge Hinterhöfe zugunsten von Freiraum und Grün und als Experiment eines zukunftsweisenden Wohnungsbaus.
Städtebauliche und stadträumliche Qualitäten des Zentrums werden selten gewürdigt und noch seltener in Planungen respektiert. Man ist vielmehr mit der City als einem Ort vertraut, der besonders schnellen Veränderungen und kontinuierlich neuem Bauen unterliegt.
Im Gegensatz zu anderen Städten stellte sich für Berlin nach der Teilung der Stadt, der Gründung zweier deutscher Staaten und der nach 1950 auch im planerischen Bereich vollzogenen Trennung der beiden Teile Groß-Berlins die gänzlich unterschiedliche Bau- und Planungsaufgabe einer neuen City, ohne daß diese Aufgabe die notwendige Priorität hätte gewinnen können. Dominant blieb die Hauptstadtplanung - von Scharouns Kollektivplan 1946, dessen Denkmodell eines Schnellverkehrssystems langfristige Wirkung haben sollte, bis zum Wettbewerb „Hauptstadt Berlin" 1958. Noch 1957 betrachtete Friedrich Fürlinger, damals Leiter des städtischen Planungsamtes, das Gebiet um den Zoo „als einen Konzentrationspunkt (...), von dem aus Kräfte in Richtung zur Mitte wirksam werden, zu der Mitte, in der wegen des hohen Zerstörungsgrades und aus der Tatsache heraus, daß in diesem Gebiet seit dem Kriegsende nichts geschehen ist, daher auch nichts verbaut wurde, alle Chancen liegen, um ein modernes Zentrum einer Weltstadt zu schaffen."[1]
Gleichzeitig beklagte man für das Westberliner Zentrum schon in den 50er Jahren die vertane Chance eines grundlegenden städtebaulichen Konzepts, das mangelnder Einsatz hinsichtlich einer Neuordnung der Grundbesitzverhältnisse verhindert hätte. Die Behauptung des Verlustes, nämlich „eine städtebauliche Anlage aus einem Guß zu schaffen"[2], wurde nie am Ergebnis überprüft, vielmehr bis heute weitergetragen. Die Verfügbarkeit der City, die nach den gravierenden Abrissen zu Beginn der 80er Jahre heute vor allem durch bauliche Überformungen und Zusatzbauten verändert und verstellt wird und im Verschwinden begriffen ist, noch ehe ihr Denkmalwert von einer größeren Öffentlichkeit wahrgenommen wurde, ist ein Resultat dieser Einschätzung. Zwischen den Extremen einer „tabula rasa-Moderne", die den Stadtraum des alten Hansa-Viertels zugunsten einer städtebaulichen Neukonzeption forderte, und der heute gültigen Ideologie einer Stadtrekonstruktion mußte ein komplexes Gebilde wie die City der 50er Jahre durch den Raster fallen.
Für das hier betrachtete Gebiet gab es lediglich pragmatische Planungen.
Im November 1947 hatte die Arbeitsgemeinschaft der Geschäftsleute „Rund um den Zoo" die Diskussion mit einem Wettbewerb eröffnet. „,West-City' ist wieder zum Leben erwacht"[3], schrieb 1948 die Neue Bauwelt. Das Wettbewerbsgebiet „Rund um den Zoo", vor dem Krieg bekannt und bewundert ob seines weltstädtischen Nebeneinander von luxuriösen Ladengeschäften, Uraufführungskinos, Gast- und Unterhaltungsstätten, sollte „im Rahmen des Gegebenen (in) ein künstlerisch lebendiges, neuzeitliches Stadtbild" umgestaltet werden.[4] Auslober waren der Magistrat von Groß-Berlin und die „Zentrum am Zoo - Geschäftsbauten AG". Das Wettbewerbsprogramm forderte: „1. Ordnung und Gestaltung des Gebiets für die bekannten wirtschaftlichen und kulturellen Aufgaben und sein Anschluß an die benachbarten Wohngebiete, verbunden mit der Planung der Bauten des Raumes rund um den Zoo. - 2. die Lösung des Verkehrs, - 3. Art, Dichte und Höhe der Bebauung, - 4. die künstlerische Form der Straßen- und Platzräume."[5]
Über 100 Arbeiten gingen ein - vom traditionellen Wiederaufbau (Müller-Rehm) bis zum weltstädtischen Geschäftszentrum (Brüder Luckardt) und zur städtebaulichen Utopie eines Non-Stop-Flughafens am Bahnhof Zoo für die „geflügelten Menschen" (Sergius Ruegenberg). Die überwiegende Zahl der Beiträge sah die Beseitigung der Kirchenruine und ihren Neuaufbau an anderer Stelle des Planungsgebiets vor. Für ihr Belassen als Mahnmal setzten sich nur wenige ein, dies im Zusammenhang mit einer Neuordnung des Verkehrs.
Der Wettbewerb blieb ohne Auftragsergebnis. Die Sorge, mit einer „Westlichen City" die Einheit der Stadt zu verneinen, Kapitalmangel und die ungelöste Frage der Bodeneigentumsverhältnisse trugen dazu bei, daß man von der Stadtplanung zugunsten einer reinen Verkehrs- und Fluchtlinienplanung abrückte. Entsprechend betraf der 1954 als Teil eines Generalbebauungsplans aufgestellte „Richtplan Zoogebiet" lediglich Baufluchtlinien und die

Berlin:
Zentrum am Zoo mit Kugelkino (1989), das Kleine Hochhaus durch Kunststoff-Isolierfenster und Wärmedämmung verändert (Aufnahme 1990)

Sicherstellung der Verkehrsflächen.[6] Damit allerdings war der Weg frei für weitere Detailplanungen. Bereits 1952 hatte der Wettbewerb für die Allianz-Versicherung an der Joachimstaler Straße/Ecke Kurfürstendamm stattgefunden; 1954-55 folgte der Wettbewerb für das Victoria-Areal, das sogenannte „Kranzler-Eck". Allein für den Ernst-Reuter-Platz schrieb der Senat 1955 einen eigenen Wettbewerb aus und erkannte damit halbherzig die realpolitische Lage der geteilten Stadt an.

Die Entstehung der Westberliner City wurde im wesentlichen privatwirtschaftlichen Initiativen überlassen: Ambitioniert zum „Schaufenster der Welt" bestimmt, ist sie heute das beeindruckendste Dokument für den Wiederaufbauwillen und die Nachkriegssituation der Stadt.

Die Ansätze zu einer „räumlichen Differenzierung des multifunktionalen City-Bereichs"[7] zeigten sich sehr bald: Der Ernst-Reuter-Platz wurde zu einem lokalen Schwerpunkt von

Berlin: Zentrum am Zoo; „Bikinihaus", Kleines Hochhaus, Garage (Aufnahme ca. 1957)

Firmenverwaltungen. An der Hardenbergstraße schlossen Technische Universität, Musikhochschule und Hochschule für Bildende Künste (später zur Hochschule der Künste vereinigt) als ein Zentrum der Wissenschaft und Kunst an: südlich davon bildeten Industrie- und Handelskammer, Börse und Zentrale der Berliner Bank ein kleines Finanzzentrum, zum Bahnhof Zoologischer Garten lag der Komplex der Gerichtsgebäude als Justizzentrum. Das südlich des Bahnhofs errichtete Zentrum am Zoo nahm das neue Zentrum für Damenoberbekleidung auf, während die Tauentzienstraße mit Kauf- und Warenhäusern eine ausgesprochene Einkaufsstraße wurde und der Kurfürstendamm den Bereich des Unterhaltungs- und Gaststättengewerbes mit hochspezialisiertem Einzelhandel konzentrierte.

Die Karte zeigt jedoch nicht nur die räumlich-funktionale Differenzierung der City. In den herausgehobenen Bereichen, insbesondere um den Ernst-Reuter-Platz und den Breitscheidplatz, teilt sich die Absage an fest umschriebene Räume, an eindeutig definierte Raummittelpunkte, an starre Achsen und dominierende Repräsentationsbauten mit. Statt dessen verbinden sich Vielfalt und Beweglichkeit der Grundrisse mit einer besonderen Konfiguration der Bauten. Zusammenhänge werden deutlich, die über die parzellenscharfe Geschlossenheit der klassischen Ensembles hinausreichen, auf überkommene stadträumliche Strukturen ausstrahlen und untereinander in neue Wirkungsbezüge treten.

Erst im sich Nähern, Durchschreiten, Flanieren, dem Bewegungsrhythmus eines Einkaufs- und Vergnügungszentrums angemessen, erschließt sich das vielgestaltige Ensemble des Breitscheidplatzes. Man erfährt wechselnde Raumeindrücke, Bezüge, die sich zum Bild verdichten, Nähe, Distanzen, Durchlässigkeit. Dem von der Hardenbergstraße Kommenden öffnet sich der Blick in einen tiefen, scheinbar halbrunden Platz, gesäumt von der vorkragenden Scheibe des großen Hochhauses, der Fassade des Kinos und der Stirnseite des sogenannten „Bikinihauses", von Europa-Center, Gedächtniskirche und Kantstraßenüberbauung. Wirkt dieses Bild wie eine stadträumliche Komplementärsituation zum Hardenbergplatz, so lädt den von der Budapester Straße Kommenden die Flanierzone des „Bikinihauses" ein, ohne daß sich diese aber im Zuge der Straße verlieren würde: Der Straßenraum schließt im Hintergrund durch das optische Zusammenrücken der Bauten.

Der einstige Auguste-Victoria-Platz, dessen zentrale Kircheninsel Kreuzungsmittelpunkt verschiedener Straßen mit eindeutigen Blickrichtungen, Wegen, Orientierungen war, wurde von den Architekten der 50er Jahre durch einen aktiven, vielfältig erlebbaren Raum ersetzt.

Seine Nordseite, die zugleich Südrand des Tiergartens ist, begrenzt die Architekturkomposition des Zentrums am Zoo (1955-57) mit sechzehngeschossigem Großen Hochhaus, dem Doppelkino „Zoopalast" und „Atelier am Zoo", dem sechsgeschossigen Langbau des „Bikinihauses" dem Kleinen Hochhaus mit neun Geschossen und der zwei- bis dreigeschossigen Hochgarage. Der Bautenkomplex mußte ein vielschichtiges Nutzungsprogramm aufnehmen: Läden, Lichtspiele, Gaststätten, vor allem aber Büros und Produktionsstätten der Damenoberbekleidung, die ursprünglich am Spittelmarkt und Hausvogteiplatz in Ost-Berlin beheimatet gewesen waren.

Den Architekten Paul Schwebes, Hans Schoszberger und Gerhard Frische - von letzterem stammt der bemerkenswerte Entwurf der beiden keilförmig übereinander angeordneten Lichtspieltheater - gelang ein Meisterwerk an stadträumlicher und großstädtischer Architektur: Programmatische Modernität, Leichtigkeit,Transparenz, differenzierte Baumassenverteilung kennzeichnen die Bauten, deren technische und gestalterische Präzision sich bedingen: Die aufgestelzte Stahlbetonskelettkonstruktion ist mit geschoßhohen Vorhangfassaden geschlossen, die, in unterschiedlicher Tiefe angeordnet, mit der Wirkung der Fenstergliederung ein fein differenziertes Fassadenrelief bewirken. Durchlässige oder offene Erdgeschoßzonen geben den Blick in Anräume oder Grünzonen frei: ursprünglich war sogar die Rückwand in der Ladenzeile des „Bikinihauses" zum Grün des Tiergartens durchfenstert. Die davor gereihte Kolonnade trägt das Obergeschoß und ist Passage zwischen Straße und Haus: ein Ort des Flanierens und des Kaufens aus der Frühzeit des Wirtschaftswunders, öffentlicher und halböffentlicher Raum zugleich.

In der ursprünglichen Wirkung ist das Zentrum am Zoo heute stark beeinträchtigt: das Bikinihaus durch die Schließung des Luftgeschosses, das dem Gebäude den Spitznamen „Bikinihaus" eintrug, im 2. Obergeschoß und Veränderungen der Erdgeschoßläden, die beiden Hochhäuser durch neue Oberflächen und Fenster. Leichtigkeit und Transparenz sind verlorengegangen zulasten einer tresorhaften Verschließung, einer abweisenden Haltung der Bauten. Dies wird dort deutlich, wo die Eigenart noch kleinkörnig und in ihrer realen Erscheinung erhalten ist wie in der feinteiligen Fensterzeichnung der Fassade des „Bikinihauses". Nur hier ist die Architektur noch so ausdrucksstark - man möchte sagen: kommunikativ -, daß sie Resonanz findet in dem ebenso prägnanten wie preziös geteilten Rund des Defaka-Hauses, das gleichfalls Paul Schwebes auf der gegenüberliegenden Seite des Breitscheidplatzes als Deutsches Familienkaufhaus 1955-57 errichtete. Es wird heute als Bürogebäude genutzt.

Wie empfindlich gegen jede formale Störung die präzise detaillierten und die Wirkung des Gebäudes tragenden Fensterbänder des mit Detopakglas verkleideten Defaka-Hauses sind, beweist das Probefenster aus Kunststoff mit breiten Profilen und veränderter Fensterstellung. Nur in seiner originalen Eigenart vermag das Defaka-Haus seiner städtebaulichen Funktion als Pendant des gegenüberliegenden Geschäftshauses von Emil Schaudt und als Gegenpol zum „Bikinihaus", mit dem es durch den Dialog der architektonischen Gestaltung gleichsam vernetzt ist, gerecht zu werden. Diesen Wechselbezügen ist es zuzuschreiben, daß Fassadenscheibe und Fassadenrund nicht Platzrandbebauungen bleiben, sondern Raum bilden, ihn einholen, weiterreichen, fließen lassen.

Mit scheinbar weniger Kunstgriffen gelang am Breitscheidplatz eine überzeugende Neuordnung des Stadtraumes - trotz Erhalts von überkommenen Bauten und Strukturen.

Eine Weitung des Platzes durch Zurücknahme der nördlichen Bauflucht am Tiergarten und die pointierte Kappung der Bebauungsgrenzen zwischen den Straßeneinmündungen waren Voraussetzung, das kluge Reagieren der Architekten auf die jeweils vorhandene Situation - da eine Gesamtplanung fehlte - eine Grundbedingung. Dies betraf die bauliche Anlage des Schimmelpfeng-Hauses von Sobotka & Müller (1957-60), mit dem die Architekten die Platzwand nach Westen markierten, aber auch einen Durchlaß für den Verkehr beließen und zugleich einen architektonischen Akzent durch die strenge, mit Muschelkalksteinplatten verkleidete Rasterfassade setzten. Es galt auch für das zu Beginn der 60er Jahre entstandene Europa-Center von Hentrich und Petschnigg (1963-65), dem die Steigerung des Platzes zu seiner Ostseite hin zufiel. Es betraf aber insbesondere die Ruine der Kaiser-Wilhelm-Gedächtniskirche, über deren Neubau wie über ihren Standort in den Nachkriegsjahren so lange diskutiert wurde wie über keinen anderen Bau in Berlin. Die Erhaltung der Turmruine ist letztlich dem Votum der Berliner Bürger zu danken, wenn auch - wie zeitgenössische Stimmen kritisch anmerken - vor allem aus sentimentalen, weniger aus religiösen oder künstlerischen Gründen.[8]

Mit dem neuen Kirchenmittelpunkt schuf Egon Eiermann einen Ort von eindeutiger Klarheit der Struktur und Vielfalt des Charakters - einen unverwechselbaren, geistig und städtebaulich verwobenen Ort, der uns zum vertrautesten Bezugs- und Identifikationspunkt wurde - Mahnmal und Symbol des Wiederaufbaus gleichermaßen.

Eiermann band die Turmruine in ein Kirchenensemble ein, das er zum Kristallisationspunkt der komplexen Raumfigur des Breitscheidplatzes verdichtete, indem er das Kirchenschiff um 180° um die Turmruine drehte und die gesamte Kirchenanlage in eine Kirchenfamilie auflöste: Der Turmruine legte er nach Westen

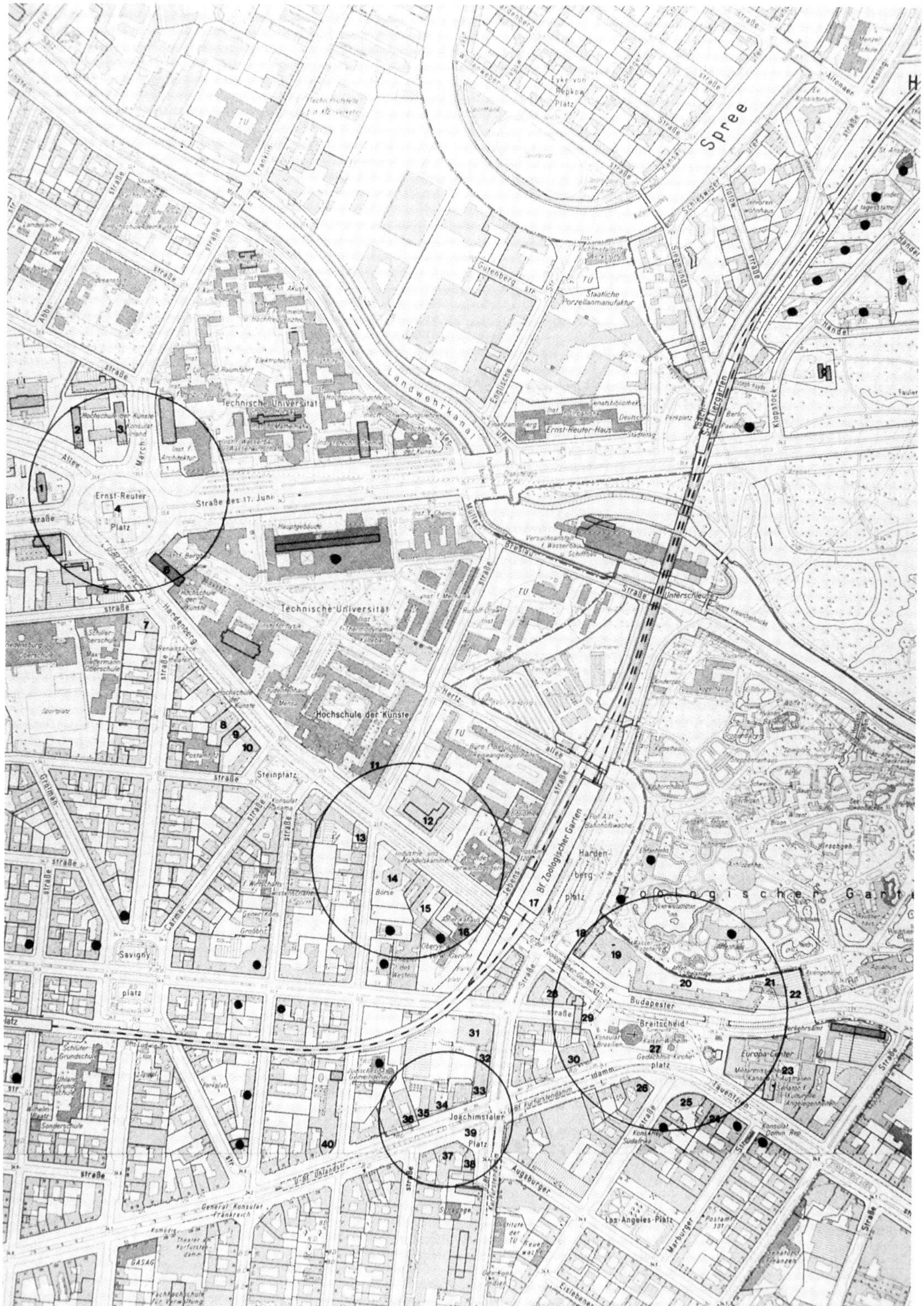

Bauten der 50er und frühen 60er Jahre in der Westberliner City
1. Telefunken-Hochhaus
2. Osram-Haus 3. Pepper-Haus
4. Ernst-Reuter-Platz, Mittelinsel
5. IBM-Haus 6. Institut für Bergbau und Hüttenwesen der TU
7. ehem. Hardenberg-Haus, Buchhandlung Kiepert
8. Buchhandlung Wasmuth
9. Café Ziegler 10. Haus der Farbwerke Hoechst 11. Übungs- und Konzertsaal der Hochschule für Musik 12. Berliner Bank
13. Aachener und Münchener Versicherung 14. Industrie- und Handelskammer Berlin, Börsensaal 15. Allied Building Concern 16. Amerika-Haus
17. Restaurant „Terrassen am Zoo" 18. Zentrum am Zoo: Großes Hochhaus 19. Zentrum am Zoo: „Atelier am Zoo" und „Zoo-Palast" 20. Zentrum am Zoo: „Bikini-Haus" 21. Zentrum am Zoo: Kleines Hochhaus
22. Zentrum am Zoo: Parkgarage
23. Europa-Center 24. Schuhhaus Stiller 25. Defaka (Deutsches Familienkaufhaus)
26. Geschäftshaus Michels & Cie. 1914/15 (ehem. „Kaiser-Eck") 27. Kaiser-Wilhelm-Gedächtnis-Kirche
28. Dortmunder Union Brauerei
29. Schimmelpfeng-Haus
30. „Gloria-Palast" 31. Victoria-Areal: Warenhaus Bilka
32. Victoria-Areal: Ladenzeile
33. Victoria-Areal: Café Kranzler
34. Victoria-Areal: Pavillon und Brunnenhof 35. Victoria-Areal: Bürohaus 36. Hotel am Zoo
37. „Ufa-Pavillon" 38. Allianz-Haus 39. Verkehrskanzel
40. Hotel Kempinski

Berlin: Zentrum am Zoo; Gesamtansicht von Südosten mit der Ruine der Kaiser-Wilhelm-Gedächtniskirche, um 1957

das Oktogon der Kirche, nach Osten das Sechseck des neuen Turms vor - beide eigenständig und als neue Blickpunkte außerhalb der alten Achse gerückt. Auf einem Stufensockel hob er die Gruppe aus der Fläche des Platzes heraus, mit dem er sie durch die niedrigen Anbauten von Kapelle und Foyer zugleich verzahnte. Wie das Ensemble des Platzes ist das von außen geschlossen wirkende und doch in ständig wandelnden Ansichten sich darbietende Ensemble der Kirchengruppe in seiner Vielgestaltigkeit und Durchlässigkeit nur im Durchschreiten erfahrbar. Umgekehrtwerden von ihm aus Platz und Bebauung neu erlebt - eine wechselweise Bezugnahme und Steigerung, die das gesamte Zentrum Breitscheidplatz prägt und Einzelbauten von unterschiedlicher Qualität zu einem singulären Ensemble der Westberliner Geschichte wie des Städtebaus der 50er Jahre vereinigt.

Der Breitscheidplatz verwirklicht einerseits die Prinzipien der „gegliederten und aufgelockerten Stadt"[9], deren Charakteristika die Transparenz ihrer Bauten, das Fließen des Raums, die Offenheit der städtebaulichen Anlage, das Hereinholen der Natur sind. Andererseits übertrifft er dieses Leitbild, indem er - im Gegensatz zum Hansa-Viertel - überkommene Raumstrukturen in einen großstädtischen, dynamischen Raum mit komplizierten Funktionen und Überlagerungen einbindet und in dieser Kombination aus Kontinuität und dezidiert modernem Bauen einen Großstadtbereich in der besten Berliner Tradition schuf.

Das Unbehagen, das der Platz heute vermittelt, resultiert aus den Störungen, die man ihm zufügte:

Die mit dem Bau der Kirchengruppe einhergehende Neuordnung des Verkehrs, die als wesentliche Veränderung und Verbesserung die Anbindung der ursprünglich von Straßen umrundeten Kircheninsel an den westlichen Baublock Kantstraße/Joachimstaler Straße/Kurfürstendamm brachte, führte auch zu der stadträumlich zweifelsohne fatalen Lösung der Straßenunterführung zwischen Platz und Zoorandbebauung. Dennoch blieb dabei das Kontinuum der Platzfläche und damit die optische Anbindung der Randbebauung erhalten. Diese wurde erst nachhaltig gestört durch die Neugestaltung des Breitscheidplatzes 1981-1983, als man den Großstadtplatz in einen städtischen Spielplatz verwandelte und ihn dabei durch ein ummauertes Hochbeet, das an der Stelle dreier Fahrspuren angelegt wurde, offensichtlich zu schützen, vermutlich auch zu beleben suchte. Dieses zerteilt heute den Raum, riegelt die Zoorandbebauung ab und reduziert den einst weitläufigen Platz auf eine kleine Mitte, in die Kirchengruppe und neuer Weltkugelbrunnen (1983, von Joachim Schmettau) sich teilen müssen.

Der beklagte Mangel an kommerziellen Attraktivitäten des Zentrums am Zoo ist durch eine solche Arbeitslage vorprogrammiert. Die geplante Aufwertung durch das neue Kugelkino ist in erster Linie eine eminente Beeinträchtigung der ursprünglich aufgelockerten städtebaulichen Situation, die dadurch verstärkt wird, daß die blaue Farbgebung in eine unangebrachte Konkurrenz zum Kirchenbau tritt, insbesondere, wenn dieser nachts im blauen Licht der farbigen Glasbausteine erstrahlt.

Gerade am Beispiel des Breitscheidplatzes, der seine Qualität aus dem ebenso labilen wie präzisen Gleichgewicht von Raum und Architektur schöpft und die Anbindung der Bauten - so paradox dies klingen mag - an den fließenden Raum braucht, wird deutlich, daß die vorhandene Eigenart eines Gebietes nicht allein an Einzelbauten festzumachen ist oder

Berlin:
Breitscheidplatz nach der Umgestaltung 1981–83; im Hintergrund das Schimmelpfenghaus von Sobotka & Müller, rechts das „Bikinihaus" (Aufnahme 1983)

allgemeinen Charakters sein könnte, sondern daß sie feinkörnig die Betrachtung aller Details erfordert.
Auch scheinbar marginale Dinge wie die Veränderung eines Gehwegs - hier vor dem Bikinihaus - gehören dazu. Durch die Hinzunahme einer Fahrspur und die Anlage eines Radweges wurde die Flanierzone beträchtlich erweitert; die Kolonnade aber, und mit ihr der Bau, hat an Prägnanz des Sockels, d.h. des Standortes eingebüßt, damit an Eindeutigkeit ihrer Funktion zwischen Straße und Haus verloren.
Die „Charta von Venedig" hat die Prinzipien für den Umgang nicht nur mit der baukünstlerischen Schöpfung des Einzeldenkmals, sondern auch mit dem städtischen oder ländlichen Denkmalobjekt festgelegt, „das von einer ihm eigentümlichen Zivilisation Zeugnis ablegt, eine bezeichnende Entwicklung erkennen läßt oder mit einem historischen Ereignis in Zusammenhang steht". § 14 besagt: „Die Denkmalgebiete sind mit besonderer Sorgfalt zu behandeln, damit ihre Integrität bewahrt bleibt und die Sanierung, die Instandsetzung und die Aufwertung möglich werden."
Dies ist eine Herausforderung an den Denkmalschutz und eine Vorgabe an jede Planung in der Stadt gleichermaßen. Hinsichtlich des Denkmalschutzes betrifft es nicht nur die Unterschutzstellung des Einzeldenkmals, sondern ebenso die notwendige Vermittlung des Denkmalwerts eines Gebietes, seiner Räume, Bezüge, Anbindungen, Strukturen, die in einer Weise zu erfassen sind, daß sie zur Grundlage weiterer Planungen werden können. Das derzeit wohl einzig adäquate Instrument ist die 1981 offiziell begonnene „Denkmaltopographie Bundesrepublik Deutschland", die sich explizit auch an die Planungsverantwortlichen wendet und denkmalfreundlichere Planungen ermöglichen könnte.[10]

Im Falle des Kugelkinos am Zentrum am Zoo mußte das denkmalpflegerische Anliegen aufgrund der damals noch nicht vollzogenen, wiewohl eingeleiteten Unterschutzstellung in den Hintergrund treten. Im Falle der Platzveränderung war die aktuelle Wirklichkeit solcher Denkmale sicher nicht bewußt. Wäre sie es gewesen, so hätte dies, genauso wie auch heute noch, wohl große Schwierigkeiten bei der Vermittlung und Akzeptanz hervorgerufen.

Die für den Kernbereich der City gültigen Prinzipien setzten sich, unterschiedlich akzentuiert und von je anderen Dominanten getragen, im Umgriff des Zentrums fort: im „Kranzler-Eck", für das die Victoria-Versicherung einen hinsichtlich der Funktionen sehr präzisen Wettbewerb ausgeschrieben hatte: in der Hardenbergstraße, deren Raumsequenzen von spektakulären Einzelbauten bestimmt werden - unter ihnen das Gebäude der Industrie- und Handelskammer von Sobotka & Müller (1954-55), dessen Solidität, Vertrauen und Sicherheit suggerierende strenge Rasterarchitektur ursprünglich ein Pendant in der auf gleicher Höhe liegenden Berliner Bank hatte. Schräg gegenüber liegt der Konzertsaal der Hochschule für Musik von Paul Baumgarten (1951-53), eine auch im Festlichen bescheidene Architektur, ein Meisterwerk kurz vor der Nierentischzeit des Wirtschaftswunders, das einschließlich der Ausstattung dank eines vorbildlichen Bauunterhalts vollkommen erhalten ist, schließlich das „Haus Hardenberg" oder „Kiepert-Haus", 1955/56 von der Aufbaugemeinschaft Banning/Kiepert nach Plänen von Paul Schwebes errichtet, das trotz Veränderungen im Innern ein exquisites Beispiel der neuen Architekturauffassung ist.
Wirkungsweisen und Zusammenhänge werden oft erst im Innern der Bauten deutlich, in der Gestaltung der Eingänge, der Führung der Treppenhäuser, in der Wahl bewußt einfacher und moderner Materialien - so etwa in der Hochschule für Musik Paul Baumgartens, deren Foyer und Treppenhaus nun nicht mehr Ort bürgerlicher Repräsentation sind, vielmehr Ort der Gemeinschaft und Öffentlichkeit.
Der Wettbewerb für die traditionelle Sarotti-Kranzler-Ecke, deren städtebauliches Umfeld durch das Allianz-Hochhaus von Paul Schwebes

und Alfred Gunzenhauser 1952-55 bereits einen beherrschenden Akzent erhalten hatte, war von der „Victoria zu Berlin" Allgemeine Versicherungs-Aktiengesellschaft akribisch vorbereitet worden. Eine „soziologische Standorts-, Verkehrs- und tiefbautechnische Analyse des Gebiets"[11] wurde Grundlage des Bauprogramms, dessen verkaufspsychologischer Ansatz insbesondere interessant ist. Erwünscht war das „Zusammenhalten, nicht Verteilen der Fußgänger - ... Ein gewisses Gedränge erhöht die Werbewirkung der Schaufenster und reizt die Kauflust stärker an. Aus diesem Grunde werden Läden, die im Fußgängerstrom liegen, höher bewertet, als solche in Ausweich- und Abkürzungspassagen oder gar in Innenhöfen"[12]. Warenhaus Bilka, Läden und Gaststätten sollten zugunsten höchster Wirtschaftlichkeit auf zwei Geschosse beschränkt bleiben, da vom zweiten Obergeschoß an die Mietpreise sinken. Büros und Wohnungen waren gesondert in einer Hochhausscheibe gedacht, ihre Kombination mit Gewerbetreibenden als eine „überständige Vorstellung aus der Zeit patriarchalischer Wirtschaftsformen verworfen"[13].

Die Ausführung des Hochhauses - städtebauliches Gegenstück zum Allianz-Hochhaus - unterblieb. Der zweigeschossige Geschäfts- und Gaststättentrakt (1957-58 von Hanns Dustmann) erhielt zur Straße hin durch Zurücksetzen der Läden - vergleichbar dem Zentrum am Zoo - eine leider nicht mehr vorhandene Passage, deren Werbewirksamkeit durch Schaufensterkästen noch gesteigert war, während die Hof- und Zwischenräume, zurückhaltend in den Formen, vielstimmig in den räumlichen Strukturen, bis heute dem Schlendern und Verweilen vorbehalten blieben. Oft vernachlässigt, sind gerade Höfe, Binnenplätze, Ladenzentren als zentrale Orte öffentlicher Funktionen Charakteristika des Städtebaus der 50er Jahre.

Die kommerziell begründete Zweigeschossigkeit wurde städtebaulich umgesetzt: Sie weitet, gleichsam über den Bau hinweg, den Kreuzungspunkt von Joachimstaler Straße und Kurfürstendamm zu einem Platzraum, den die Verkehrskanzel als „Platzzeichen und Regieinstrument"[14] für den Autoverkehr im „Brennpunkt der westlichen City", so die Bauwelt 1955, inszenatorisch fixiert (1954–1956, nach Plänen Werner Klenkes und Werner Düttmanns unter Leitung Bruno Grimmeks errichtet). Durch Kiosk, Telefonzellen, Toilettenanlagen und Zugang zum damals neu geschaffenen U-Bahnhof, werden öffentliche und halböffentliche, oberirdische und unterirdische Bereiche miteinander verknüpft. Die architektonisch wie stadträumlich hervorragende Architektur, deren Transparenz und Durchlässigkeit Gestaltungsabsichten der Zeit spiegeln, wird in eine wohlberechnete, formale wie städtebauliche Wechselwirkung mit den anderen Zeugnissen des Wiederaufbaus, dem „Kranzlereck" und dem Allianz-Hochhaus, aber auch, über den Straßenzug hinweg, mit dem Breitscheidplatz gesetzt.

Die Verkehrskanzel ist ein Wahrzeichen weltstädtischer Dynamik und optimistischer Bejahung des Pkw-Verkehrs in den 50er Jahren. Sie zählt zu den „schon kostbar zu nennenden Dokumenten der Hoffnung auf uneingeschränkte Mobilität, die in den Jahren nach dem Krieg in den Individualverkehr gesetzt wurden"[15]. Der Garagenbau des Zentrums am Zoo, verändert und durch den Bau des Kugelkinos, dem bereits die Tankstelle zum Opfer fiel, bedrängt, und der geschmähte Verkehrskreisel des Ernst-Reuter-Platzes sind im City-Bereich die letzten prominenten Zeugnisse damaliger Zukunftserwartung.

Der Ernst-Reuter-Platz, der „anfänglich seiner Größe, der nachts illuminierten modernen Fassaden, der achtstrahligen Lichtmasten und der tanzenden Fontänen wegen als Attraktion gefeiert"[16] war, gilt heute, so Wolfgang Pehnt, als „Nicht-Platz schlechthin"[17]. Geradezu komplementär zum pragmatischen Ausbau des Breitscheidplatzes entstanden, ist der Ernst-Reuter-Platz „ein beredtes Zeugnis der paradoxen Nachkriegssituation, als man in West-Berlin für Gesamtberlin als ‚Hauptstadt im Wartestand' plante, die beiden Teilstädte sich aber längst auseinandergelebt hatten". Otto Bartning zufolge, damals städtebaulicher Berater des Bausenators, wollte man den Platz auch als Teil „hauptstädtischer Gesamtplanung"[18] verstanden wissen, zugleich, wie Walter Gropius im Telegraf (1.10.1955) mit-

Berlin: Flanierpassage des „Bikinihauses" (Aufnahme 1988)

Berlin: Victoria-Areal („Kanzlereck"): Brunnenhof mit Blick auf das Warenhaus Bilka (Aufnahme 1988)

Berlin: Verkehrskanzel Ecke Joachimstaler Straße/Kurfürstendamm (Aufnahme 1988)

teilte, als städtebauliche Entgegnung zur Stalinallee, deren „sterile (...) Schaukasten"-Architektur lediglich geeignet schien, „dem ‚kleinen Mann' zu imponieren".

Mit dem neuen Gesicht des Platzes mußte die unmittelbare Vergangenheit überwunden werden: Noch einmal Gropius: „Es ist keine Spielerei, kein bloßes Zierat, daß Berlin durch Werner Düttmann die Ost-West-Achse am Ernst-Reuter-Platz durch Wasserkünste unterbrochen hat; denn das Bestehenlassen einer Achse wäre das Bestehenlassen einer solchen Straße der Verführung".

Der preisgekrönte Wettbewerbsentwurf von Bernhard Hermkes 1955, der das kriegszerstörte Areal am früheren „Knie" neu überplante, folgte einer Platzidee, die Mies van der Rohe bereits 1928 für den Alexanderplatz vorformuliert hatte: „Im Zentrum der Verkehrskreisel als optimaler Verteilermechanismus, die rahmenden Einzelbauten weiträumig auseinandergerückt unter strikter Vermeidung einer geschlossenen Platzwand. Das quadratische gemusterte Mosaikpflaster, durch seine unregelmäßige Ausdehnung bis hinter die Randbauten jede Platzgrenze im herkömmlichen Sinne negierend, unterstützt die Wirkung des offenen Stadtraumes..."

Den Anforderungen des „modernen Weltverkehrs" (Gropius) sollte „am westlichen Knotenpunkt der neuen City ein störungsfreies System Rechnung tragen. So führt der Zugang zur grünen Mittelinsel mit Bassin und Sitzbänken auch nur über den Tunnelgang."

Neben dem Schaufenster der neuen City-West dokumentiert der Ernst-Reuter-Platz „einen Ausschnitt der Zukunftsvision vom großen freien Berlin". Eine Aufnahme des Ernst-Reuter-Platzes leitet auch die Dokumentation im Bildbuch „das neue gesicht berlins" ein, zu dem Rolf Schwedler, Senator für Bau- und Wohnungswesen, im Vorwort schrieb: „Im freien Berlin zu bauen heißt aber auch, der Einförmigkeit, die in der nach sowjetischen Vorbildern erbauten Frankfurter Allee im Osten der Stadt den Beschauer bedrückt, die geistige Vielfalt und Entwicklungsfähigkeit einer neuen Baugestaltung entgegenzustellen."[19] Platzbildbeherrschend stellt das zwanzigstöckige Telefunkenhochhaus, damals das höchste Bauwerk der Stadt, seine Front dem Ostteil der Stadt entgegen.

Berlin: Ernst-Reuter-Platz mit Telefunken-Hochhaus (rechts), Osram-Haus, Pepper-Haus, Institut für Bergbau und Hüttenwesen der TU, IBM-Haus (Aufnahme 1963)

Anmerkungen:

1 Friedrich Fürlinger, Stadtplanung in Berlin, in: Bauen und Wohnen, 1957, S. 225–235, 230
2 Ders., Entwicklung und Probleme der Planung von Berlin nach dem Kriege, in: Die unzerstörbare Stadt. Die raumpolitische Lage und Bedeutung Berlins, hrsg. vom Institut für Raumforschung Bonn, Köln – Berlin 1953, S. 166–179, 178
3 Adolf Reichle, Rund um den Zoo, in: Neue Bauwelt, 3. Jg. (1948) Heft 37. S. 579–585. 579
4 Ebd.
5 Ebd.
6 Frank Werner, Stadtplanung Berlin, Theorie und Realität. Teil I. 1900–1960, Berlin 1976, S. 192
7 Hier und zum folgenden: Burkard Hofmeister, Von der Residenz zur City, Berlin 1980, S. 659
8 Günther Kühne, „Die Zukunft der Kaiser-Wilhelm-Gedächtniskirche", in: Bauwelt 1957, Heft 14, S. 313–317
9 Johannes Göderitz, Roland Rainer, Hubert Hoffmann, Die gegliederte und aufgelockerte Stadt, Tübingen 1957
10 Norbert Huse, Denkmalschutz, in: Zukunftsaufgaben der Stadtplanung, hrsg. von Thomas Sieverts, Düsseldorf 1990, S. 85–101, 91 ff.
11 Edgar Wedepohl, Der Wettbewerb der „Victoria" um Berlins berühmte Kurfürstendammecke, in: Bauwelt 1955, Heft 38, S. 745–749, 748
12 Ebd.
13 Ebd.
14 Antonia Gruhn-Zimmermann, Berliner Baudenkmale, in: Katalog der Ausstellung „Verloren, gefährdet, geschützt - Baudenkmale in Berlin", Berlin 1988, S. 168–229, 220
15 Ebd.
16 Ebd., S. 222. Die folgende Analyse geht auf eine Untersuchung von A. Gruhn-Zimmermann, ebd., S. 222, zurück, der auch die nicht durch Anmerkungen gekennzeichneten Zitate entstammen.
17 Wolfgang Pehnt, Der Anfang der Bescheidenheit, München 1983, S. 12
18 Telegraf, 02.11.1955
19 Rolf Schwedler, das neue gesicht berlins. ein Bildbuch von Otto Hagemann, Berlin 1957 (4. Aufl. 1962), S. 5

HELMUT LAMBERT

Schutz und Erhaltung von Siedlungen der 50er Jahre in Bonn

Von der Gruppe Hardtberg[1] wurden die Siedlungen der 50er Jahre im Stadtgebiet von Bonn im Rahmen der Erarbeitung eines Denkmalpflegeplanes für die Stadt erfaßt. Der Denkmalpflegeplan ist in § 25 Denkmalschutzgesetz NW verankert. Mit ihm soll auf der Grundlage einer siedlungsgeschichtlichen Bestandsanalyse, der Darstellung der Denkmäler und der erhaltenswerten Bausubstanz ein Planungs- und Handlungskonzept zu Schutz, Pflege und Nutzung von Denkmälern im Rahmen der Stadtentwicklung erarbeitet werden. Von diesem Planwerk liegt bisher ein Grundlagenteil vor, der für die Gesamtstadt einen Überblick über die Entwicklung gibt, schützenswerte oder möglicherweise schützenswerte Bereiche abgrenzt und die geeigneten Rechtsinstrumente darstellt. Dieser Grundlagenbericht ist für den Stadtbezirk Bad Godesberg vertieft worden und umfaßt auch ein konkretes Handlungskonzept.
Die derzeitige - und sicherlich noch einige Jahre anhaltende - Unsicherheit in der historischen Bewertung und das noch weitgehend fehlende Bewußtsein der Öffentlichkeit für den Erhaltungsanspruch von Siedlungen und Gebäuden der Epoche der 50er Jahre haben unmittelbare Auswirkungen auf die Schutzmaßnahmen. Insofern folgen wir der Auffassung des Deutschen Nationalkomitees und des Deutschen Städtetages:
„Der Übergangszustand, der in der Einschätzung der Bauten der 50er Jahre herrscht und der von ihrer Nichtbeachtung bis zur Unterschutzstellung reicht, läßt eine umsichtige Praxis schon im Vorraum der Anwendung der rechtlichen Instrumentarien und im übrigen ein schrittweises Vorgehen angeraten sein."[2]
Über dieses „Vorgehen im Vorraum" der Anwendung der rechtlichen Instrumente ist im folgenden zu berichten:

DIE SIEDLUNGSTÄTIGKEIT DER 50ER JAHRE

Die Siedlungsentwicklung der Jahre 1949 bis 1960 ist von der Entwicklung Bonns zur Bundeshauptstadt wesentlich bestimmt. Die Wahl zur Bundeshauptstadt im Jahre 1949 fügt dem ohnehin dringenden Wohnungsbedarf den Bedarf einer steigenden Zahl von Bediensteten der Bundesregierung und der ihr nachfolgenden Einrichtungen hinzu, der in kürzester Zeit zu decken ist. Zu den nach Gründung der Bundesrepublik entstehenden größeren Siedlungen gehören als Besonderheit die Siedlungsprogramme der Alliierten Hohen Kommissare (HICOG), welche die vorangehenden Militärgouverneure, die auf dem Petersberg bei Bonn residieren, ablösen. Infolgedessen werden von 1949 bis 1952 größere Siedlungsvorhaben mit bis zu 500 Wohneinheiten unter Beteiligung von Baugesellschaften und Architekten aus dem ganzen Bundesgebiet errichtet. Es ist zu vermuten, daß diese Bautätigkeit aufgrund der Funktion Bonns als provisorische Hauptstadt im Vergleich zu anderen Städten verhältnismäßig früh begann, so daß gerade der Zeitraum 1949-1953 besonders interessant erscheint. Diese Siedlungen der Hohen Kommission unterliegen geringeren Zwängen als die deutschen Siedlungen und folgen daher dem städtebaulichen Leitbild der aufgelockerten und durchgrünten Stadt in besonders ausgeprägter Form.
Insgesamt ist das Baugeschehen der 50er Jahre - verglichen mit dem der Vorkriegszeit - gewaltig. In dem näher untersuchten Stadtbezirk Bad Godesberg wurden in einem oder zwei Jahren mehr Wohnungen errichtet als während der gesamten Weimarer Republik. Einen ersten Überblick über das Siedlungsgeschehen der Nachkriegszeit zeigt die Karte „Bebauung der Nachkriegszeit". Für den Stadtbezirk Bad Godesberg, der vor der Eingemeindung 1969 rund 70000 Einwohner hatte, wurden 35 Bereiche näher erfaßt. Ich beschränke meine Erläuterungen daher im wesentlichen auf Siedlungen, die im Zeitraum von 1949 bis 1955 entstanden sind und auf Beispiele, bei denen Unterschiede in Bezug auf Eigentumsverhältnisse, Gebäude- oder Siedlungstyp, ihre Bedeutung im denkmalpflegerischen Sinne oder ihre Gefährdungen Folgen für die vorgeschlagenen Maßnahmen haben.

SCHUTZSTRATEGIEN

Systematische Entwicklung eines Handlungskonzeptes

Grundlage der im Denkmalpflegeplan entwickelten mittel- bis langfristigen Schutzstrategien, die für alle schützenswerten Bereiche, also nicht nur für die Siedlungen der 50er Jahre gelten, ist die Analyse der unmittelbar oder mittelbar auf das Objekt einwirkenden Gefährdungsfaktoren. Diese Analyse ist erforderlich, damit die vorgeschlagenen Maßnahmen von Politikern und Bürgern nachvollzogen und als folgerichtig erkannt werden können. Denn als Stadtplaner bewegen wir uns im Vorfeld des Denkmalschutzes. Die Analyse führt zum Ergebnis, daß die Gefährdung der Objekte durch zwei Hauptfaktoren bestimmt wird:
1. Alterung und Abnutzung, aber auch das Wachstum des Grüns, das gerade bei Siedlungen der 50er Jahre ein wichtiger Bestandteil der städtebaulichen Konzeption ist.
2. Handlungen des Eigentümers, die wiederum von besonderen Beweggründen ausgelöst werden: hierzu gehören sowohl objektive Gründe (Rendite, gesetzliche Anforderungen u.ä.) als auch subjektive bzw. intersubjektive (z.B. Moden, Vorbilder).
Reduziert werden die Handlungsspielräume des Eigentümers, wenn Wohnungen oder

Bonn: Übersichtskarte über Siedlungen der 50er Jahre in Bad-Godesberg
1. HICOG-Muffendorf (Hans-Böckler-Allee); 2. HICOG – Im Etzental; 3. Siedlung Hindenburgallee/Gotenstraße;
4. Dürensiedlung (Moselstraße); 5. Tessenowsiedlung (Lahnstraße); 6. Siedlung An der Kommende

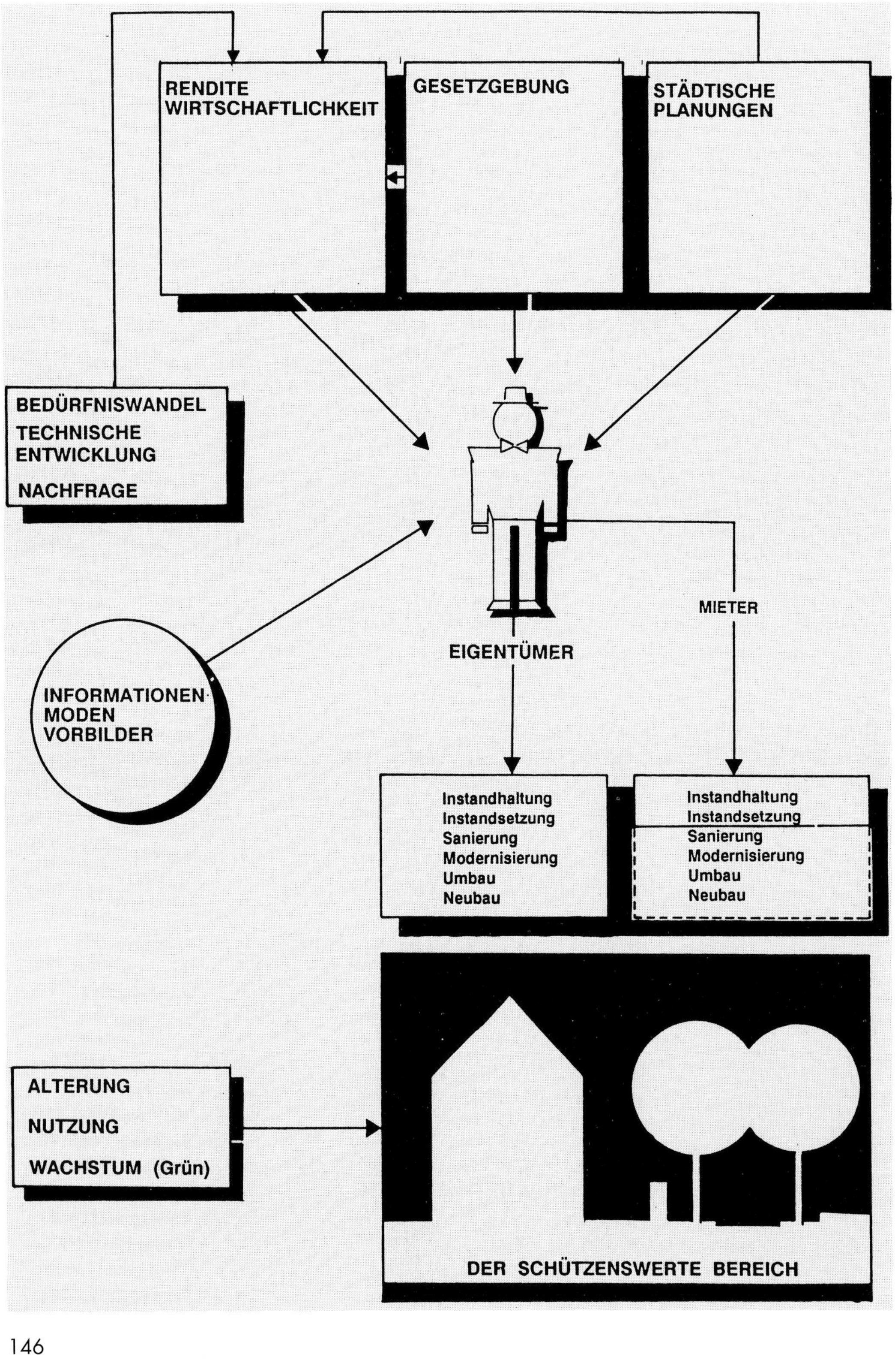

Siedlungen: Übersicht über Gefährdungsfaktoren

Gebäude nicht selbst genutzt, sondern vermietet werden. Dann beschränken sich seine Aktivitäten im wesentlichen auf die mehr oder weniger dem Bestand zuträgliche Instandhaltung, auf Instandsetzung oder Modernisierung. Da sich der überwiegende Teil der Siedlungen in Bonn im Eigentum von Wohnungsgesellschaften befindet, sind relativ günstige Voraussetzungen für ihre Erhaltung gegeben. Nur so ist zu erklären, daß viele Siedlungen sich - trotz aller bedauerlichen Veränderungen - in einem noch weitgehend ursprünglichen Zustand befinden.

Bei diesen Gefährdungsfaktoren setzt das Handlungskonzept des Denkmalpflegeplans an. Aus unserer Sicht sind für die Siedlungen der 50er Jahre folgende der dort aufgeführten Maßnahmen von besonderem Gewicht:

Gesetzgebung: Die möglichen Auswirkungen neuer, insbesondere auf die Steigerung technischer Anforderungen ausgerichteten Gesetze und Verordnungen müssen von Seiten der Denkmalpflege sorgsam beachtet, interdisziplinäre Lösungen für erkennbare Problemkreise erarbeitet werden. Denn nur eine interdisziplinäre Zusammenarbeit, welche die gegebenen rechtlichen und baulichen Erfordernisse prüft, kann zu beispielhaften Lösungen führen; im besten Fall ist der Verzicht auf Veränderungen zu begründen.

Straßenplanung: Die Straßen der 50er Jahre sind besonders gefährdet, weil sie häufig breit sind, aber keinen Straßenraum bilden. Sie stehen also im Widerspruch zur derzeitigen Tendenz im Straßenbau bzw. -umbau, das Fahrverhalten durch eine optisch klare Straßenführung, die Schaffung enger Straßenräume und ähnliche Maßnahmen zu beeinflussen.

Die öffentliche Meinung: Im Sinne einer wirkungsvollen und weitgefaßten Denkmalpflege muß gerade das Bewußtsein für die Qualitäten von Siedlungen der 50er Jahre geschärft werden, denn diese stehen aufgrund ihrer technischen Mängel zum Teil in einem eher negativen Ansehen. Wir schlagen daher Ausstellungen vor, wie sie wegweisend von der Stadt Köln bereits durchgeführt wurden. Darüber hinaus sollen Broschüren und Veranstaltungen, aber auch Exkursionen über die Siedlungen und ihre Qualitäten informieren.

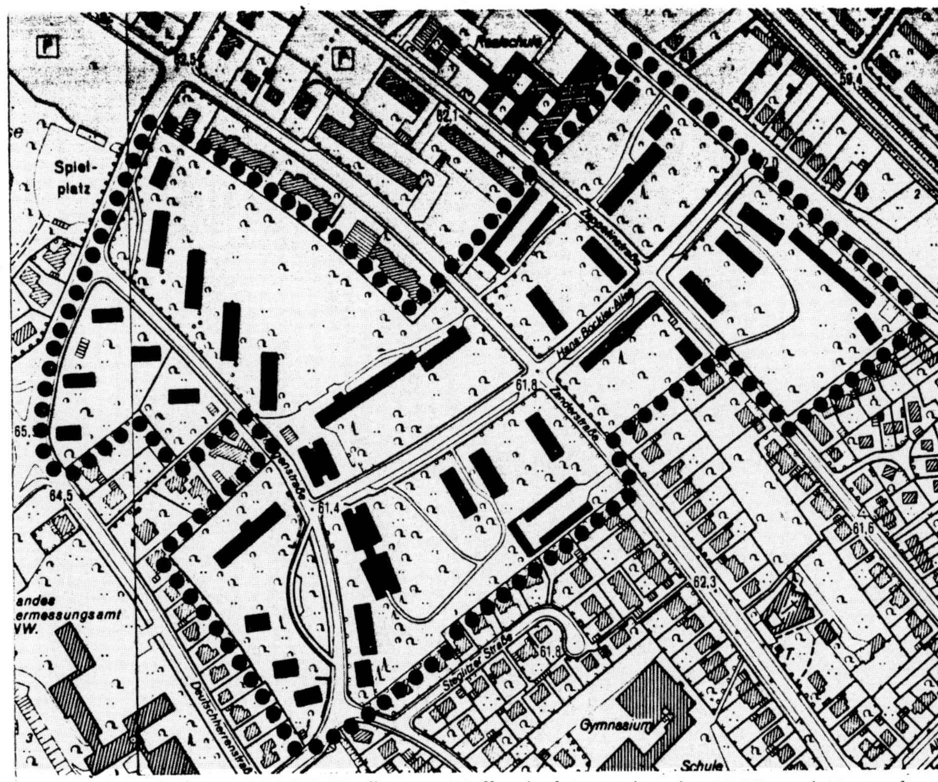

Bonn-Bad Godesberg: HICOG-Siedlung in Muffendorf. Lageplan der 1951 nach Entwurf von Otto Apel, Rudolf Letocha, William Rohrer und Martin Herdt in Zusammenarbeit mit Sep Ruf entworfenen Siedlung. Freiflächenplanung durch Hermann Mattern und Raderschall

Gutachten, Forschung: Die im Denkmalpflegeplan eher allgemeine und zunächst noch oberflächliche fachliche Bewertung soll durch Gutachten des Rheinischen Amtes für Denkmalpflege abgesichert sowie durch Forschungen an der Universität Bonn (Seminare für Geschichte, Kunstgeschichte und Geographie) ergänzt werden.

Kontaktaufnahme mit Eigentümern: Die Stadt Bonn sollte mit den Eigentümern wichtiger Siedlungen, insbesondere mit den Wohnungsbaugesellschaften Kontakt aufnehmen, um von geplanten Veränderungen frühzeitig zu erfahren und um auf eine denkmalverträgliche Form hinwirken zu können. Der so erzielbare Zeitgewinn ist nicht hoch genug einzuschätzen, insbesondere wenn eine dem Bestand angemessene Lösung eine interdisziplinäre Zusammenarbeit erfordert.

Privatisierung/Priorität: Für den Fall der absehbaren Privatisierung einer Siedlung gilt grundsätzlich, daß sie sofort an die erste Stelle des Prioritätenplanes rückt; außerdem müssen schnellstens geeignete Schutzmaßnahmen und Erhaltungskonzepte erarbeitet werden.

Grünpflegekonzept: Das Grün nimmt in den Siedlungen teilweise überhand. Es verdunkelt die Wohnungen, die ursprünglich ganz auf Licht, Luft und Sonne ausgerichtet waren, und gefährdet in Einzelfällen sogar die Gebäude. Die bei der Anlage der Siedlungen von Gartenarchitekten bewußt auf eine spätere Auslichtung hin sehr dicht angelegte Bepflanzung aus schnellwachsenden Arten ist durch die mittlerweile erlassene Baumschutzsatzung praktisch festgeschrieben. Andererseits werden jedoch auch prägende Freiräume mit Bäumen neu bepflanzt. Daher sollten Pflegekonzepte für die Freiflächen wichtiger Siedlungen erarbeitet werden.

Schutzinstrumente: Als rechtliche Schutzinstrumente sind folgende Maßnahmen bekannt:

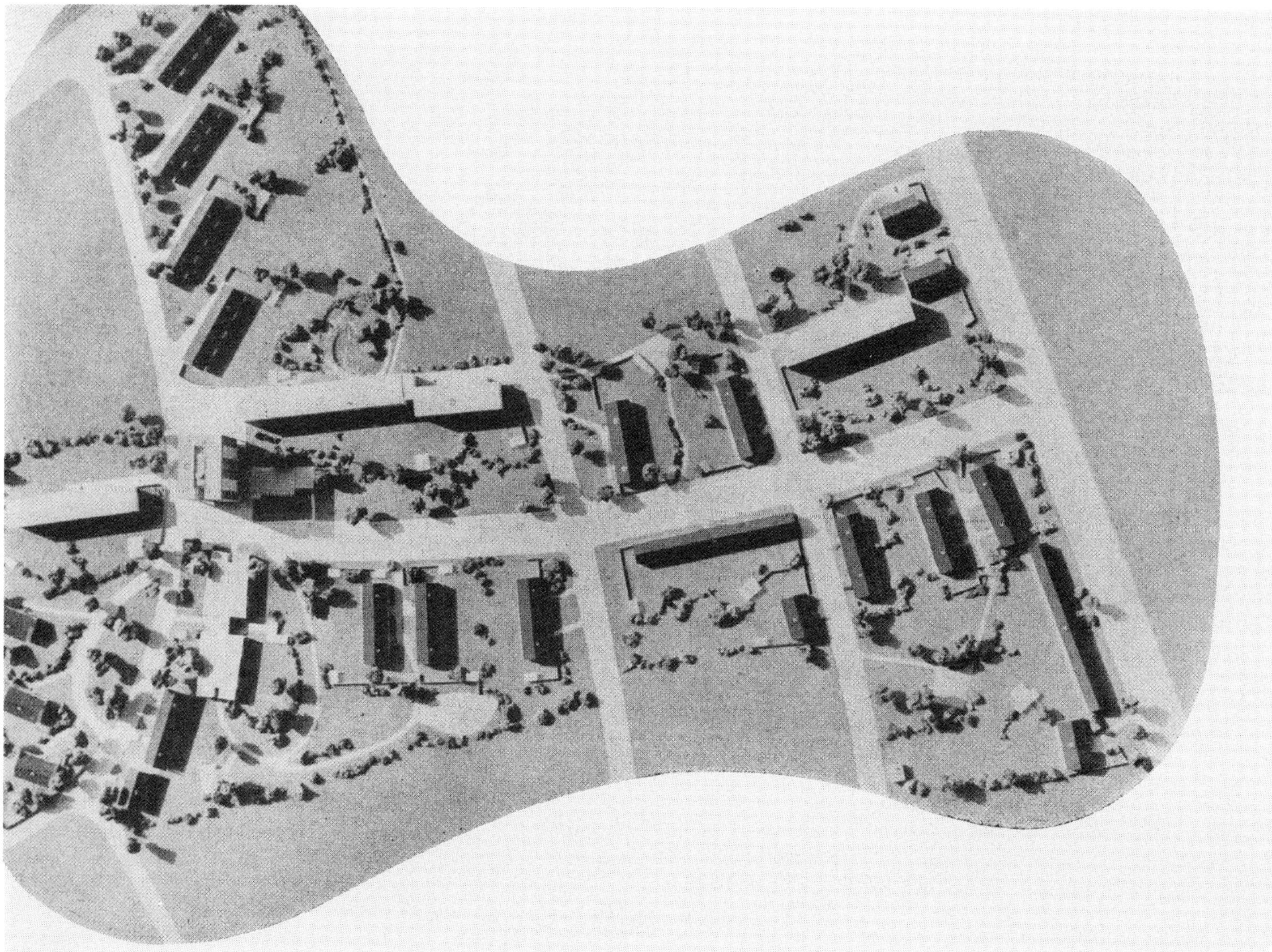

Bonn-Bad Godesberg: Modellbild der HICOG-Siedlung in Muffendorf

- Unterschutzstellung als Denkmal nach Denkmalschutzgesetz Nordrhein-Westfalen (DSchG NW),
- Aufstellung einer Denkmalbereichssatzung (DSchG NW),
- Aufstellung einer Erhaltungssatzung nach BauGB,
- Aufstellung eines Bebauungsplanes mit engen Festsetzungen (indirekter Schutz),
- Aufstellung einer Gestaltungssatzung nach Landesbauordnung.

Die Komponenten dieses hier dargelegten Maßnahmenkatalogs müssen auf die jeweils konkrete Situation abgestellt werden, wobei drei wesentliche Gesichtspunkte Auswahl bzw. Zusammensetzung der Maßnahmen bestimmen:

Zum ersten ist es der aktuelle Gefährdungsgrad, der Anforderungen an Verfahrensgeschwindigkeit und Verfahrenssicherheit stellt. Zweitens ist es der Gesichtspunkt der Praktikabilität, d.h. die Einpassung in die bisherige denkmalpflegerische und städtebauliche Praxis der Stadt. Schließlich muß sich der Umfang des gesamten Handlungskonzeptes an der Verwaltungs- und Finanzkapazität der Stadt orientieren.

Beispiele

Die Übertragung dieses theoretisch entwickelten Maßnahmenkatalogs auf konkrete Situationen wird an Beispielen erläutert:

1. HICOG-Siedlungen in Bad Godesberg-Muffendorf und Tannenbusch[3]

Unter der Oberleitung des bedeutenden deutschen Nachkriegsarchitekten Sep Ruf, in Zusammenarbeit mit den Frankfurter Architekten

Bonn: HICOG-Siedlung in Tannenbusch. Modellphoto der 1951 nach Entwurf von Otto Apel, Rudolf Letocha, William Rohrer und Martin Herdt in Zusammenarbeit mit Sep Ruf gebauten Siedlung. Freiflächenplanung Hermann Mattern und Raderschall

Otto Apel, Rudolf Letocha, William Rohrer und Martin Herdt und unter Beteiligung amerikanischer Architekten entstanden Siedlungen mit außergewöhnlichen Qualitäten: Sie zeichnen sich aus durch eine spannungsvolle Gruppierung der Häuser um großzügige Freiflächen, eine Erschließung mit breiten, leicht geschwungenen Straßen (aus Beton) nach amerikanischem Vorbild und durch eine Vielzahl verschiedener Haustypen, die teilweise von besonderer architektonischer Qualität sind.
Mittelpunkt der beiden Anlagen ist ein 12-geschossiges Hochhaus mit 72 Junggesellenwohnungen, mit Geschäften und Praxen in den beiden unteren Geschossen und einem nutzbaren Dachgeschoß, auf dem ursprünglich ein Restaurant vorgesehen war. Das Haus besticht durch seine klare, plastische Gestaltung, den gegliederten Aufbau in Sockel-, Mittel- und Dachzone. Ebenfalls typisch für die 50er Jahre und für die Bauten von Sep Ruf sind die Gestaltungselemente; einfache kubische Baukörper, Wechsel von geschlossenen Wandscheiben und offenen, sturzlosen Fensterflächen, große Öffnungen in der Dachplatte, die wie ein leichtes Sonnensegel über dem Baukörper schwebt. Ebenso von einer modernen Architekturauffassung geprägt ist das unmittelbar neben dem Hochhaus plazierte zweigeschossige Junggesellenwohnheim. Neben diesen beiden Solitären sind als weitere Haustypen Spänner, Reihenhäuser und Laubenganghäuser zu finden. Zwischen ihnen befinden sich ungewöhnlich weite Freiflächen.
Die Siedlungen überwinden bereits in ihrer städtebaulichen Konzeption den schematischen

Bonn: Aufnahmen von der Siedlung Tannenbusch von 1989, die belegen, wie das gewachsene Grün frühere Raumbeziehungen unterbricht

Zeilenbau, bevor er zum typischen Merkmal des Siedlungsbaus jenes Jahrzehnts wird. Beide Siedlungen sind zweifellos seltene und bedeutende Beispiele für den Städtebau der frühen 50er Jahre. Auch im Vergleich mit anderen Siedlungen jener Zeit: Constructa Hannover 1951, Grindelhochhäuser Hamburg, Karlsruhe-Waldstadt oder Essen-Margarethenhöhe, mit Wettbewerbsbeiträgen (z.B. ECA-Beiträge von 1951), und selbst im internationalen Vergleich (Harrow in Großbritannien, Vällingby bei Stockholm, Søndergaadsparken bei Kopenhagen) zeigt sich die städtebauliche Qualität der beiden Siedlungen. Sie stehen im Eigentum des Bundesvermögensamtes und sind noch in fast unverändertem Zustand erhalten. Allerdings wurden z.T. neue Fenster mit veränderter bzw. fehlender Sprosseneinteilung eingebaut. Der bisher größte Eingriff in das originale Erscheinungsbild sind die 1987 errichteten Walmdächer auf den Laubenganghäusern der Siedlung in Bad Godesberg-Muffendorf anstelle der ursprünglichen Flachdächer, welche den Gebäuden dieses entscheidende Merkmal moderner Architekturauffassung nahmen.

Die beiden Siedlungen sind von besonderer Bedeutung für die Architekturgeschichte im allgemeinen und für die Nachkriegsgeschichte von Bonn; aus unserer Sicht sind sie als „denkmalwert" anzusehen.

Aufgrund akuter Gefährdung durch Modernisierungen und Maßnahmen zur Verkehrsberuhigung wird die Eintragung als „Denkmal" oder als „Denkmalbereich mit höchster Priorität" empfohlen. Dazu ist vorab ein Gutachten des Rheinischen Amtes für Denkmalpflege erforderlich. Auch sollten geplante Modernisierungen mit dem Eigentümer (Bundesvermögensamt) abgestimmt werden. Schließlich ist zu prüfen, inwieweit die ursprüngliche Grünkonzeption durch abständiges oder zu stark gewachsenes Grün bzw. vorgesehene Neupflanzungen gefährdet ist und ob ein neues Grünpflegekonzept erarbeitet werden sollte.

Gegenstand von Forschungsarbeiten sollte werden, wie z.B. die Zusammenarbeit der deutschen Architekten verlief, welchen Einfluß die amerikanischen Architekten bzw. der Auftraggeber nahmen und auf wen die städtebauliche Konzeption zurückzuführen ist.

2. HICOG-Siedlung im Etzental

Während ein wesentliches städtebauliches Gestaltungsmerkmal der oben beschriebenen Siedlungen die Vielfalt der Gebäudetypen ist, sind die Gebäude der Siedlung im Etzental von ein und demselben Typ. Die Siedlung im Etzental wurde 1950 für englische Besatzungstruppen errichtet, nachdem diese zunächst kurz nach Kriegsende deutsche Wohnungen kurzerhand beschlagnahmt hatten.

Im engeren Kölner Raum wurden mehrere englische Siedlungen für Besatzungstruppen errichtet. Von diesen weist die Siedlung „Am Volkspark" in Köln hinsichtlich ihrer Hausformen und der städtebaulichen Anordnung mit der hier vorgestellten Anlage weitgehend übereinstimmende Merkmale auf.

Trotz einer Reduzierung der Grundstücks- und Wohnungsgröße in der Vorbereitungsphase weist gerade die Siedlung Im Etzental für damalige wie für heutige Verhältnisse ungewöhnlich große Grundstücke und Wohnflächen auf: Bei Grundstücksgrößen von rd. 3000 qm beträgt die zweigeschossig überbaute Fläche ca. 220 qm (GRZ 0,07; GFZ 0,15). Die geringe Verdichtung ist bestimmend für den ausgeprägten Gartenstadtcharakter. Die Siedlungen der Besatzungsmächte im allgemeinen und die Bad Godesberger Siedlung Im Etzental im besonderen sind aus mehreren Gründen schützenswert: Sie sind wichtige Dokumente deutscher Nachkriegsgeschichte. Die Siedlung Im Etzental ist zudem ein frühes Beispiel für moderne Gartenstadtgestaltung. Ebenso wie die Kölner Siedlung „Am Volkspark" ist sie „mit ihrer geschwungenen Straßen- und Wegeführung, ihrer versetzten Bauweise und ihrem zum Erlebnisraum erweiterten Straßenraum"[4] richtungweisend für die weitere Entwicklung des Siedlungsbaus in den 50er Jahren. Schließlich ist die Siedlung ein Beispiel für einen ungewöhnlich großzügigen Einfamilienhausbau und steht damit in der für Bad Godesberg prägenden Tradition des Villen- und Einfamilienhausbaus. Steigende Grundstückspreise haben sehr schnell auch Nachahmungen verhindert, so daß ihr auch ein gewisser Seltenheitswert zukommt.

Die Siedlung befindet sich heute noch im Originalzustand. Lediglich ein Haus wurde in Folge einer Privatisierung umgebaut (Fenster, Dachgauben, Balkon) und hebt sich darüber

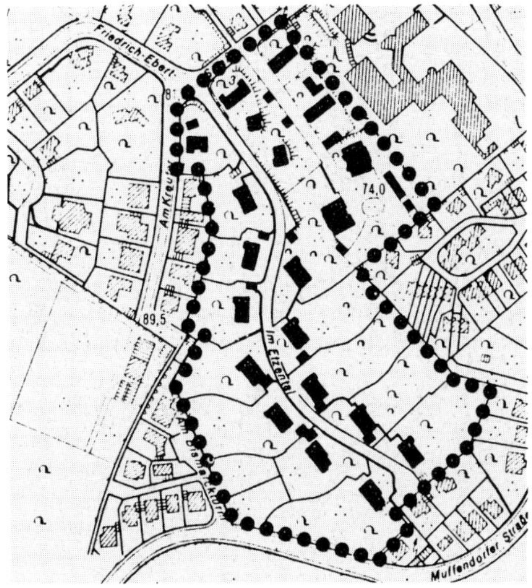

Bonn-Bad Godesberg: HICOG-Siedlung Im Etzental. Lageplan und Blick in den Straßenraum der 1951 für englische Offiziere gebauten Siedlung

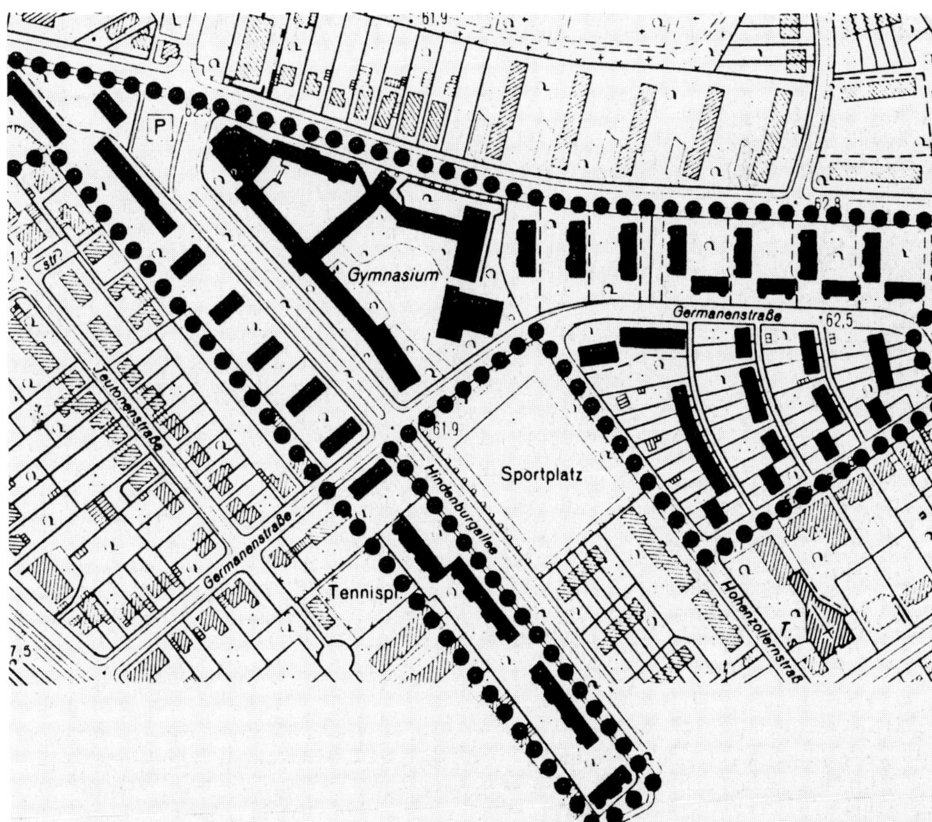

Bonn-Bad Godesberg: Siedlung Hindenburgallee/Gotenstraße, 1950–54 nach Entwurf von Sep Ruf und Gustav Hassenpflug im Auftrage der Gagfah gebaut

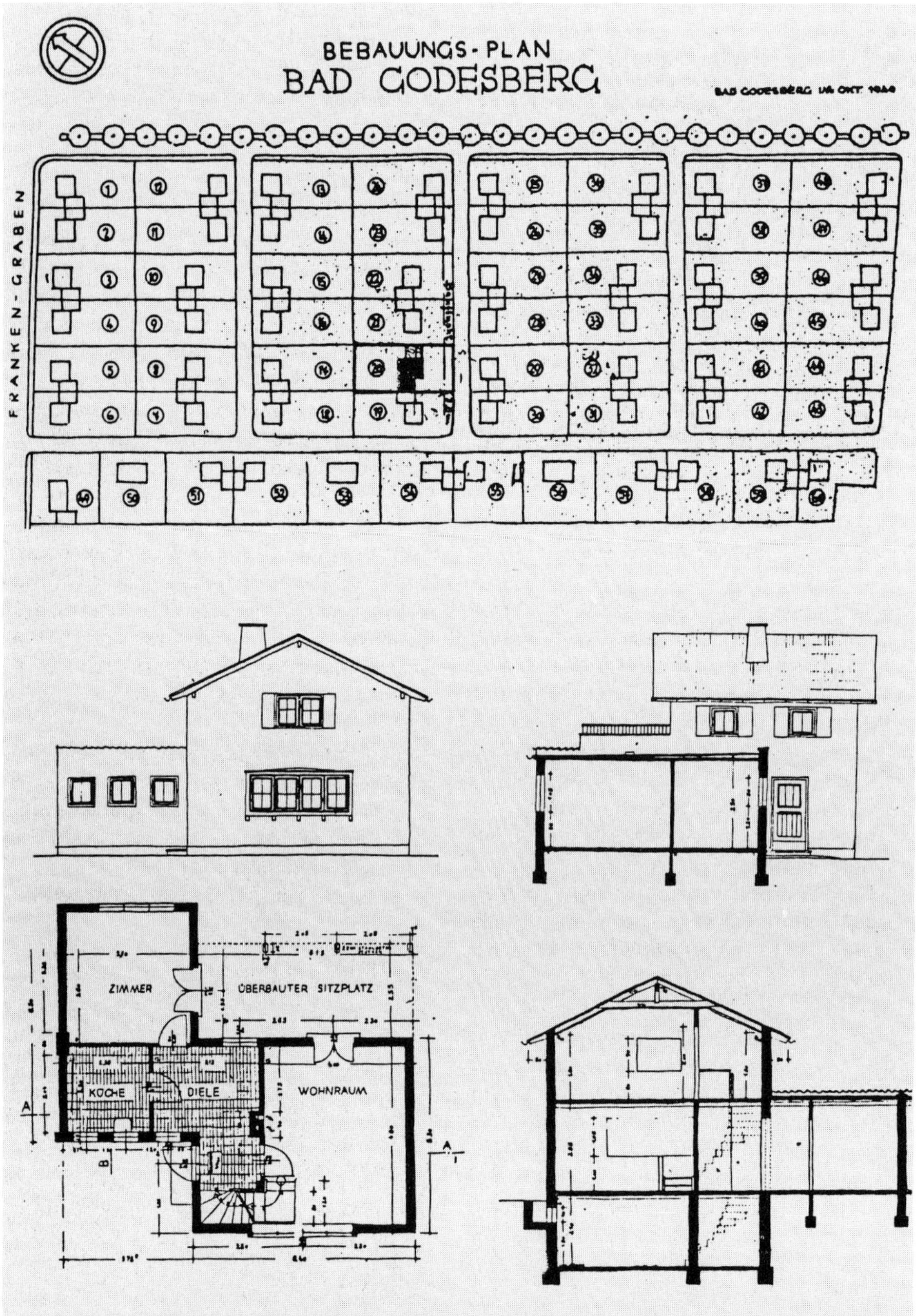

7. DIE BEBAUUNG DER NACHKRIEGSZEIT

Abb. 7.7 "Dürensiedlung" (B), Bebauungsplan 1949, Ansichten, Grundriß, Schnitt

hinaus durch eine andere Farbgebung von der umgebenden Bebauung ab. Die Siedlung im Etzental zeigt jedoch gewisse Mängel in der Unterhaltung. Dies bedeutet eine akute Gefährdung durch Modernisierung. Schutzmaßnahmen kommt daher eine hohe Priorität zu. Da neben den Einzelgebäuden auch Straßen- und Freiräume geschützt werden müssen, wird für die gesamte Siedlung eine Denkmalbereichssatzung bzw. die Eintragung als Denkmal empfohlen. Darüber hinaus sollten geplante Modernisierungen zwischen den Eigentümern und der Stadt Bonn abgestimmt werden. Als erster Schritt zur Weckung des Problembewußtseins könnte eine Informationsschrift erarbeitet werden.

3. Siedlung Hindenburgallee/Gotenstraße

Diese Siedlung wurde von den Architekten Sep Ruf und Gustav Hassenpflug 1949 konzipiert und 1950/51 errichtet. Ein Teil ihrer Bedeutung liegt in der Entstehungszeit: Ihr Bau bedeutete nicht nur eine erste umfangreiche Maßnahme zur Linderung der Wohnungsnot, sondern hatte auch eine psychologische Wirkung als Signal für den beginnenden Wiederaufbau. Die Presse berichtete entsprechend häufig über den Baufortschritt.

Aus architektonischer Sicht weist die Siedlung Einzelbauwerke bekannter Architekten auf:

Das Laubenganghaus von Sep Ruf in der Hindenburgallee ist das erste seiner Art im Großraum Bonn und gehört vermutlich zu den ersten im gesamten Bundesgebiet. Am Rande der Siedlung liegt die Christus-Kirche von Otto Bartning, die noch zum Gesamtbereich gehört. Das Nikolaus-Cusanus-Gymnasium, gebaut 1951-53 nach Entwurf der Architekten Kron und Hitz, gehört zu den ersten Gymnasiumsneubauten im Bonner Raum. Hassenpflug entwarf zwei einzelne Gebäude, die durch ein leichtes Balkonbauteil miteinander verbunden sind.

Städtebaulich ist die Siedlung durch eine konsequente Ausrichtung des Zeilenbaus mit sehr ansprechend und sorgfältig gestalteten Frei-

Bonn-Bad Godesberg: Bebauungsplan der Dürensiedlung, Ansichten, Grundriß und Schnitt der Typenhäuser, die 1949 von einem Unternehmer errichtet wurden. (Photos aus der Siedlung siehe den Beitrag von Jörg Schulze)

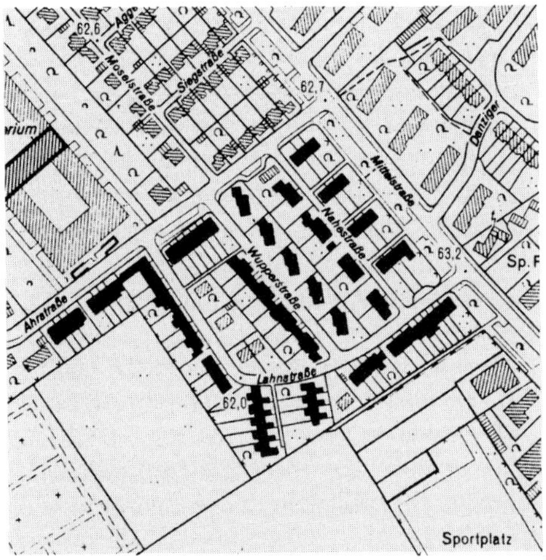

Bonn-Bad Godesberg: Lageplan der Tessenowsiedlung der Frankfurter Siedlungsgesellschaft und der Rheinland-Gemeinnützige Wohnungs- und Siedlungsgesellschaft mbH mit 92 Eigenheimen nach Entwürfen von Eugen Blanck, Egon Mass, Walter Kratz und Karl Selg. Einfamilienhaus mit Einliegerwohnung in originaler Farbigkeit, Entwurf Walter Kratz

flächen gekennzeichnet. Ihr Zustand ist weitgehend noch original erhalten, lediglich vereinzelt sind die ursprünglichen Fenster und Türen (z.B. beim Laubenganghaus) ersetzt worden.

Die Bewertung dieses Bereichs ist wegen Fehlens von Vergleichsmaterial schwierig. Die frühe Entstehungszeit, die Werke bedeutender Architekten der Nachkriegszeit auf engem Raum, die offenkundige städtebauliche Qualität und der weitgehend originale Zustand sind die Gründe für unsere Einschätzung, daß dieser Bereich mit Sicherheit erhaltenswert ist. Die Frage eines möglichen Denkmalwertes für den Gesamtbereich oder einzelne Gebäude wird später noch geklärt werden müssen.

Da die Siedlung im Eigentum von Siedlungsgesellschaften steht und aktuelle Gefährdungen nicht erkennbar sind, kann die heute noch schwierige Einschätzung ihrer Bedeutung im denkmalpflegerischen Sinne zunächst zurückgestellt werden.

4. Dürensiedlung

Die nach dem Bauunternehmer benannte Dürensiedlung (Baujahr 1959/60) gilt als ganz frühes Beispiel für eine Siedlung aus Einzelhäusern, die von einem Privatunternehmen errichtet wurde. Sie wurde in der örtlichen Tagespresse als die größte private Wohnsiedlung in Deutschland dargestellt. Mochte dies auch übertrieben sein, so war ein derartiges Bauvorhaben von Seiten eines Privatunternehmers im Jahre 1949 gleichwohl sehr ungewöhnlich. Die Siedlung nach Plänen des Architekten Peter Heuser lieferte mit einfachen Einfamilienhäusern und deren Anordnung in der Gesamtanlage einen Beitrag zum damaligen, der Not gehorchenden, kosten- und flächensparenden Bauen; im Jahre 1950 betrugen die reinen Baukosten 13.000 DM für ein Haus. Die Doppelhäuser mit ihrem interessanten Grundriß, der sie wie Einzelgebäude wirken läßt, haben eine Wohnfläche von etwa 78 qm. Die Straßen sind schmal, geradlinig und überwiegend durch Hecken eingefaßt.

Es ist nicht verwunderlich, daß fast alle Häuser durch Anbauten vergrößert oder umgebaut wurden. In gelungenen Fällen wurde der Hauskubus verdoppelt, Alt- und Neubau sind noch erkennbar. Auch wurden mittlerweile Modernisierungen (Heizung, Sanitär) vorgenommen; z.T. wurden auch Garagen gebaut, die bei den gelungenen Beispielen nicht stören. Störend wirken jedoch die nachträglichen Fassadenverkleidungen (z.B. Klinkerimitationen) und neuerdings errichtete Balkone und Dachgauben. Aufgrund der in jüngster Zeit zunehmenden Veränderungen an Gebäuden und Straßenraum ist eine Erhaltungssatzung dringend geboten. Der Gedanke an einen möglichen Denkmalwert erscheint uns jedoch nicht angebracht. Ergänzend sollten anstehende allgemeine Probleme der Siedlung und zu erwartende Veränderungen von den Eigentümern erfragt werden, so daß ein Konzept mit geeigneten Lösungen erarbeitet werden kann.

5. Tessenowsiedlung

Während die Dürensiedlung eine einheitliche Bebauung mit einem Haustyp, der regelmäßig auf das rechteckige Straßennetz ausgerichtet ist, aufweist, sind in der südlichen anschließenden Tessenowsiedlung aus dem Jahre 1954 verschiedene Hausformen in unterschiedlicher Stellung zum Straßenraum angeordnet.

Diese Siedlung ist Ergebnis eines Architektenwettbewerbs mit den Preisträgern Eugen Blanck, Gondrom, Walter Kratz, Egon Mass und Karl Selg. Hier wurde versucht, eine reine Einfamilienhaussiedlung mit vielen verschiedenen Haustypen in lockerer Bebauung zu schaffen. Die hohen Grundstücks-, Erschließungs- und Baukosten führten jedoch zu Absatzschwierigkeiten, lag doch der durchschnittliche Preis für ein Haus um fast das Doppelte höher als für die Häuser der fünf Jahre zuvor errichteten Dürensiedlung.

Heute bietet die Siedlung einen Überblick über gängige Einfamilienhaustypen der 50er Jahre: Bungalows, Reihenhäuser in giebel- und in traufständiger Stellung und den auffälligen „Samba-Typ" (Split-level).

Auch bei dieser Siedlung ist eine denkmal-

Bonn-Bad Godesberg: Reihenhäuser An der Kommende, gebaut 1954 nach Entwurf von Wilhelm und Dirk Denninger

pflegerische Einordnung schwer. Die intakte Anlage und die unterschiedlichen Einfamilienhaustypen haben uns dazu bewogen, für die Tessenowsiedlung die gleichen Maßnahmen wie für die Dürensiedlung vorzuschlagen, nämlich eine Erhaltungssatzung nach BauGB für beide Gebiete.

6. Einfamilien-Reihenhäuser An der Kommende

Diese kleine Häuserzeile wurde im Rahmen des sozialen Wohnungsbaus für Bundesbeamte und Privatleute nach Plänen der Architekten Wilhelm und Dirk Denninger im Jahre 1954 errichtet. Gemäß dem in der zweiten Hälfte der 50er Jahre proklamierten „weg von der geschlossenen Siedlung" („Beamten-Ghetto") galten diese Häuser seinerzeit in der Tagespresse als „richtungweisende Lösung". Abgesehen davon gehören sie zu den wenigen Gebäuden in Bad Godesberg, die in ihrer kubischen Form Gestaltungsmerkmale des Neuen Bauens aufnehmen. Sie sind damit ein Beispiel für die qualitätsvolle Nachkriegsmoderne.

Die vier Häuser unterscheiden sich mittlerweile durch verschiedene Farbgebung, Fenster und Eingangsbereiche. Das charakteristische Flachdach ist in einem Falle durch ein flachgeneigtes Walmdach ersetzt worden. Da dieses nur von der Bergseite her sichtbar ist, wurde damit das Gesamterscheinungsbild noch nicht wesentlich verändert. Auch Fenster, Vordach und Außenanlagen dieses und weiterer Häuser sind individuell umgebaut worden.

Für das Gebäude mit Walmdach soll ein steileres Walmdach mit Mönch- und Nonnedeckung (!) geplant sein. Aus diesem Grund ist höchste Dringlichkeit zum Schutz dieser Hausgruppe geboten. Dieser kann am ehesten mit einer Erhaltungssatzung erreicht werden. Sie wäre auch insofern angemessen, als die Hausgruppe von der Unteren Denkmalbehörde und dem Rheinischen Amt für Denkmalpflege noch nicht näher auf ihre evtl. Denkmalwürdigkeit untersucht wurde und somit ein schneller Schutz mittels Denkmalschutzgesetz unwahrscheinlich ist. Ein Gutachten des Rheinischen Amtes sollte zusätzlich eingeholt werden.

7. Reutersiedlung

Die Erfordernisse der Praxis nehmen bekannt-

Bonn: Oben zweigeschossige Bauzeile in der Luisenstraße in originalem, aber schlechtem Zustand, links nebeneinander Beispiele mangelnder Erhaltung und Auswechslung von Tür und Fenstern

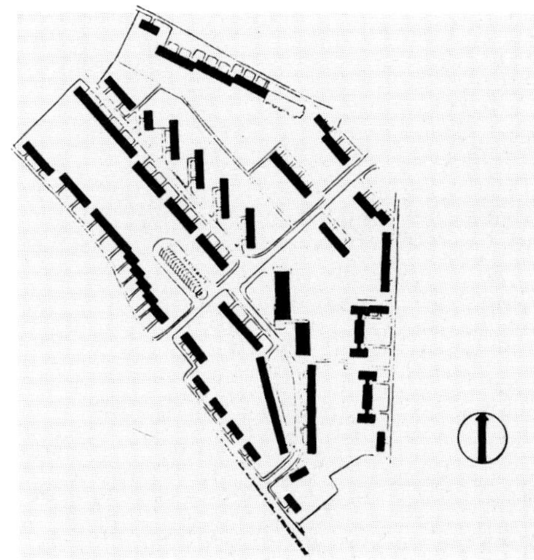

Bonn: Reuter-Siedlung zwischen Venusberg und Reuterstraße, gebaut 1949–52 nach Entwurf von Max Taut. Lageplan und Blick auf die Eingangsseiten der Reihenhäuser kurz nach der Fertigstellung

lich keine Rücksichten auf planerische Wunschvorstellungen, und so war die Stadt Bonn durch eine drohende Privatisierung gezwungen, die Reutersiedlung zu schützen. Sie trug diese 1986 im Benehmen mit dem Rheinischen Amt für Denkmalpflege in ihrer Gesamtheit als Denkmal in die Denkmalliste ein. Das war sicherlich ein seltener, wenn nicht bislang einmaliger Fall für eine 50er-Jahre-Siedlung. Begründet ist er in der besonderen Bedeutung dieser Siedlung: Nach den Plänen von Max Taut wurden hier 1949 für Bundesbedienstete und Bonner Bürger rd. 500 Wohneinheiten errichtet. Die eingeschossigen Reihenhäuser, veränderbare Drei- und Vierspänner-Geschoßwohnungsbauten haben ihren Mittelpunkt in einem fünfgeschossigen Ledigenheim, das im Erdgeschoß die zur Nahversorgung erforderlichen Läden enthält. Ein zentrales, heute noch benutztes, Waschhaus und eine Garagenanlage mit überdachtem Waschplatz ergänzen die Versorgungseinrichtungen. Die geringe bauliche Ausnutzung ermöglicht sehr großzügige und differenzierte Freiräume. Diese Siedlung, in der viele Politikerpersönlichkeiten der ersten Stunde - u.a. Ollenhauer, Carlo Schmid, Höcherl - gewohnt haben, war durch die Aussicht auf Abriß und verdichteten Neubau in der baulichen Unterhaltung stark vernachlässigt worden.

Die Unterschutzstellung als Denkmal und eine geänderte Eigentümerpolitik haben dazu geführt, daß sowohl die mit einer Privatisierung drohende individuelle Umgestaltung als auch der weitere Verfall verhindert werden konnten und die Instandsetzungen einem denkmalpflegerisch abgestimmten Gesamtkonzept folgen. Wurde bei Türen, Fenster und Fensterläden z.T. die originale Substanz oder wenigstens das Erscheinungsbild erhalten, so droht durch die Abgrenzung und Einfassung bisher zusammenhängender privater Parzellen an der Lotharstraße eine empfindliche Veränderung des Straßenbildes. Ironischerweise waren hier von Taut ursprünglich kleine Privatgärtchen zur Eigenversorgung vorgesehen, die jedoch nie realisiert wurden.

Insgesamt hat sich die Unterschutzstellung als wirkungsvoll erwiesen. Möglich war sie aufgrund der Tatsache, daß die Siedlung sich noch im Eigentum einer gemeinnützigen Gesellschaft befand, die den denkmalpflegerischen Belangen positiv gegenüberstand. Nach einer Privatisierung wäre dies durch die zu erwartenden zahlreichen Eigentümereinsprüche wohl kaum zu verwirklichen gewesen.

1. Der Verfasser unterzeichnet im Namen der gesamten Gruppe Hardtberg: Bergknecht, Borschdorf, Lambert, Ruhbaum: 53 Bonn-Bad Godesberg 2
2. Denkmalschutz für Architektur der 50er Jahre, Empfehlungen des Städtetages NRW vom 14.09.1987
3. o.V., Neue Stadtlandschaften im Bonner Raum, in: Neue Stadt, 6. Jg., Heft 1, Berlin u. Darmstadt 1952, S. 8-18
4. Stadtspuren - Denkmäler in Köln, Bd. 10 II; Heinen, Pfeffer, Köln: Siedlungen 1938-1988, Hrsg. Stadt Köln, 1988, S. 45

ZUSAMMENFASSUNG
Bei einer großen Zahl der in den 50er Jahren entstandenen Siedlungen stellt sich heute bei zunehmendem Erneuerungs- und Verdichtungsdruck die Frage eines Erhaltungsanspruchs und seiner Durchsetzbarkeit. Angesichts des nur spärlich vorhandenen Vergleichsmaterials und sehr unterschiedlicher Merkmale der Siedlungen in Bezug auf Architektur, Freiraum, Eigentumsverhältnisse und Gefährdungen ist eine denkmalpflegerische Bewertung und damit auch die Sicherung nach dem Denkmalschutzgesetz schwierig, häufig gar unmöglich. Es zeigt sich, daß hingegen eine historisch fundierte Stadtplanung bei bereits heute aus städtebaulichen oder ortsgeschichtlichen Gründen erhaltenswerten Siedlungen den Veränderungsanspruch entscheidend mildern kann. Damit sind die Voraussetzungen dafür gegeben, daß wenigstens ein Teil der von der Denkmalpflege in Zukunft als bedeutend erkannten Siedlungen ihr zu gegebener Zeit in einem nur gering veränderten Zustand in Obhut gegeben werden können.

WOLFRAM HAGSPIEL

Erfassung, Schutz und Erhaltung von Bauten der 50er Jahre in Köln

Inventarisierung und Öffentlichkeitsarbeit

Anlaß zu einer intensiven Beschäftigung mit den 50er Jahren und Aufstellung eines „Denkmälerverzeichnisses", das als „Qualitätvolle Architektur der 50er Jahre in Köln" im Rahmen einer Publikation „Köln: Architektur der 50er Jahre" in der Reihe des Stadtkonservators „Stadtspuren – Denkmäler in Köln" 1986 veröffentlicht wurde, waren die immer häufiger zu beobachtenden gravierenden Veränderungen an stadtbildprägenden Bauten der Nachkriegszeit. Zu nennen wäre das Turmhaus in der Schildergasse von Wilhelm Riphahn oder die Stadtsparkasse am Habsburgerring von Theodor Kelter, sowie die Diskussion um die Aufhebung des Bebauungsplanes in der Hahnenstraße, jener im Dritten Reich durchbrochenen Ost-West-Achse, deren Bau bald nach 1945, noch vor der Währungsreform, als einer der ersten programmatischen Straßenzüge in Deutschland begonnen wurde.

Die ersten Überlegungen, vorerst eine Liste allgemein bekannter „wichtiger" Bauten dieser Epoche zu erarbeiten, wurden aus pragmatischen Gründen und aus der Erkenntnis, daß so ein Verzeichnis mit sehr vielen offensichtlichen Lücken entstehen würde, bald zugunsten einer flächendeckenden Bestandsaufnahme aufgegeben. Als sehr hilfreich hat sich bei dieser nun wesentlich komplexeren Aufgabenstellung die allgemeine Beschäftigung mit der Architektur jener Epoche anhand zeitgenössischer Fachliteratur und durch Gespräche mit älteren Architekten erwiesen. Diese Arbeitsweise führte vor allem die Stilvielfalt und die verschiedensten Diskussionsansätze in den 50er Jahren vor Augen und trug so zu einer eigenen Urteilsfällung und Entscheidungstreffung elementar bei. Zwangsläufig ergab sich daraus auch eine weitgehende Aufarbeitung der für Köln relevanten Architekturliteratur, der Bauzeitschriften und Fachpublikationen. Aber auch stadtkölnische Werbepublikationen wurden herangezogen, aus denen oft sehr deutlich hervorgeht, was man damals in Köln als Besonderheit und neue Errungenschaft beachtete und deshalb auch zur Besichtigung empfohl. Beispielhaft mögen zum letzten Punkt die von der Stadt Köln herausgegebene Publikation „Köln 1953 – Bilddokumente", die vom städtischen Verkehrsamt in sechs meist unterschiedlichen Auflagen edierte Broschüre „Neue Kölner Kirchen" und die BDA-Dokumentation „Bauten Kölner Architekten 1948-1963" sein.

Diese Grundlagenarbeit bot eine gute Basis für das danach erstellte Verzeichnis und zudem eine wichtige Argumentationshilfe bei der gleichzeitigen denkmalpflegerischen und denkmalschützenden Alltagsarbeit. Die Auflistung erfolgte mit der gleichen Intensität wie bei dem bisherigen Verzeichnis der Baudenkmäler, also durch Erfassung vor Ort und durch Abfahren und Abgehen des gesamten Stadtgebietes innerhalb eines halben Jahres. Leitlinien für die Aufnahme eines Bauwerks in dieses Verzeichnis waren primär die baukünstlerische Qualität, dann aber auch die Einmaligkeit und Orginalität zeittypischer Entwürfe, wie z.B. der des Blau-Gold-Hauses am Dom mit seiner geschmäklerisch-modischen, sehr dekorativen Vorhangfassade. Herausragende Leistungen in reicher Zahl waren Köln auch in vorangegangenen Epochen typisch - auf dem Gebiet des Sakralbaus zu finden, verbunden mit Namen wie Rudolf Schwarz, Dominikus und Gottfried Böhm, Karl Band oder Hans Schilling. Wider Erwarten bilden die in Köln nach dem Krieg mit großer Intensität gebauten Schulen - oft Beispiele groß angelegter Raumplanungen mit vielen künstlerischen Details - einen weiteren Schwerpunkt in dem Verzeichnis.

Denkmäler entsprechend dem Denkmalschutzgesetz können aber auch eher unscheinbare Objekte sein: so die Bauten des Entbunkerungsprogramms und die Übergangshäuser: Dokumente sozialgeschichtlicher Art, von denen exemplarisch einige Beispiele ausgewählt wurden. Eine besondere Rolle bei der Auswahl spielte gerade in der Innenstadt der städtebauliche Kontext von Gebäuden, der Zusammenhang von Architektur und Stadtplanung. Das führte auch zur Aufnahme von Bauten, die schon teilweise verändert sind oder die als Einzelbauwerk nicht unbedingt einem hohen Qualitätsanspruch gerecht würden, die aber wichtig sind in Hinblick auf die Ausformung der neuen Planungsideen. Für zwei größere Bereiche der Innenstadt, für das Martinsviertel als Wiederaufbau einer Kölner Traditionsinsel und das Griechenmarktviertel, dem wichtigsten Beispiel einer großräumigen innerstädtischen Wohnbebauung anstelle eines im Krieg nahezu gänzlich zerstörten eng bebauten Quartiers, wurden Denkmalbereiche vorgeschlagen. Begleitet wurde die Auflistung durch eine – bis jetzt noch nicht abgeschlossene – fotografische Erfassung der Bauten; ferner wurde aus Nachlässen altes Fotomaterial erworben und aus Beständen der Bauaufsicht Unterlagen kopiert und archiviert.

Seit Jahren bewährt hat sich beim Stadtkonservator eine breit angelegte Öffentlichkeitsarbeit, die bei dem brisanten Thema „50er Jahre" gleich einer Werbekampagne geführt wurde – mit Erfolg! In diesem Zusammenhang steht auch die Veröffentlichung des Verzeichnisses im Rahmen der oben zitierten Publikation. Weitere Aktivitäten waren Vorträge vor dem Rat der Stadt, vor der Verwaltungsspitze und für die Verwaltung allgemein, sowie zahlreiche öffentliche Vorträge, ferner Führungen in der Führungsreihe „Köln für Kölner", die der Konservator zweimal im Monat per Bus oder zu Fuß veranstaltet. Das 30jährige Jubiläum der Kölner Oper im Jahre 1987 wurde zudem zur Präsentation einer umfassenden Ausstellung im Foyer der Oper genutzt. Neben die objektbezogenen Tafeln zur Planungs- und Baugeschichte des Hauses, die bis 1946 zurückreicht, traten gleichberechtigt ausgewählte Beispiele zur Kölner Architektur der 50er Jahre. Die Oper übernahm den Druck einer kleinen Festschrift, während die Stadtsparkasse, die den zweiten Teil der Ausstellung später als Wanderausstellung für ihre Filialen nutzte, eine kleine Broschüre zu den 50er Jahren in Köln veröffentlichte. – Beide Publikationen wurden im Hause des Konservators erarbeitet. Die Resonanz auf dieses umfassende Werben spiegelte sich bald in der lokalen und dann überregionalen Presse wider, bis hin zu zwei größeren Fernsehberichten im WDR III und ZDF. Im Stadtmuseum fand, begleitet durch eine Buchpublikation, eine Ausstellung mit Fotografien von Martin Claßen und Michael Vorfeld unter dem Thema „Architektur der 50er Jahre in Köln" statt. Im Rahmen der Stadtspuren-Reihe fanden in den beiden Bänden über die Kölner Siedlungen, die von Werner Heinen und Anne-Marie Pfeffer geschrieben wurden, auch die Siedlungen der 50er Jahre ihre wissenschaftliche Bearbeitung und Würdigung.

Die Diskussion um den Schutz von insgesamt etwa 900 aufgelisteten Bauten vollzog sich schrittweise und ist noch nicht ganz abgeschlossen. Auf Antrag eines Bürgers wurde als eines der ersten Häuser der 50er Jahre das Haus „Em Hanen", von Hans Schilling und Hans Spiertz 1958–59 errichtet, gemäß dem Denkmalschutzgesetz in die Denkmälerliste eingetragen. Auf geplante Veränderungen im Rahmen von Baugenehmigungsverfahren konnte der Konservator aber erst reagieren, nachdem der verwaltungsinterne Beschluß zur Kartierung sämtlicher Bauten dieser Zeit gefaßt war. Jetzt ist sichergestellt, daß die Denkmalpflege gehört werden muß. – Zudem stehen alle stadteigenen Bauten schon unter Denkmalschutz. Unterschutzstellungsverfahren im größeren Stil wurden in Sanierungsgebieten und bei Aufstellung neuer Bebauungspläne eingeleitet und sind dort meist ohne Widerspruch abgeschlossen. Zu berichten ist ferner über einen ersten Prozeß, der in erster Instanz gewonnen wurde: bei der ehemaligen Herstatt-Bank sollten die für diese Bauten so typischen Flugdächer geschlossen werden. Den positiven Erfahrungen stehen aber auch Niederlagen und Verluste gegenüber, wobei sich letztere aus den noch offenstehenden Unterschutzstellungen ergeben. Gemeint sind all die baurechtlich genehmigungsfreien Änderungen an Bauten, die bei einem Bauwerk der 50er Jahre durchaus die Zerstörung seines eigentlichen Charakters bedeuten können. So war der Konservator eines Tages vor vollendete Tatsachen gestellt, als er beim Vorbeifahren entdeckte, daß bei drei markanten Punkthäusern in der Innenstadt (Rothgerberbach 2–6) sämtliche farbige Kacheln abgeschlagen und teilweise schon durch Putz ersetzt waren. Bei einem anderen innerstädtischen Gebäude, einem breit gelagerten 6-geschossigen Riegelbau am Neumarkt, entdeckte erst der mit der Bewertung beauftragte Mitarbeiter die wohl binnen weniger Tage ausgewechselte, völlig andere Glas-Aluminium-Rasterfassade. Unterliegen mußte der Konservator innerhalb der Diskussion um den Erhalt einiger Einfachstbauten aus dem Entbunkerungsprogramm der Zeit kurz nach der Währungsreform. Bei einer Laubenganghauszeile in Humboldt-Gremberg, die räumlich starken Bezug auf die gegenüberliegende Kirche St. Marien aus gleicher Zeit nahm, sind die Planungen zu dem umfassenden Umbau schon zu weit fortgeschritten; bei der Laubenganghaus-Siedlung in der Würzburger Straße in Vingst, eine der frühesten und größten ihrer Art in Köln und gänzlich im originalen Zustand, gibt es starke politische Argumente, die hier eine Veränderung der Bevölkerungsstruktur wollen – auf diese Veränderung war seit Jahren durch Fortlassen sämtlicher Investitionen hingearbeitet worden. Kompromiß: vielleicht bleibt ein Haus im originalen Zustand als eine Art Gemeinschaftshaus bestehen; der Konservator soll sich eine andere Siedlung in besserem baulichen Zustand aussuchen.

Köln: Turmhaus in der Schildergasse, gebaut 1956/57 nach Entwurf von Wilhelm Riphahn, Zutstand um 1958

Köln: Turmhaus nach dem Umbau in den achtziger Jahren

Umbauten und Erneuerungen – Positionen der Denkmalpflege

Die denkmalpflegerische Arbeit ist, selbst wenn die Bauten schon unter Denkmalschutz stehen, selten ein Wirken, auf das man mit Stolz und Zufriedenheit zurückblicken kann, denn im Gegensatz zu vorangegangenen Epochen wie dem 19. Jahrhundert gibt es bei den Bauten der 50er Jahre aufgrund oft gänzlich anderer Baumethoden meist nur den Kompromiß mit einer Spannbreite von Rettung wesentlicher

Köln:
Haus „Em Hanen"
am Alten Markt 24,
gebaut 1958/59
nach Entwurf von Hans
Schilling und Hans Spiertz

Köln: Laubenganghaus in Vingst, Würzburger Straße, gebaut 1949

Teile bis hin zur Rundumerneuerung im annähernd ähnlichen Stile, und das käme streng genommen eigentlich einem Totalverlust bis auf das konstruktive Gerüst gleich. Nicht immer sind es jedoch die Materialien und energietechnischen Gründe, die den Wunsch nach Veränderung hervorrufen. Oft sind es neue Nutzungsvorgaben oder lediglich der Drang nach Anpassung an modische Gegenwartsströmungen in Architektur und Dekorationskunst. Für letzteres mag beispielhaft das 1948–50 von Hermann von Berg errichtete Mevissenhaus in der Breite Straße stehen, dessen Veränderung kurz nach der Inventarisierung begonnen wurde. Beratungen verliefen hier völlig ergebnislos; eine Unterschutzstellung hat sich erübrigt.

Verhindert wurden modische Umwandlungen im Spanischen Bau, einem der beiden Kölner Rathausbauten: ein außen gemäßigt modernes Gebäude, das im Innern eine Vielzahl phantasievoller Raum- und Detaillösungen in der breiten Spannweite der 50er-Jahre-Architektur bietet und vor allem eine nahzu komplette Innenausstattung im Original besitzt. Die zeittypisch gemusterten Vorhänge in einigen der Sitzungssäle werden, da die Stoffe heute noch im Handel erhältlich sind, durch gleiche ersetzt; die Wandvertäfelungen, Wandschränke und Parkettböden in den Räumen des Stadtdirektors benötigen jetzt lediglich eine Aufarbeitung und eine teilweise Erneuerung; technische Ergänzungen im Ratssaal erfolgen in Abstimmung mit dem Konservator. Ein Zankapfel bleibt lediglich die Kantine, wie noch vor kurzem ein Brief im Mitteilungsblatt der Stadtverwaltung kundtat: Der Wunsch nach besserem Kantinenessen wurde hier verknüpft mit der Vorstellung, daß dieses sich nur durch den Typus eines auf weiß „gestylten" Bistros verwirklichen lasse. – Aus der Sicht der Denkmalpflege scheint es jedoch besser und zudem preiswerter, dem Raum seine alte Farbigkeit mit den noch erhaltenen Vorhängen (z.Z. deponiert) zurückzugeben und dann ganz

Köln: Der Gürzenich am Quatermarkt, gebaut 1951–55 nach einem Entwurf von Karl Band und Rudolf Schwarz aus dem Jahre 1949, Photo vom 9. April 1957

im Sinne der 50er Jahre wieder frisch zu kochen.
Erhebliche Substanzverluste gab es zu befürchten, als nach Übersiedlung des Gürzenich-Orchesters in die neue Philharmonie der Gürzenich einen der Hauptnutzer verlor, und damit die Frage nach einer neuen Zweckfindung und einem Umbau ins Haus stand. Es gibt wohl keinen zweiten Bau der 50er Jahre in Köln, bei dem schon eine geringfügige Veränderung der Denkmalpflege Schmerzen bereiten würde; denn dieser Gürzenich ist eines der Gesamtkunstwerke der deutschen Nachkriegsarchitektur schlechthin. Gebaut wurde er 1952–54 von Karl Band und Rudolf Schwarz unter der Mitarbeit von Hans Schilling und Josef Bernard sowie unter der Beteiligung fast sämtlicher Kölner Künstler, die Rang und Namen hatten. Der 1988 veranstaltete Wettbewerb unter dem Thema „Veranstaltungshaus Gürzenich und Bebauung Gülichplatz" brachte mit dem Entwurf der Architekten C. und J. Helbig, die den 1. Preis erhielten, immerhin einen Vorschlag ein, dem die Denkmalpflege uneingeschränkt zustimmen konnte, „da er das Baudenkmal in seiner gesamten Qualität erhält und den Anbau sowie Neubau Gülichplatz städtebaulich hervorragend einfügt". Lediglich das weiträumige Garderobenfoyer soll künftig einem Bankettsaal Platz machen. Als „kongeniale Lösung" wurde die Anbindung des Neubauflügels an die als Gedenkstätte genutzte Ruine der Kirche

Köln: Foyer des Gürzenich – Treppenaufgang und Wand der als Gedenkstätte genutzten Kirche St. Alban

Köln: Habsburgerring 9, Bürohaus der Provinzialversicherung, gebaut 1961/62 nach Entwurf von Theodor Kelter. Zustand nach der Sanierung der Glas/Aluminium-Fassade im Zuge eines Umbaus zu einem Hotel

St. Alban durch eine weitläufige Außentreppe empfunden. Der Auslober des Wettbewerbs, die Stadtentwicklungsgesellschaft „modernes Köln" hat der Stadt als Grundstückseignerin diesen preisgekrönten Entwurf zur Realisierung vorgeschlagen – der eventuelle Baubeginn dieses 50-Millionen-Projektes steht noch offen. Die Erwartungshaltung der Denkmalpflege entspricht den äußerst positiven Erfahrungen, die beim Umbau des 1955–57 von Rudolf Schwarz und Josef Bernard gebauten Wallraf-Richartz-Museum zum „Museum für Angewandte Kunst und Design" gemacht wurden. Im Juni 1989 konnte ein Bau wieder seine Pforten öffnen, der durch die Hand des Architekten Walter von Lom und in Beratung von Maria Schwarz durch Bewahrung fast sämtlicher Details und sogar einen teilweisen Rückbau im ursprünglichen Sinne eher gewonnen hat, als daß hier der Verlust der einstigen Nutzung als Museum für Malerei zu beklagen ist.

Es scheint, daß nahezu alle städtischen Bauten, die in den 50er Jahren errichtet wurden, zur Zeit von der Denkmalpflege betreut werden. Das in den 50er Jahren zusammen mit der Oper geplante, 1963 fertiggestellte Schauspielhaus ist augenblicklich eine Großbaustelle wegen einer Asbest-Sanierung. Hiermit verbunden ist wegen der Verseuchung der Bestuhlung eine Umgestaltung des Theaterraumes. Aus spieltechnischen Gründen – heutige Inszenierungen verlangen offenbar völlig dunkle Zuschauerräume – mußte der Konservator auf die Rekonstruktion der urspünglichen Farbigkeit bei der Bestuhlung, ein intensives Orange, verzichten. Trost bietet lediglich die Oper, wo auf die alten Stoffe zurückgegriffen wird. Störend werden im Schauspielhaus sicher auch die bald dort überall an den Wänden installierten Lautsprecher wirken.

Bei der 1949/50 von Wilhelm Riphahn entworfenen „Brücke", dem britischen Kulturinstitut, konnten durch Beratung einige gravierende Änderungen verhindert werden. Wunsch der Engländer war es etwa, die Fassaden-Metallplastik von Ludwig Gies und die darunter befindliche zeitgenössische Beschriftung zu entfernen und durch eine großflächige Werbung in knalligen Farben zu ersetzen. Wegen befürchteter terroristischer Anschläge sollten im Erdgeschoß sämtliche Fenster durch ein übermäßig breit profiliertes Rahmensystem mit Panzerglas ersetzt werden. Die Lösung wurde schließlich in einem Vorsatzfenster gefunden, das allerdings eine vertikale Teilung bekommen mußte, die dunkel weggestrichen wurde.

Von den zahlreichen Schulen mag das Gymnasium Kreuzgasse, ab 1952 in mehreren Bauabschnitten nach den Entwürfen von Karl Hell erbaut, wegen der Sanierung einer Beton-Wabenwand behandelt werden. Die Idee der Wabe wurde hier wie in der Natur als eine in sich tragende Konstruktion aufgefaßt, also ohne jegliche statische Unterstützungen innerhalb dieses Systems. Dieses prägnante und äußerst zeittypische Fassadendetail zeigt heute jedoch erhebliche Risse und Verfallserscheinungen, die sogar mit dem Abbröckeln einzelner Betonpartikel verbunden sind. Aus Kostengründen schlug das Rechnungsprüfungsamt aufgrund erster Kalkulationen den Ersatz dieser Wand durch eine ähnliche in Aluminium vor. Der glückliche Zufall, das der Erbauer dieser Schule, Karl Hell, noch lebt und für eine Beratung gewonnen werden konnte, erleichterte die weitere Verhandlung und führte zu der Entscheidung, diese Wand erneut wieder in Beton zu erstellen, jetzt aber in der Kombination mit schmal dimensionierten Trägern, von denen man vermutlich an der Innenwand dünne Randleisten sehen wird.

Köln: Hohenzollernring 2–10, Concordia-Haus, gebaut 1951/52 nach Entwurf von Wilhelm Riphahn und Paul Doetsch

Köln: Concordia-Haus im Zuge der Umbauarbeiten zu einem Hotel, Sommer 1990

Noch nicht ganz abgeschlossen sind die Überlegungen zur Reaktivierung der 1957 zur Bundesgartenschau erstellten Bauten im Rheinpark, die jetzt meist nur in den Sommermonaten genutzt werden. Die private Initiative der Comedia Colonia sieht hier ein Kleinkunsttheater vor, das in unmittelbarer Nähe des Restaurants Rheinterrassen errichtet werden soll. Da beide Gebäude durch einen transparenten Trakt verbunden werden sollen, wird auch der Bau der 50er Jahre – so die Zusage – annähernd in seinen Ursprungszustand zurückgeführt werden. Vor allem sollen Malereien freigelegt und die alte Farbigkeit wiederhergestellt werden. Zu dem Gesamtkonzept gehören neben dem Theater aber auch Konzertveranstaltungen und andere künstlerische Aktivitäten. Das einst sehr farbenfrohe, heute jedoch recht triste Parkcafé könnte nach diesen Plänen als Szene-Café mit Ausstellungsmöglichkeiten und kleineren musikalischen Darbietungen fungieren. Die stilgerechte Sanierung ist hier sogar programmatisch.

Die Beschäftigung mit den 50er Jahren und damit verbunden ein Einwirken auf Bauherren und Architekten bei geplanten Veränderungen setzte in Köln schon vor Erstellung der oben zitierten Auflistung ein. Ein trotz des Substanzverlustes „originale Fassade" erheblicher Erfolg konnte bei dem Umbau des Scheibenhochhauses der Provinzialversicherung am Habsburgerring, 1961/62 von Theodor Kelter erbaut, verzeichnet werden, wo der Bauherr überzeugt werden konnte, seinen Plan einer edlen Werksteinfassade zugunsten der ursprünglichen Glas-Aluminium-Vorhangfassade aufzugeben. Der Architekt Horst Heidrich, einst selbst Mitarbeiter von Theodor Kelter und jetzt mit dem Umbau des Gebäudes zu einem Hotel betraut, hielt sich

Köln: Wallrafplatz 5,
Westdeutscher Rundfunk, gebaut 1950–53 nach Entwurf von Peter Friedrich Schneider, Blick in das Treppenhaus

Köln: Westdeutscher Rundfunk,
Großer Sendesaal

Köln: Kunibertsklostergasse 3, Wohn- und Bürohaus Band, gebaut 1950/51 nach Entwurf von Karl Band

Köln: Ottostraße 50 in Neu-Ehrenfeld. In Glas aufgelöstes Portal von St. Anna, gebaut 1956 nach Entwurf von Dominikus und Gottfried Böhm

bei der Erneuerung der Fassade weitmöglichst an das Vorbild, wobei er aus Energiespargründen hinter die Brüstungsplatten eine zusätzliche Dämmschicht aufbrachte, die Wendefenster durch Drehkippfenster mit außenliegendem Sonnenschutz ersetzte und die Änderungen in der Profilbreite durch einen zweifarbigen Anstrich optisch mildert.
Nur unweit des jetzigen Crowne-Plaza-Hotels wird augenblicklich das 1951/52 von Wilhelm Riphahn und Paul Doetsch erbaute Concordia-Haus generalsaniert: ein Bau, dessen Äußeres nach dem Prinzip horizontaler und vertikaler Scheiben mit zurücktretenden Glasflächen und einer davon scheinbar losgelösten Erdgeschoßzone gestaltet ist.
Nach Abschluß der Sanierungsarbeiten wird dieser markante Eckbau wohl nur noch in seiner Kubatur und Linienführung erhalten bleiben, da sämtlich Materialien durch andere ersetzt werden und viele wichtige Details auch vernichtet wurden. Verloren ist die damals größte Kölner Neonreklame (von Bruno Klotz) oder die betonte Eingangssituation mit der Drehtür. Statt der einstigen schwarzen Detobak-Glasflächen in den Brüstungsfeldern werden grüne Aluminiumflächen erscheinen, das Kleinmosaik an der Werbefläche wird durch weiße Alu-Tafeln ersetzt – ein Beispiel dafür, daß ein Denkmalpfleger oft nur noch hinnehmen kann, wenn schon sämtliche Entscheidungen durch Vorbestellung der Materialien festgelegt sind.

Köln:
Goethestraße
in Marienburg. Chorraum
der Evangelischen
Reformationskirche,
gebaut 1959–61
nach Entwurf von
Heinrich Otto Vogel

Trotz erheblicher Widerstände gegen eine Unterschutzstellung wird beim WDR am Wallrafplatz Denkmalpflege mit Akribie betrieben, und intensivst von Bernd Ernsting, einem freien Mitarbeiter des Stadtkonservators, betreut. Der 1950–53 von Peter Friedrich Schneider errichtete Bau, von außen eher unscheinbar und sachlich kühl, ist im Innern eine wahre Fundgrube für die Freunde der geschwungenen Linie, aber auch der sensiblen Kunst, wie sie hier Ludwig Gies in einigen Räumen verwirklichen konnte. Wo immer es möglich ist, werden alle Einzelheiten erhalten oder sogar in den Ursprungszustand zurückgeführt: Foyer, Treppenhäuser, Kantine und die Sendesäle.

Erfahrungen bei der Erneuerung von Kirchenfenstern

Eine ganz spezifische, aus der lokalen Tradition, dem „genius loci" des untergegangenen Köln mit seinen zahlreichen mittelalterlichen Bauten hervorgegangene Architektur hat Köln auf dem Gebiete der Sakralarchitektur in den 50er Jahren zu bieten. Die Verbundenheit mit der langen Historie der Stadt, ihrer traditionsreichen Architektursprache und ihren traditionellen Baumaterialien, bewegte gerade unter dem Eindruck der völligen Zerstörung und der vielen nur noch als Ruine stehenden Kirchen eine kleine, im Wirken aber sehr bedeutsame Gruppe von Architekten, wie Karl Band, Hans Schilling, Rudolf Schwarz, Dominikus und Gottfried Böhm und einige wenige andere, zu einer Auseinandersetzung mit der Tradition und dem Inferno des Krieges. Keineswegs sind diese Architekten Traditionalisten im herkömmlichen Sinne, sondern eher Modernisten, die, wie es die 1953 in „Baukunst und Werkform" von Rudolf Schwarz heftigst geführte Debatte wider den alleinigen Anspruch der „Bauhäusler" offenlegte, einen eigenen Weg suchten aufgrund eigener Erkenntnisse und eines eigenen geistigen Fundaments zur Darstellung des Baukünstlerischen.

Diese Architekturgesinnung, für die auch die Auffassung vom Gesamtkunstwerk mit Beteiligung zahlreicher Künstler charakteristisch ist, spiegelt sich bei ihnen, wie wir gerade beim Gürzenich gesehen haben, aber auch beim Haus „Em Hanen" oder beim alten WRM, nicht nur im Kirchenbau wider.

Karl Bands Wohnhaus kontrastiert mit der mittelalterlichen Kirche St. Kunibert als zurückhaltener Backsteinbau mit inneneingebauten mittelalterlichen Spolien, Hans Schillings Privathaus lehnt sich bescheiden gegen die mittelalterliche Stadtmauer und läßt deren Struktur und Materialien im Raum dominieren. Für die Kirche Neu-St. Alban verwendet Hans Schilling die Ziegelsteine vom Abbruch der alten Kölner Oper.

Kirchenbau der 50er Jahre heißt in Köln in vielen Fällen auch Wiederaufbau. In St. Marien in Köln-Kalk verwirklichte Rudolf Schwarz seine Raumvorstellungen in der Außenhülle einer neugotischen Kirche, Gottfried Böhm setzte seine Kapelle „Madonna in den Trümmern" in die Ruine der Kirche St. Kolumba, dachte aber auch über eine zeitgemäße Neuerrichtung der Kirche in ihren alten Umrissen mit Einbeziehung der Kapelle und den Trümmerresten nach. Karl Band kombiniert Alt und Neu in der Kirche St. Johann Baptist. Alle genannten Kirchen sind als Bauten der 50er Jahre schon in dem alten Denkmälerverzeichnis enthalten gewesen und stehen seit längerer Zeit unter Denkmalschutz.

Die Verbindung von alter und neuer Bausubstanz (bisher war nur der neuromanische Turm listenmäßig erfaßt) ist auch in der Kirche St. Anna in Köln-Neuehrenfeld verwirklicht. Dominikus und sein Sohn Gottfried Böhm ersetzten 1956 den alten Kirchenraum durch eine 3-schiffige Hallenkirche in Betonskelettkonstruktion mit geschwungenen Dachformen und Wandflächen in Mauerwerk und Glas. Den Abschluß der Portalwand bildet mit 20 x 15 m eines der größten Glasfenster in Deutschland, eine in lichten Farben gemalte Vision des „Himmlischen Jerusalems", 1956–57 gefertigt nach den Entwürfen von Rolf Link und Heinz Bienefeld, damals Mitarbeiter im Büro Böhm. Die Scheiben bestehen aus hochwertigem Spiegelrohrglas, einem Vorprodukt von Spiegelglas. Geschliffen wurden die 60 x 70 cm großen Gläser in einer Ehrenfelder Glasschleiferei, bemalt von einer Kevelaer Firma. Bemalen heißt in diesem Fall, daß Flüssigkeit aufgetragen und anschließend eingebrannt werden mußte.

1989 wurde dieses Fenster wegen Schäden an einzelnen Gläsern und Rost am Eisengerät saniert. Beim Herauslösen der Scheiben und auch beim anschließendem Transport zu der Firma in Kevelaer entstand weiterer Schaden. Als Problem erwies sich dann, daß weder die ursprünglich benutzen Gläser, noch die Farben heute zu erhalten waren. Deswegen tauchen jetzt kleine Unterschiede gerade bei den Goldtönen auf.

Zur weiteren, dauerhaften Sicherung vor Witterungseinflüssen und Zerstörungen wurde vor das Fenster eine Schutzverglasung gesetzt. Die Kosten der Sanierungsmaßnahme betrugen ca. 800.000 DM, von denen die Denkmalpflege 50.000 DM beitrug, die Gemeinde St. Anna 115.000 DM und den Rest das Erzbistum.

Die evangelische Reformationskirche, ein Bau der Jahrhundertwende von Otto March, der 1959–61 von Heinrich Otto Vogel wiederaufgebaut wurde, ist ein gutes Beispiel für eine gelungene Betonsanierung. Bei den Fenstern des dreiteiligen, nahezu völlig verglasten Chores waren die Eisenarmierungen der Betonstege und -rahmen wegen einer allzu dünnen Betonschicht stark korrodiert als auch einige Dickgläser beschädigt oder gar zerstört. Die schadhaften Felder wurden ausgebaut, wenn nötig ergänzt und dann doppelt ringarmiert und in den 6,5 cm starken, neu vergossenen Rahmen mittig eingebracht. Zum Schutze der freiliegenden Eisen der Außenwand wurden die Betonanschläge gesäubert und die Falztiefe durch Auftorkretierung einer 4 cm dicken Schicht vergrößert. Die Sanierung lag in den Händen eines ehemaligen Mitarbeiters von Dominikus Böhm, dem verstorbenen Architekten Hanns Fritz Hoffmanns. Daß diese Sanierung eines Bauteils der 50er Jahre einige Jahre vor der intensiven Beschäftigung mit der Architektur dieser Epoche durchgeführt wurde, war für die Denkmalpflege, die eben erst dem Bau von Otto March die Denkmalwürdigkeit zuerkannt hatte, nicht selbstverständlich. – Die ersten Überlegungen der Landesdenkmalpflege gingen sogar dahin, die Bauschäden zum willkommenen Anlaß nehmend, den Vorkriegszustand zu rekonstruieren.

Köln:
Detail der Außenwand der Evangelischen Reformationskirche nach der Betonsanierung

JÖRG SCHULZE

Veränderungsdruck bei Bauten der 50er Jahre

Ein Bericht über Erfahrungen in Aachen, Bonn, Düsseldorf, Köln und Krefeld

Wer ein Gebäude umbauen will, findet in der Regel auch Argumente, dies zu begründen. Solche Argumente müssen keineswegs immer stimmen, viel wichtiger ist, daß sie die Entscheidungsträger von der Zielsetzung überzeugen: seien es Bauherren, Kreditinstitute, Genehmigungsbehörden oder Denkmalpfleger. Jeder Architekt weiß, daß er seine Gestaltungswünsche viel leichter durchsetzen kann, wenn er sie gegenüber dem Bauherren mit wirtschaftlichen oder funktionellen Zwängen, gegenüber der Denkmalpflege mit desolater Bausubstanz und technischen Mängeln begründet. Dementsprechend ist die Denkmalpflege in der Praxis weithin eine Auseinandersetzung über den Realitätsgehalt angeblicher baulicher Notwendigkeiten.
Da Bauwerke unterschiedlichen Alters und unterschiedlicher Bauweise oft ganz spezifische Funktionsdefizite oder Schäden aufweisen, liegt es nahe, bei Fachwerkbauten stets auf die von Holzschädlingen bedrohte Standfestigkeit des konstruktiven Systems, die mangelhafte Wärmedämmung der Ausfachung und die unzureichende Schalldämmung der Decken zu verweisen, bei Gründerzeitbauten auf die fehlende Kellerabdichtung, die unzulängliche Sanitärausstattung und verrottete Leitungen, bei Siedlungen der 20er Jahre auf beengte Grundrisse und schlechte Schalldämmung der Wohnungstrennwände. Solche Klagen gelten als glaubwürdig und versprechen einen Mitnahmeeffekt, mit dem sich ganz andere Änderungsanliegen leichter in Gang setzen lassen.
Auch für die Architektur der 50er Jahre sind die typischen Mängel längst ausgemacht. Technische Unzulänglichkeiten wie schlechte Wärmedämmung, unzureichende Schalldämmung, undichte Fenster und fehlerhafte Bauausführung bei Beton, Flachdächern und Fassaden gelten als Sachverhalte, über die zu streiten müßig ist. Auch Probleme bei der

Düsseldorf: Freiherr-vom-Stein-Haus an der Friedrichstraße, gebaut 1953 nach Entwurf von Bernhard Pfau, vor und nach der Umgestaltung

Beschaffung bestimmter Baumaterialien und Ersatzteile, etwa für Fensterbeschläge, Türen und Treppenläufe, werden von Denkmalpflegern zumeist bereitwillig als Hinderungsgründe für die Erhaltung akzeptiert.
Im Interesse der Bestandssicherung kommt es aber gerade darauf an, solche Standardklagen und entsprechende Standardforderungen kritisch zu hinterfragen. Die meisten baulichen Veränderungen und die damit verbundenen Substanzverluste wären nämlich vermeidbar, werden aufgrund wissentlich oder unwissentlich fehlerhafter Begründungen aber hingenommen, weil dem Denkmalpfleger das technische know how fehlt oder weil er allzu leichtgläubig und kompromißbereit auf stichhaltige Nachweise verzichtet. Dies dürfte bei Bauten der Nachkriegsarchitektur kaum wesentlich anders sein als bei älteren Bauwerken.
Daß sich bestimmte technische und funktionale Probleme bei Bauten der 50er Jahre auffällig häufen, läßt sich kaum bestreiten. Die Frage ist nur, ob sich daraus eine zwingende Notwendigkeit ableiten läßt, bedeutende Zeugnisse dieser Zeit so radikal umzugestalten, wie beispielsweise das 1953 nach Plänen von Bernhard Pfau errichtete Freiherr-vom-Stein-Haus[1] in Düsseldorf oder das ebenfalls 1953 von Hans Schwippert (mit Riphahn, Blanck und Leuer) erbaute Hochhaus der Provinzial[2] im gleichen Ort. Beide Bauwerke haben ihren Zeugnischarakter als bedeutende Objekte der Nachkriegsarchitektur und Werke führender deutscher Architekten der Moderne durch rigorose Umbauten - nur knapp eine Generation nach ihrer Entstehung - schon wieder verloren.
Bei einem dritten Verwaltungsgebäude der Landeshauptstadt, dem 1954-56 von Architekt Willi Dommel erbauten Dommel-Hochhaus, kürzlich zum hochglänzenden Immermann-Tower aufpoliert,[3] hat der Architekt, Rüdiger Thoma (vom Büro Hentrich, Petschnigg und Partner), anläßlich der Fertigstellung einer Musteretage im Herbst 1987 die Gründe genannt, die für den radikalen Umbau bestimmend waren: „Bei dem derzeitigen Zustand der quantitativen Sättigung des Bedarfs ist gerade der qualitative Anspruch an Bausubstanz, technische Ausrüstung und Ausstattung sehr wichtig", erläutert der Architekt und verweist auf die negativen Konsequenzen für das Mietpreisniveau, wenn Verwaltungsbauten

diesen Ansprüchen nicht gerecht würden. Dann geht er ins Detail: „Verwaltungsbauten, erstellt... in den 50er Jahren, entsprechen in Konstruktion: Bauphysik und Fassadenaufbau, in der technischen Ausstattung: Heizung, Elektroinstallation, Lüftung und auch in der Ausgestaltung: Akustik und Beleuchtung nicht mehr dem heutigen Stand der Technik, sie sind veraltet. Wir haben heute andere Wärmeschutzbestimmungen, um Energie zu sparen, andere Anforderungen an die Fenster aufgrund der Lärmbelästigungen des anwachsenden Verkehrs".[4]

Unter Bezug auf die zunehmende Luftverschmutzung begründet Thoma die Notwendigkeit einer Umgestaltung der Außenhaut, die dieser Belastung Rechnung trägt, d.h. auf ein möglichst hohes Maß an Pflegeleichtigkeit und Wartungsfreiheit abzielt. Schließlich erwähnt er noch die gestiegenen Anforderungen durch Bildschirmarbeitsplätze und andere kommunikationstechnische Ausstattungselemente, die über den Standard der 50er Jahre weit hinausgehen, spricht über gewachsene Ansprüche an die Arbeitsplatzgestaltung und betont die veränderten Vorstellungen über die Zuordnung der Arbeitsplätze und die Erschließung. Thoma folgert: „In der schnellebigen technischen Entwicklung unserer Zeit können wir nicht mehr Verwaltungsbauten für Generationen erstellen... Wir müssen erkennen, daß auch bei einem Verwaltungsbau die technische Ausstattung alle 10-15 Jahre aufgrund der Anforderungen neu konzipiert werden muß, und auch die Hülle, d.h. die Fassade wird heute nach 30 Jahren nicht mehr den geänderten Anforderungen gerecht." Werden solche Gebäude lediglich renoviert und den Tageserfordernissen angepaßt, etwa durch zusätzliche Kabelführung oder Fenstererneuerung, so sieht er die Gefahr, „daß sich die stückweise Ergänzung teurer auswirkt als die Konzeption einer Totalsanierung".

In dieser Zusammenfassung sind außer dem Aspekt baulicher Schäden, der wohl bewußt ausgespart wurde, alle wesentlichen Argumente enthalten, mit denen sich Denkmalpfleger bei Veränderungsforderungen für die unterschiedlichsten Bauten der 50er Jahre heute regelmäßig konfrontiert sehen. Betrachtet man die Beweggründe für bauliche Veränderungen im Einzelnen, so wird schnell klar, daß der reale

Düsseldorf:
Hochhaus der Provinzialversicherung, gebaut 1952/53 nach Entwurf von Hans Schwippert (mit Wilhelm Riphahn, Eugen Blanck und Stefan Leuer) vor und nach der Umgestaltung

Düsseldorf:
Dommel-Hochhaus, gebaut 1954–56 nach Entwurf von Willi Dommel, vor der Umgestaltung und als Immermann-Tower im Jahre 1987

Druck, der von ihnen ausgeht, wie auch ihre Wirkungsweise sehr unterschiedlich ist.

Veränderungen zur Behebung von Bauschäden

Bauliche Defekte, zumindest solche mit Tendenz zur Ausbreitung, sind sicher unstrittige Anlässe für Reparaturen. Das gilt z.B. auch für die Rostschäden an den Stahlträgern der Auffahrtsrampe bei der von Paul Schneider-Esleben entworfenen, 1950/51 erbauten Haniel-Großgarage in Düsseldorf[5] ebenso wie für die abgeplatzte Betonüberdeckung der Unterzüge an Eiermanns Wohnblock im Westberliner Hansa-Viertel (Interbau 1957) oder die abgeplatzten Fassadenplatten an den Häuserblocks der Frankfurter Allee in Ostberlin, um nur einige prominente Beispiele für typische Schadensfälle zu nennen.
Neben normalen Reparaturen und Teilauswechslungen wird es dabei allerdings auch Fälle geben, bei denen Veränderungen des Bestandes unumgänglich sind. Das wäre beispielsweise der Fall, wenn Betonquerschnitte vergrößert werden müßten, um die technisch erforderliche Überdeckung der Bewehrung zu erzielen. Entsprechendes gilt auch für schwerwiegende Baumängel, die zur Ursache von Schäden werden können oder schon geworden sind, wie die undichte Kalksandsteinverblendung der 1951/52 von Alfons Leitl erbauten Kirche St. Sebastian in Aachen.[6] Die Frage, ob die Anfang der 60er Jahre vorgenommene, stark verändernde Verkleidung wirklich zwingend war, ist damit allerdings noch keineswegs beantwortet.
Bei der 1956-59 errichteten Pfarrkirche St. Antonius in Essen-Frohnhausen von Rudolf Schwarz[7] haben die 1984 durchgeführten Reparaturen nur teilweise Erfolg gehabt. So konnten die durch das Rosten der Eisenrahmen bedingten Zerstörungen der Glasfenster und die damit hervorgerufenen Undichtigkeiten mit Hilfe des Einbaus neuer Doppelfenster (innen Bleiverglasungen, außen durchgehende Scheiben) behoben und die durch mangelhafte Überdeckung der Armierungseisen bewirkten Betonabsprengungen der Stahlbetonkonstruktion saniert werden. Die ebenfalls durchgeführte Neuverfugung und Imprägnierung der Außenwände gegen die Durchfeuchtung[8] erzielte jedoch nicht die erhoffte Wirkung. Es

Essen: St. Antonius in Frohnhausen, gebaut nach Entwurf von Rudolf Schwarz

Aachen: St. Sebastian, gebaut 1951/52 nach Entwurf von Alfons Leitl

scheint auch fraglich, ob die Mörtelfugen im Anschluß zwischen Betongerippe und Mauerwerk wegen der unterschiedlichen, temperaturbedingten Materialbewegungen überhaupt dauerhaft zu dichten sind, selbst wenn man dauerelastische Dichtungsstoffe einsetzt. Die langfristig sicherste Abhilfe für einen zeittypischen Bauschaden wäre hier wohl ebenfalls eine durchgehende Außenverkleidung. Für diese Notlösung wäre dann allerdings eine stärkere Orientierung am gewollten Erscheinungsbild wünschenswert und möglich als bei St. Sebastian in Aachen.
Noch eindeutiger ist der Zwang zur Veränderung bei den undichten Glasbausteinwänden in der 1953-55 von Paul Schneider-Esleben erbauten Betonschalenkonstruktion von St. Rochus in Düsseldorf.[9] Die unbekümmerte Kombination neuer faszinierender Materialien war in dieser dünnen einschaligen Form - zumindest an den nicht überdeckten Teilen der Dachkonstruktion - von vornherein zum Scheitern verurteilt. Immerhin ist es hier gelungen, für die vorgesehene Erneuerung der Glasbetonflächen in zweischaliger Form eine besser wärmedämmende und daher auch weniger kondensatanfällige Lösung zu finden, d.h. eine Ausführung, die den bauphysikalischen Bedingungen gerecht wird, ohne das Erscheinungsbild zu verändern.[10]
Zahlreiche Flachdächer, deren bauphysikalischer Aufbau den Anforderungen nicht gewachsen war, sind inzwischen durch verbesserte Konstruktionen ersetzt worden. Probleme des Dampfdurchgangs, mangelnder Dichtigkeit und Wärmedämmung zwingen aber nicht notwendig zu einer Erneuerung mit Satteldächern. Sanierungen dieser Art, wie etwa bei einem Mehrfamilienhaus der HICOG-Siedlung in Bad Godesberg,[11] sind eher Ausdruck eines neuen Zeitgeistes als Folge technischer Zwänge.
Eine weit verbreitete, typische Schadenskategorie ist die Zerstörung von Wandverkleidungen, die ohne ausreichende Dehnungsfugen in einem starren Mörtelbett verlegt wurden. Beispiele dafür sind in jeder Großstadt Westdeutschlands und der DDR zu finden, so etwa in vielen Gebäuden der Frankfurter Allee

Düsseldorf:
St. Rochus, gebaut 1953–55 nach Entwurf von Paul Schneider-Esleben

in Ostberlin oder an dem 1957-60 entstandenen Verwaltungsgebäude der Ruhrkohle AG von Eiermann und Hilgers in Essen.[12] Ihre Reparatur in der ursprünglichen Technik würde ganz schnell wieder zu den gleichen Schäden führen. Die denkmalpflegerische Behandlung reduziert sich daher auf die Erhaltung des Erscheinungsbildes. In Essen ist in diesem Sinne eine relativ gute Lösung gefunden worden: Dem Gebäude wurde unter bewußtem Verzicht auf eine zusätzliche Wärmedämmung eine neue Fassade aus gleichem Fliesenmaterial vorgehängt, in der lediglich die deutlich erkennbaren Fugen der Einzelelemente etwas stören. Bei dem ebenfalls von Eiermann entworfenen und mit ähnlichen Fliesen verkleideten Bau der ehemals Vereinigten Seidenwebereien in Krefeld[13] wurde die notwendige Erneuerung mit Blechelementen über einer. Wärmedämmung ausgeführt.[14] Das Aussehen des

Baudenkmals hat sich dabei völlig verändert. Diese Lösung hat allerdings einen unsichtbaren Vorteil: Die originale Fassadenverkleidung konnte unter der neuen Konstruktion in ihrer Substanz erhalten bleiben.
Die notwendige Behebung gravierender baulicher Mängel oder Schäden ist demnach nicht immer gleichzusetzen mit dem Zwang zu einer partiellen Erneuerung, bei der in jedem Fall Substanz ausgewechselt werden muß. Sie führt aber auch nicht immer zwangsläufig zum Entscheidungszwang zwischen Substanzerhaltung und Rücksichtnahme auf das Erscheinungsbild, denn eine Erhaltung des bautechnisch unzulänglichen Bestandes mit Verbesserung des Wärmeschutzes wie beim Gebäude der Vereinigten Seidenwebereien in Krefeld schließt ja eine bessere Anpassung der vorgehängten Fassade an das vorhandene Erscheinungsbild wie bei der Ruhrkohle in Essen keineswegs aus.
Damit ist kein allgemein gültiger Lösungsweg für den Umgang mit Bauschäden vorgezeichnet. Die letzten Beispiele zeigen aber, daß die Beseitigung auch schwerwiegender Schäden den Bestand der Denkmäler nicht gefährden muß, wenn Erneuerungen auf den wirklich nötigen Umfang beschränkt und Mängel durch schöpferische Anpassung beseitigt werden, statt durch unbekümmerte Auswechslung nach den zeitüblichen Gepflogenheiten.

Anpassung an moderne technische Standards und Funktionsanforderungen

Nächst mangelhafter Bauausführung und Bauschäden, die Eingriffe unumgänglich machen, sind Anpassungen an moderne Standards und Funktionsanforderungen die häufigsten, wenn in der Regel auch nicht wirklich zwingenden Gründe für Änderungen. Die meisten Niederlagen erleidet die Denkmalpflege wohl bei der Verteidigung der filigran profilierten Fenster der 50er Jahre. Als Beispiel für die übliche, aber denkmalpflegerisch unbefriedigende Lösung dieses Problems steht hier das Haus der Technik in Essen, ein Bau der 20er Jahre, der nach Kriegszerstörungen im Geist der 50er Jahre umgestaltet wurde. Damals wurde eine Reihe großflächiger Einfachfenster aus schlanken Eisenprofilen eingebaut, die nicht nur wärmedämmtechnisch unzulänglich sind, sondern auch dem Winddruck nicht ausreichend gewachsen und dadurch erheblich verzogen sind. Die Kombination eines bautechnischen Defizits mit einem heute als mangelhaft empfundenen Standard macht hier die Erneuerung als Isolierglasfenster mit kräftigen modernen Profilen scheinbar unumgänglich, obwohl eine Verbesserung der Statik wohl auch mit aufgesetzten Verstärkungsprofilen denkbar wäre. Die bisherige Diskussion drehte sich aber kaum um die Erhaltung, sondern beschränkte sich auf die Frage, wie bei einer annähernden Verdoppelung der Profilstärken durch geschickte Gestaltung doch annähernd der Eindruck der alten Außenansicht erhalten werden könnte.[15]
Hier zeigt sich deutlich, wie stark die Diskussion über die Erhaltungsmöglichkeiten von vorgefaßten Meinungen eingeengt werden. Wenn die Denkmalpflege sich von vornherein damit zufrieden gibt, daß der Austausch eines Bauteils ein unabweisbarer technischer Zwang ist, werden Überlegungen über alternative Möglichkeiten gar nicht mehr angestellt; der Austausch wird wirklich unvermeidlich. Bekannte Lösungen müssen deshalb in jedem Einzelfall immer wieder in Frage gestellt werden. Die Denkmalpflege muß differenzieren. Daß die Einfachverglasung und die Konstruktion der eleganten tauwassergefährdeten Metallfensterprofile an der Aachener Domsingschule von Gerhard Graubner nach wärmedämmtechnischen und bauphysikalischen Gesichtspunkten heute als völlig unzureichend betrachtet werden müssen, ist wohl kaum zu bestreiten. Die prägnante Detailausbildung[16] wird bei der bevorstehenden Umbaumaßnahme daher wohl auch nicht zu halten sein. Fraglich scheint mir allerdings, ob auch die originalen Aluminiumverbundfenster des 1953/54 von Josef

Essen: Verwaltungsgebäude der Ruhrkohle AG, gebaut 1957–60 nach Entwurf von Egon Eiermann und Hilgers. Schäden an den Wandverkleidungen

Bonn: Ehemaliges Bundespostministerium, gebaut 1953/54 nach Entwurf von Josef Trimborn, rechts im Originalzustand, links mit neuem Isolierglasfenster

Bonn: Siedlung Im Etzental, gebaut ab 1951. Links das ursprüngliche Fenster, rechts Ersatz durch Isolierglasfenster

Trimborn errichteten ehemaligen Bundespostministeriums in Bonn[17] unbedingt gegen Isolierglasfenster ausgetauscht werden mußten. Die 1954 eingebauten Fensterelemente waren - nicht nur für die Bundesrepublik - sehr frühe Beispiele für die Verwendung von Aluminiumstrangprofilen im Fensterbau, mithin von besonderem Zeugniswert. Ihre Wärmedämmung entsprach bereits heutigen Standards. Daß der Bauherr dennoch zu einer Auswechslung gedrängt hat, liegt sicher auch an der bequemen Bedienung, der leichteren Pflege und der erhofften langjährigen Wartungsfreiheit bei neuen Isolierglasfenstern. Außerdem wurde geltend gemacht, daß der bestehende außenliegende Sonnenschutz zu schwach und windanfällig sei. Das wesentliche Argument war aber die Schwierigkeit der Reparatur und der Beschaffung von Ersatzteilen für die schadhaften Beschläge.
Einwände dieser Art sind schwer zu überprüfen, solange nur sehr geringe Erfahrungen über entsprechende Objekte vorliegen. Möglicherweise hat sich die Denkmalpflege hier aber doch zu bereitwillig mit der Erhaltung des Erscheinungsbildes begnügt, die - wie ein Vergleich zwischen Altbestand und Erneuerung zeigt - allerdings perfekt gelungen ist.
Daß die neuen Fenster nun aus Stahlhohlprofilen gefertigt wurden, weil die Hersteller von Aluminiumprofilen die gewünschten Profile nicht liefern konnten, scheint angesichts der modernen technischen Entwicklung wie ein Anachronismus. Zugleich wird dadurch unterstrichen, daß mit dem für die damalige Zeit progressiv gestalteten Aluminiumverbundfenster ein nicht ersetzbares historisches Original verloren gegangen ist. Dagegen wurden die historischen Metallverbundfenster mit innenliegendem Sonnenschutz beim Haus der Ruhrkohle in Essen durch einfache Paßprofile in die erneuerte Fassade eingefügt und erhalten.[18] Diese Lösung sollte uns auf jeden Fall skeptisch machen gegenüber dem Allerweltsargument mangelnder Reparaturfähigkeit.
Bei der Wohnbau- und Siedlungsarchitektur der 50er Jahre unterscheiden sich die Probleme der Fenstererneuerung kaum von den hinlänglich bekannten Schwierigkeiten beim Umgang mit Arbeitersiedlungen und älteren Einzelobjekten. Die Forderung nach Ersatz noch intakter Originalholzfenster mit Einfachverglasung durch Isolierglasfenster wird überwiegend mit Argumenten der Verbesserung des Wärmeschutzes betrieben. Wegen des meist noch unterentwickelten Wertbewußtseins und fehlenden Denkmalschutzes für die Nachkriegsarchitektur ist solchen Forderungen bisher nur schwer zu begegnen. Alternativen, wie der Umbau zum Kastenfenster, stoßen wegen des etwas höheren Pflege- und Wartungsaufwandes überwiegend auf Ablehnung.
Unter den Gründen für die funktionelle Anpassung gelten Verbesserungen der Wärmedämmung und der Energieeinsparung nach allgemeinem Verständnis stets als die überzeugendsten Argumente, selbst wenn solche Maßnahmen aufgrund einer qualitativ guten Bauausführung in Einzelfällen gar nicht erforderlich sein sollten. Die Mehrzahl der dünnwandigen Bauten der Nachkriegszeit leidet aber tatsächlich unter starken Wärmeverlusten. Die Übernahme unpassender Altbauerneuerungsstandards wie Faserzementplattenverkleidungen bei Teilen der HICOG Siedlung in Bad Godesberg oder mit minderwertigen Bitumenpappen über einer Dämmschicht wie bei einem Haus der Dürensiedlung[19] im gleichen Ort läßt sich damit aber keineswegs begründen.
Natürlich gibt es Verunstaltungen durch Verbesserungen des Wärmeschutzes nicht nur in der Wohnhausarchitektur. Das 1950/51 von Bernhard Pfau erbaute Glashaus in Düsseldorf[20] ist neben den schon anfangs gezeigten Bauwerken ein prominentes Beispiel für einen Verwaltungsbau, der mit unangepaßten Wärmedämmungsmaßnahmen bis zur Unkenntlichkeit entstellt wurde.
Etwas differenzierter verfuhr man bei der 1952 nach Plänen von Pfau erbauten Ingenieurschule für Textilwesen in Krefeld von 1952,[21] wo nur die Fassade vor den Büroräumen erneuert wurde. Die vollständig verglaste Frontseite,

Düsseldorf: Glashaus, gebaut 1950/51 nach Entwurf von Bernhard Pfau, vor und nach dem Umbau.

Krefeld: Ingenieurschule für Textilwesen, gebaut 1952 nach Entwurf von Bernhard Pfau; vollständig verglaste, erhaltene Frontfassade.

deren elegante Gestaltung der Architekt erreichte, indem er die Profile vollständig von der tragenden Konstruktion trennte, konnte dagegen erhalten bleiben. Die unterschiedliche Behandlung war für den Nutzer leicht zu akzeptieren, weil an dieser Gebäudeseite lediglich Flure verlaufen - in den Obergeschossen nach außen verglast, im Erdgeschoß mit Glasbausteinen geschlossen -, die eine geringere Innentemperatur rechtfertigen.
Bei der Sanierungskonzeption für das von Eckhardt Schulze-Fielitz und Ernst von Rudloff entworfene, 1956-59 erbaute Landeshaus in Köln[22] spielen die viel gebrauchten Argumente des Wärmeschutzes dagegen keine entscheidende Rolle. Die Notwendigkeit eines baulichen Eingriffes ergab sich aus der Forderung nach Austausch der Asbestplatten, die die innenseitig eingebauten Brüstungsschränke gegen die Heizung abschirmen. Weitere Überlegungen zeigten, daß eine wesentliche Verbesserung der Dämmung nur mit durchgreifenden Änderungen der gesamten Außenhaut erreichbar gewesen wäre. Der große Anteil an Fensterflächen, die von Anfang an eine Isolierverglasung besaßen, hätte aber den Einsparungseffekt ohnehin begrenzt, so daß sich größere Eingriffe mittelfristig auch gar nicht rentiert hätten. Zur Zielsetzung gehört daher nur eine minimale innenseitige Verstärkung der Dämmschicht und die Reparatur der Fenster: eine wirtschaftlich logische und denkmalpflegerisch vorbildliche Lösung.
Der Tatsache, daß die angeblich so dringenden Anpassungen an heutige Standards keineswegs immer wirtschaftlich sind und daß dies von sachlich kalkulierenden Bauherren auch erkannt wird, verdanken wir bisher auch den Fortbestand der Shedhalle an der von Bernhard Pfau errichteten Krawattenfabrik Pfau in Krefeld.[23] Der Umbau der schlecht gedämmten und innenseitig mit Sperrholzplatten verkleideten Sheds wäre nach Auffassung des Unternehmers teurer als der winterliche Mehraufwand für die Heizung. Wenn demnächst dennoch ein Eingriff vorgenommen werden sollte, so eher, um die alljährlich anfallenden hohen Reparaturkosten zu sparen, die das Dach von Anfang an verursacht.
Neben den Standards des Wärmeschutzes, die allerdings bei Denkmalsanierungen oft zu unrecht für verbindlich gehalten werden,[24] entsteht Veränderungsdruck besonders häufig durch Sicherheitsauflagen der Behörden. Auch hierbei ist zu bedenken, daß entsprechende Auflagen nur bei Umnutzungen, durchgreifenden Änderungen oder bei Gefahr für Leben und Gesundheit zulässig sind. In diesem Bereich besteht allerdings erhebliche Unsicherheit bei Eigentümern und Architekten und andererseits ein weiter Auslegungsspielraum für die zuständigen Fachleute in den Behörden.[25]
So fällt der alte Eingang im Haus der Technik

Krefeld:
Flur im Erdgeschoß der Ingenieurschule für Textilwesen, erhaltener originaler Zustand

in Essen schon bald einer Umgestaltung der Fluchtwege und Treppenhäuser zum Opfer, die nach feuerpolizeilicher Auffassung zu weit auseinander liegen. Zweifellos spielen bei solchen Umbauten meist auch wirtschaftliche Aspekte mit. In manchen Fällen kann man nicht ausreichend sichere Bauteile oder Ausstattungsstücke erhalten, wenn man sie nicht mehr nutzt, wie beispielsweise eine Aufzugsgruppe im ehemaligen Haus der Vereinigten Seidenwebereien in Krefeld.

Bei der an Stahlstreben hängenden Treppe im Kölner Landeshaus mußte bereits vor längerer Zeit die mangelhafte Standsicherheit durch eine Abstützung verstärkt werden. Kürzlich erfolgte eine Auswechslung des zum Splittern neigenden Sekurit-Glases der Brüstungen gegen Verbundglas. Dabei machten neue Befestigungsvorschriften auch neue Details nötig. Ein Vergleich zwischen der alten und der neuen Lösung zeigt, daß man sich so wenig vom Original entfernt hat, wie unter diesen Umständen möglich.

Ergänzungen der Elektroinstallation haben in Büro- und Geschäftsbauten heute regelmäßig den Charakter unumgänglicher funktionaler Zwänge. Im ehemaligen Postministerium in Bonn wurde im Zuge des Umbaus für das Auswärtige Amt für die Kabelverlegung eine Flurabhängung eingebaut, der nicht nur die historischen Proportionen, sondern auch die vorhandenen Leuchten zum Opfer fielen. Daß eine solche Lösung ohne Alternative sei, kann nur der behaupten, dem die Perfektion und Konsequenz eines derart radikalen Umbaus lieber sind als Kompromisse, bei denen der erhaltenen Decke beispielsweise nur eine Kabelbahn untergehängt wird, die nicht die volle Flurbreite einnimmt. Im Landeshaus in Köln begnügt man sich noch mit einem Provisorium und überlegt, wie man allzu rigorose Eingriffe vermeiden kann. Zwar gibt es hier bereits eine abgehängte Decke im Flur, aber sie besteht aus Putz auf einer Trägermatte aus Schilfrohr, - in der Bauzeit die billigste Ausführung -, die zu schwach ist, um eine nennenswerte Anzahl von Kabeln zu tragen. Wenn man bedenkt, mit welcher Raffinesse es an vielen Stellen gelungen ist, schwache Barockdecken zu verstärken, dann kann es keinen Zweifel geben, daß die Erhaltung dieser Flurdecke im Landeshaus in Köln kein techni-

Krefeld: Krawattenfabrik Pfau, gebaut nach Entwurf von Bernhard Pfau. Erhaltung der mit Sperrholzplatten verkleideten Sheds

Krefeld: Haus der Vereinigten Seidenwebereien, gebaut 1953–56 nach Entwurf von Egon Eiermann, stillgelegter Lastenaufzug

Köln: Landeshaus, gebaut 1957/58 nach Entwurf von Ernst von Rudloff, Eckhard Schulze-Fielitz, mit Ulrich v. Altenstadt, Treppendetail vor (links) und nach (rechts) Erneuerung der Brüstungsverglasung

sches Problem ist, sondern eher eine Frage der verfügbaren Finanzen oder des politischen Wollens. Die Denkmalpflege wird es sicher auch in Zukunft hinnehmen müssen, daß Veränderungen durchgeführt werden, die mehr Substanz vernichten als zwingend nötig, sie sollte aber nicht hinnehmen, daß mangelnde Kompromißbereitschaft als unüberwindlicher technischer Zwang verschleiert wird.
Auch das Problem unzureichender Schalldämmung von Geschoßdecken oder Wänden kann nicht ausschließlich nach funktionstechnischen und bautechnischen Gesichtspunkten behandelt werden. Verbesserungen des Schallschutzes werden immer dann als unverzichtbar herausgestellt, wenn ein Gebäude ohnehin umgebaut oder umgewidmet wird. Im ehemaligen Postministerium in Bonn konnten die angestrebten Verbesserungen aufgrund der bestehenden Konstruktion relativ leicht mit Hilfe eines verstärkten schwimmenden Estrichs in den Büroräumen erreicht werden.
Weniger gelungen scheint die dort gewählte Lösung zur Minderung des Schalldurchgangs zwischen Büroräumen und Fluren, der die vorhandenen Originaltüren zum Opfer fielen. Ein Vergleich zwischen alten und neuen Türen zeigt zwar, daß man sich bei der Gestaltung der neuen Türen streng an das historische Vorbild gehalten hat; aus denkmalpflegerischer Sicht ist aber doch fraglich, ob es hier wirklich nötig war, im Hinblick auf die maximale Flexibilität der zukünftigen Nutzung (von der erfahrungsgemäß später nur wenig Gebrauch gemacht wird) für den gesamten Bau eine einheitliche Ausführung zu fordern. In fast allen Funktionsprogrammen lassen sich nämlich mit gutem Willen Bereiche finden, in denen ein etwas niedrigerer Standard - auch des Schallschutzes - hinnehmbar wäre. Hier stärker zu differenzieren beinhaltet die Chance, wenigstens in Teilbereichen Substanz zu erhalten. Diese Chance wird bisher von der Denkmalpflege nur unzureichend genutzt.
Sicher wird es immer Anforderungen zur funktionellen Verbesserung geben, für die auch bei strengen Maßstäben selbst mit viel Phantasie keine Alternative ohne Veränderungen zu finden ist. Eine Funktionsverbesserung wie die Abschirmung des spartanisch einfachen Pförtnerplatzes in dem 1956-58 nach Plänen von Paul Schneider-Esleben errichteten Mannesmann-Hochhaus in Düsseldorf[26] gegen Zugluft wird man wohl kaum verhindern können. Wo das schon nicht möglich ist, bleibt aber noch immer das Anliegen einer angemessenen Gestaltung, die den Bestand weitestmöglich schont und den Raumeindruck bzw. die Erlebbarkeit nicht allzu sehr beeinträchtigt. Ein wesentlicher Schritt im Sinne der Denkmalpflege wäre schon getan, wenn sich die Einsicht durchsetzte, daß Materialauswechslung auch bei bester Gestaltung immer einen Verlust beinhaltet, während die Ergänzung oder Hinzufügung neuer Bauteile den Zeugniswert im Wesentlichen unbeeinträchtigt läßt.

Änderungen durch Rentabilitätsforderungen und ökonomischen Verwertungszwang

In vielen Fällen enthalten angebliche funktionale Zwänge verkappte Rentabilitätsforderungen oder sind stark mit wirtschaftlichen Interessen verkoppelt, wie das bereits für den radikalen Umbau des Dommel-Hochhauses in Düsseldorf gezeigt wurde. Zumindest bei Abbrüchen und Erweiterungen spielt das ökonomische Verwertungsinteresse meist eine wesentliche Rolle. So wurde bei der Krawattenfabrik Pfau in Krefeld der alte straßenseitige Bürotrakt geopfert, um durch die Errichtung eines mehrgeschossigen Hauses die Nutzfläche zu vergrößern und eine wesentlich bessere Grundstücksausnutzung zu erzielen. Bei der 1951-53 nach Plänen von Otto Firle erbauten Dresdner Bank in Düsseldorf wurde zugunsten eines relativ geringen Zugewinns an Bürofläche der alte Eingang aufgegeben,[27] ein typisches Stück konservativ-repräsentativer Nachkriegsarchitektur ging verloren. In Berlin mußte der Langbau des Zentrums am Zoo, der im Zuge der Interbau 1957 nach Plänen von Paul Schwebes und Hans Schoszberger errichtet worden war,[28] einen erheblichen Eingriff

Köln: Schemmergasse im Griechenmarktviertel, 1989

Bonn:
Dürensiedlung, 1949/50 von einem Unternehmer gebaut. Veränderungen vor allem durch Vergrößerung der Fenster an den ehemals bescheidenen Typenhäusern

Düsseldorf: Blick in den Innenraum von St. Andreas mit dem von Ewald Mataré gestalteten Altar (Zustand 1960) und Hochaltar von 1750, der 1942 verbrannte, den die Gemeinde jedoch rekonstruieren möchte

hinnehmen. Das offene zweite Obergeschoß des Bauwerks wurde zugunsten einer stärkeren Ausnutzung ausgebaut und dem Bau so ein wesentliches Charakteristikum seiner individuellen, der Situation am Zoo angepaßten Gestaltung genommen.
In Fällen, bei denen die historische Bedeutung der Nachkriegsarchitektur erkannt worden ist, müßten durch Mitwirkung der Denkmalpflege zumindest grobe Übernutzungen und Verunstaltungen vermieden werden können. So etwa beim ehemaligen US-Generalkonsulat in Düsseldorf, erbaut 1954/55 nach Plänen des amerikanischen Architekturbüros Skidmore, Owings und Merril in Zusammenarbeit mit Otto Apel,[29] dessen Grundstück eine Erweiterung des Oberlandesgerichtes aufnehmen soll. Beim Kaufhof-Parkhaus an der Caecilienstraße in Köln, das 1956/57 nach Plänen von Hermann Wunderlich und Reinhold Klüser errichtet wurde, soll über eine Seitenstraße hinweg auf mehreren Ebenen eine Verbindung mit einem geplanten Erweiterungsbau hergestellt werden.[30] Vordergründig geht es hier nur um die Frage, in welchem Umfang und an welcher Stelle ein solcher Anbau an das Objekt angeschlossen werden kann und wie er zu gestalten ist. Dahinter steht aber der erhaltungsfeindliche Druck der auf ein gut funktionierendes und wirtschaftlich optimales Ergänzungs-

Köln: Eingang mit dem geschwungenen Dach der 50er Jahre (links 1986) und nach Ersatz des Vordaches (rechts 1989)

bauwerk abzielenden ökonomischen Interessen. Auch Bestrebungen zur städtebaulichen Hochzonung, wie für das Griechenmarktviertel in Köln, die diesen beim Wiederaufbau nach dem Krieg bewußt niedrig gehaltenen Innenstadtbereich in seiner Substanz gefährden, haben eine starke wirtschaftliche Komponente.[31] Nicht selten entwickelt sich an solchen Stellen eine bedrohliche, von Spekulanten geförderte Dynamik der Veränderungen.
Ein sehr empfindliches Ensemble ist die Pavillonarchitektur an der Kölner Hahnenstraße, die nach dem Krieg aufgrund einer Planung von Rudolf Schwarz und Wilhelm Riphahn in bewußtem Gegensatz zu den Plänen des dritten Reiches für eine monumentale Ost-West-Achse besonders leicht und niedrig gestaltet wurde. Die beabsichtigte Aufhebung des alten Bebauungsplanes zu Anfang der 80er Jahre hätte in diesem innerstädtischen Bereich unzweifelhaft zu Ansprüchen auf höhere Grundstücksausnutzung und damit zu einer Bedrohung der Bebauung der 50er Jahre geführt. Der heftige Einspruch der Denkmalpflege kam gerade noch rechtzeitig, um diese Entwicklung zu verhindern.[32]

Veränderte Gestaltungsvorstellungen

Als schwerwiegendes Problem erweist sich immer wieder der von privatisierten Arbeitersiedlungen bekannte Individualismus der Eigentümer, die ihren vermeintlich „persönlichen Stil" in allen möglichen und unmöglichen Umbauten ihres Hauses verwirklicht sehen möchten. Damit ist der Einfluß psychischer Bedürfnisse bei der Gestaltung der eigenen Lebens- und Wohnumwelt angesprochen, der auch alle technisch, funktional und wirtschaftlich begründbaren Änderungsforderungen überlagert, beeinflußt und durchdringt. Nur bei einem vertieften, im Bewußtsein verankerten Verständnis für den Bestand ist mit einer Einstellung zu rechnen, die unnötige Änderungsforderungen erst gar nicht aufkommen läßt.
Der Alltag denkmalpflegerischer Arbeit zeigt, daß es mit der Akzeptanz der Nachkriegsarchitektur im Allgemeinen noch sehr schlecht bestellt ist. Unterschiedliche Ergebnisse bei ähnlicher Problemstellung, für die ich bereits einige Beispiele gezeigt habe, sind überwiegend durch die unterschiedliche Einstellung des Bauherren erklärbar.
Dies wird dort besonders deutlich, wo sich funktionale Notwendigkeit und ästhetische Vorstellung relativ deutlich trennen lassen wie beim Umgang mit dem Raumgefüge und der Ausstattung von Kirchen. Die Pfarrgemeinde von St. Andreas in Düsseldorf besitzt einen Altar, der nach der Kriegszerstörung des ursprünglichen Barockaltars in Abstimmung mit der Denkmalpflege von Ewald Mataré geschaffen wurde. Von dieser bewußt modern gestalteten Anlage möchte sich die Gemeinde gerne trennen, um fast ein halbes Jahrhundert nach Kriegsende den vernichteten Vorgänger zu rekonstruieren. Ein Interessent für die von Mataré geschaffene Treppenanlage wurde schon gefunden: Es ist die St. Rochus Gemeinde im gleichen Ort. Sie würde die Anlage der 50er Jahre gerne in ihrer Kirche ohne Rücksicht auf das historische Konzept ihres bewußt ohne raumtrennende Einbauten konzipierten prägnanten Kirchenraumes aufstellen. Beide Änderungsanliegen resultieren nicht aus einer funktionalen Notwendigkeit, sondern aus gestalterischen Vorstellungen in Verbindung mit einer deutlichen Geringschätzung des Bestandes der 50er Jahre.
So auch die Vernichtung der geschwungenen Eingangsüberdachung der Nachkriegszeit, die dem Domhotel am südlichen Domvorplatz in Köln mit bewußter Anbindung an die Erdgeschoßüberdachung des benachbarten Blau-Gold-Hauses angefügt worden war. An ihre Stelle trat kürzlich eine beziehungslos modernistische Standardlösung. Man kann nur hoffen, daß es den gemeinsamen Anstrengungen von Stadtkonservator und Landeskonservator gelingt, den geplanten zweiten Akt einer Umgestaltung zu verhindern, nämlich die Wiedererrichtung eines geneigten Daches auf dem Domhotel. Dies würde nicht nur der gewollten Übereinstimmung der Dachzonen von Blau-

Gold-Haus und Domhotel widersprechen, sondern auch der übergreifenden städtebaulichen Gestaltung der unmittelbaren Domumgebung. Sie wurde nach dem damaligen Konzept von Rudolf Schwarz in bewußtem Kontrast zum Dom als Kranz flachgedeckter Bauten ausgeführt.[33]
Der Wunsch nach einer rückwärts orientierten Korrektur der Kölner Domumgebung zeigt typische Merkmale, die für viele ähnliche Forderungen nach ästhetischer Verbesserung von Bauten und Ensembles der 50er Jahre kennzeichnend sind. Ansprüche im Hinblick auf formale Verbesserungen werden nur erhoben, wenn die historische Bedeutung eines Geschichtsdokumentes nicht wirklich akzeptiert wird. Die Vernichtung einer Bar der 50er Jahre im Zuge der Vorbereitungen für den Umbau des Petersberghotels zu einem Gästehaus der Bundesregierung ist in erster Linie ein Ausdruck mangelnden Verständnisses für die Geschichtlichkeit dieses Ortes. Der Zeugniswert des 1913/14 errichteten Bauwerks beruhte nur zu einem geringen Teil auf der relativ

Düsseldorf: Dresdner Bank, gebaut 1951–53 nach Entwurf von Otto Firle, Eingangssituation vor (1986) und nach dem Umbau der Eingangszone (unten 1989)

bescheidenen Qualität seiner architektonischen Gestaltung. Als Ort der vorbereitenden Gespräche zur Gründung der Bundesrepublik Deutschland war das Petersberghotel bis zu seinem Abbruch 1986/87 jedoch ein hochrangiges Denkmal der jüngeren deutschen Geschichte. In diesem Zusammenhang hatte auch die zeittypische Bar der Nachkriegszeit ihre spezifische Bedeutung.[34]
Auch der 1987 durchgeführte Abbruch des Plenarsaales im Deutschen Bundestag war primär keine Folge bautechnischer oder funktionaler Probleme, sondern die Konsequenz mangelnden Verständnisses für seine historische Bedeutung.[35] Dem in seiner Wertigkeit vergleichbaren, aber ästhetisch reicher gestalteten Reichstag hätte ein solches Schicksal auch bei totaler Unbrauchbarkeit sicher nicht widerfahren können, weil er als historisches Zeugnis allgemein akzeptiert wird.
Wo Verständnis für die geschichtlichen Werte vorhanden ist, bestehen auch heute schon gute Chancen für die Erhaltung. Dies zeigt sich deutlich an dem 1953/56 von Bernhard Pfau erbauten Haus Vogelsang in Krefeld,[36] das in gleicher Weise unter wärmedämmtechnischen und bauphysikalischen Defiziten leidet wie andere Bauten der Zeit. Dennoch wurde hier trotz Eigentümerwechsel kaum etwas verändert. Die vom Architekten entworfene Ausstattung ist vom Wohnraum bis zur Küche noch fast lückenlos erhalten. In ähnlicher Weise hat die ev. Kirchengemeinde von Oberpleis bei Bonn den Bestand ihres 1949 nach Plänen von Otto Bartning im Rahmen eines Serienbauprogramms als Notkirche errichteten Gotteshauses bis heute bewahrt. Die vor einiger Zeit durchgeführte Instandsetzung war so zurückhaltend, daß nach der Maßnahme „immer noch Kirchenbesucher deren Beginn erst erwarten".[37] In Köln hat der Landschaftsverband als Präventivmaßnahme gegen den Veränderungsdruck die Presse für die nicht mehr lieferbaren Lampen seiner Zentralverwaltung aufgekauft, um sich bei Schäden Ersatz beschaffen zu können. Und so unterschiedliche Bauten wie das Thyssenhaus (1957-60) von Hentrich und Petschnigg,[38] das Verwaltungsgebäude des Gerling Konzerns (1957/58) von Arno Breker[39] und das Mannesmannhaus (1956-1958)von Paul Schneider-Esleben,[40] alle in Düsseldorf, haben dem Veränderungsdruck

Düsseldorf: Thyssenhaus, gebaut 1957–60 nach Entwurf von Helmut Hentrich und Hubert Petschnigg aus dem Jahre 1955, Photo 1973

Düsseldorf: Bürohaus des Gerling-Konzerns an der Jägerhofstraße, gebaut 1957/58 nach Entwurf von Arno Breker, Photo 1986

- zumindest in ihrem Äußeren - bisher relativ unversehrt widerstanden.
Daraus läßt sich schließen, daß das Schicksal von Bauten der Nachkriegsarchitektur nicht notwendig schlechter verlaufen muß als das anderer historischer Bauwerke, auch wenn spezifische Mängel und typische Veränderungsforderungen existieren, die durch die Dynamik der technischen, wirtschaftlichen und gesellschaftlichen Entwicklung in Zukunft eher noch verstärkt werden dürften. Eine klare Unterscheidung zwischen wirklich erforderlichen und eigentlich überflüssigen Eingriffen läßt aber erkennen, daß der ausgeprägte Veränderungsdruck auf Bauten der 50er Jahre eben doch nicht nur von den viel beklagten und auch tatsächlich vorhandenen Schäden und funktionellen Mängeln ausgeht, sondern in erheblichem Umfang auch von ästhetischen Zielvorstellungen, sowie Vorhaben zur Verbesserung der Wirtschaftlichkeit, zur Reduzierung des Unterhaltungsaufwandes und Verbesserung der Pflegeleichtigkeit. Insofern entsprechen die Erhaltungsprobleme bei Bauten der 50er Jahre in weiten Bereichen den Schwierigkeiten beim Umgang mit älteren Baudenkmälern. Hier wie dort kann erfolgreiche Denkmalpflege nur auf einem vertieften Verständnis für die Aussagen der historischen Objekte aufbauen. Die gezielte Verbesserung der allgemeinen Wertschätzung kann aber nur ein erster Schritt sein, wenn die Denkmalpflege über das klagende und resignierende Hinnehmen zweifelhafter Änderungsbegründungen hinauskommen will. Erhaltung in größerem Umfang wird nur möglich sein, wenn die Denkmalpfleger selbst die funktionalen und technischen Probleme und spezifischen Problemlösungen besser verstehen und Erhaltungschancen und Therapien damit sicherer beurteilen können.

Bonn: Plenarsaal des Bundestages, 1949 nach Entwurf von Hans Schwippert gebaut, während der Abbrucharbeiten 1987

Köln: Landeshaus, gebaut 1957/58 nach Entwurf von Ernst von Rudloff und Eckhard Schulze-Fielitz, Büroraum mit originalen Beleuchtungskörpern

Düsseldorf: Mannesmann-Hochhaus, gebaut 1956–58 nach Entwurf von Paul Schneider-Esleben, Photo 1986

ANMERKUNG

1 Jörg Schulze, Verwaltungsbauten der fünfziger Jahre in Düsseldorf. In: Jahrbuch der Rheinischen Denkmalpflege, Band 33, S. 113
2 Ebenda, S. 115
Die Bedeutung, die diesem Bau schon unmittelbar nach seiner Fertigstellung beigemessen wurde, geht auch daraus hervor, daß er bereits 1954, ein Jahr nach dem Bezug, in der 16. Auflage des Brockhaus erwähnt wurde. Der Umbau erfolgte in den Jahren 1972–78 durch das Architekturbüro Hentrich-Petschnigg & Partner
3 Ebenda, S. 108
4 Rüdiger Thoma, Architektonische und technische Neugestaltung vorhandener Verwaltungsbauten (= Unveröffentlichtes Vortragsmanuskript zur Fertigstellung einer Musteretage im Immermann Tower am 10.09.1987)
5 Karl Wimmenauer, Großgarage in Düsseldorf. In: Die neue Stadt 10/1951, S. 384–87. – Dietrich Hartkopf, Großgarage in Düsseldorf. In: Der Bau und die Bauindustrie, 6.Jg., 3/1953, S. 45–48. – S., Großgaragen bessern die Verkehrsverhältnisse! Ein mehrgeschossiger Garagenbau aus Stahl, Beton und Glas in Düsseldorf. In: Die Bauzeitung/Deutsche Bauzeitung, 3/1954, S. 92–95. – Garage te Dusseldorf. In: Bouw, 8 Mai 1954, S. 390/91. – Marco Kieser, Die Haniel-Großgarage – Frühes Beispiel einer Bauaufgabe der Nachkriegszeit. In: Denkmalpflege im Rheinland, 5. Jg., 3/1988, S. 36–38.
6 Barbara Kahle, Rheinische Kirchen des 20. Jahrhunderts (= Arbeitsheft 39, Landeskonservator Rheinland) Köln 1985, S. 140. – Lutz-Henning Meyer, Aachen, Pfarrkirche St. Sebastian, erbaut 1951. In: Denkmalpflege im Rheinland, 4/1988, S. 15–20
7 Ebenda, S. 78, 141
8 Akten der Stadt Essen, Untere Denkmalbehörde, St. Antonius, Essen-Frohnhausen
9 Barbara Kahle, wie Anm. 7, S. 88, 140
Werner Limbart, Die St. Rochus-Kirche. In: Denkmalpflege im Rheinland, 5. Jg., 3/1988, S. 33 f
10 Auskunft der Architekten H. Brauns und R. Janeschitz-Kriegl, Düsseldorf
11 Die HICOG-Siedlung (HICOG = High Commissioner for Germany) in Bad Godesberg-Muffendorf entstand 1951 nach Plänen der Architekten Ruf, Apel, Letocha, Rohrer, Herdt

und amerikanischer Architekten. S. Helmut Lambert, Denkmalpflegeplan der Stadt Bonn.
12 Ulrich Conrads/Werner Marschall, Neue deutsche Architektur 2, Stuttgart 1962, S. 166
13 Gert Hatje/Hubert Hoffmann/Karl Kaspar, Neue deutsche Architektur, Stuttgart 1956, S. 160
14 Der Umbau des heute durch die Stadtverwaltung genutzten Bauwerks erfolgte aufgrund der Planung einer Krefelder Architektengemeinschaft in den Jahren 1981/82 (= Auskunft der Unteren Denkmalbehörde der Stadt Krefeld)
15 Auskünfte der Unteren Denkmalbehörde der Stadt Essen sowie alternative Entwurfszeichnungen des Architekten Prof. Walter Engelhardt von 1988 für die Ausführung der Fenster
16 Historische Detailzeichnung des Fassadenaufbaus von Architekt Prof. Gerhard Graubner
17 Gisbert Knopp, Bundespostministerium in Gefahr. In: Denkmalpflege im Rheinland, 2/1986, S. 30. Mitarbeiter von Josef Trimborn bei diesem Vorhaben waren K. Löke, H. Meyer-Seipp, V. Sauer und J.M. Thomas
18 Auskunft der Ruhrkohle AG in Essen
19 Die Dürensiedlung in Bonn-Bad Godesberg wurde in den Jahren 1949–1950 nach der Planung von Architekt P. Heuser erbaut. Auskunft von Helmut Lambert, Gruppe Hardtberg, Bonn
20 Jörg Schulze, wie Anm. 1, S. 113
21 In einem vorausgehenden Wettbewerb erhielt Pfau 1951 den ersten Preis, Eiermann den 2. Preis. 1952 wurde der 1. Bauabschnitt ausgeführt, 1959 folgte das Audi Max. 1984 wurde das Gebäude der Textilforschungsanstalt durch den Krefelder Architekten Mackenstein stark verändert (= Auskunft der Stadt Krefeld – Untere Denkmalbehörde)
22 Bauwelt, 50. Jg., 1959, S. 1002; 51. Jg., 1960, S. 859–867. Deutsche Bauzeitschrift, 9. Jg., 1961, S. 455, 1031–1036
23 Auskunft Stadt Krefeld, Untere Denkmalbehörde
24 So ist z.B. die Wärmeschutzverordnung vom 24.02.1982 nicht anzuwenden, wenn weniger als 20% der Außenwände eines Bauwerks erneuert werden. Instandsetzungen von Fachwerkwänden sind nach entsprechenden Zusatzerlassen in Hessen und Nordrhein-Westfalen von der Anwendung der Wärmeschutz VO ausgenommen.
25 Unser Baurecht geht grundsätzlich davon aus, daß alle bestehenden Gebäude nach den zum Zeitpunkt ihrer Entstehung gültigen Vorschriften errichtet worden sind. Die historischen Bauwerke genießen Bestandschutz, solange keine erheblichen Umbauten oder Umnutzungen vorkommen. Bei größeren Eingriffen und Umwidmungen können dagegen Auflagen zur Anpassung an das heutige Baurecht verlangt werden. Wenn Gefahren für Leben oder Gesundheit bestehen, sind allerdings immer Auflagen möglich. Im öffentlichen Interesse, d.h. auch zur Erhaltung von Denkmälern können jedoch Befreiungen von sonst zwingenden Sicherheitsstandards erteilt werden (s. z.B. § 68 BauO NW und entsprechende Paragraphen in den anderen Landesbauordnungen). Dabei kann ein verminderter oder alternativer Sicherheitsstandard zugrunde gelegt aber niemals völlig auf Sicherheit verzichtet werden.
S. dazu die einschlägigen Kommentare zu den Landesbauordnungen sowie: Karl Reinhard Seehausen, Baurecht im Fachwerk: Aufgaben, Probleme, Beispiele. In: Der Modernisierungs-Berater Fachwerk (= Informationsreihe des Bundesarbeitskreises Altbauerneuerung e.V. und der Zeitschrift Althaus Modernisierung) Bonn, o.J., S. 27 ff
26 Sch./Kn., Mannesmann-Hochhaus, Düsseldorf. In: Bauwelt, 50 Jg., 42/1959, S. 1235–1241
Das Mannesmann-Hochhaus am Düsseldorfer Rheinufer. In: Die Bauzeitung, 64. Jg., Mai 1959, S. 191
Mannesmann-Hochhaus in Düsseldorf. In: Deutsche Bauzeitschrift 2/1960, S. 165–184
Neubau Verwaltungsgebäude der Mannesmann AG in Düsseldorf. In: Zentralblatt für Industriebau, 6. Jg., 12/1960, S. 593–604 – Klaus Dieter Weiß, Lady in blue. Das Mannesmann-Hochhaus in Düsseldorf. In: db 3/1988, S. 95–100
Der Auftrag an Paul Schneider-Esleben erfolgte aufgrund eines Wettbewerbs, die Planung erfolgte unter Mitarbeit von Herbert Knothe, dem Leiter der Mannesmann-Bauabteilung.
27 Jörg Schulze, wie Anm. 1., S. 103 sowie Auskunft von Herrn Schepp, Neubauabteilung der Dresdner Bank in Düsseldorf. Die Dresdner Bank war zur Zeit der Durchführung dieser Maßnahme kein eingetragenes Denkmal.
28 Dietrich Worbs, Offenheit und Transparenz. Vier Bauten der 50er Jahre im Zentrum von Berlin (West). In: Verloren, gefährdet, geschützt. Baudenkmale in Berlin, Katalog zur Ausstellung im ehemaligen Arbeitsschutzmuseum Berlin-Charlottenburg, 7. Dez. 1988 bis 5. März 1989, Norbert Huse Hrsg., Berlin 1988, S. 148
29 Jörg Schulze, wie Anm. 1, S. 119
30 Thomas Goege, Die Kaufhof-Garage – ein übler städtebaulicher Mißgriff? In: Denkmalpflege im Rheinland, 6. Jg., 4/1989, S. 34 f.
31 Hiltrud Kier, Die 50er Jahre in Köln. In: Bauwelt, 80. Jg., 5/1989, S. 878
32 Ebenda, S. 878
33 Thomas Goege, Domhotel, Abbruch des Vordachs. In: Denkmalpflege im Rheinland, 6. Jg., 2/1989, S. 40 f. Das Blau-Gold-Haus entstand 1952 nach einer Planung von Wilhelm Koep. Das 1890/93 errichtete Domhotel wurde im Krieg stark beschädigt und bei der Wiederherstellung mit dem charakteristischen geschwungenen Vordach versehen.
34 Das Objekt ist in der Denkmalliste gelöscht worden, nachdem der „Umbau" zu einem fast vollständigen Abbruch geführt hatte. Inzwischen ist das Gebäude in historischen Formen wieder aufgebaut worden.
35 Udo Mainzer, Das Ende des Plenarsaales. Vom Untergang eines einmaligen Bauwerks. In: Denkmalpflege im Rheinland, 5. Jg., 1/1988, S. 1 ff.
36 Richard Heyken, Haus Vogelsang in Krefeld. In: Architektur und Wohnform, 5/1952, S. 155
37 Dieter Spiegelhauer, Notkirche aus Serienbauprogramm als Baudenkmal. In: Denkmalpflege im Rheinland, 4. Jg., 3/1987, S. 20
38 Jörg Schulze, wie Anm. 1, S. 125
39 Ebenda, S. 119
40 Ebenda

NORBERT HEULER

Konservatorische Probleme im Umgang mit Bauten der 50er – Erfahrungen in Berlin 1980-1989

In den bisherigen Beiträgen wurden in erster Linie der Stellenwert der Architektur der 50er Jahre und die Notwendigkeit ihrer Erhaltung erörtert sowie die Folgen dargestellt, die sich aus dem heute noch wenig entwickelten Bewußtsein für die ihr eigene Qualität und Bedeutung ergeben. Die denkmalgerechte Erhaltung dieser Architektur ist jedoch nicht nur abhängig von Akzeptanz und Erhaltungswillen, sondern auch von den technischen Möglichkeiten. Die grundsätzlichen und allgemeinen Ausführungen möchte ich deshalb ergänzen durch einige Beispiele aus der Praxis des Denkmalpflegers.

Thema der Denkmalpflege, sowohl hinsichtlich der Bewertung als auch der Erhaltung, sind die Bauten der 50er Jahre in Berlin seit etwa zehn Jahren. Ein Ereignis, das die Diskussion nicht unmaßgeblich beeinflußt hat, ist der teilweise Einsturz der Kongreßhalle am 21. Mai 1980. Interessant ist vielleicht, daß die Kongreßhalle zu diesem Zeitpunkt bereits als Baudenkmal eingetragen war. Auch der 1961 erschienene Inventarband – Die Bauwerke und Kunstdenkmäler in Berlin, Stadt und Bezirk Charlottenburg – erfaßt bereits alle wesentlichen Bauten der 50er Jahre.

Die besondere Bedeutung der Architektur und Planung der 50er Jahre, gerade für Berlin – nicht nur hinsichtlich der gestalterischen Qualität einzelner Gebäude und ihrer stadträumlichen Zusammenhänge, sondern gerade auch im Hinblick auf ihre besondere stadtgeschichtliche und politische Bedeutung u.a. als Zeugnis für den Aufbauwillen der Berliner, für das Berlin-Engagement großer Firmen und Banken und als bewußte Selbstdarstellung des Westteils der Stadt als „Schaufenster der freien Welt" – fand gerade auch im politischen Raum bisher kaum Beachtung.

Der Abbruch des Gloria-Palastes, einer der ersten Kino-Neubauten der 50er Jahre in der Tradition der alten Uraufführungstheater, und etwa die Aufstellung historisierender Straßenlaternen an Stelle der vorhandenen Peitschenmaste am Kurfürstendamm sprechen für sich. Nicht, daß die Denkmalpflege damals die Erhaltung der Peitschenmaste durchsetzen wollte. Die Ablehnung richtete sich vielmehr gegen die geschichtsverklitternde, historisierende Stadtbildverschönerung als eine der wesentlichen Positionen, mit denen sich die Denkmalpflege gerade im Zusammenhang mit der Erhaltung der Architektur der 50er Jahre auseinandersetzen muß.

Trotzdem: Die ersten Gebäude der 50er Jahre sind in Berlin inzwischen als Baudenkmale eingetragen. Mit der Unterschutzstellung ist jedoch nur die rechtliche Voraussetzung geschaffen, um Zerstörung von Denkmalsubstanz zu verhindern. Die Probleme, mit denen sich der Denkmalpfleger auseinandersetzen muß, die technischen Probleme der denkmalgerechten Erhaltung, sind damit noch lange nicht gelöst.

Besondere Probleme bei der denkmalgerechten Erhaltung treten vor allem dort auf, wo bautechnische Mängel bzw. bautechnisch fehlerhafte Ausführungen eine Konservierung und Restaurierung erschweren, wo geeignete Ersatzmaterialien für notwendige Reparaturen nicht mehr beschafft werden können, oder wo die ursprünglichen Konstruktionen die gestiegenen Anforderungen z.B. an den Wärme- und Schallschutz nicht erfüllen.

Derart allgemein benannt, sind dies sicher keine spezifischen Probleme der Erhaltung der Architektur der 50er Jahre. Die Besonderheit zu den vorangegangenen Bauepochen liegt in der Entwicklung der damaligen Bautechnik begründet, in der zunehmenden Anwendung neuer Baustoffe und Baumaterialien wie Kunststoffe, industriell gefertigter Halbzeuge und Bauteile und dem oft kühnen Einsatz der neuen technischen Möglichkeiten.

Es liegt in der Natur der Sache, daß mit natürlichen Baumaterialien in handwerklicher Fertigung hergestellte Bauteile leichter zu reparieren und auch zu reproduzieren sind, als industriell hergestellte Bauteile, deren Produktion längst ausgelaufen ist. Die Schwierigkeit liegt dabei weniger in den technischen Möglichkeiten als in den durch die Herstellungstechnik bedingten Mengen und den damit verbundenen Kosten. Ein Holzfenster kann handwerklich repariert und, sofern die Notwendigkeit zum Austausch besteht, tischlermäßig bis ins kleinste Detail nachgebaut werden. Die Reparatur und der detailgetreue Nachbau eines Aluminium- oder Stahlfensters stößt dagegen schon auf erhebliche Probleme. Die Reparatur eines Parkettfußbodens ist sicher einfacher als die Wiederherstellung eines Bodenbelages aus Linoleum, wenn das entsprechende Material, das Muster und der Farbton nicht mehr lieferbar sind. Dazu kommt, daß das bisher wenig ausgeprägte Bewußtsein für die Bedeutung und die gestalterische Qualität der Architektur der 50er Jahre weder die Architekten, noch die Bauindustrie bisher dazu motiviert, für die aufgetretenen bautechnischen Probleme Lösungsansätze zu erarbeiten.

Eines der schwierigsten aktuellen Probleme bei der denkmalgerechten Erhaltung, vor allem der Büro- und Geschäftshäuser, sind die Fenster. Der Wunsch nach Veränderung wird hier in der Regel durch gestiegene Anforderungen an den Wärme- und Schallschutz ausgelöst. Der bautechnische Zustand spielt bisher nur eine untergeordnete Rolle.

Das denkmalpflegerische Prinzip der Konservierung der Originalsubstanz stößt dort an Grenzen, wo die ursprüngliche Konstruktion,

Berlin: Gloria-Palast, Kurfürstendamm 12. Gebaut 1952/53 nach Entwurf von Siegfried Fehr und Gerhard Jäckel

Berlin: Gloria-Palast mit den ursprünglichen Wendeflügel-Fenstern (in den beiden linken Fensterachsen) und mit neu eingebauten Drehflügel-Fenstern (rechts)

obwohl in bautechnisch einwandfreiem Zustand, erhöhte Anforderungen an den Wärme- und Schallschutz nicht erfüllt und die Denkmalpflege sich diesen Anforderungen nicht gänzlich verschließen kann. Mit erhöhten Anforderungen ist hier nicht die Anpassung an aktuelle Normen und Richtlinien gemeint, sondern im Einzelfall nachvollziehbare Anforderungen aufgrund geänderter Rahmenbedingungen wie erheblich erhöhter Lärmbelästigung.

Mit ihren großen, ungeteilten Glasflächen, den fein gegliederten, in ihren Abmessungen auf ein Minimum reduzierten Profilen und den typischen Schwing- und Wendeflügeln, prägen Fenster entscheidend die architektonische Gestaltung der Fassade. Dies trifft sowohl zu für die Einzelfenster in den Rasterfassaden und in den Lochfassaden der frühen 50er Jahre, für die Fensterbänder und die geschoßhohen, zwischen die Deckenplatten der Skelettbauten eingestellten Glaswände, wie auch für die vorgehängten Leichtbaufassaden.

Die typischen Öffnungsarten sind wegen der angestrebten Transparenz oft durch große, ungeteilte Glasflächen und die Schlankheit der Profile bedingt. Statt des in den 20er Jahren häufig eingebauten Schiebefensters kommt in den 50er Jahren meist das Wende- oder Schwingflügelfenster zur Anwendung. Durch

Berlin: Dorette-Haus, Kurfürstendamm 67, in ursprünglichem Zustand. Gebaut 1955/56 nach Entwurf von Franz Heinrich Sobotka und Gustav Müller

die versetzten Anschläge werden die Lasten besser verteilt: Flügelrahmen und Beschläge können dadurch schlanker dimensioniert werden. Durch die Öffnungsart wird außerdem eine Störung durch weit in den Raum ragende Fensterflügel vermieden.
Die folgenden Beispiele zeigen noch keine optimalen Lösungen der Erhaltung, sondern in der täglichen Praxis notwendigerweise eingegangene Kompromisse oder stellen Probleme am konkreten Beispiel vor, für die bisher keine befriedigenden Lösungen gefunden wurden.
Die Auswahl zeigt aktuelle Problemfälle und keine spektakulären Vorzeigeobjekte. Außer Acht lasse ich Beispiele, bei denen durch kontinuierliche verantwortliche Baupflege die Architektur in ihrer Originalität und Eigenart bewahrt wurde. Zu erwähnen wäre hier die Hochschule für Musik von Paul Baumgarten oder das Bayer-Haus am Kurfürstendamm, dessen Fassade vom Eigentümer, dem Bayer-Konzern, ohne Beteiligung der Denkmalpflege instandgesetzt wurde. Dies betraf die Natursteinverkleidung und die behutsame Reparatur der Fenster.

Beispiel: Bürohaus „Gloria-Palast" am Kurfürstendamm 12
Der Gloria-Palast wurde 1952/53 nach Entwurf der Architekten Siegfried Fehr und Ger-

Berlin: Dorette-Haus mit neuen Fenstern

Berlin:
Defaka, Tauentzienstraße 13, Fassadenausschnitt mit probeweise eingebautem Musterfenster

hard Jäckel als Stahlbetonskelettbau errichtet. Die tragenden Stützen sind hinter der Fassade angeordnet. Die Rasterfassade entsteht aus zwischen die auskragenden Deckenscheiben eingestellten, nicht ragenden, mit Naturstein verkleideten Fensterpfeilern und dazwischen, etwas zurückliegend angeordneten großflächigen Fenstern mit massiven Brüstungselementen. Der gleichbleibende Rhythmus der Fensterpfeiler deckt sich nicht mit dem Rhythmus der tragenden Konstruktion. Die Fenster treten in geschlossenem Zustand nur als feine, zweifarbige Kontur in Erscheinung. In geöffnetem Zustand durchbrechen die aus der Ebene der Fassade herausschwingenden Wendeflügel die Starrheit der Fassadengliederung und geben ihr trotz des massiven, mit Naturstein verkleideten Rasters eine verspielte Leichtigkeit. Das Gebäude wird heute als Hotel genutzt. Erst nachdem die Umbauarbeiten bereits weit fortgeschritten waren, stellte der Betreiber einen Antrag zum Austausch der vorhandenen, ursprünglichen Stahlverbundfenster, da diese, trotz einer zwischenzeitlich eingebauten stärkeren Verglasung, den für ein Hotel notwendigen Schallschutz nicht erreichten.

Ein Akustik-Ingenieurbüro stellte bei einer Messung der Verkehrsgeräusche auf dem Kurfürstendamm, unmittelbar vor dem Gebäude, einen maßgeblichen Außenlärmpegel von 72 dB fest. Die Straßenfassade des Gebäudes Kurfürstendamm 12 ist damit in den Lärmpegelbereich V einzustufen. Gemäß DIN müssen hier die Fenster von Übernachtungsräumen ein bewertetes Bau-Schalldämm-Maß von mindestens 45 dB aufweisen.

Auf Initiative der Denkmalschutzbehörde wurden in Zusammenarbeit mit einer Fensterbaufirma zwei alternative Lösungsvorschläge erarbeitet, die beiden Gesichtspunkten, der Erhaltung oder partiellen Erhaltung der Fenster in ihrer originalen Substanz und der Verbesserung des Schallschutzes, gerecht werden sollten.

Alternative 1: Umrüsten des vorhandenen Fensters durch Einbau einer Spezialisolierglasscheibe mit besonderen Schalldämmwerten und einer Mitteldichtung (Bürstendichtung) zwischen Fensterflügel und Fensterrahmen, sowie Verbesserung der umlaufenden Randdämmung des Stahlfensterrahmens.

Alternative 2: Einbau einer Schiebefenster-

Berlin:
Telefunken-Hochhaus am Ernst-Reuter-Platz, Zustand 1989. Gebaut 1953–60 nach Entwurf von Paul Schwebes und Hans Schoszberger

Berlin: Palais am Funkturm in ursprünglichem Zustand, Blick in den Restaurantsaal des Erdgeschosses. Gebaut 1956/57 nach Entwurf von Bruno Grimmek

Berlin: Palais am Funkturm, Außenansicht vor Beginn der Veränderungen

konstruktion hinter das vorhandene, unveränderte Fenster, so daß eine Art Kastenfenster entsteht.
Beide Lösungsvorschläge wurden in jeweils verschiedenen Räumen modellhaft eingebaut, um die Wirksamkeit der Maßnahmen hinsichtlich der Verbesserung des Schallschutzes durch Messungen vor Ort eindeutig bestimmen zu können. Die durchgeführte Luftschalldämmessungen nach Einbau der beiden Alternativlösungen brachte folgende Ergebnisse: Mit der Alternative 1, dem Einbau einer Isolierglasscheibe und Verbesserung der Dichtung, wurde laut Prüfbericht ein bewertetes Bau-Schalldämm-Maß von 34 dB erreicht, was der Schallschutzklasse 2 entspricht. Mit der Alternative 2, dem Einbau einer zweiten Fensterebene, wurde ein bewertetes Bau-Schalldämm-Maß von 40 dB und damit Schallschutzklasse 4 erreicht.
Das mit der Umrüstung des Fensters durch Einbau einer Spezialisolierglasscheibe erreichte Ergebnis muß unter Berücksichtigung der Nutzung des Gebäudes als Hotel als nicht befriedigend bezeichnet werden, eine Einschätzung, die auch durch den subjektiven Eindruck vor Ort nachvollziehbar war.
Der Einbau der zweiten Fensterebene erbrachte dagegen ein Ergebnis, das hinsichtlich der erreichten Schalldämmung vor dem Hintergrund der Zielsetzung als durchaus akzeptabel angesehen werden kann, wenn auch die angestrebte Schallschutzklasse 5 nicht erreicht wurde.
Unabhängig vom befriedigenden Ergebnis der Schalldämmung zeigten sich nach dem Einbau der zweiten Fensterebene, bedingt durch die besondere Situation des Gebäudes, praktische Probleme, die hier den Einbau einer zweiten Fensterebene als Lösungsmöglichkeit ausschließen. In einem Großteil der Räume wird durch die sich zur Fassade hin in ihrer

Berlin:
Palais am Funkturm,
typische Schadensbilder

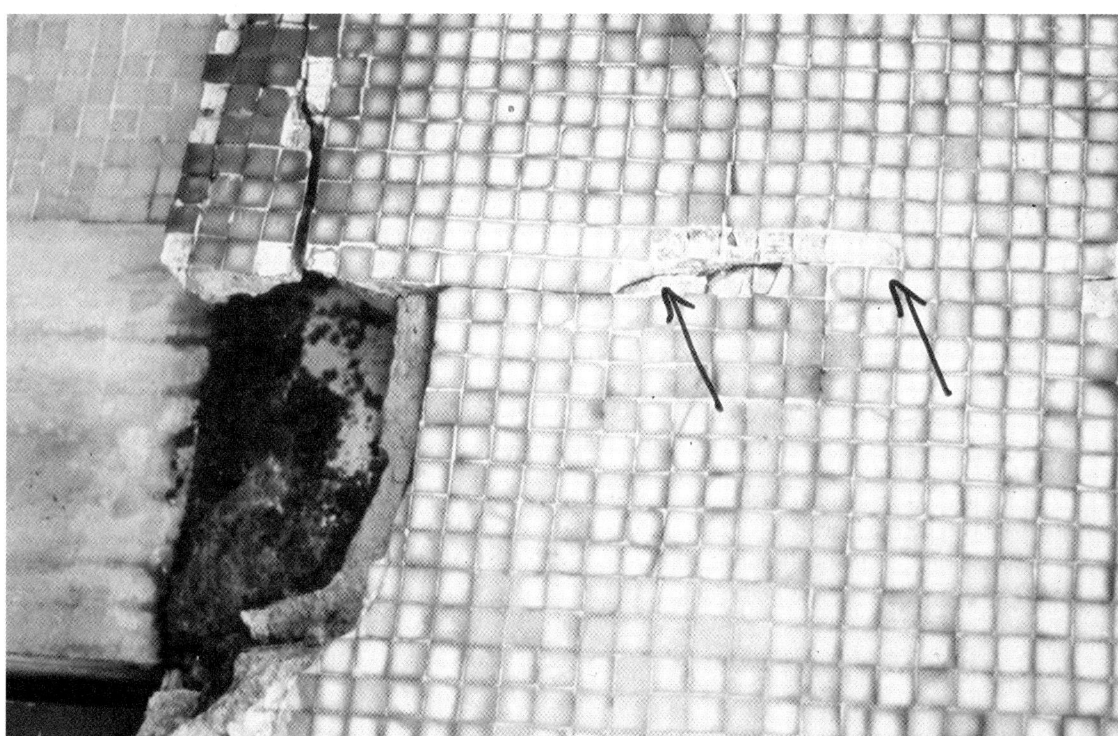

Höhe verjüngenden, auskragenden Deckenträger die notwendige Konstruktionshöhe für die zweite Fensterebene eingeschränkt. In diesen Räumen kann einer der Schiebeflügel nur teilweise geöffnet werden. Ihre Zugänglichkeit und die Möglichkeit, die Wendeflügel zu öffnen, ist damit eingeschränkt. Außerdem ist die Außenseite der Schiebeflügel durch den geringen Abstand zwischen den Fenstern nicht mehr erreichbar und damit eine Reinigung ausgeschlossen. Ein Einbau von Drehflügeln wurde untersucht, schloß sich jedoch durch die notwendigen Profilabmessungen bei der Größe der Flügel und vor allem auch durch die fehlende Konstruktionshöhe aus. Da aufgrund der besonderen Situation keine befriedigende Lösung gefunden werden konnte, mußte im Bereich der Hotelzimmer dem Einbau von neuen Fenstern zugestimmt werden. Im Bereich des Treppenhauses und des Kinofoyers im 1. Obergeschoß blieben die ursprünglichen Wendeflügel erhalten.
Das neue Fenster ist ein Drehfenster mit integriertem Flügel. Mit dieser Konstruktion wird zumindest in geschlossenem Zustand das äußere Erscheinungsbild erreicht: Das neue Fenster unterscheidet sich in seinen sichtbaren Abmessungen nur wenig vom ursprünglichen Fenster. Verloren ist jedoch die für die 50er Jahre typische Öffnungsart und damit ein wesentliches Charakteristikum dieser Architektur.

Beispiel: Dorette-Haus am Kurfürstendamm 67
Das sogenannte Dorette-Haus wurde 1955/56 nach Entwurf der Architekten Franz Heinrich Sobotka und Gustav Müller errichtet. Das Gebäude ist eine Stahlbetonskelettkonstruktion: Die tragenden Stützen sind in geringem Abstand hinter der Fassade angeordnet, die als nicht tragendes Element zwischen die auskragenden Deckenplatten eingestellt ist. In seiner formalen Gestaltung, den strengen, ungeteilten horizontalen Fensterbändern, die nur im Bereich des Haupteinganges durch vertikale Fensterbänder durchbrochen werden, nimmt es bewußt Gestaltungselemente der 20er Jahre auf. Der Eigentümer beabsichtigt, die ursprünglichen Stahlverbundfenster durch Kunststoffenster zu ersetzen. Ein bereits eingebautes Musterfenster veranlaßte die Denkmalschutzbehörde zur sofortigen Einleitung des Unterschutzstellungsverfahrens. Das Musterfenster unterschied sich von den ursprünglichen Fenstern durch erheblich breitere Profile, andere Fensterformate und eine geänderte Lage des Kämpfers. Durch die sofortige Unterschutzstellung konnte der Einbau des Kunststoffenster verhindert, aber nicht die Erhaltung der ursprünglichen Fenster durchgesetzt werden.
Zu den üblichen Forderungen nach verbessertem Wärme- und Schallschutz kam hier die Forderung nach einem ausreichend schallisolierten Anschluß der neuen Innenraumtrennwände an das Fensterband.
Als Kompromiß mußte dem Einbau von neuen Aluminiumfenstern zugestimmt werden. Um die Beeinträchtigung der Gesamtgestaltung so gering wie möglich zu halten und der ursprünglichen Entwurfsidee so weit als möglich gerecht zu werden, wurde für die neuen Aluminiumfenster gefordert, daß der gleichbleibende Rhythmus der Fensterbänder durch die im Bereich der innenliegenden Stützen notwendigen Anschlußpunkte von Zwischenwänden an die Fensterkonstruktion nicht durch breitere Profile gestört wird, daß die ursprünglichen Formate der Fenster und die Lage des Kämpfers eingehalten werden, daß die Fenster den durch Befund ermittelten ursprünglichen grünen Anstrich erhalten und daß, wie ursprünglich nur die Oberlichtfenster als Drehkippfenster, die unteren großen Flügel jedoch nur als Drehflügel ausgebildet werden.

Beispiel: Deutsches Familienkaufhaus (Defaka), Tauentzienstraße 13
Das Deutsche Familienkaufhaus (Defaka) wurde 1955 nach Entwurf des Architekten Paul Schwebes errichtet. Die konvex gekurvte Fassade des Stahlbetonskelettbaus wird geprägt durch die vortretenden, horizontalen Deckenstreifen und die zurückliegenden, geschoßhohen, nahezu quadratischen Fensterelemente zwischen schlanken Stützen.
Die asymmetrisch geteilten Fenster sind einfach verglast, die Stahlprofile extrem schlank. Eine Öffnung der durch die Größe in sich instabilen Fenster war, entsprechend der ursprünglichen Nutzung als Kaufhaus, nur zum Zwecke des Putzens vorgesehen.
Das Gebäude wird seit einigen Jahren in den Obergeschossen als Bürogebäude genutzt. Die geschoßhohe Einfachverglasung erfüllt dabei weder die Anforderungen an den Schall- noch an den Wärmeschutz. Der Eigentümer bemängelt außerdem die Transparenz der Brüstungsfelder. Der Einbau eines Musterfensters führte zur Einleitung des Unterschutzstellungsverfahrens für das Gebäude.
Ein Lösungsansatz ist für die Fassade des Defaka bisher nicht gefunden. Der Einbau einer dickeren Verglasung ist durch die Schlankheit der Profile ausgeschlossen. Andererseits kann die Schlankheit der vorhandenen Profile mit einer neuen Fensterkonstruktion nicht annähernd erreicht werden. Der Einbau einer zweiten Fensterebene wirft bisher nicht gelöste Probleme auf. Der Drehflügel des vorhandenen Fensters beläßt im geöffneten Zustand nur einen geringen Abstand zur Decke, der als Konstruktionshöhe für den Rahmen einer zweiten Fensterebene nicht ausreicht. Eine zweite Fensterebene würde außerdem die Transparenz der vorhandenen Fensterelemente und damit die beabsichtigte gestalterische Wirkung des Gebäudes erheblich beeinträchtigen.

Beispiel: Telefunken-Hochhaus am Ernst-Reuter-Platz
Das Telefunken-Hochhaus zeigt ein breites Spektrum von Erhaltungsproblemen. Errichtet wurde das Gebäude als Stahlbetonskelettkonstruktion nach Entwurf der Architekten Paul Schwebes und Hans Schoszberger in den Jahren 1958/60.
Die Fensterbrüstungen und die seitliche, gebäudehohe Wandscheibe, die ursprünglich die Firmenschrift trug, sind mit Glasmosaik verkleidet, die übrigen Betonflächen materialsichtig.
Die Mosaikverkleidung hat sich im Lauf der Jahre immer mehr vom Untergrund gelöst und mußte im Bereich der Wandscheibe inzwischen vollständig entfernt werden. Ursache für die Abplatzungen ist eindringende Feuchtigkeit durch mangelhafte Anschlußpunkte zwischen Fenster und Brüstung und Rissebildung infolge thermischer Spannungen und der unterschiedlichen Untergründe im Bereich der hohen Wandscheibe. Die Wand besteht teilweise aus den durchgezogenen massiven Betonbrüstungen und Wandfeldern in Fensterhöhe in Bimsmauerwerk.
Neben der Beschaffung des Ersatzmaterials stellt sich vor allem die Frage der sicheren

Befestigung, da sich lösende Mosaiksteine, bei der Höhe des Gebäudes, eine ernstzunehmende Gefahrenquelle darstellen. Eine sichere Befestigung auf dem vorhandenen Untergrund wurde von Fachleuten ausgeschlossen. Als Lösung – auch für die Herstellung eines ausreichenden Wärmeschutzes – wird von den Planern und Bauherren eine vorgehängte, hinterlüftete Fassadenverkleidung angestrebt. Die Auswirkungen auf die Gestaltung, vor allem im Bereich der auskragenden Deckenscheiben und der verschiedenen Anschlußpunkte müssen hier nicht beschrieben werden.
Wie auch bei den vorangegangenen Beispielen wird auch am Telefunken-Hochhaus eine Auswechslung der Fenster angestrebt, wenn auch der Erhaltungszustand dies nicht erforderlich macht. Neben den üblichen Forderungen nach Verbesserung des Wärme- und Schallschutzes wird hier u.a. auch von den Nutzern – das Gebäude wird als Institutsgebäude der Technischen Universität genutzt – gefordert, daß in den Obergeschossen statt der vorhandenen Klimaanlage eine statische Heizung eingebaut und eine natürliche Lüftungsmöglichkeit durch öffenbare Fensterflügel geschaffen wird. Als Folge entsteht ein weiteres Problem, der Sonnenschutz.
Durch die Klimatisierung war ein innenliegender Sonnenschutz im Sinne eines Blendschutzes durchaus ausreichend. Ohne Klimatisierung muß der Sonnenschutz auch die Belastung durch Aufheizung mindern. Erfolg verspricht hier nur eine außenliegende Sonnenschutzanlage. Diese wiederum kann bei der Höhe des Gebäudes nicht angebracht werden. Die vorgeschlagene Lösung heißt deshalb „neutrales Reflexionsglas". Auch wenn heute bereits Gläser mit erheblich geringerer Reflexion lieferbar sind, wird mit dem Einbau einer Sonnenschutzverglasung die Transparenz und damit das charakteristische Erscheinungsbild des Gebäudes erheblich verändert.

<u>Beispiel:</u> Palais am Funkturm
Das Palais am Funkturm wurde 1956/57 als Hauptrestaurant auf dem Berliner Messegelände zur Interbau/Industrieausstellung 1957 errichtet, nach einem Entwurf des Leiters der Hochbauabteilung beim Senator für Bau- und Wohnungswesen, Bruno Grimmek. Das zweigeschossige Gebäude wurde in einer Kombination von Stahlskelett- und Stahlbetonbauweise ausgeführt. Die von großen Öffnungen durchbrochene Zwischendecke ist mit Zugstangen an die den Bau überspannenden Dachbinder aufgehängt. Die Außenwände sind weitgehend in Glas aufgelöst. Die geschlossenen Fassadenteile sind mit farbigem italienischem Glasmosaik verkleidet.
Die Einfachverglasung der Südfassade führt zu wärmetechnischen Problemen, die Profile der Fensterkonstruktion zeigen teilweise erhebliche Schäden durch Korrosion. Auch die Standsicherheit ist laut vorliegemden Gutachten nicht mehr uneingeschränkt gewährleistet. Um die wärmetechnischen Probleme der großen Glasfront zu beheben, soll eine Isolierverglasung eingebaut werden. Eine zweite Fensterebene wurde aus denkmalpflegerischer Sicht ausgeschlossen, da hierdurch die für die architektonische Wirkung wesentliche Transparenz und Leichtigkeit erheblich eingeschränkt würde.
Die gesamte Fensterkonstruktion muß erneuert werden. Inwieweit Profile in den vorhandenen Abmessungen für die wesentlich schwereren Isolierglasscheiben ausreichen, muß untersucht werden. Als Problem zeigt sich jedoch bereits, daß Scheiben in der hier verwendeten Größe heute nicht mehr hergestellt werden, auch nicht als Einfachverglasung. Eine weitere wesentliche Änderung neben der Erneuerung der Konstruktion ist der notwendige Verzicht auf die ursprünglich mögliche Versenkbarkeit und Verschiebbarkeit großer Teile der Glasfront und damit der großflächigen Öffnung zum Sommergarten.
Die Glasmosaikbekleidung ist durch Spannungen aufgrund fehlender Bewegungsfugen gerissen, hat sich teilweise von der Fassade gelöst bzw. wurde mitsamt den Putzflächen durch die durch eingedrungene Feuchtigkeit aufgequollenen Holzwolleleichtbauplatten abgesprengt.
Das Originalmaterial des Glasmosaiks kann wegen des verwendeten Spezialklebers – nach dem Ergebnis der Prüfung einer Fachfirma – nicht vom Mörtelbett getrennt und damit nicht wiederverwendet werden. Glasmosaiksteine, die in Qualität und Format den ursprünglichen entsprechen, sind zwar noch lieferbar, inwieweit mit dem neuen Material jedoch das ursprüngliche Farbspiel erreicht werden kann, wird sich erst zeigen.
Die notwendige Änderung des Wandaufbaus und die Herstellung von Bewegungsfugen führt auf jeden Fall auch hier zu Veränderungen des Erscheinungsbildes.
Im Zusammenhang mit dem Palais am Funkturm möchte ich kurz auf ein Problem verweisen, das zunehmend an Aktualität gewinnt und zu erheblichen Verlusten an Originalsubstanz führen wird: die Asbestsanierung. Im Palais am Funkturm muß zu diesem Zweck im Innenraum die gesamte Verkleidung der Wände, müssen die Holzpaneele und Marmorverkleidungen, die Verkleidungen der Stahlstützen und sämtliche Bodenbeläge entfernt werden.
Das Palais am Funkturm beschäftigt uns heute. Ihm gegenüber auf dem Berliner Messegelände steht ein weiteres, bedeutendes Bauwerk der frühen 50er Jahre, der zur Deutschen Industrieausstellung 1950 als Stahlskelettbau errichtete Ausstellungspavillon der USA, das nach dem Initiator des ERP benannte „George C. Marshall-Haus". Der Entwurf stammt, wie beim Palais, von Bruno Grimmek, wahrscheinlich unter Mitwirkung von Werner Düttmann, dem späteren Senatsbaudirektor in Berlin. Eine längere Phase der Vorbereitung geplanter Veränderungen zu diesem Bau und die Erfahrungen mit dem Palais und anderen Gebäuden und natürlich auch die zunehmende Bereitschaft aller Beteiligten, sich den Erhaltungsproblemen auch dieser Architektur zu stellen, werden zu hoffentlich noch besseren Ergebnissen führen.
Die dargestellten Beispiele zeigen einen Ausschnitt aus dem Problemfeld der denkmalgerechten Erhaltung der Architektur der 50er Jahre; sie zeigen, daß die Probleme vor allem dort liegen, wo es gilt, bautechnische und bauphysikalische Mängel zu beheben, ohne die Gebäude in ihrer Denkmalsubstanz und ihrer Gestaltung zu verändern. Um entsprechende Lösungsansätze zu entwickeln, ist der Denkmalpfleger auf die Mitarbeit und das Wissen engagierter Architekten, Ingenieure und Restauratoren sowie auf das Handwerk und natürlich auch besonders auf die Bauindustrie angewiesen.
Die Baudenkmale sind nicht nur Dokumente unserer Vergangenheit – sie geben künftigen Generationen auch Zeugnis über unseren Umgang mit dem uns anvertrauten Erbe.

Berlin: Marshall-Haus auf dem Messegelände in ursprünglichem Zustand. Gebaut 1950 nach Entwurf von Bruno Grimmek

ENNO BURMEISTER

Umgang mit neuen Materialien und Konstruktionen in den 50er Jahren Bericht aus der Praxis von Sanierungsmaßnahmen

Bemerkungen zur Geschichte neuer Werkstoffe: Stahlbeton, Aluminium, Glasbaustein

Eine Tagung, die der Bedeutung der Architektur der 50er Jahre nachgeht, beschäftigt sich zunächst einmal mit gestalterischen, städtebaulichen oder soziologischen Komponenten. Aber es ist sicherlich legitim und auch wissenschaftliche Methode, andere Randgebiete abzutasten, wie dasjenige der Technologie. Dabei meine ich einerseits das Material, den Baustoff, andererseits die Konstruktion, also das Ergebnis von Überlegungen und Berechnungen zum Tragwerk. Mit diesem Anliegen kann ich mich nicht auf eine nennenswerte Auflistung, geschweige denn auf eine wissenschaftliche Untersuchung dieses Bereichs beziehen. So muß ich mich beschränken auf das Andeuten der Probleme. Denn aus dieser Perspektive sind weder die 50er Jahre noch andere architekturhistorischen Epochen hinreichend untersucht worden. Aus diesem Grunde müssen meine Ausführungen stichwortartig und rudimentär bleiben.

Jahrhundertelang war das Erscheinungsbild der Architektur geprägt von den Materialien Holz und Stein. Dabei ist es relativ unerheblich, ob der Natur- oder Backstein dominierte. Das Eisen spielte nur eine untergeordnete Rolle in Form von Ankern, Dübeln und Ketten. Mit dem 19. Jahrhundert tritt das Eisen in anderer Form und in Kombination mit dem Glas auf. Das führt zu neuen Bauvolumen, den Glas-Eisen-Hallen. Das 20. Jahrhundert setzt diese Entwicklung fort und führt wiederum neue Materialien ein, nämlich den Eisen-, später Stahlbeton, den Glasbaustein und das Aluminium. Alle drei Materialien reichen mit ihrer Einführung in die Welt des Bauens bereits in das 19. Jahrhundert hinein, so daß die Frage erlaubt sein muß: Wann ist ein Baumaterial eigentlich neu? Vielleicht zu dem Zeitpunkt, zu dem es erstmals auftritt, oder aber dann, wenn die Voraussetzungen gegeben sind, daß es in größerem Stil in der Architektur angewendet werden kann?

Der Luftschiffhangar von Eugene Freyssinet in Orly bei Paris ist 1916 erbaut und die Zementhalle der Schweizer Landesausstellung von Robert Maillart im Jahre 1938. Beide haben konstruktiv gesehen die Errichtung mit Stütze und Architrav hinter sich gelassen und die materialtypischen Möglichkeiten des räumlichen Tragwerks entdeckt. Es gibt aber auch andere Gesichtspunkte, welche die Konstruktion und damit die Architektur weiterentwickeln. Ich möchte erinnern an die Neufassung der DIN 1045 von 1943 und die ungefähr gleichzeitige Entwicklung des Spannbetonverfahrens System Dywidag, das mit dem Namen des Ingenieurs Ulrich Finsterwalder verbunden ist. Anfang der 50er Jahre entwickelte W. Fuchssteiner in Darmstadt eine vereinfachte Berechnungsmöglichkeit für freitragende Tragwerke und schaffte damit die Berechnungsgrundlage für die in den 50er Jahren so häufig konzipierten gewendelten Treppen. Das gleiche gilt auch für punktgestützte Platten und Pilzkopfkonstruktionen, die sich daraufhin plötzlich großer Beliebtheit erfreuen.

Der erste Aluminiumblock wird 1855 auf der Pariser Weltausstellung vorgestellt. Aber erst

Orly: Luftschiffhangar mit einem räumlichen Tragwerk in Eisenbeton, gebaut 1916 nach Entwurf von Eugene Freyssinet

gegen Ende des Jahrhunderts werden Verfahrensweisen entwickelt zur Herstellung von Aluminium. 1897 und 1903 werden zwei Kirchenkuppeln in Rom mit Aluminiumblech eingedeckt. Eine in der Architekturgeschichte – aber inzwischen auch in der Denkmalpflege – berühmte Fassade ist zwar noch nicht unter Verwendung von Aluminium konstruiert, aber sie hat noch vor dem ersten Weltkrieg das Metall als Außenwand in das Bauwesen eingeführt und damit entscheidende Grundlagen geschaffen für eine später ansetzende prosperierende Entwicklung in der Architektur: die vorgehängte Fassade an einem Gebäude der Fagus-Werke in Alfeld von Walter Gropius und Adolf Meyer. Diese Eisenkonstruktion gehört zu den ersten großartigen Versuchen, dieses Baumaterial aus dem vorigen Jahrhundert auch in anderem Zusammenhang und für andere Bauaufgaben als Gewächshäuser und frühe Bahnhofshallen zu verwenden und damit die Voraussetzungen zu schaffen, Aluminium in die Architektur einzuführen. Der Beginn einer später weitgefächerten Anwendung fällt in die 50er Jahre.
Der Glasbaustein ist in der 2. Hälfte des 19. Jahrhunderts in wenigen vereinzelten Fällen bereits bekannt. Seit 1902 gibt es mundgeblasene, unverschlossene Hohlgläser, sechseckig, die so in das Mauerwerk mit eingeschlossen wurden, daß sie luftabgeschlossen waren. Ihre maschinelle Erzeugung setzt 1903 ein. In diese Zeit fällt auch die Herstellung des ersten Gewölbes mit Vollglassteinen. Berühmt wurde der Glaspavillon der Kölner Werkbundausstellung von 1914 des Architekten Bruno Taut: der erste nennenswerte Versuch, nun wirklich dieses Material seinen spezifischen Eigenschaften entsprechend einzusetzen. In den 30er Jahren beginnt die maschinelle Herstellung der Glasbausteine, zusammengesetzt aus zwei Hälften, die luftdicht miteinander verschlossen werden. Ein frühes Beispiel für die Anwendung dieses neuen Materials ist die Maison de Verre in Paris. Es bleibt aber vorläufig ein vereinzeltes Beispiel. In den 50er Jahren setzt dann tatsächlich ein Boom ein in der materialtypischen Verwendung dieses Bauteils. Und es ist auch bemerkenswert, daß der Einsatz von Glasbausteinen in gestaltwirksamer Funktion in den 60er Jahren dann deutlich wieder zurückgeht.

Zementhalle der Schweizer Landesausstellung mit einem räumlichen Tragwerk in Stahlbeton, gebaut 1938 nach Entwurf von Robert Maillart

Alfeld: Neubau für die Schuhleistenfabrik Fagus mit vorgehängter Fassadenkonstruktion, gebaut 1910/11 nach Entwurf von Walter Gropius und Adolf Meyer

Köln: Glaspavillon der Werkbundausstellung 1914 unter Verwendung ebener und gewölbter Formen mit Glasbausteinen und Betonstegen, gebaut nach Entwurf von Bruno Taut

Beispiele aus der Praxis

In den 30er und 40er Jahren wird Stahlbeton im wesentlichen nur für untergeordnete Bauteile und nach außen nicht gestaltwirksam verwendet mit einer Ausnahme: im Industriebau. In den 50er Jahren ändert sich das schlagartig. Jetzt werden auch öffentliche Bauten wie Schulen und Verwaltungsbauten als Rasterbauten konzipiert. Dabei geht es vielen Architekten nicht nur um die Entwicklung wirtschaftlich optimaler Achsabstände, sondern auch um die Wiedereinführung eines Gestaltungsprinzips, das etwas in Vergessenheit geraten war: das der Proportion. Bei dem Kamera-Werk von F.W. Kraemer in Braunschweig muß ich das nicht hineininterpretieren, sondern kann mich auf die entsprechenden Ausführungen des Architekten berufen.

Im Gegensatz zu dieser rationalistischen Architekturauffassung steht in den 50er Jahren aber auch die verstärkte Anwendung von Stahlbetonkonstruktionen und den damit verbundenen materialspezifischen Möglichkeiten im Zusammenhang mit der individuellen Gestaltung der Gebäude. Ein im Detail eigenständiges und typisches Konzept für die 50er Jahre zeigt auch das Drahthaus in Düsseldorf von Helmut Hentrich und Hans Heuser, das an anderer Stelle bereits gewürdigt ist. An Stelle der Stütze über rechteckigem Querschnitt ist als tragendes Element eine Säule eingeführt, welche die Unterzüge förmlich durchlöchert und so zu einer überzeugenden gestalterischen Lösung führt. Hartwig Öhlert hat bei dem – inzwischen leider abgebrochenen – Dunlop-Haus in München die Obergeschosse rahmenartig zusammengefaßt, die Fassadengliederung läßt die Konstruktion, prinzipiell mit derjenigen des Kamerawerks vergleichbar, nicht mehr so vordergründig in Erscheinung treten. Auch die Abwendung von der geraden Bauflucht – ohne Zwang durch eine entsprechende Baulinie – aus gestalterischen Gründen und die Abweichungen vom konstruktiven Raster im Rahmen der Verkleidung der Fassade sind ein typisches gestalterisches Kennzeichen dieser Epoche. Eine Konstruktionsskizze aus einer Fachzeitschrift der 50er Jahre mag das belegen. Vorgestellt wird das Überlandwerk in Bremen. Der Schnitt zeigt, daß neben den konstruktiv erforderlichen Elementen zusätzlich statisch unabhängige Bauteile an die

Paris: Großflächige Verglasung in einem Wohnhaus (Maison de Verre) unter Verwendung von Glasbausteinen, gebaut um 1935

Braunschweig: Kamerawerk, ein nach klassischen Proportionsregeln von Friedrich Wilhelm Kraemer entworfener Stahlbeton-Skelettbau, gebaut 1958

Konstruktion gehängt werden, die nach Eigenart und Gestalt typisch für die 50er Jahre sind. Da ist z.B. der Sturz in Form eines Werksteines, der unter die statisch erforderliche Konstruktion gehängt ist oder die Aufmauerung der Brüstungsfelder ohne oder mit einer knappen Wärmedämmung. Damals war man der Meinung, daß eine Dämmung in der angewendeten Stärke ausreicht, und zudem noch nicht so informiert, daß die damals fast ausschließlich verwendeten magnesiumgebundenen Leichtbauplatten für die dauerhafte Existenz eines Betonbaues sich konstruktiv als ungünstig erweisen. In Anlehnung an schwedische Vorbilder, wie Winfried Nerdinger nachgewiesen hat, sind Fenster-Türelemente entwickelt und mit Balkonen über einer freien Grundrißform kombiniert worden, die heute noch auffallen auf Grund ihrer bemerkenswerten senkrechten Verkleidung mit ganz enggestellten schmalen Holzleisten. Der optische Eindruck ist auch wiederholt worden durch entsprechend abgekantete Aluminiumbleche und – etwas später – auch Kunststoff-Bahnen.
Aus heutiger Sicht tragen die damals entstandenen Stahlbetonbauten eine Reihe von Gefahrenpunkten in sich. Das beginnt schon bei der Verwendung des damals üblichen Materials, nämlich Stahl I (St I), den wir heute kaum noch verwenden, für solche Aufgaben mit Sicherheit nicht. Dieser St I ist glatt, ohne Rillen. Das umhüllende Material haftet nicht so gut. Es muß auch darauf verwiesen werden, daß es damals noch keine Rüttelgeräte gegeben hat und der Beton, wenn er in relativ schlanke Schalungen eingeführt werden mußte, allenfalls von außen durch Hammerschlag beeinflußt werden konnte. Betonnester waren mit dieser Technik programmiert. Man hat damals auch noch nicht die Gefahren erkannt, die darin liegen, daß der Beton sich bei diesem Vorgang sehr leicht entmischt. Und schließlich muß festgehalten werden, daß Befestigungen für an- oder vorgehängte Bauteile aus Werk- oder Naturstein mit Ankern praktiziert wurden, die nur aus St I hergestellt waren. Wir verwenden dafür heute nur noch Chromnickelstahlanker V2A oder V4A.
Die Anfälligkeit dieser Konstruktionen für „Kältebrücken" ist nicht erst eine Kritik unserer Tage. Schon 1953 erscheint in einer Fachzeitschrift ein Aufsatz unter dem Titel „Ver-

Düsseldorf: Drahthaus, gebaut 1952/53 nach Entwurf von Helmut Hentrich und Hans Heuser, mit Hubert Petschnigg. Der Stahlbetonunterzug ist auf Säulen abgestützt.

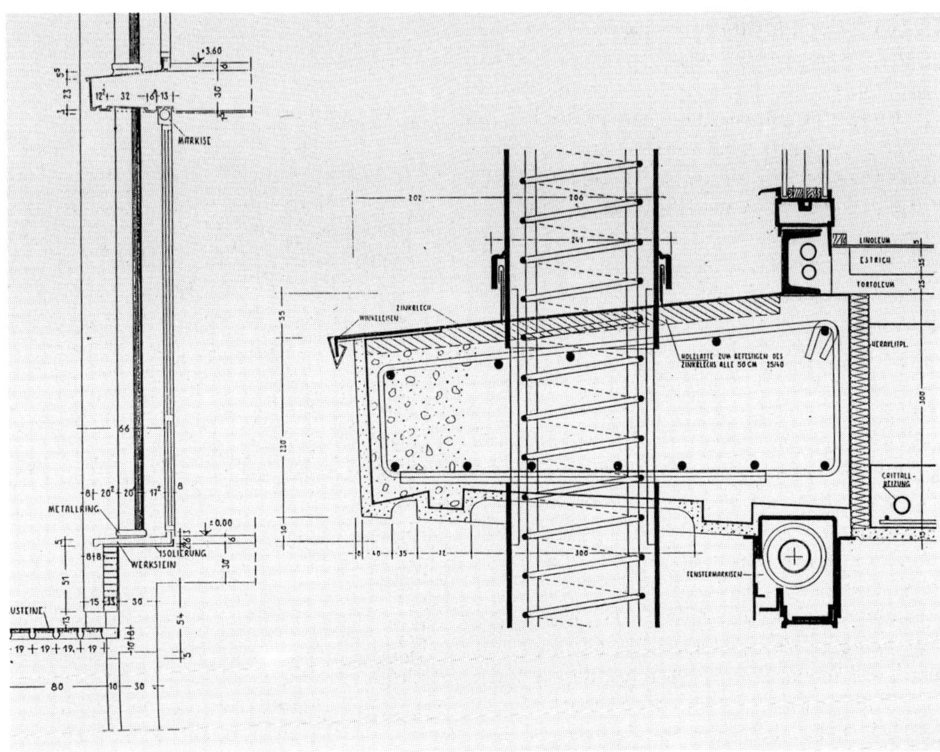

Düsseldorf: Konstruktionszeichnung Säule/Unterzug des Drahthauses

meidbare Wärme- und Kältebrücken im Hochbau". Und in diesem Aufsatz werden alle Schwachpunkte, die wir heute im Rahmen des Bauunterhalts zu den Gebäuden der 50er Jahre anmerken, bereits aufgelistet, nämlich

– Schwächung der Wanddicke für Steigleitungsschlitze
– Schwächung für Heizkörpernischen
– Kältebrücken bei Stahlbetonstützen, besonders in Ecklage
– Kältebrücken bei Fenster- und Türstürzen
– Kältebrücken bei Decken, besonders im Zusammenhang mit Unterfahrten, Dachrandausbildung und Luftgeschossen.

Die uns bekannten und heute auch angewandten Lösungsmöglichkeiten sind in diesem Aufsatz bereits angesprochen. Ich unterstelle, daß die Architekten der damaligen Zeit sich nicht gedankenlos darüber hinweggesetzt haben, sondern daß sie Gründe gehabt haben, die heute möglicherweise nicht mehr nachvollziehbar sind, warum sie auf die vorgetragenen kritischen Anmerkungen nicht oder erst sehr viel später reagiert haben. Sicher ist, sie waren für diese Probleme noch nicht sensibilisiert.

Die Möglichkeiten, Beton als Baumaterial anzuwenden, finden bei den Bauten eine ganz unterschiedliche Weiterentwicklung. Eine Fassadenverkleidung, die in einer Fachzeitschrift als Musterbeispiel sicherlich nicht ohne belehrenden Charakter publiziert worden ist, zeigt die Verkleidung des statisch notwendigen Gerüstes durch ein Fertigteil, das vor die Konstruktion gehängt wird. Dieses Fertigteil bestimmt den architektonischen Gesamteindruck der Konzeption, nicht mehr die dahinter-

München: Rahmenartige Zusammenfassung der Obergeschosse als grundlegendes Gestaltungsprinzip des Dunlophauses, gebaut 1956 nach Entwurf von Hartwig Ohlert, inzwischen abgebrochen

Nürnberg: Ausschwingende Baukörper des Autohauses Kraus, gebaut 1955 nach Entwurf von Friedrich Seegy und Kappler

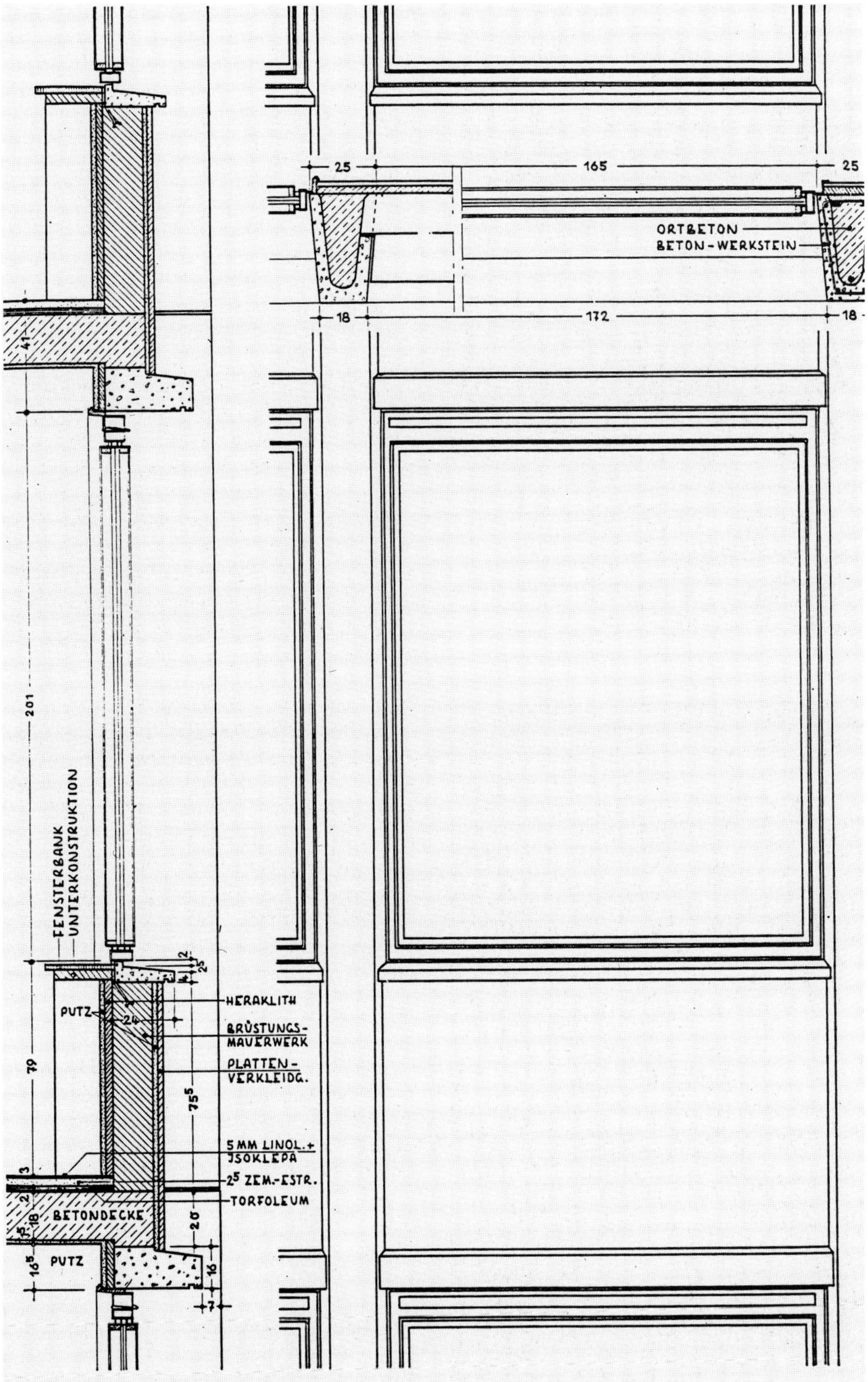

liegende Konstruktion, die als solche zwar noch erkannt werden kann, deren konstruktive Einzeldimensionen aber verschleiert werden. Ein anderer Detailpunkt spielt bei vielen Bauten der 50er Jahre eine große Rolle: das weitauskragende Gesims mit sehr flach auslaufenden Vorderkanten. Diese können dann auch noch mit Natursteinen verkleidet sein, eine Wärmedämmung aber spielt eine sehr untergeordnete Rolle. Solche Gesimse werden mutig über ganz entscheidende Längen, nämlich 20 oder 30 Meter und mehr, ohne jede Dehnungsfuge erstellt. Die konstruktive Bewehrung ist nicht dargestellt, aber man kann sie sich leicht vorstellen, nämlich die Kragarmierung und die Längsbewehrung. Die Probleme, die sich an dieser Stelle im Rahmen einer Sanierung häufig stellen, sind darauf zurückzuführen, daß solche langen Gesimse ohne Dehnungsfugen natürlich sehr starken Bewegungen ausgesetzt sind, die sich dann in Rissen zeigen. Das muß aber kein Grund sein, ein solches Gebäude für unsanierbar zu halten, denn die Längsbewehrung ist nach Abschluß des Abbindeprozesses in vielen Fällen von untergeordneter Bedeutung, so daß die Platte zur Erhaltung des Gebäudes in verschiedene Teile getrennt werden kann. Es entsteht dabei allerdings ein nicht zu unterschätzendes zweites Problem: die Längsbewehrung in St I wird durchgesägt, kommt damit an die Oberfläche, fängt an zu rosten und schafft dann den Ausgangspunkt für eine noch gravierendere Zerstörung des Betons. Diese kann man nur verhindern, wenn man die Einschnitte anschließend auch wieder mit einem geeigneten Material sinnvoll abdichtet.

Bremen: Detail von Applikationen vor und an dem tragenden Gerüst eines Verwaltungsgebäudes, gebaut 1955 nach Entwurf von Gerhard Müller-Menckens

München: Unregelmäßig abgerundete Balkonverkleidung an den Zeilenbauten der Siemenssiedlung in Obersendling, gebaut 1954/55 nach Entwurf von Emil Freymuth

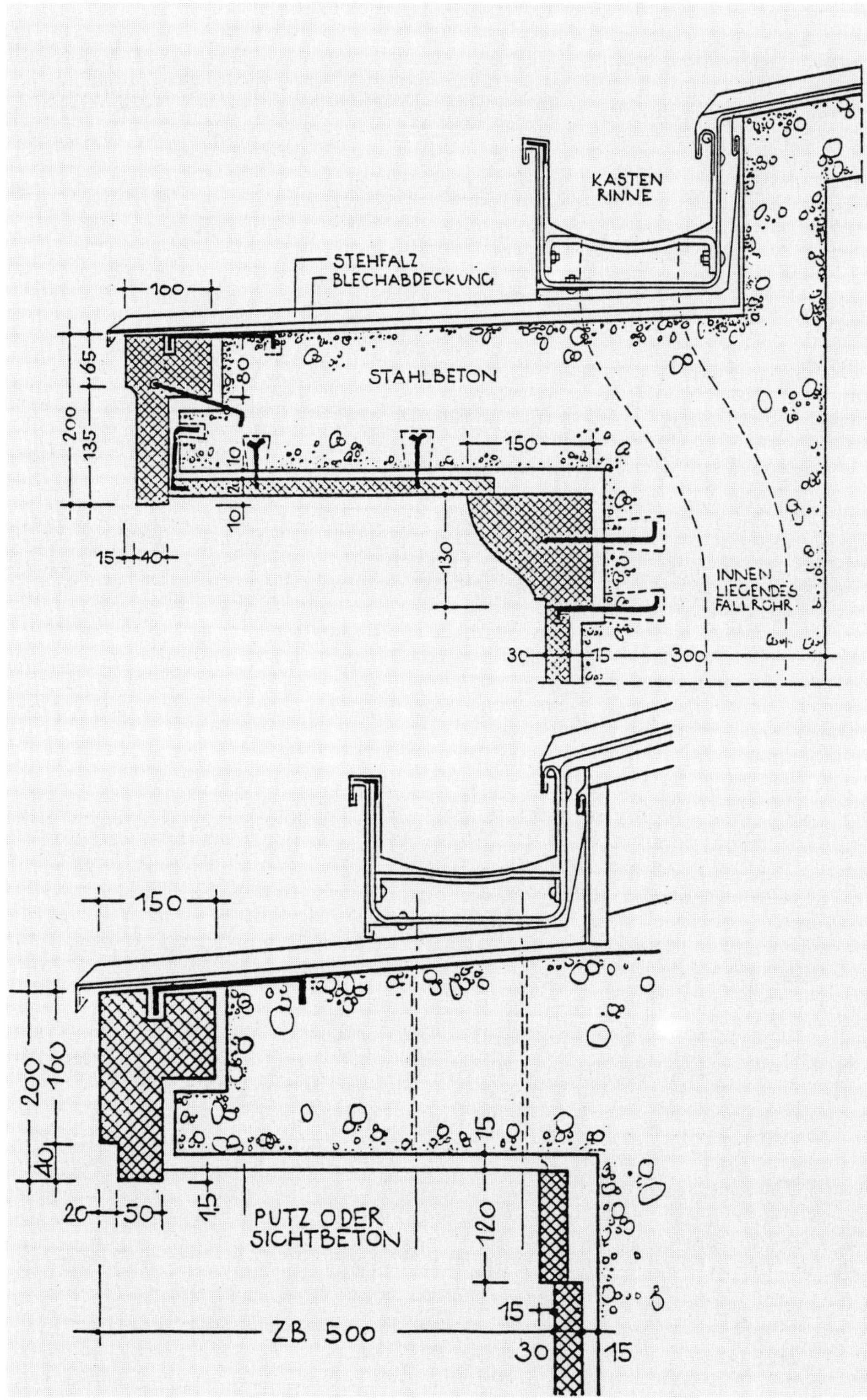

Beispiel einer Konstruktion, die das Langzeitverhalten des Materials nicht ausreichend berücksichtigt: weit ausladendes Hauptgesims als Stahlbetonkragplatte, Verkleidung der Stirn und der Untersicht mit Werksteinplatten (Entwurfsblatt des Baumeisters 1956)

Ein wichtiges Problem ist sowohl gestalterisch als auch konstruktiv die Ausfachung der Stahlbeton-Rasterfassaden. Die ausmittige Teilung der Fenster ist ein ganz typisches Kennzeichen für diese Zeit. Die Brüstungen sind in aller Regel noch gemauert oder bereits betoniert. Die Außenseite ist dann verkleidet und zwar in einer materialmäßigen Breite, die von Spaltklinker über Naturstein bis zum Mosaik reicht. Alle drei Materialien sind Gefahren ausgesetzt. Alle drei Materialien können leider die Tendenz entwickeln, sich von ihrer Rücklage zu lösen, aber bei all diesen Materialien gibt es auch Möglichkeiten, sie wieder mit ihrem Hintergrund zu verbinden, bis zu der Lösung, sie bei starkem Zerstörungsgrad auch zu erneuern. Im Sinne der Denkmalpflege ist das aber erst der zweite Weg der Bereinigung dieses Problems.

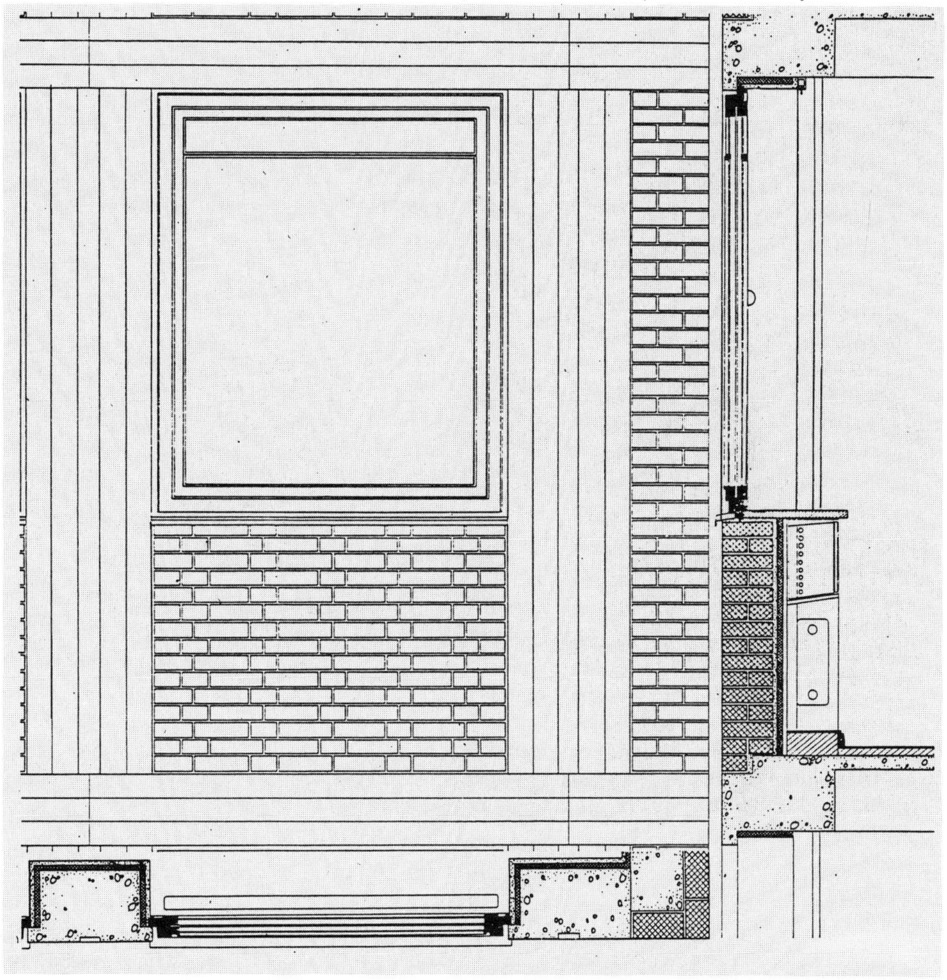

München: Brüstung eines Instituts der Technischen Universität, ausgeführt in Sichtmauerwerk und mit Dämmung, gebaut nach Entwurf von Werner Eichberg

Andererseits gibt es bei vielen öffentlichen Bauten dieser Epoche auch gestalterische Konzepte, die das Gebäude optisch im Bereich des Erdgeschosses aufständern und diese Wirkung durch eine großflächige Verglasung erreichen, während die Obergeschosse durch eine relativ enge Stützenstellung, verbunden mit massiven Brüstungen und Natursteinverkleidungen von Stützen und Unterzügen deutlich Masse und hochwertiges Material zeigen. Wenn hier jetzt Überlegungen angestellt werden, wie z.B. bei der Maxburg in München, die leichten Geschosse unter Hinweis auf Mängel bei Schall- und Wärmeschutz umzugestalten, andere, nämlich kleinere Fensterteilungen einzuführen, muß man deutlich machen, daß diese großen Scheiben integraler Bestandteil des ursprünglichen gestalterischen Konzeptes sind und eine Veränderung mit erheblichen Qualitätsverlusten für ein im übrigen herausragendes Bauwerk verbunden ist, das zwar im Augenblick noch keinen Denkmalcharakter hat, aber sicherlich einmal in diese Qualitäten hineinwachsen wird.

In dem Zusammenhang soll jetzt ein ganz konkreter, aber auch sehr symptomatischer Fall vorgestellt werden, auch um die Möglichkeiten und die Ergebnisse einer solchen Sanierung zu zeigen. Die Jakob-Grimm-Schule in Kassel ist nach Grund- und Aufriß ein ebenso typisches wie qualitätvolles Beispiel der Architektur dieser Epoche. Sie ist gekennzeichnet durch ungewöhnlich knappe und schlanke Konstruktionen. Vielleicht sind deswegen die Schäden hier ein wenig eher aufgetaucht als bei anderen Objekten. Der erkennbare Grad der Zerstörung von Stahl und Beton durch Luft- und Wassereintritt war so groß, daß ernsthaft über Abbruch diskutiert wurde. Sanieren kann man auch in diesem Zustand die Konstruktion mit Sicherheit und zwar dadurch, daß man die Masse auf den tragfähigen Kern reduziert, dann mit Gewebe umhüllt und auf diese Weise wieder auffüllt. Daß dabei allerdings auf Grund vorgeschriebener Mindeststärken sich die Dimensionen verändern, weil man nämlich nicht so viel wegschlagen kann, wie nachher wieder aufgebaut werden muß, oder weil mehr aufgebaut werden muß, als bis zu dem tragfähigen Kern eigentlich an Luft bleibt, liegt auf der Hand.
Das sind Erkenntnisse, die man inzwischen gesammelt hat und man kann sich jetzt nicht einfach auf den Standpunkt stellen, daß diese Tatsachen unabänderlich sind, sondern auch hier müssen neue Ideen entwickelt werden, um die Schäden an diesen Konstruktionen beheben zu können, ohne das Bauwerk neu zu interpretieren. Ein größerer Baukomplex ist bei einer Veränderung der Stützenmaße um 2 x 3

cm an jeder Seite nicht unbedingt gleich nachteilig beeinflußt, andere, kleinere Bauten können schon in Gefahr kommen, dadurch ihr Aussehen zu verändern. Am Beispiel der bereits gezeigten Kasseler Schule soll das noch einmal belegt werden. Am Vergleich erkennt man deutlich, daß die Stützenmaße stärker geworden sind durch die Sanierungsmaßnahmen. Eine Veränderung, die hier gerade noch zu vertreten ist. Dabei sollte man auch die Mühe nicht unterschätzen, dieses Ergebnis überhaupt konstruktiv zu erreichen.

Zurückkommend auf die teilweise sehr imposanten Treppenanlagen soll noch einmal betont und mit Bildern auf den nächsten Seiten belegt werden, daß sie deutlich gehäuft in den 50er vorkommen. Über eine Ursache aus dem Bereich der Tragwerkslehre wurde schon gesprochen. Es gibt in diesem Zusammenhang auch eine Vorliebe für bestimmte Geländerkonstruktionen aus Metall mit dem berühmt gewordenen Kunststoffhandlauf vom Fabrikat Mipolam und den Messingknöpfen als Verzierung. Kennzeichen der Geländer ist der Verzicht auf senkrechte Stäbe und die Erreichung des Eindrucks unendlicher, rund abgekanteter enggestellter Bänder, die ein Geländer konstruktiv neu interpretieren.

<u>Kassel:</u> Jakob-Grimm-Schule, gebaut 1956 nach Entwurf von Stadtbaurat Wolfgang Bangert

<u>München:</u> Gliederung des Baukörpers der Maxburg mit bewußt leicht und durchscheinend gestaltetem Untergeschoß, gebaut 1954/55 nach Entwurf von Theo Pabst und Sep Ruf

Ein ganz eigenständiges Problem sind für uns heute die Fensterkonstruktionen der 50er Jahre. Die Spielautomatenfabrik in Bingen von F.W. Kraemer zeigt die Form der Schwing- oder Wendelflügelfenster, die sich damals großer Beliebtheit erfreuten und Kennzeichen des neuen Bauens wurden.
Diese Wände vorgehängter Konstruktionen und vor allen Dingen die Schwingflügelfenster als typisches Kennzeichen geben uns heute manche konstruktive Frage auf, denn diese Fenster haben rein thermisch gesehen – und das hat man damals nicht so erkannt – leider einen gravierenden Nachteil. Dadurch, daß sie sich im geöffneten Zustand über die Fassadenfläche weit hinausbewegen, leiten sie, in ihrer Wirkung Leitblechen vergleichbar, die an der Fassade aufsteigende Luft in die Räume hinein. Bei dem im Sommer gesuchten Effekt der Lüftung und Kühlung des Raumes erreicht man gerade bei dieser Fensterart eher das Gegenteil. Trotzdem muß man auf diese Fenstergrundform auch heute nicht ganz verzichten. Die Industrie hat gerade in den letzten Jahren ganz interessante Alternativen entwikkelt, die mindestens annähernd einen vergleichbaren Eindruck wiedergeben.

Das Problem Fenster und Fensterauswechslung spielt in der Architekturgeschichte gerade für die Objekte der 50er Jahre eine große Rolle. In München ist von dem Architekten Gustav Hassenpflug ein Universitätsinstitut gebaut worden, mit einer sehr differenzierten Unterteilung der konstruktiven Achsen und daraus resultierend auch einer sehr unterschiedlichen Fensterbreite. Damals hatte der Architekt ausdrücklich Holzfenster gewünscht und als Material Sipo-Mahagoni verwendet, weil er meinte, daß dieses Holz wohl dem rauhen Klima unserer Bereiche den erforderlichen Widerstand entgegensetzen kann. Die Situation ist heute so, daß das Holz der Fenster bereits stark angegriffen ist und man meint, diese Fenster nicht mehr halten zu können. Es wurde inzwischen ein Konstruktionsvorschlag für eine Sanierung ausgearbeitet. Der Fußpunkt der Konstruktion aus der Erbauungszeit ist dem Konzept gegenübergestellt, das jetzt entwikkelt worden ist und wohl auch verwirklicht werden wird (siehe Abb.). Man hat den Rahmen des Sipofensters belassen und mit einem

Kassel: Stahlbetonskelett der Jakob-Grimm-Schule vor (oben) und nach der Sanierung (unten mit verstärktem Skelett)

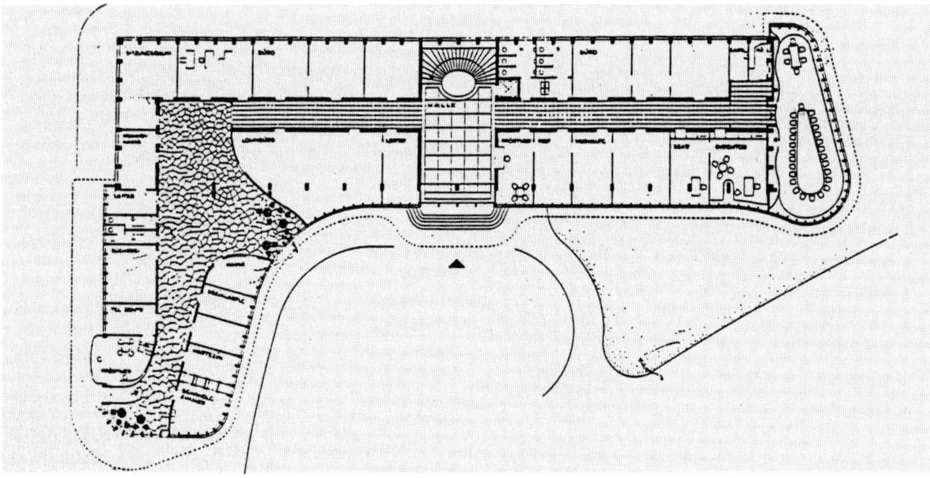

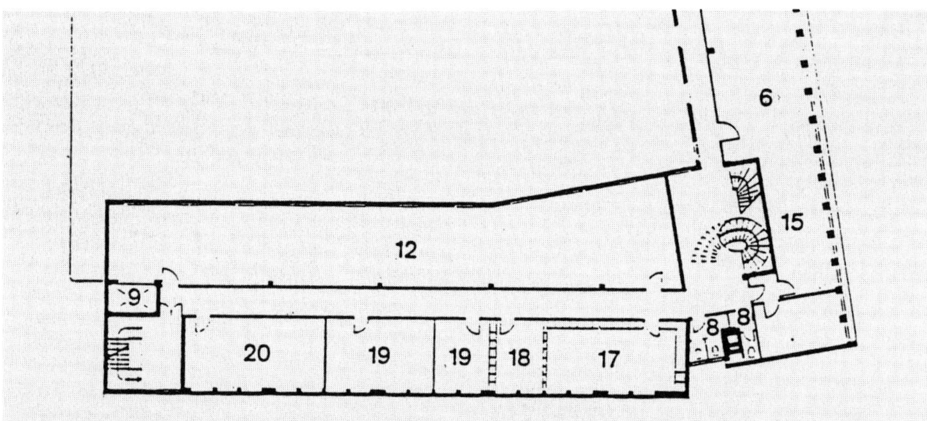

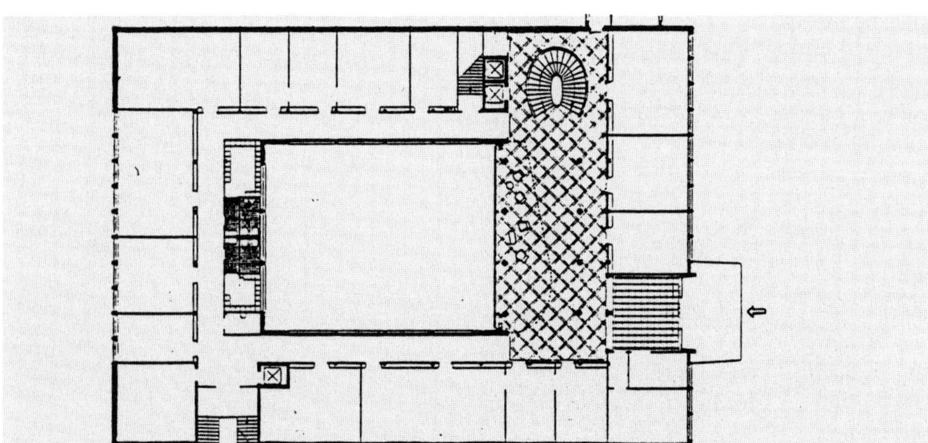

Freischwingende Treppenläufe in Stahlbeton: Oben das Verwaltungsgebäude der Drahtwerke in Gelsenkirchen, Entwurf Herbert Rimpl und Otto Prinz; Mitte: Verwaltungsgebäude des Dunlophauses in München, Entwurf Hartwig Öhlert; unten: Verwaltungsgebäude in Bremen, Entwurf: Gerhard Müller-Menckens

Aluminiumprofil überfangen und damit die Ansichtsbreite in dem historischen Format beibehalten. Das ursprüngliche Fenster und sein Material können nicht gehalten werden, wohl aber die Unterteilung bis zur Ansichtsbreite der Profile, die übernommen werden konnte. Die Gestalt bleibt, das Material ändert sich. Zur Beurteilung und Würdigung dieser Maßnahme muß berücksichtigt werden, daß es sich hier noch nicht um ein Baudenkmal handelt. Das Ergebnis war nur auf dem Wege von Verhandlung und Überzeugung zu erreichen. Keineswegs in jedem Fall läuft auch bei Einsicht in die Problematik die Sanierung von Fenster so positiv ab. Die erste bayerische Hochhaussiedlung mit Wohnungen, die Siemens-Wohnsiedlung in München-Obersendling von Emil Freymuth, ist eine der qualitativ herausragenden Siedlungen der 50er Jahre. Die Fenster sind Aluminiumkonstruktionen eines ganz namhaften Herstellers, zusammengesetzt aus den damals listenmäßigen Profilen mit guten bis aufwendigen Beschlägen. Sicherlich ist der Bauunterhalt dieser Gebäude optimal durchgeführt worden. Heutigen Ansprüchen können die Fenster gerade auch bei dem Winddruck in größeren Höhen nicht genügen, die Mieter wünschen deshalb Fugendichtungen. Die handelsübliche Lösung hat bei der Sanierung der Sternhäuser eine nachteilige Veränderung der Ansichten ergeben. Zu der Siedlung gehört auch ein scheibenförmiges Hochhaus, bei dem jetzt die Reparatur der Fenster ansteht.

Es konnte im Vorfeld der Überlegungen bereits der Beweis angetreten werden, daß die ungeteilten Scheiben im Rahmen der Sanierung gehalten werden können, eine Veränderung der Scheibenformate also nicht erforderlich ist. Auch die historische Bedienungsart kann weitgehend beibehalten werden, ohne gleichzeitig auch den bereits beschriebenen Mangel der Schwingflügelkonstruktion fortzuschreiben. Gespräche über eine Reparatur dieser Fenster sind leider negativ verlaufen; ich hoffe, daß es jetzt gelingt, auch den Eigentümer zu überzeugen, die historische Unterteilung im Rahmen der Sanierung beizubehalten.

Es wurde bereits festgestellt, daß Glasbausteine in vielfältiger Form in den 50er Jahren verwen-

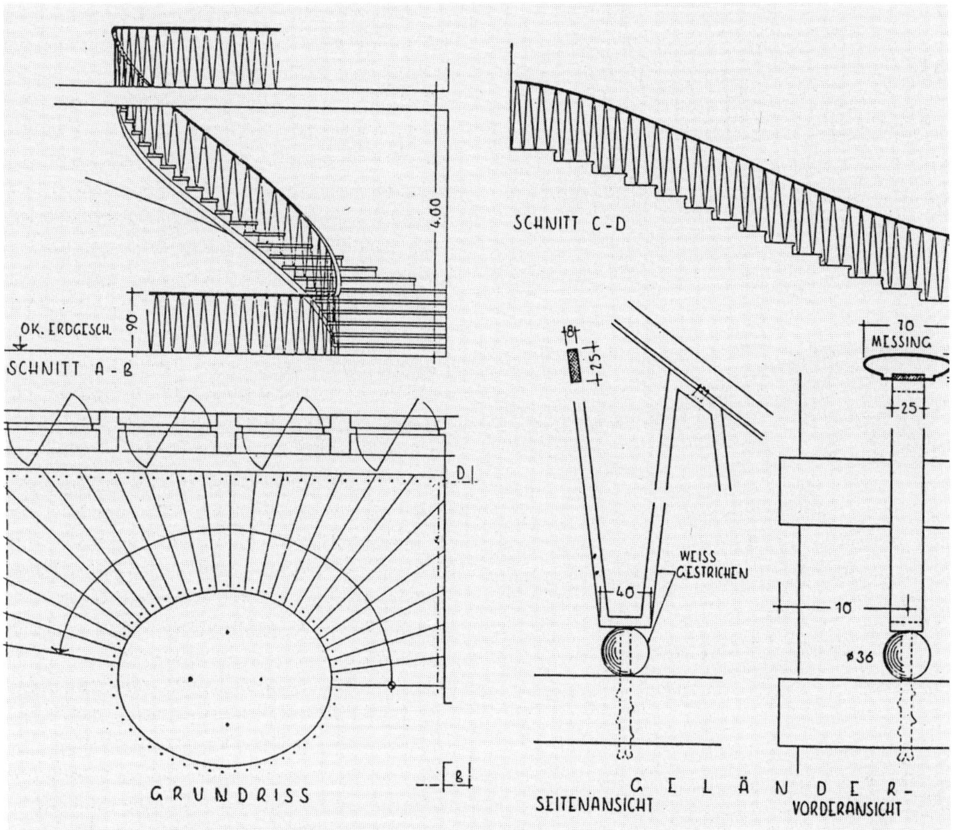

Gelsenkirchen:
Typische Treppen- und Geländerform mit Messinglauf und rund abgekanteten, enggestellten Bändern.
Verwaltungsgebäude der Drahtwerke, Entwurf Herbert Rimpl und Otto Prinz

Bingen:
Zeittypische Schwingflügelfenster der Spielautomatenfabrik, gebaut 1959 nach Entwurf von Friedrich Wilhelm Kraemer

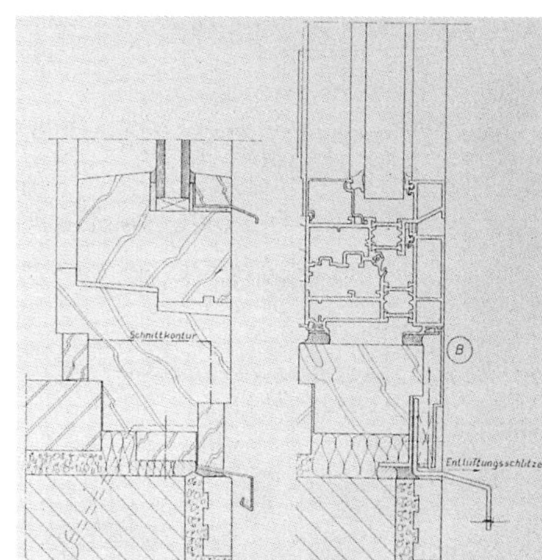

München: Institutsgebäude der Technischen Universität, Entwurf Gustav Hassenpflug.
Ansicht vor der Sanierung und Detail des Sanierungsvorschlages der Fenster

det wurden und zwar sowohl als fensterartiger Abschluß, als Wand im Innen- als auch im Außenbereich und schließlich sogar als schwerbefahrbare Decke. Das setzt natürlich unterschiedliche Konstruktionen voraus. Die Schäden, die an solchen Glasbausteinen auftreten, lassen sich in drei Kategorien unterteilen, nämlich einmal die Tatsache, daß Steine zerbrechen und damit eine Unfallgefahr entstehen lassen, weiter, daß Kanten dieser Steine absplittern, ebenso eine vielleicht nicht ganz so gravierende Unfallgefahr, und schließlich, daß die Verfugung zwischen den Fenstern herausgedrückt wird und damit das Material nicht mehr in einem stabilen Zustand bleibt. Zur Behebung solcher Schäden kann man nur im Ausnahmefall die historische Konstruktion wiederholen.

Konstruktionszeichnungen aus den 50ern zeigen, daß die Glasbausteinfelder in Gleitlagern entweder mit einer Art Neoprenevorläufer oder mit einem U-Profil eingelegt wurden. Die Stärken dieser Gleitlager sind damals offensichtlich unterschätzt worden, jedenfalls gibt die Industrie jetzt andere Dimensionen an. Das hat die sehr nachteilige Folge, daß man bei Reparaturfällen jetzt nicht mehr die Glasbausteinfelder in der gleichen Aufteilung einbauen kann, sondern sowohl horizontal wie vertikal eine Steinzeile einsparen muß, damit man den Platz erhält für diese Konstruktion. Das führt dann gelegentlich auch zu der Situation, daß man versucht ist, das Material zu wechseln, um die Konstruktion zu halten und z.B. auf Profilgläser überzugehen.

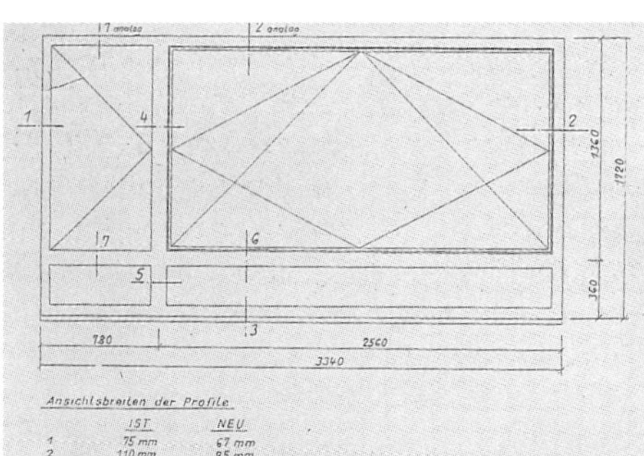

München: Schwingflügelfenster der 1954/55 nach Entwurf von Emil Freymuth gebauten Siemenssiedlung und Detail des Sanierungsvorschlages unter Beibehaltung der ursprünglichen Scheibenformate

Allgemeine Bemerkungen über Konstruktionsfehler in der Geschichte der Architektur

Lassen Sie mich abschließend bitte noch eine Bemerkung anfügen, die auch an anderer Stelle publiziert und diskutiert worden ist. Wir stehen im Bereich der Sanierung der Gebäude der 50er Jahre vor Problemen, die wir ganz grob in zwei Klassen einteilen können, nämlich einmal technische Probleme, die ich Ihnen hier geschildert habe für den Beton, für die Fassade usw., zum anderen stehen wir auch vor formalen Problemen, nämlich dann, wenn es um Fenstergrößen und -formate geht, oder wenn es um die Stärke der Mauer geht und gelegentlich auch um die Deckenstärke. Es handelt sich bei den Bauten der 50er Jahre bereits um eine konstruktiv der Vergangenheit zuzurechnende Technologie. Im Grunde ist uns heute diese Bauweise bereits fremd, im Grunde sind die Materialien, die damals verwendet worden sind, in vollem Umfang nicht mehr uneingeschränkt verfügbar.

Der Verarbeitungsprozeß ist für uns zudem fremd geworden. Wir sollen auf diese Probleme reagieren und das geht eigentlich nur, wenn wir bereit sind, zu den handwerklichen Vorgängen, die für diese 50er Jahre typisch waren, zurückzukehren, oder mit unseren modernen technologischen Möglichkeiten die historischen Vorgänge dieser Zeit nachahmen. Das formale Problem, das ich gerade etwas verkürzt angeschnitten habe, entwickelt sich aus den Zwängen, die Proportion und die Dimension zu erhalten, aber es entwickelt sich auch, und das wirkt sich fatal aus, aus den veränderten Bedürfnissen des Wohnkomforts,

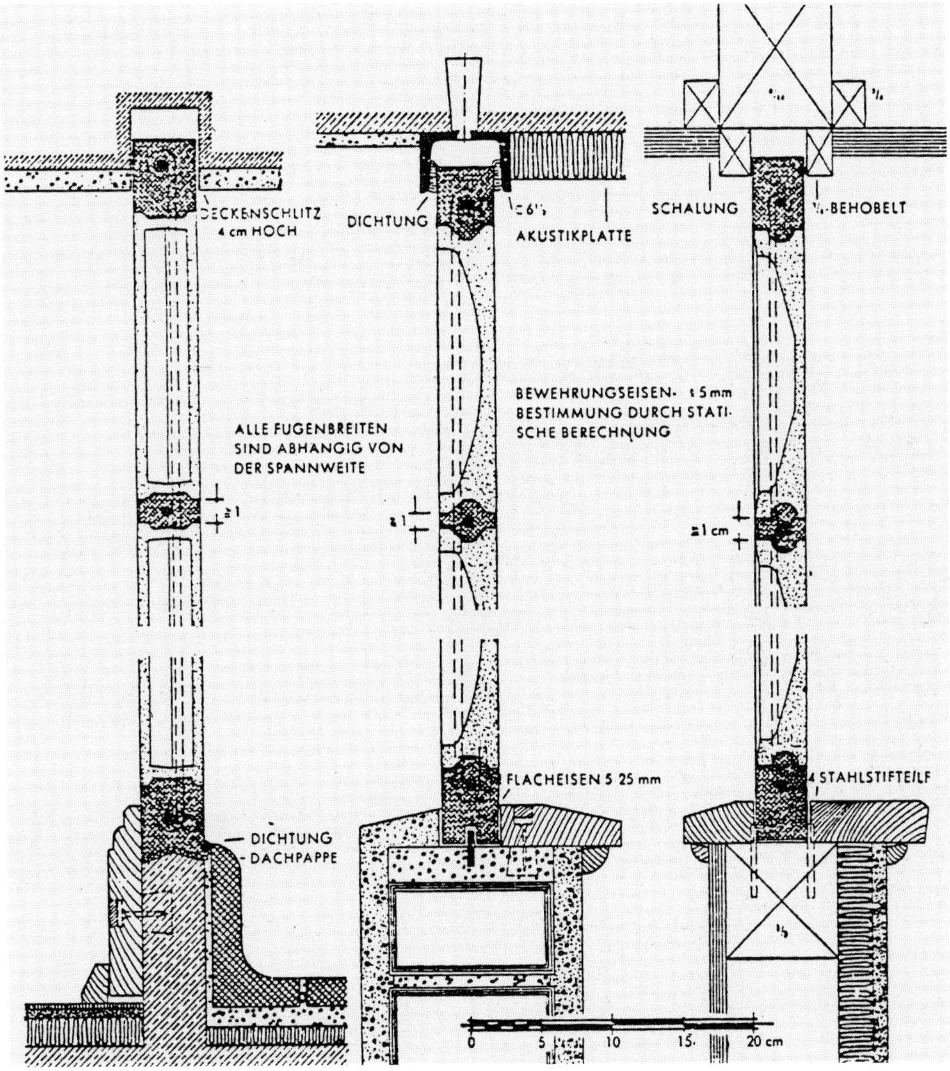

Konstruktionen mit Glasbausteinen: Entwurfsblatt des Baumeisters/1955

München: Glasbausteinfassade und Detail der Schäden der Gewerbeschule, gebaut 1955 nach Entwurf von H. Landauer

dem wir heute entsprechen sollen und nach denen allein die Vorschriften und Gesetze orientiert sind, wie z.B. die Vorschriften zur Wärmedämmung und Energieeinsparung. Die Einhaltung dieser Vorschriften wirkt sich möglicherweise auf die Gestalt dieser Häuser unglücklich aus und man muß sich fragen, warum es nicht auch Forderungen nach Einsparung unserer Wohnbedürfnisse gibt oder nach Reduzierung der möglicherweise auch in einigen Punkten überzogenen Forderungen und Wünsche an Wohnkomfort.

Es mag Gebäude geben, die konstruktiv fehlerlos sind. Daß sie damit auch anderen gestalterischen Qualitätsmerkmalen entsprechen, ist zweifellos nicht zwingender Schluß, vielleicht auch nicht zwingend erforderlich. Andererseits beschränken sich natürlich konstruktive Fehler keinesfalls nur auf die Architektur der 50er Jahre alleine.

In den ganz unterschiedlichen kunsthistorischen Epochen haben technologische Probleme im Zusammenhang mit Bau und Unterhalt von Bauwerken durchaus auch zu Katastrophen geführt, wie z.B. zu Einstürzen gotischer Chöre oder zumindest zu bedauerlichen Veränderungen, wenn Sie an das Abplatzen der obersten Schicht von kunststeinfarbenen Säulen in barocken Kirchen denken. Beide Unzulänglichkeiten haben die Entstehung eines pflegeleichten Bauwerks möglicherweise verhindert. In allen Fällen aber bewundern wir doch nahezu uneingeschränkt die Gotik und den Barock, obwohl diese Gotik in späterer Zeit zu Hilfskonstruktionen greifen mußte, die das Erscheinungsbild nachhaltig verändert hatten.

Diese Feststellung soll jetzt nicht ausarten in ein Plädoyer für die Akzeptierung von Konstruktionsfehlern. Ich wollte mit dieser Feststellung und meinem Referat darauf hinweisen, daß zu ganz bestimmten Materialien eben auch für diese Materialien bestimmte eigenständige Alterungsprozesse gehören, die sich durch eine materialuntypische Verwendung oder Veränderung möglicherweise auch hätten partiell umgehen lassen. Aber damit stellt sich die Frage, ob das noch eine sinnvolle, eine ange-messene oder vielleicht doch schon eine problematische oder fragwürdige Konstruktionsmethode ist.

Schutz und Erhaltung von Bauten der 50er Jahre 2.–4. Februar 1990

Die Vorbereitung der Tagung lag bei einer Projektgruppe, der angehörten:

Dr. Sid Auffahrt, Hannover, Dipl.-Ing. Horst von Bassewitz, Hamburg, Prof. Dr. Dr.-Ing. Enno Burmeister, München, Prof. Dr. Werner Durth, Mainz, Prof. Dr. Helmut Engel, Berlin, Dr.-Ing. Niels Gutschow, Abtsteinach, Dipl.-Ing. Norbert Heuler, Berlin, Prof. Dr. Hiltrud Kier, Köln, Dr. Juliane Kirschbaum, Hans-Günter Kowalski, Bonn, Günther Kühne, Berlin, Horst Mazura, Bonn, Dr. Volker Osteneck, Stuttgart, Dr. Christoph Mohr, Wiesbaden, Prof. Dr. Hans-Herbert Möller, Hannover, Dr. Jörg Schulze, Brauweiler, HPC Weidner, Dr. Walter Wulf, Hannover.

Die Wiederaufbaujahre nach dem Zweiten Weltkrieg, oft auch die „Gründerjahre der Bundesrepublik Deutschland" genannt, finden wegen der zahlreichen Gedenktage der letzten Jahre auch in ihrer kulturellen und baulichen Überlieferung zunehmendes Interesse in der Öffentlichkeit. Im Rückblick erscheinen sie uns heute als eigenständige Epoche, für die sich der Begriff „Fünfziger Jahre" eingebürgert hat. Das denkmalpflegerische Interesse an den baulichen Zeugnissen dieser Epoche ist zunächst eine Folge des größer werdenden zeitlichen Abstandes. Durch die Forderung nach Anpassung an moderne Standards der Technik, des Wohnkomforts und an heutige Gestaltungsvorstellungen über die notwendigen Reparaturen hinaus sind die Bauten der Wiederaufbauphase aber auch erheblich gefährdet und in ihrer Substanz bedroht. Die Denkmalpflege ist daher aufgerufen festzustellen, welche Gebäude als Dokumente dieser Zeit von der kulturhistorischen Bedeutung sind, die das öffentliche Interesse an ihrer Erhaltung begründet.
Mit der Tagung „Schutz und Erhaltung von Bauten der Fünfziger Jahre" vom 2. bis 4. Februar 1990 wollen das Deutsche Nationalkomitee für Denkmalschutz und die Vereinigung der Landesdenkmalpfleger in der Bundesrepublik Deutschland mit internationaler Beteiligung Aufmerksamkeit und Zuwendung für diese Epoche wecken. Darüber hinaus will die Tagung eine Bestandsaufnahme des gegenwärtigen Wissenstandes versuchen, Forschungsdefizite benennen und Erfahrung sowie konservatorische Probleme im praktischen Umgang mit Bauten dieser Zeit erörtern.
Ganz bewußt findet die Tagung daher im Rahmen der Baufachmesse „Constructa" in Hannover statt. Schließlich gingen von der ersten „Constructa" 1951 wesentliche Impulse für die Architektur der kommenden Jahre aus. Zudem werden sich auch andere Veranstaltungen während der Messe mit Sanierungsproblemen beschäftigen. Die Stadt Hannover selbst ist ein herausragendes Beispiel des Wiederaufbaus. Die Tagung endet daher mit einer Exkursion, die die architektonischen und städtebaulichen Leistungen der Fünfziger Jahre in Hannover würdigen soll.
Der Vereinigung der Landesdenkmalpfleger wird im Rahmen der Constructa 1990 eine Ausstellung zu Architektur und Städtebau der 50er Jahre zeigen. Sie wird gefördert durch das Land Niedersachsen und die Niedersächsische Sparkassenstiftung. In ausgewählten Beispielen sollen typische Merkmale aber auch die besonderen Erhaltungsprobleme dieser Architektur in Bezug gesetzt werden zu den wertenden Positionen des Konservators. Die Ausstellung ist als Wanderausstellung konzipiert und kann im Anschluß an die Tagung ausgeliehen werden.

Freitag, den 2. Februar 1990

10.00 Uhr
Eröffnung der Tagung
Herbert Schmalstieg, Oberbürgermeister der Stadt Hannover, Vizepräsident des Deutschen Städtetages
Hans Herbert Möller, Vorsitzender der Vereinigung der Landesdenkmalpfleger in der Bundesrepublik Deutschland

10.15–11.00 Uhr
Einführungsvortrag: Ideen, die überlebten
Hanns Adrian, Hannover

11.00–11.45 Uhr
Die Stadtlandschaft – Zum Leitbild der gegliederten und aufgelockerten Stadt
Werner Durth, Mainz

11.45–12.30 Uhr
Charakteristische Merkmale der Architektur der 50er Jahre
Winfried Nerdinger, München

12.30–14.30 Uhr
Mittagspause

14.30–15.15 Uhr
Traditionalisten und Modernisten in den 50er Jahren – Eine europäische Kontroverse
Jean-Louis Cohen, Paris

15.15–16.00 Uhr
Architektur der 50er Jahre ohne Namen
Erfassung, Bewertung und Auswahl
Christoph Mohr, Wiesbaden

16.00–16.30 Uhr
Diskussion der Vorträge
Moderation: Niels Gutschow, Abtsteinach

17.00–19.30 Uhr
Wodurch bilden die 50er Jahre eine Epoche?
Podiumsdiskussion und Diskussion mit dem Plenum
Moderation:
Niels Gutschow
Teilnehmer:
Klaus von Beyme, Heidelberg
Manfred Fischer, Hamburg
Hermann Glaser, Nürnberg
Jost Hermand, Wisconsin
Hiltrud Kier, Köln
Thomas Topfstedt, Leipzig

20.00 Uhr
Einführung in die Ausstellung
„Nicht wegwerfen!
Architektur und Städtebau der 50er Jahre."
Sid Auffarth, Hannover

Samstag, den 3. Februar 1990

9.00–9.45 Uhr
Der Berliner City-Bereich als Herausforderung für den Denkmalschutz
Christine Hoh-Slodczyk, Berlin (West)

9.45–10.30 Uhr
Erfassung, Schutz und Erhaltung von Bauten der 50er Jahre in Köln
Wolfram Hagspiel, Köln

11.00–11.45 Uhr
Schutz und Erhaltung von Siedlungen der 50er Jahre
Helmut Lambert, Bonn

11.45–12.30 Uhr
Restaurieren, Sanieren, Wiederaufbau
Der schöpferische Umgang mit historischen Bauten in den 50er Jahren
Hans-Christoph Hoffmann, Bremen

Moderation: Volker Osteneck, Stuttgart

12.30–14.30 Uhr
Mittagspause

14.30–15.15 Uhr
Umgang mit neuen Materialien und Konstruktionen
Enno Burmeister, München

15.15–16.00 Uhr
Konservatorische Probleme im Umgang mit Bauten der 50er Jahre
Norbert Heuler, Berlin (West)

16.30–17.15 Uhr
Veränderungsdruck bei Bauten der 50er Jahre
Jörg Schulze, Brauweiler

17.15–18.00 Uhr
Diskussion der Vorträge
Moderation: Udo Mainzer, Brauweiler

18.15–19.00 Uhr
Architektur und Städtebau der 50er Jahre in der DDR
Peter Goralczyk, Berlin (Ost)

Sonntag, den 4. Februar 1990

Exkursionen zu Beispielen und Bauten der 50er Jahre in Hannover
Treffpunkt:
Neues Rathaus
Trammplatz 2

9.00–9.45 Uhr
Einführung
Sid Auffarth, Hannover
Jörg Maaß, Hannover
HPC Weidner, Hannover
Gerd Weiß, Hannover

9.45–13.00 Uhr
Exkursion I:
Rundgang durch das Stadtzentrum
Exkursion II:
Busfahrt zu verschiedenen Beispielen

TAGUNGSLEITUNG

Hans-Günter Kowalski
Deutsches Nationalkomitee für Denkmalschutz
HPC Weidner,
Vereinigung der Landesdenkmalpfleger
in der Bundesrepublik Deutschland

MODERATOREN

Dr. Niels Gutschow
Ortsstraße 26
6941 Abtsteinach

Prof. Dr. Udo Mainzer
Landeskonservator
Rheinisches Amt für Denkmalpflege
Abtei Brauweiler
Ehrenfriedstraße 19
5024 Pulheim

Dr. Volker Osteneck
Landesdenkmalamt Baden-Württemberg
Mörikestraße 12
7000 Stuttgart 1

REFERENTEN

Prof. Dipl.-Ing. Hanns Adrian
Stadtbaurat Hannover
Friedrichswall 4
3000 Hannover

Prof. Dr. Klaus von Beyme
Universität Heidelberg
Institut für politische Wissenschaft
Marstallstraße 6
6900 Heidelberg 1

Prof. Dr. Dr.-Ing. Enno Burmeister
Luise-Kisselbach-Platz 34
8000 München 70

Prof. Dr. Jean-Louis Cohen
58 Blvd. de Sebastopol
F-75003 Paris

Prof. Dr.-Ing. Werner Durth
Johannes Gutenberg-Universität Mainz
Fachbereich Bildende Kunst
Am Taubertsberg 6
6500 Mainz

Prof. Dr. Manfred Fischer
Landeskonservator
Imstedt 18
2000 Hamburg 76

Prof. Dr. Hermann Glaser
Rathaus, Hauptmarkt 18
8500 Nürnberg

Prof. Dr.-Ing. Peter Goralczyk
Generalkonservator
Institut für Denkmalpflege
Brüderstraße 13
DDR-102 Berlin

Dr. Wolfram Hagspiel
Denkmalamt Köln
Quatermarkt 5
5000 Köln 1

Prof. Dr. Jost Hermand
University of Wisconsin
Department of German Studies
Madison WI 53705, USA

Dipl.-Ing. Nobert Heuler
beim Senator für Stadtentwicklung und
Umweltschutz des Landes Berlin
Lindenstraße 20–25
1000 Berlin 61

Dr. Hans-Christoph Hoffmann
Landeskonservator
Landesamt für Denkmalpflege der
Freien Hansestadt Bremen
Sandstr. 3
2800 Bremen

Dr. Christine Hoh-Slodczyk
beim Senator für Stadtentwicklung und
Umweltschutz des Landes Berlin
Lindenstraße 20–25
1000 Berlin 61

Prof. Dr. Hiltrud Kier
Stadtkonservatorin
Quatermarkt 5
5000 Köln 1

Dipl.-Ing. Helmut Lambert
Gruppe Hardtberg
Röngsdorferstraße 17
5300 Bonn 2

Dr. Christoph Mohr
Landesamt für Denkmalpflege Hessen
Schloß Biebrich/Westflügel
6200 Wiesbaden

Prof. Dr. Winfried Nerdinger
Technische Universität München
Arcisstraße 21
8000 München 2

Dr. Jörg Schulze
Rheinisches Amt für Denkmalpflege
Abtei Brauweiler

Wo erhalten Sie Rat und Hilfe?

Bei allen denkmalpflegerischen Fragen sind in erster Linie die Unteren Denkmalschutzbehörden und die Denkmalfachbehörden zuständig.

Die Unteren Denkmalschutzbehörden sind meist die Kreisverwaltungsbehörden oder die Behörden der kreisfreien Städte bzw. in Nordrhein-Westfalen die Gemeindebehörden.

Die Adressen der Denkmalfachbehörden finden Sie nachfolgend:

<u>Baden-Württemberg</u>
Landesdenkmalamt Baden-Württemberg
Mörikestr. 12
7000 Stuttgart 1

<u>Bayern</u>
Bayerisches Landesamt für Denkmalpflege
Hofgraben 4
8000 München 22

<u>Berlin</u>
Senator für Stadtentwicklung und Umweltschutz
mit Fachabteilung Landeskonservator
Lindenstraße 20–25
1000 Berlin 61

<u>Bremen</u>
Landesamt für Denkmalpflege
Sandstr. 3
2800 Bremen 1

<u>Hamburg</u>
Kulturbehörde
Denkmalschutzamt
Hamburger Str. 45
2000 Hamburg 76

<u>Hessen</u>
Landesamt für Denkmalpflege
Schloß Biebrich/Westflügel
6200 Wiesbaden

<u>Niedersachsen</u>
Institut für Denkmalpflege im Niedersächsischen
Landesverwaltungsamt
Scharnhorststr. 1
3000 Hannover 1

<u>Nordrhein-Westfalen</u>
Landschaftsverband Rheinland
Rheinisches Amt für Denkmalpflege
Abtei Brauweiler
Ehrenfriedstr. 19
5024 Pulheim

Landschaftsverband Westfalen-Lippe
Westfälisches Amt für Denkmalpflege
Salzstr. 38, Erbdrostenhof
4400 Münster

<u>Rheinland-Pfalz</u>
Landesamt für Denkmalpflege
Göttelmannstr. 17
6500 Mainz 1

<u>Saarland</u>
Staatliches Konservatoramt
Am Ludwigsplatz 15
6600 Saarbrücken 1

<u>Schleswig-Holstein</u>
Landesamt für Denkmalpflege
Schloß
2300 Kiel 1

Veröffentlichungen des Deutschen Nationalkomitees für Denkmalschutz

Erklärtes Ziel des Deutschen Nationalkomitees für Denkmalschutz ist die Durchsetzung des Denkmalschutzgedankens in der Öffentlichkeit. Seine Aktivitäten gelten daher aktuellen Problemen von Denkmalschutz und Denkmalpflege: Durch Tagungen, Seminare und gezielte Pressearbeit soll hierfür auf breiter Basis um mehr Verständnis geworben werden. Der Schriftenreihe des Komitees kommt dabei eine wichtige Vermittlerrolle zu. Mit den Dokumentationen seiner Veranstaltungen wendet es sich an die Fachöffentlichkeit, mit seiner Faltblattreihe sowie Informationsbroschüren zu speziellen Themen (Bd. 7, 14, 27, 33) an alle interessierten Bürger. Die Veröffentlichungen sind kostenlos erhältlich bei der Geschäftsstelle des Deutschen Nationalkomitees für Denkmalschutz beim Bundesminister des Innern, Graurheindorfer Str. 198, 5300 Bonn1.

Broschüren

Band 1 (vergr.)
„Unser Lebensraum braucht Schutz. Denkmalschutz. Haus für Haus stirbt dein Zuhause."

Band 2 (vergr.)
Katalog der Wanderausstellung 1975–1976
„Eine Zukunft für unsere Vergangenheit"
Denkmalschutz und Denkmalpflege in der Bundesrepublik Deutschland

Band 2 (vergr.)
Dokumentation der europäischen und nationalen Beispielstädte im Europäischen Denkmalschutzjahr 1975
(D1–D6)
- Alsfeld (D1)
- Berlin (D2)
- Rothenburg (D3)
- Trier (D4)
- Xanten (D5)
- Bamberg/Lübeck/Regensburg (D6)

Band 3 (vergr.)
„Praxis des Umgangs mit erhaltenswerter Bausubstanz"
Stadtentwicklung 1975

Band 4 (vergr.)
„Denkmalschutz – Heute"
Lebensraum und Historisches Erbe 1975

Band 5 (vergr.)
Europäische Denkmalschutzgesetze II
1975

Band 6 (vergr.)
Empfehlungen zum Denkmalschutz und zur Denkmalpflege 1975

Band 7
Dieter Wieland
„Bauen und Bewahren auf dem Lande"
1.–5. Auflage 1978–1983
6. Auflage 1985
7. Auflage 1990

Band 8 (vergr.)
„Bauen in der alten Stadt"
Dokumentation der Akademietagung des Deutschen Nationalkomitees für Denkmalschutz in Hamburg
19.–21. November 1979

Band 9 (vergr.)
Deutscher Preis für Denkmalschutz
1979

Band 10 (vergr.)
„Handwerk in der Denkmalpflege"
Dokumentation des Europarat-Symposions vom 2.–5. Juni 1980 in Fulda

Band 11 (vergr.)
„Bauen und Bewahren auf dem Lande"
Dokumentation der 6. Pressefahrt
10.–11. September 1980

Band 12 (vergr.)
Deutscher Preis für Denkmalschutz
1980

Band 13 (vergr.)
Deutscher Preis für Denkmalschutz
1981

Band 14 (vergr.)
Manfred Sack
„Lebensraum: Straße"
1981

Band 15 (vergr.)
„Bauen und Bewahren auf dem Lande"
Dokumentation der 7. Pressefahrt
23.–24. September 1981

Band 16 (vergr.)
„Erfassen und Dokumentieren"
Dokumentation des Colloquiums des Deutschen Nationalkomitees für Denkmalschutz am 4. und 5. März 1982 in Stuttgart

Band 17 (vergr.)
„Bauen in der alten Stadt"
Dokumentation der internationalen Tagung in Aachen
24.–27. Mai 1981

Band 18 (vergr.)
„Deutsche Denkmalschutzgesetze"
bearbeitet von Wolfgang Brönner
1982

Band 19 (vergr.)
„Gefährdung und Rettung archäologischer Denkmäler"
Dokumentation der 8. Pressefahrt
21.–22. September 1982

Band 20 (vergr.)
„Memorandum"
Zur Lage des Denkmalschutzes
1983

Band 21 (vergr.)
Deutscher Preis für Denkmalschutz
1982

Band 22
„Denkmalpflegerische Probleme im Zonenrandgebiet"
Dokumentation der 9. Pressefahrt
6.–7. September 1983

Band 23
„Zehn Jahre Deutsches Nationalkomitee für Denkmalschutz"
Deutscher Preis für Denkmalschutz
1983

Band 24 (vergr.)
„Handwerk und Denkmalpflege"
Dokumentation des Europarat-Kongresses in Würzburg
27.–30. Mai 1984

Band 25 (vergr.)
„Probleme des Steinzerfalls in der Denkmalpflege"
Dokumentation der 10. Pressefahrt
25.–26. September 1984

Band 26 (vergr.)
Deutscher Preis für Denkmalschutz
1984

Band 27
Manfred Gerner
„Fachwerksünden"
1. Auflage 1986, 2. Auflage 1989

Band 28 (vergr.)
„Siedlungen der 20er Jahre"
Dokumentation der Tagung des Deutschen Nationalkomitees für Denkmalschutz in Berlin
13.–15. Mai 1985

Band 29 (vergr.)
„Probleme der Umnutzung von Denkmälern"
Dokumentation der 11. Pressefahrt
4.–5. September 1985

Band 30
Deutscher Preis für Denkmalschutz
1985

Band 31 (vergr.)
„Das Baudenkmal und seine Ausstattung: Substanzerhaltung in der Denkmalpflege"
Dokumentation der Tagung des Deutschen Nationalkomitees für Denkmalschutz in Stuttgart
27. und 28. Mai 1986

Band 32
Deutscher Preis für Denkmalschutz
1986

Band 33
Werner Durth/Niels Gutschow
„Architektur und Städtebau der 50er Jahre"
1987

Band 34 (vergr.)
„Denkmalpflege und Dorferneuerung"
Dokumentation der 13. Pressefahrt
15.–16. September 1987

Sonderausgabe DSI, 11 Jg., Oktober 4/87
„Moderne Archäologische Denkmalpflege"
Methoden und Ergebnisse
Dokumentation der 12. Pressefahrt
15.–16. September 1987

Band 35
„Das Dorf im Wandel – Denkmalpflege für den ländlichen Raum"
Dokumentation der internationalen Tagung in Merdingen
16.–19. Mai 1988

Band 36 (vergr.)
„Architektur und Städtebau der 50er Jahre"
Dokumentation der 14. Pressefahrt
30.–31. August 1988

Band 37 (vergr.)
„Das Baudenkmal in der Hand des Architekten. Umgang mit historischer Bausubstanz"
Dokumentation der Tagung des Deutschen Nationalkomitees für Denkmalschutz in Berlin
6. und 7. Oktober 1988

Band 38
Deutscher Preis für Denkmalschutz
1988

Festbroschüre „Deutscher Preis für Denkmalschutz 1989"

Band 39
„Wiederaufbau und Expansion westdeutscher Städte 1945–1960 im Spannungsfeld von Reformideen und Wirklichkeit"
Gerhard Rabeler, 1990

Band 40
„Aufgaben und Perspektiven der Hafendenkmalpflege"
Dokumentation der 15. Pressefahrt
4.–5. September 1989

Band 41
„Schutz und Erhaltung von Bauten der 50er Jahre"
Dokumentation der Tagung des Deutschen Nationalkomitees für Denkmalschutz im Rahmen der „Constructa" in Hannover
2.–4. Februar 1990

Festbroschüre „Deutscher Preis für Denkmalschutz 1990"

Faltblätter

„Deutsches Nationalkomitee für Denkmalschutz" F 1
Auflage 1983, 1989

„Denkmalschutz Was? Warum? Wie?" F 2
Auflage Mai 1985, Januar 1989

„Den Denkmälern eine Zukunft – Aktuelle Schutzmaßnahmen"
Auflage Juli 1986

„Steinzerfall" F 4
Auflage Dezember 1984, August 1985, Januar 1989

„Denkmalschutz auf dem Lande" F 5
Auflage Mai 1985, Januar 1989

„Technische Denkmäler"
Auflage September 1985

„Augen des Hauses"
Auflage Juli 1986

„50er Jahre" F 8
Auflage Dezember 1988

„Archäologie, Spurensuche in historischem Boden" F 9
Auflage Dezember 1988

„Archäologische Denkmäler in höchster Gefahr" F 10
Auflage Dezember 1988

„Licht, Luft, Grün – Siedlungen" F 11
Auflage September 1989

„Historische Gärten und Grünanlagen" F 12
Auflage August 1990

IMPRESSUM

1. Auflage 1990
Herausgeber:
Deutsches Nationalkomitee für Denkmalschutz, Geschäftsstelle beim Bundesminister des Innern,
Graurheindorfer Str. 198, 5300 Bonn 1

Konzept und Redaktion:
Werner Durth, Dr.-Ing.,
Professor für Umweltgestaltung
Fachbereich Bildende Kunst,
Johannes Gutenberg-Universität
Am Taubertsberg 6, 6500 Mainz

Niels Gutschow, Dr.-Ing, Bauhistoriker
Ortsstraße 26, 6941 Abtsteinach

Gestaltung und Umsetzung:
Felten Medien Concept KG, Köln

Druck:
Konkordia Druck GmbH,
7580 Bühl/Baden

Lithographien:
Wüst Reproservice GmbH,
5000 Köln

ISBN 3-922153-06-2